OEUVRES

DE
BOILEAU DESPRÉAUX.

DE L'IMPRIMERIE DE P. DIDOT, L'AINÉ,
CHEVALIER DE L'ORDRE ROYAL DE SAINT MICHEL,
IMPRIMEUR DU ROI.

OEUVRES

DE

BOILEAU DESPRÉAUX,

AVEC UN COMMENTAIRE

PAR M. DE SAINT-SURIN.

ORNÉES DE DOUZE FIGURES D'APRÈS DES DESSINS NOUVEAUX.

TOME TROISIÈME.

OUVRAGES EN PROSE.

A PARIS,

J. J. BLAISE, LIBRAIRE DE S. A. S. MADAME
LA DUCHESSE D'ORLÉANS DOUAIRIÈRE,

QUAI DES AUGUSTINS, N° 61, A LA BIBLE D'OR.

M D CCC XXI.

AVERTISSEMENT
DU NOUVEL ÉDITEUR.

Voici tous les ouvrages en prose que l'on doit à Despréaux, ou, si l'on veut, tous ceux qui sont parvenus à notre connoissance. Nous les avons distribués suivant l'époque certaine ou présumée de leur composition, lorsque l'auteur n'en a pas formellement assigné la place d'une autre manière.

Sa *Dissertation critique sur Joconde* ne laisse aucun doute sur la haute idée qu'il avoit du talent original de La Fontaine, malgré le silence vraiment inexplicable que, dans l'*Art Poétique*, il affecte de garder sur l'apologue.

Le dialogue intitulé *Les Héros de roman*, production digne de Lucien, exerça la plus heureuse influence sur l'un des genres les plus accrédités de notre littérature. Ce fut un coup mortel porté au faux goût des Gomberville, des La Calprenède, des Desmarets, des Scudéri.. Ce dialogue et la dissertation sur Joconde, premiers essais connus du prosateur, sont les morceaux qu'il a le plus soignés.

M. de Monmerqué, qui veut bien nous éclairer de ses conseils, nous a procuré la première édition de l'*Arrêt burlesque*; découverte d'autant plus précieuse qu'elle fait connoître les ménagements dont le satirique usa d'abord, pour réclamer les droits de *l'inconnue nommée la Raison*. On verra désormais toute la différence qui existe entre cette pièce et celle qu'il osa, pour la première fois, insérer dans ses œuvres en 1701, c'est-à-dire trente ans après.

Le *Remerciement à messieurs de l'académie françoise* n'étoit pas facile à tourner par un récipiendaire dont les écrits lui avoient aliéné plusieurs d'entre eux, et qui devoit son élection à la protection déclarée de Louis XIV. Cependant il eut l'art, sans se démentir, de satisfaire au tribut d'éloges que lui imposoit l'usage bien plus que la reconnoissance.

Les *Réflexions critiques sur quelques passages du rhéteur Longin* sont indépendantes du *Traité du Sublime*. Quoiqu'elles soient postérieures, les unes de vingt ans, les autres de trente-six, à la traduction de ce dernier et bel ouvrage, nous ne les avons point mises à la suite, parceque l'intention expresse et motivée de l'auteur s'y opposoit [a]. Il emploie les paroles du célèbre rhéteur, qui servent de texte à chacune de ses dissertations, afin d'avoir l'air de répondre à ses adversaires, *par occasion*, comme il le dit lui-même.

Les neuf premières *Réflexions* sont consacrées à réfuter Charles Perrault, de l'académie françoise, qui n'attaquoit pas mieux les anciens qu'il ne défendoit les modernes. Le vengeur du goût y fait preuve d'une logique sûre, d'un vrai savoir, d'un zèle énergique pour les chefs-d'œuvre de l'antiquité ; mais on regrette d'y rencontrer plus fréquemment les expressions de l'humeur et du mépris que celles d'une raillerie fine, dans laquelle il excelloit. Son admiration pour l'*Iliade* et pour l'*Odyssée* ne lui permettoit guère de discuter froidement avec les détracteurs de ces deux poëmes. Sept ans après, oubliant l'aigreur de ce long débat, il se montre avec tous ses avantages dans une lettre écrite au même Perrault. Il y fixe le véritable point de la controverse qui les avoit divisés [b].

La dixième *Réflexion* a pour objet de dé-

[a] *Voy.*, p. 154, son *Avis aux lecteurs*, que suppriment les éditeurs qui ne se conforment pas à ses intentions.
[b] *Voy.* cette lettre, tome IV, page 375.

montrer, contre l'opinion du savant Huet, la sublimité des paroles si connues de la Genèse : « Dieu dit, Que la lumière se fasse; et la lu- « mière se fit, etc. » Le critique s'adresse à Le Clerc, parcequ'il étoit plus facile d'engager le combat avec ce journaliste, qu'avec un évêque dont la dignité prescrivoit des égards.

La onzième *Réflexion* est une apologie de ce vers du récit de Théramène, dans la tragédie de Phèdre :

Le flot qui l'apporta recule épouvanté.

La Motte avoit censuré d'une manière spécieuse ce vers, que nous avons tâché de défendre contre des objections plus solides de La Harpe [a].

Enfin la dernière *Réflexion* offre l'analyse de ces vers d'Athalie, qui, sous le rapport du sublime, placent Racine à côté de Pierre Corneille :

Celui qui met un frein à la fureur des flots, etc.

La traduction du *Traité du Sublime* étoit une entreprise remarquable par son importance et par les difficultés que présentoit un texte

[a] *Voy.* le deuxième *alinéa* de la page 338.

plein d'altérations et de lacunes. Elle n'existoit alors dans aucune langue moderne. Les ressources de l'helléniste françois consistoient dans la version latine de Gabriel de Pétra, dans les notes de Langbaine et de Le Febvre [a]. Son travail obtint le succès que l'on devoit espérer d'une instruction approfondie et d'une rare sagacité: il fixa les regards de l'Europe savante sur l'immortel rhéteur. Longin, il est vrai, trouva dans le traducteur de ses préceptes un interprète plus judicieux qu'élégant; mais Homère, Sapho, Eschyle, Euripide, d'où la plupart de ses exemples sont tirés, trouvèrent un poëte qui en reproduisit les diverses beautés. Cette différence se conçoit aisément: Despréaux mettoit sa gloire à perfectionner ses vers; pour lui la prose étoit un délassement. La sienne est toujours claire, souvent négligée, quelquefois traînante et même incorrecte. Plusieurs pages, néanmoins, écrites avec agrément, prouvent que l'arbitre de la poésie françoise auroit pu devenir un prosateur habile, s'il n'avoit pas consacré tous ses efforts à surmonter les obstacles que lui opposoit notre versification.

[a] *Voy.* la *préface du traducteur*, p. 360 et suiv.

Nous avons respecté les intentions du traducteur, dans l'ordre que nous avons suivi pour ses *Remarques sur Longin*; et nous n'avons pas cru, malgré des exemples contraires et récents, qu'il nous fût permis d'y rien retrancher. Comment peut-on se croire autorisé à supprimer les raisonnements dont il s'appuie? n'ont-ils pas autant de poids que tous ceux qu'on leur substitue?

Nous aurions craint de toucher même aux remarques de Dacier et de Boivin, que Despréaux a recueillies soigneusement, telles qu'on les lit dans l'édition de 1713. Il n'a fait aucune mention de celles de Tollius, publiées en 1694, les jugeant, selon toute apparence, peu dignes d'attention [a]. Brossette les a cependant insérées dans son commentaire, en 1716, et la plupart des éditeurs l'ont imité.

Les éclaircissements de Saint-Marc pour l'intelligence du *Traité du Sublime* sont la partie, sans contredit, la plus utile de l'édition qu'il a donnée en 1747. C'est le fruit d'un savoir indigeste, comme tout ce qui est sorti de sa plume; mais ce laborieux commentateur a du moins le mérite d'avoir rassemblé les re-

---

[a] *Voy.* sur Tollius les notes *a* et *b*, page 287.

cherches de ses devanciers, et d'avoir consulté des érudits consommés dans l'étude de la langue grecque. Au milieu des matériaux qu'il accumule, l'œil le plus attentif distingue avec peine ceux que le goût peut mettre en œuvre. Pour y parvenir, il faut une persévérance que le sentiment du devoir est seul capable d'entretenir. Aussi le travail de Saint-Marc est-il peu connu, même de la plupart de ceux qui sont appelés à le juger. La Harpe en parle avec une indulgence qui ne lui est pas ordinaire[a], et qui fait présumer qu'il a voulu sur-tout infirmer le jugement trop rigoureux de Clément de Dijon, son ennemi, sur le commentateur de Despréaux[b]. Il devient donc nécessaire de donner une idée exacte d'un commentaire très recherché, mais qui a plus de partisans que de lecteurs.

Indépendamment des remarques qu'il recueille de toutes parts, Saint-Marc profite des notes que Claude Capperonnier, son parent[c], avoit écrites à la marge d'un exemplaire de l'édition de Tollius, et qui étoient les esquisses

[a] *Cours de littérature*, 1821, tome I, page 100.
[b] *Sixième lettre à M. de Voltaire*, 1774, page 154.
[c] C'est de lui que nous parlons page 325.

d'observations plus considérables. Il reconnoît avoir eu besoin de recourir aux lumières de Jean Capperonnier, neveu du précédent [a]. « Les versions des autres traducteurs m'ont « beaucoup aidé, dit-il ; mais je sais si peu de « grec, que, malgré ce secours, je n'aurois pas « risqué de m'engager dans un examen fort « au-dessus de mes forces, si M. l'abbé Cappe-« ronnier, professeur royal en langue grecque, « ne m'avoit pas offert de m'aider de ses con-« seils, et de revoir exactement tout ce que « je ferois. C'est donc, à proprement parler, « d'une science étrangère que je me pare à cet « égard [b]. »

Ce modeste aveu forme un singulier contraste avec le ton habituel que Saint-Marc ose employer envers un homme tel que Despréaux. Il épargne encore moins sa prose que ses vers, et ne la critique guère avec plus de discernement. Dans la discussion sur les anciens et les modernes, il donne raison presque constamment à Charles Perrault, sans répandre un nouveau jour sur ses étranges paradoxes. Dans

[a] Jean Capperonnier, de l'académ. des Inscrip. et Belles-Lettres, né à Mont-Didier (Picardie) en 1716, mort en 1775.
[b] OEuvres de Boileau-Despréaux, 1747, t. IV, p. 212.

la traduction du *Traité du Sublime*, il ne se borne pas à proposer ses doutes sur la manière dont le texte est rendu : il lutte hardiment avec le traducteur, et lui oppose de longs morceaux, traduits avec cette fidélité littérale qui dégénère en la plus choquante infidélité, puisqu'elle substitue la contrainte d'une copie servile à l'aisance des tournures originales. Enfin, plus on examine le travail de Saint-Marc, plus on met de prix à celui de Despréaux.

Ce dernier néanmoins ne paroît pas toujours exempt de méprises : des critiques peu vulgaires pensent même qu'il n'a pas saisi le véritable sens que Longin attache au *Sublime* qui fait le sujet de son livre. Gibert s'exprime à cet égard dans les termes les plus positifs, et Rollin laisse entrevoir qu'il partage une opinion qui est devenue aujourd'hui presque générale [a].

Les philologues qui, depuis quelques années, disputent à l'éloquent rhéteur le monument sur lequel se fonde sa renommée littéraire, n'ont pas obtenu le même assentiment [b]. L'auteur du *Traité du Sublime* et le ministre

[a] *Voy.* la note 1, page 364.
[b] *Voy.* la note *a*, page 350.

de la reine Zénobie semblent devoir être le même homme : le style élevé du grand écrivain répond à la mort héroïque du vrai philosophe.

Il ne nous appartenoit pas de nous étendre sur les diverses leçons proposées successivement pour le texte grec : cette tâche devenoit presque étrangère à nos vues; elle est plutôt d'un scoliaste de Longin que d'un éditeur de Despréaux.

Nous avons recueilli tous les changements que ce dernier a faits dans sa traduction et dans ses autres ouvrages en prose; Brossette et Saint-Marc n'en donnent qu'une partie, et jusqu'ici l'on s'est contenté de les copier. Cette attention scrupuleuse nous a fait découvrir des passages assez considérables, qui n'ont jamais été réunis [a]. Nous avons également transcrit toutes les notes de l'auteur, d'après chaque édition. Saint-Marc est celui qui les a le plus respectées, et cependant il laisse encore beaucoup à desirer sous ce rapport. Brossette n'en offre presque aucune, et ce mauvais exemple n'a que trop d'imitateurs. Ceux qui

---

[a] Tel est celui qui est rapporté dans la note *b*, p. 367.

n'ont point fait une étude particulière des œuvres de Despréaux n'apprendront pas sans étonnement qu'on les prive de ce qu'il a dit, et qu'au lieu de conserver religieusement ses moindres paroles, on usurpe sa place, et l'on y parle soi-même.

Nous avons lu, sans aucune utilité, une traduction françoise du *Traité du Sublime*, publiée en 1775 par Charles Lancelot, bénédictin de la congrégation de Saint-Maur, et professeur à Ratisbonne. Les dictionnaires les plus complets ne font mention ni de l'auteur ni de l'ouvrage, que nous croyons ensevelis dans une obscurité aussi profonde que méritée.

Les matières dont se compose ce volume sont en général plus instructives qu'attrayantes; mais le sérieux en est tempéré par des notes historiques et littéraires, que notre plan comportoit.

Nous n'avons voulu surcharger cette édition ni de la *Lettre de M. Huet, ancien évêque d'Avranches, à M. le duc de Montausier*, dans laquelle ce prélat s'exprime avec plus d'amertume que de raison, et qui a donné lieu à la *dixième Réflexion critique*, ni de la *Réponse* adroite et sophistique *de M. de La Motte à la onzième Réflexion*. Nous avons seulement cité quelques endroits de ces deux pièces, insérées dans l'édition de Brossette, sans son aveu, et qu'il se proposoit de retrancher dans la suite.

Nous étions fort éloigné de nous attendre à l'honneur que l'on nous a fait d'adopter une partie des notes de notre quatrième volume, soit en les signant de notre nom, soit le plus souvent en omettant cette précaution de convenance. Nous n'avons donné à personne la permission d'en user ainsi; elle ne nous a même pas été demandée, et, dans le cas où elle l'auroit été, la délicatesse et la nature de nos engagements nous auroient défendu de l'accorder. Cette considération est la seule qui nous fasse rompre un silence que nous aurions voulu pouvoir garder [a].

[a] *Voy*. les *OEuvres de Boileau, avec un nouveau commentaire* par M. Amar, etc.; Paris, 1821, t. IV, *avertissement*, page iij.

OUVRAGES DIVERS.

DISSERTATION CRITIQUE

SUR JOCONDE [a].

A M. B*** [b].

Monsieur,

Votre gageure est sans doute fort plaisante, et j'ai ri de tout mon cœur de la bonne foi avec la-

---

[a] On ne sait pas au juste à quelle époque Despréaux composa cette dissertation, qu'il n'a jamais comprise dans ses œuvres : il regrettoit d'avoir employé sa plume à discuter le mérite d'une pièce de ce genre. Comme, suivant Brossette, les traductions de l'aventure de Joconde, par La Fontaine et Bouillon, parurent l'une et l'autre en 1663; comme le *journal des savants* parle, en janvier 1665, des paris ouverts sur la gageure à laquelle ces deux traductions avoient donné lieu, sans faire aucune mention du jugement porté par Despréaux, il est au moins très probable que ce dernier ne le prononça ni avant l'année 1663, ni après l'année 1665. Brossette l'inséra dans son commentaire en 1716, et les autres éditeurs suivirent son exemple.

[b] La critique de Despréaux se trouve, sans nom d'auteur, dans les premières éditions des Contes de La Fontaine, avec ce titre : *Dissertation sur la Joconde, à M. B****. Brossette substitue à la lettre initiale *B* le nom de *l'abbé Le Vayer*, à qui la satire IV est adressée. Saint-Marc présume que le *B* initial signifie Boutigni, c'est-à-dire, Fran-

quelle votre ami soutient une opinion aussi peu raisonnable que la sienne [a]. Mais cela ne m'a

çois Le Vayer de Boutigni, maître des requêtes, auteur du roman de *Tarsis et Zélie*, cousin de l'abbé Le Vayer. « Ce dont il s'agit ici convient mieux, dit-il, à ce M. de « Boutigni, qu'à Rolland Le Vayer de Boutigni, de la mê- « me famille, lequel étoit aussi maître des requêtes, et « mourut intendant de Soissons en 1689; personnage grave, « auteur de différents ouvrages estimés sur des matières de « droit public et de droit civil, dont beaucoup ne sont en- « core que manuscrits. » Ces détails ne méritent pas une entière confiance. L'abbé Goujet, qui paroît avoir eu des rapports avec les parents de l'intendant de Soissons, le fait mourir en 1685, et non en 1689; il met au nombre de ses productions *Tarsis et Zélie*, roman héroïque, 1659 [a].

Saint-Marc prétend que la dissertation de Despréaux fut imprimée, pour la première fois, dans l'édition des Contes de La Fontaine, qui parut en 1665. M. Daunou adopte cette assertion; mais M. Walckenaer, à qui l'on doit des recherches très étendues sur ce fabuliste et sur ses ouvrages, affirme que cette dissertation fut insérée d'abord dans l'édition des Contes faite à Leyde en 1668, sans l'aveu de La Fontaine [b]. Il paroît aussi que ce dernier ne publia *Joconde* qu'en 1664 avec *la Matrone d'Éphèse*.

[a] Cet ami, suivant Brossette, étoit un M. de Saint-Gilles, « homme de la vieille cour, d'un caractère singulier;

---

[a] L'article rédigé par l'abbé Goujet dans le supplément au dictionnaire de Moréri, est copié dans l'avertissement du *Traité de l'autorité des rois, touchant l'administration de l'église*, par Le Vayer de Boutigni, in-12, 1753.

[b] *Histoire de la vie et des ouvrages de J. de La Fontaine*, par C. A Walckenaer, membre de l'Institut, in-8°, 1820, page 379.

point du tout surpris: ce n'est pas d'aujourd'hui que les plus méchants ouvrages ont trouvé de sincères protecteurs, et que des opiniâtres ont entrepris de combattre la raison à force ouverte. Et, pour ne vous point citer ici d'exemples du commun, il n'est pas que vous n'ayez ouï parler du goût bizarre de cet empereur [a], qui préféra les

« c'est lui que Molière a peint dans son Misanthrope, acte II,
« scène V, sous le nom de Timante. »

>C'est, de la tête aux pieds, un homme tout mystère,
>Qui vous jette, en passant, un coup d'œil égaré,
>Et sans aucune affaire est toujours affairé.
>Tout ce qu'il vous débite en grimaces abonde,
>A force de façons, il assomme le monde.
>Sans cesse il a tout bas, pour rompre l'entretien,
>Un secret à vous dire, et ce secret n'est rien.
>De la moindre vétille il fait une merveille,
>Et, jusques au bonjour, il dit tout à l'oreille.

Ce personnage, qui se donnoit une importance si ridicule, ne doit pas être confondu avec Saint-Gilles, sous-brigadier des mousquetaires, dont les vers annoncent un talent facile. Ce dernier réclama contre l'honneur qu'on lui faisoit d'attribuer quelques uns de ses contes à La Fontaine, quelques uns de ses couplets à madame Deshoulières; il s'ensevelit dans un couvent de capucins, pour avoir, dit-on, mal fait son devoir à la bataille de Ramillies.

[a] D'après Brossette, tous les commentateurs nomment Caligula; mais Suétone dit simplement que cet empereur vouloit anéantir les ouvrages d'Homère, de Virgile et de Tite-Live[a]. C'est Adrien qui, au rapport de Dion,

[a] Suétone, tome 1er, page 547, 1820, édition de Verdière.

écrits d'un je ne sais quel poëte aux ouvrages d'Homère, et qui ne vouloit pas que tous les hommes ensemble, pendant près de vingt siècles, eussent eu le sens commun.

Le sentiment de votre ami a quelque chose d'aussi monstrueux. Et certainement quand je songe à la chaleur avec laquelle il va, le livre à la main [a], défendre la Joconde [b] de M. Bouil-

liv. LXIX, préféroit à l'auteur de l'Iliade le poëte grec Antimaque, dont *la Thébaïde* n'est point parvenue jusqu'à nous. Les grammairiens lui assignoient le premier rang après Homère; ce qui prouve, dit Quintilien, que l'on peut être placé immédiatement après quelqu'un, sans toutefois en approcher [a].

[a] Cette dernière circonstance semble démontrer que la dissertation de Despréaux ne fut pas composée pendant la vie de Bouillon. Par *le livre* de celui-ci ne faut-il pas entendre le volume de ses œuvres, qui fut imprimé après sa mort? D'ailleurs, dans tout ce que dit le critique, rien n'autorise à croire que Bouillon vécût encore, lorsqu'il soumettoit ses vers à une judicieuse analyse. Saint-Marc pense que la dissertation de Despréaux fut faite au plus tard en 1662; M. Daunou partage cette opinion, contre laquelle néanmoins s'élèvent toutes les vraisemblances.

[b] Cette expression paroit singulière, quoiqu'elle soit généralement employée. *La Joconde* est une ellipse, qui signifie *la Nouvelle de Joconde*. C'est comme si l'on disoit *la Sertorius*, pour la tragédie de *Sertorius*, par P. Corneille. Il est plus simple et plus régulier de dire *le Joconde*, com-

[a] *De l'Institution de l'orateur*, liv. X, chap. Ier.

ladon ni Silvandre ne sont jamais parvenus à ce haut degré de perfection. Si je ne me trompe, c'étoit bien plutôt là une raison, non seulement pour obliger Joconde à éclater, mais c'en étoit assez pour lui faire poignarder dans la rage sa femme, son valet et *soi-même*, puisqu'il n'y a point de passion plus tragique et plus violente que la jalousie qui naît d'un extrême amour. Et certainement, si les hommes les plus sages et les plus modérés ne sont pas maîtres d'eux-mêmes dans la chaleur de cette passion, et ne peuvent s'empêcher quelquefois de s'emporter jusqu'à l'excès pour des sujets fort légers, que devoit faire un jeune homme comme Joconde, dans le premier accès d'une jalousie aussi bien fondée que la sienne [a]? Étoit-il en état de garder encore des mesures avec une perfide, pour qui il ne pouvoit plus avoir que des sentiments d'horreur et de mépris? M. de La Fon-

[a] Dans le commentaire de M. Daunou, où l'on paroit adopter les remarques de Voltaire sur la dissertation de Despréaux, on trouve la réflexion suivante : « C'est précisément parceque cet accès est le premier, que la jalousie est encore contenue par l'amour. Il y a dans ce premier accès plus de douleur que de fureur. » Assurément cette réflexion est fort adroite; mais l'expérience ne fait-elle pas voir que la première explosion de l'amour trahi est toujours la plus violente, par conséquent la plus terrible? Quand les perfidies se succèdent, le mépris et l'indifférence remplacent l'indignation.

lon [*a*], il me semble voir Marfise [*b*], dans l'Arioste, puisqu'Arioste il y a, qui veut faire confesser à tous les chevaliers que cette vieille qu'elle a en croupe est un chef-d'œuvre de beauté. Quoi qu'il en soit, s'il n'y prend garde, son opiniâtreté lui coûtera un peu cher; et quelque mauvais passe-temps qu'il y ait pour lui à perdre cent pistoles, je le plains encore plus de la perte qu'il va faire de sa réputation dans l'esprit des habiles gens.

Il a raison de dire qu'il n'y a point de comparaison entre les deux ouvrages *dont* vous êtes en dispute, puisqu'il n'y a point de comparaison entre un conte plaisant et une narration froide, entre une

me le fait M. Ginguené, dans son *Histoire littéraire d'Italie*, tome IV, page 431.

[*a*] Bouillon étoit attaché, en qualité de secrétaire, à la cour de Gaston, duc d'Orléans, frère de Louis XIII. Il eut des liaisons avec plusieurs hommes de lettres, particulièrement avec Chapelain, Ménage et Pellisson; et, suivant un nécrologe formé par La Monnoye, il mourut en 1662. Ses œuvres, qui consistent en plusieurs contes, sur-tout en chansons, furent imprimées à Paris, 1663, in-12, et sont à peine connues: il doit sa triste célébrité à la dissertation de Despréaux.

[*b*] Jeune reine, pleine de valeur, qui joue un grand rôle dans le *Roland furieux*. Brossette et tous les éditeurs qui ont précédé Saint-Marc, oubliant le sexe de Marfise, disent, en parlant d'elle, « cette vieille qu'il a en croupe, » au lieu de « qu'*elle* a en croupe, etc. »

invention fleurie et enjouée et une traduction sèche et triste. Voilà en effet la proportion qui est entre ces deux ouvrages. M. de La Fontaine a pris à la vérité son sujet d'Arioste (1); mais en même temps il s'est rendu maître de sa matière : ce n'est point une copie qu'il ait tirée un trait après l'autre sur l'original; c'est un original qu'il a formé sur l'idée qu'Arioste lui a fournie. C'est ainsi que Virgile a imité Homère; Térence, Ménandre; et le Tasse, Virgile. Au contraire, on peut dire de M. Bouillon que c'est un valet timide[a], qui n'oseroit faire un pas sans le congé de son maître, et qui ne le quitte jamais que quand il ne le peut plus suivre. C'est un traducteur maigre et décharné; les plus belles

---

(1) Dans toutes les éditions que j'ai vues de cette dissertation, soit dans les contes de La Fontaine, soit dans les œuvres de notre auteur, il y a *d'Arioste*. L'édition de 1740 porte *de l'Arioste*, correction peu nécessaire. L'usage où nous sommes aujourd'hui de mettre toujours l'article aux noms de quelques écrivains italiens, ne faisoit pas encore loi dans le temps que notre auteur écrivoit ce petit ouvrage. C'est ce qui se prouveroit aisément par les écrits contemporains. On employoit l'article, on le supprimoit à sa fantaisie, et cela dans le même ouvrage. Celui-ci peut en servir de preuve. (*Saint-Marc.*)

[a] Ces expressions sont assez dures pour faire croire que celui qui en est l'objet n'existoit plus, lorsqu'on les employoit à son égard.

fleurs qu'Arioste lui fournit deviennent sèches entre ses mains; et à tous moments quittant le françois pour s'attacher à l'italien, il n'est ni italien ni françois.

Voilà, à mon avis, ce qu'on doit penser de ces deux pièces. Mais je passe plus avant, et je soutiens que non seulement la nouvelle de M. de La Fontaine est infiniment meilleure que celle de ce monsieur, mais qu'elle est même plus agréablement contée que celle d'Arioste. C'est beaucoup dire, sans doute; et je vois bien que par-là je vais m'attirer sur les bras tous les amateurs de ce poëte [a]. C'est pourquoi vous trouverez bon que je n'avance

---

[a] A ce sujet, M. Ginguené s'exprime en ces termes : « Je dirai seulement, avec tout le respect dont je fais pro-« fession pour Boileau, qu'il paroît n'avoir pas assez connu « la langue de l'Arioste ni le genre dans lequel il a écrit, « pour le juger sainement. Il parle du *Roland* comme d'un « poëme *héroïque et sérieux*, dans lequel il le blâme d'avoir « mêlé *une fable et un conte de vieille*. D'abord ce n'est point « là un conte de vieille; au contraire. Ensuite ce genre de « poëme n'est héroïque et sérieux que quand il plaît au « poëte. » (*Histoire littéraire d'Italie*, tome IV, page 431.) Quels que soient les priviléges de ce genre de poëme, comment se persuader qu'ils puissent s'étendre jusqu'à comporter une histoire aussi licencieuse que celle de Joconde? Lorsque Despréaux parle de cette histoire comme d'un conte de vieille, on sent bien qu'il l'envisage seulement sous le rapport de l'invraisemblance.

pas cette opinion, sans l'appuyer de quelques raisons.

Premièrement, je ne vois pas par quelle licence poétique Arioste a pu, dans un poëme héroïque et sérieux, mêler une fable et un conte de vieille, pour ainsi dire, aussi burlesque qu'est l'histoire de Joconde. « Je sais bien, dit un poëte, grand criti-
« que, qu'il y a beaucoup de choses permises aux
« poëtes et aux peintres; qu'ils peuvent quelquefois
« donner carrière à leur imagination, et qu'il ne
« faut pas toujours les resserrer dans la raison
« étroite et rigoureuse. Bien loin de leur vouloir
« ravir ce privilége, je le leur accorde pour eux, et
« je le demande pour moi. Ce n'est pas à dire tou-
« tefois qu'il leur soit permis pour cela de con-
« fondre toutes choses; de renfermer dans un mê-
« me corps mille espèces différentes, aussi con-
« fuses que les rêveries d'un malade; de mêler en-
« semble des choses incompatibles; d'accoupler les
« oiseaux avec les serpents, les tigres avec les
« agneaux [a]. » Comme vous voyez, Monsieur, ce poëte avoit fait le procès à Arioste plus de mille

[a] . . . . pictoribus atque poetis
Quælibet audendi semper fuit æqua potestas.
Scimus, et hanc veniam petimusque damusque vicissim;
Sed non ut placidis coeant immitia, non ut
Serpentes avibus geminentur, tigribus agni.
HORACE, *Art poétique*, vers 9—13.

ans avant qu'Arioste eût écrit. En effet, ce corps composé de mille espèces différentes, n'est-ce pas proprement l'image du poëme de Roland le furieux? Qu'y a-t-il de plus grave et de plus héroïque que certains endroits de ce poëme? Qu'y a-t-il de plus bas et de plus bouffon que d'autres? Et sans chercher si loin, peut-on rien voir de moins sérieux que l'histoire de Joconde et d'Astolfe? Les aventures de Buscon et de Lazarille [a] ont-elles quelque chose de plus extravagant? Sans mentir, une telle bassesse est bien éloignée du goût de l'antiquité; et qu'auroit-on dit de Virgile, bon Dieu! si, à la descente d'Énée dans l'Italie, il lui avoit fait conter par un hôtelier [b] l'histoire de Peau-d'Âne, ou les contes de ma Mère-l'Oie? Je dis les contes de ma Mère-l'Oie, car l'histoire de Joconde n'est guère d'un autre rang. Que si Homère a été blâmé dans son Odyssée, qui est pourtant un

[a] *L'aventurier Buscon*, les *Aventures de Lazarille*, sont deux romans espagnols. On attribue le premier à Quévedo, mort en 1645. Le second passe pour être un ouvrage de la jeunesse de Mendoza, qui mourut en 1575, membre du conseil du roi Philippe II.

[b] Rodomont arrive dans une hôtellerie, encore tout furieux de ce que Doralice, sa maîtresse, lui avoit préféré Mandricard. Il demande à ceux qu'il y trouve ce qu'ils pensent de la fidélité de leurs femmes. Tous lui répondent qu'ils les croient sages et bonnes; mais, pour détruire leur illusion, l'hôte raconte l'histoire de Joconde.

ouvrage tout comique, comme l'a remarqué Aristote; si, dis-je, il a été repris par de fort habiles critiques pour avoir mêlé dans cet ouvrage l'histoire des compagnons d'Ulysse changés en pourceaux, comme étant indigne de la majesté de son sujet; que diroient ces critiques, s'ils voyoient celle de Joconde dans un poëme héroïque? N'auroient-ils pas raison de s'écrier que si cela est reçu, le bon sens ne doit plus avoir de jurisdiction sur les ouvrages d'esprit, et qu'il ne faut plus parler d'art ni de règles? Ainsi, Monsieur, quelque bonne que soit d'ailleurs la Joconde d'Arioste, il faut tomber d'accord qu'elle n'est pas en son lieu.

Mais examinons un peu cette histoire en elle-même. Sans mentir, j'ai de la peine à souffrir le sérieux avec lequel Arioste écrit un conte si bouffon. Vous diriez que non seulement c'est une histoire très véritable, mais que c'est une chose très noble et très héroïque qu'il va raconter; et certes, s'il vouloit décrire les exploits d'un Alexandre ou d'un Charlemagne, il ne débuteroit pas plus gravement [a]:

Astolfo, re de' Longobardi, quello
A cui lasciò il fratel monaco il regno,

[a] « Le roman épique, dit M. Ginguené, admet tous les
« tons, et sur-tout ce ton de demi-plaisanterie que l'Arioste
« possède si bien, mais que l'on ne peut véritablement
« sentir que quand on connoît toutes les finesses et les dé-

Fù nella giovinezza sua si bello,
Che mai poch' altri giunsero a quel segno.
N' avria a fatica un tal fatto a penello
Apelle, Zeusi, o se v' è alcun più degno. [a]

Le bon messer Ludovico ne se souvenoit pas, ou plutôt ne se soucioit pas du précepte de son Horace :

Versibus exponi tragicis res comica non vult. [b]

Cependant il est certain que ce précepte est fondé sur la pure raison, et que, comme il n'y a rien de plus froid que de conter une chose grande en style bas, aussi n'y a-t-il rien de plus ridicule que de raconter une histoire comique et absurde en termes graves et sérieux, à moins que ce sérieux ne soit affecté tout exprès pour rendre la chose encore plus burlesque. Le secret donc, en contant une chose absurde, est de s'énoncer [c]

« licatesses de la langue italienne: la preuve que Boileau « ne poussoit pas loin cette connoissance, c'est qu'il trouve « le ton de l'Arioste sérieux, même dans cette nouvelle de « Joconde. » (*Hist. litt. d'Italie*, tome IV, page 431.) Malgré les connoissances incontestables de l'auteur, j'ose penser que le jugement de Despréaux l'emporte sur le sien, et qu'il convient d'y souscrire sur-tout à l'égard du début de la nouvelle.

[a] Roland furieux, chant XXVIII, octave 4e.

[b] Art poétique, vers 89.

[c] L'exactitude grammaticale exigeoit que l'on dît: *de vous énoncer d'une telle manière que vous fassiez concevoir*, etc.

d'une telle manière que vous fassiez concevoir au lecteur que vous ne croyez pas vous-même la chose que vous lui contez : car alors il aide lui-même à se décevoir, et ne songe qu'à rire de la plaisanterie agréable d'un auteur qui se joue et ne lui parle pas tout de bon. Et cela est si véritable, qu'on dit même assez souvent des choses qui choquent directement la raison, et qui ne laissent pas néanmoins de passer, à cause qu'elles excitent à rire. Telle est cette hyperbole d'un ancien poëte comique, pour se moquer d'un homme qui avoit une terre de fort petite étendue : « Il possédoit, dit ce poëte, « une terre à la campagne, qui n'étoit pas plus « grande qu'une épître de Lacédémonien. » Y a-t-il rien, ajoute un ancien rhéteur [a], de plus absurde que cette pensée? Cependant elle ne laisse pas de passer pour vraisemblable, parcequ'elle touche la passion, je veux dire qu'elle excite à rire. Et n'est-ce pas en effet ce qui a rendu si agréables certaines lettres de Voiture, comme celle du Brochet et de la Carpe, dont l'invention est absurde d'elle-même ; mais dont il a caché les absurdités par l'enjouement de sa narration, et par la manière plaisante dont il dit toutes choses [b]? C'est

[a] Longin, *Traité du Sublime*, chap. XXXI.
[b] Despréaux étoit alors dans sa plus grande admiration pour Voiture : il ne restreignoit pas encore les éloges qu'il lui donne.

ce que M. de La Fontaine a observé dans sa nouvelle; il a cru que, dans un conte comme celui de Joconde, il ne falloit pas badiner sérieusement. Il rapporte, à la vérité, des aventures extravagantes; mais il les donne pour telles; par-tout il rit et il joue : et si le lecteur lui veut faire un procès sur le peu de vraisemblance qu'il y a aux choses qu'il raconte, il ne va pas, comme Arioste, les appuyer par des raisons forcées et plus absurdes encore que la chose même; mais il s'en sauve en riant et en se jouant du lecteur, *qui* est la route qu'on doit tenir en ces rencontres :

>Ridiculum acri
>Fortiùs et meliùs magnas plerumque secat res [a].

Ainsi, lorsque Joconde, par exemple, trouve sa femme couchée entre les bras d'un valet, il n'y a pas d'apparence que dans la fureur il n'éclate contre elle, ou du moins contre ce valet. Comment est-ce donc qu'Arioste sauve cela? il dit que la violence de l'amour ne lui permet pas de faire déplaisir à sa femme :

>Ma, dall' amor che porta, al suo dispetto,
>All' ingrata moglie, li fu interdetto.

Voilà, sans mentir, un amant bien parfait; et Cé-

---

[a] Horace, liv. Ier, satire X, vers 14.

taine a bien vu l'absurdité qui s'ensuivoit de là ; il s'est donc bien gardé de faire Joconde amoureux d'un amour romanesque et extravagant ; cela ne serviroit de rien, et une passion comme celle-là n'a point de rapport avec le caractère dont Joconde nous est dépeint, ni avec ses aventures amoureuses. Il l'a donc représenté seulement comme un homme persuadé au fond de la vertu et de l'honnêteté de sa femme. Ainsi, quand il vient à reconnoître l'infidélité de cette femme, il peut fort bien, par un sentiment d'honneur, comme le suppose M. de La Fontaine, n'en rien témoigner, puisqu'il n'y a rien qui fasse plus de tort à un homme d'honneur, en ces sortes de rencontres, que l'éclat :

> Tous deux dormoient : dans cet abord Joconde
> Voulut les envoyer dormir en l'autre monde ;
> Mais cependant il n'en fit rien,
> Et mon avis est qu'il fit bien.
> Le moins de bruit que l'on peut faire
> En telle affaire
> Est le plus sûr de la moitié.
> Soit par prudence ou par pitié,
> Le Romain ne tua personne.

Que si Arioste n'a supposé l'extrême amour de Joconde que pour fonder la maladie et la maigreur qui lui vint ensuite, cela n'étoit point nécessaire, puisque la seule pensée d'un affront n'est que trop suffisante pour faire tomber malade un homme de cœur (1). Ajoutez à toutes ces raisons que l'image d'un honnête homme, lâchement trahi par une ingrate qu'il aime, tel que Joconde nous est représenté dans Arioste, a quelque chose de tragique qui ne vaut rien dans un conte pour rire : au lieu que la peinture d'un mari qui se résout à souffrir discrétement les plaisirs de sa femme, comme l'a dépeint M. de La Fontaine, n'a rien que de plaisant et d'agréable ; et c'est le sujet ordinaire de nos comédies.

Arioste n'a pas mieux réussi dans cet autre endroit où Joconde apprend au roi l'abandonnement de sa femme avec le plus laid monstre de la cour. Il n'est pas vraisemblable que le roi n'en témoigne rien. Que fait donc Arioste pour fonder cela ? Il dit que Joconde, avant que de découvrir ce secret au roi, le fit jurer sur le saint sacrement

(1) Les *hommes de cœur* ou *de courage*, comme dit La Fontaine, ne succombent point à *ce cruel outrage*; ils n'en font pas *pire chère*: c'est l'amour trompé, désolé, désespéré qui tombe malade. (*M. Daunou.*) * Ici les raisonnements du bon La Fontaine n'ont pas une grande force : il les prête à Joconde qui tourne en plaisanterie l'infortune des maris, afin d'adoucir le ressentiment d'Astolfe. Un homme, sans avoir de passion pour sa femme, peut très bien tomber malade, lorsqu'elle l'outrage par ses déréglements : ce n'est pas l'amour, c'est l'honneur qui se désole alors.

ou sur l'AGNUS DEI (ce sont ses termes), qu'il ne s'en ressentiroit point [a]. Ne voilà-t-il pas une invention bien agréable? Et le saint-sacrement n'est-il pas là bien placé? Il n'y a que la licence italienne qui puisse mettre une semblable impertinence à couvert; et de pareilles sottises ne se souffrent point en latin ni en françois. Mais comment est-ce qu'Arioste sauvera toutes les autres absurdités qui s'ensuivent de là? Où est-ce que Joconde trouve si vite une hostie sacrée pour faire jurer le roi (1)? Et quelle apparence qu'un roi s'engage ainsi légèrement à un simple gentilhomme, par un serment si exécrable? Avouons que M. de La Fontaine s'est bien plus sagement tiré de ce pas par la plaisanterie de Joconde, qui propose au roi, pour le consoler de cet accident, l'exemple des rois et des Césars qui avoient souffert un semblable malheur avec une constance tout héroïque; et peut-on en sortir plus agréablement qu'il ne fait par ces vers?

> Mais enfin il le prit en homme de courage,
>   En galant homme, et, pour le faire court,
>   En véritable homme de cour.

[a] Il re fece giurar su l'Agnus Dei.
Octave XL, vers 8.

(1) Apparemment dans la chapelle du palais d'Astolfe. (*M. Daunou.*) * Il faut en convenir, l'objection de Despréaux étoit facile à résoudre.

Ce trait ne vaut-il pas mieux lui seul que tout le sérieux d'Arioste? Ce n'est pas pourtant qu'Arioste n'ait cherché le plaisant autant qu'il a pu; et on peut dire de lui ce que Quintilien dit de Démosthène: NON DISPLICUISSE ILLI JOCOS, SED NON CONTIGISSE [a]; qu'il ne fuyoit pas les bons mots, mais qu'il ne les trouvoit pas : car quelquefois de la plus haute gravité de son style il tombe dans des bassesses à peine dignes du burlesque. En effet, qu'y a-t-il de plus ridicule que cette longue généalogie qu'il fait du reliquaire que Joconde reçut, en partant, de sa femme? Cette raillerie contre la religion n'est-elle pas bien en son lieu [b]? Que peut-on voir

[a] *De l'Institution de l'orateur*, liv. VI, chap. III. *De risu*. Cicéron au contraire, comme le dit le même Quintilien, excelloit dans le genre de la plaisanterie.

[b] « Boileau, dit M. Ginguené, reproche aussi à l'Arioste
« d'avoir fait, dans un conte de cette espèce, jurer le roi
« sur l'*Agnus Dei*, et d'avoir fait une généalogie plaisante
« du reliquaire que Joconde reçut de sa femme en partant.
« Ce n'est plus ici la langue que le censeur ne connoît pas,
« ce sont les mœurs du pays et du siècle. En Italie, pourvu
« que l'on reconnût l'autorité du Pape, on a toujours été
« très coulant sur ces sortes d'objets. » (*Hist. lit. d'Italie*, tome IV, pag. 432.) Alors en Italie on faisoit, peut-être plus que par-tout ailleurs, consister la religion en pratiques minutieuses; mais osoit-on s'y faire un jeu d'attester les choses saintes? Cette dérision sacrilège étoit peu vraisemblable dans le temps où vivoit l'Arioste.

de plus sale que cette métaphore ennuyeuse, prise de l'exercice des chevaux, de laquelle Astolfe et Joconde se servent pour se reprocher l'un à l'autre leur lubricité? Que peut-on imaginer de plus froid que cette équivoque qu'il emploie à propos du retour de Joconde à Rome? On croyoit, dit-il, qu'il étoit allé à Rome, et il étoit allé à Corneto [a]:

> Credeano che da lor si fosse tolto
> Per gire a Roma, e gito era a Corneto.

Si M. de La Fontaine avoit mis une semblable sottise dans toute sa piéce, trouveroit-il grace auprès de ses censeurs? et une impertinence de cette force n'auroit-elle pas été capable de décrier tout son ouvrage, quelques beautés qu'il eût eues d'ailleurs? Mais certes il ne falloit pas appréhender cela de lui. Un homme formé, comme je vois bien qu'il l'est, au goût de Térence et de Virgile, ne se laisse pas emporter à ces extravagances italiennes, et ne s'écarte pas ainsi de la route du bon sens. Tout ce qu'il dit est simple et naturel; et ce que j'estime sur-tout en lui, c'est une certaine naïveté de langage que peu de gens connoissent, et qui fait pourtant tout l'agrément du discours[b]; c'est cette naïveté inimitable qui a été tant estimée dans les

---

[a] Les partisans de l'Arioste passent condamnation sur cette critique; je ne crois pas qu'aucun d'eux l'ait combattue.

[b] On voit que Despréaux sentoit bien le charme de la

écrits d'Horace et de Térence, à laquelle ils se sont étudiés particulièrement, jusqu'à rompre pour cela la mesure de leurs vers, comme a fait M. de La Fontaine en beaucoup d'endroits. En effet, c'est ce MOLLE et ce FACETUM qu'Horace a attribué à Virgile, et qu'Apollon ne donne qu'à ses favoris. En voulez-vous des exemples?

> Marié depuis peu; content, je n'en sais rien.
> Sa femme avoit de la jeunesse,
> De la beauté, de la délicatesse;
> Il ne tenoit qu'à lui qu'il ne s'en trouvât bien.

S'il eût dit simplement que Joconde vivoit content avec sa femme, son discours auroit été assez froid; mais par ce doute où il s'embarrasse lui-même, et qui ne veut pourtant dire que la même chose, il *enjoue* [a] sa narration, et occupe agréablement le lecteur. C'est ainsi qu'il faut juger de ces vers de Virgile dans une de ses églogues, à propos de Médée, à qui une fureur d'amour et de jalousie avoit fait tuer ses enfants:

> Crudelis mater magis, an puer improbus ille?
> Improbus ille puer, crudelis tu quoque mater. [b]

naïveté de La Fontaine: le silence qu'il garde à son sujet, dans l'*Art poétique*, en est d'autant moins concevable.

[a] *Il enjoue* pour *il égaie*. Le verbe *enjouer* n'est point admis dans notre langue, et peut-être n'y seroit-il pas inutile; nous ne nous rappelons pas l'avoir vu ailleurs.

[b] Églogue VIII, vers 49—50.

Il en est de même encore de cette réflexion que fait M. de La Fontaine, à propos de la désolation que fait paroître la femme de Joconde, quand son mari est prêt à partir :

> Vous autres bonnes gens auriez cru que la dame
> Une heure après eût rendu l'ame ;
> Moi qui sais ce que c'est que l'esprit d'une femme, etc.

Je pourrois vous montrer beaucoup d'endroits de la même force ; mais cela ne serviroit de rien pour convaincre votre ami. Ces sortes de beautés sont de celles qu'il faut sentir, et qui ne se prouvent point. C'est ce je ne sais quoi qui nous charme, et sans lequel la beauté même n'auroit ni grace ni beauté. Mais, après tout, c'est un je ne sais quoi ; et si votre ami est aveugle, je ne m'engage pas à lui faire voir clair ; et c'est aussi pourquoi vous me dispenserez, s'il vous plaît, de répondre à toutes les vaines objections qu'il vous a faites. Ce seroit combattre des fantômes qui s'évanouissent d'eux-mêmes ; et je n'ai pas entrepris de dissiper toutes les chimères qu'il est d'humeur à se former dans l'esprit.

Mais il y a deux difficultés, dites-vous, qui vous ont été proposées par un fort galant homme, et qui sont capables de vous embarrasser. La première regarde l'endroit où ce valet d'hôtellerie trouve le moyen de coucher avec la commune maîtresse d'Astolfe et de Joconde, au milieu de ces deux galants. Cette aventure, dit-on, paroît mieux fondée dans l'original, parcequ'elle se passe dans une hôtellerie, où Astolfe et Joconde viennent d'arriver fraîchement, et d'où ils doivent partir le lendemain; ce qui est une raison suffisante pour obliger ce valet à ne point perdre de temps, et à tenter ce moyen, quelque dangereux qu'il puisse être, pour jouir de sa maîtresse, parceque, s'il laisse échapper cette occasion, il ne pourra plus la recouvrer : au lieu que, dans la nouvelle de M. de La Fontaine, tout ce mystère arrive chez un hôte où Astolfe et Joconde font un assez long séjour. Ainsi ce valet logeant avec celle qu'il aime, et étant avec elle tous les jours, vraisemblablement *il* pouvoit trouver d'autres voies plus sûres pour coucher avec elle, que celle dont il se sert.

A cela je réponds que si ce valet a recours à celle-ci, c'est qu'il n'en peut imaginer de meilleure, et qu'un gros brutal, tel qu'il nous est représenté par M. de La Fontaine, et tel qu'il devoit être en effet pour faire une entreprise comme celle-là, est fort capable de hasarder tout pour se satisfaire, et n'a pas toute la prudence que pourroit avoir un honnête homme. Il y auroit quelque chose à dire si M. de La Fontaine nous l'avoit représenté comme un amoureux de roman, tel qu'il est dépeint dans Arioste, qui n'a pas pris garde que ces paroles de tendresse et de passion qu'il lui met dans la bouche sont fort bonnes pour un Tircis, mais ne conviennent pas trop bien à un muletier [a]. Je soutiens en second lieu que la même raison qui, dans Arioste, empêche tout un jour ce valet et cette fille de pouvoir exécuter leur volonté, cette même raison, dis-je, a pu subsister plusieurs jours; et qu'ainsi étant continuellement observés l'un et l'autre par les gens d'Astolfe et de Joconde, et par les autres valets de l'hôtellerie, il n'est pas dans leur pouvoir d'accomplir leur dessein, si ce n'est la nuit. Pourquoi donc, me direz-vous, M. de La Fontaine n'a-t-il point exprimé cela? Je soutiens qu'il n'étoit point obligé de le faire, parceque cela se suppose aisément de soi-même, et que tout l'artifice de la narration consiste à ne marquer que les circonstances qui sont absolument nécessaires. Ainsi, par exemple, quand je dis qu'un tel est de retour de Rome, je n'ai que faire de dire qu'il y étoit allé, puisque cela s'ensuit de là nécessairement. De même, lorsque, dans la nouvelle de M. de La Fontaine, la fille dit au valet qu'elle ne lui peut pas accorder sa demande, parceque, si elle le faisoit, elle perdroit infailliblement l'anneau qu'Astolfe et Joconde lui avoient promis, il s'ensuit de là infailliblement qu'elle ne lui pouvoit

[a] Cette critique n'est-elle pas d'une justesse évidente?

accorder cette demande sans être découverte, autrement l'anneau n'auroit couru aucun risque.

Qu'étoit-il donc besoin que M. de La Fontaine allât perdre en paroles inutiles le temps qui est si cher dans une narration? On me dira peut-être que M. de La Fontaine, après tout, n'avoit que faire de changer ici Arioste. Mais qui ne voit, au contraire, que par-là il a évité une absurdité manifeste? c'est à savoir ce marché qu'Astolfe et Joconde font avec leur hôte, par lequel ce père vend sa fille à beaux deniers comptants [a]. En effet, ce marché n'a-t-il pas quelque chose de choquant ou plutôt d'horrible? Ajoutez que dans la nouvelle de M. de La Fontaine, Astolfe et Joconde sont trompés bien plus plaisamment, parcequ'ils regardent tous deux cette fille qu'ils ont abusée comme une jeune innocente à qui ils ont donné, comme il dit,

La première leçon du plaisir amoureux.

Au lieu que, dans Arioste, c'est une infame qui va courir le pays avec eux, et qu'ils ne sauroient regarder que comme une abandonnée.

[a]   Di molti figli il padre aggravato era,
     E nemico mortal di povertade;
     Si che a disporlo fu cosa leggiera,
     Che desse lor la figlia in potestade,
     Ch'ove piacesse lor potessin trarla,
     Poi che promesso avean di ben trattarla.
                    Octave LIII.

Je viens à la seconde objection. Il n'est pas vraisemblable, vous a-t-on dit, que quand Astolfe et Joconde prennent résolution de courir ensemble le pays, le roi, dans la douleur où il est, soit le premier qui s'avise d'en faire la proposition; et il semble qu'Arioste ait mieux réussi de la faire faire par Joconde. Je dis que c'est tout le contraire, et qu'il n'y a point d'apparence qu'un simple gentilhomme fasse à un roi une proposition si étrange [a] que celle d'abandonner son royaume, et d'aller exposer sa personne en des pays éloignés, puisque même la seule pensée en est coupable; au lieu qu'il peut fort bien tomber dans l'esprit d'un roi qui se voit sensiblement outragé en son honneur, et qui ne sauroit plus voir sa femme qu'avec chagrin, d'abandonner sa cour pour quelque temps, afin de s'ôter de devant les yeux un objet qui ne lui peut causer que de l'ennui.

Si je ne me trompe, Monsieur, voilà vos doutes assez bien résolus. Ce n'est pas pourtant que de là

[a] Cette critique est bien rigoureuse: dans l'Arioste, il est vrai, Joconde fait la proposition de voyager; mais c'est par l'ordre d'Astolfe qui lui demande ses conseils, ne sachant quel parti prendre dans le trouble qui l'agite:

> Che debbo far, che mi consigli, frate,
> (Disse a Giocondo) poi che tu mi tolli
> Che con degna vendetta, e crudeltate
> Questa giustissima ira io non satolli?
> *Octave XLV.*

je veuille inférer que M. de La Fontaine ait sauvé toutes les absurdités qui sont dans l'histoire de Joconde; il y auroit eu de l'absurdité à lui-même d'y penser. Ce seroit vouloir extravaguer sagement, puisqu'en effet toute cette histoire n'est autre chose qu'une extravagance assez ingénieuse, continuée depuis un bout jusqu'à l'autre. Ce que j'en dis n'est seulement que pour vous faire voir qu'aux endroits où il s'est écarté d'Arioste, bien loin d'avoir fait de nouvelles fautes, il a rectifié celles de cet auteur. Après tout néanmoins, il faut avouer que c'est à Arioste qu'il doit sa principale invention. Ce n'est pas que les choses qu'il a ajoutées de lui-même ne pussent entrer en parallèle avec tout ce qu'il y a de plus ingénieux dans l'histoire de Joconde. Telle est l'invention du livre blanc que nos deux aventuriers emportèrent pour mettre les noms de celles qui ne seroient pas rebelles à leurs vœux; car cette badinerie me semble bien aussi agréable que tout le reste du conte. Il n'en faut pas moins dire de cette plaisante contestation qui s'émeut entre Astolfe et Joconde, pour le pucelage de leur commune maîtresse, qui n'étoit pourtant que les restes d'un valet; mais, Monsieur, je ne veux point chicaner mal-à-propos. Donnons, si vous voulez, à Arioste toute la gloire de l'invention, ne lui dénions pas le prix qui lui est justement dû pour l'élégance, la netteté et la brièveté inimitable avec laquelle il dit tant de choses en si peu de mots; ne rabaissons point malicieusement, en faveur de notre nation, le plus ingénieux auteur des derniers siècles : mais que les graces et les charmes de son esprit ne nous enchantent pas de telle sorte qu'*elles* nous empêchent de voir les fautes de jugement qu'il a faites en plusieurs endroits ; et quelque harmonie de vers dont il nous frappe l'oreille, confessons que M. de La Fontaine, ayant conté plus plaisamment une chose très plaisante, il a mieux compris l'idée et le caractère de la narration [a].

Après cela, Monsieur, je ne pense pas que vous voulussiez exiger de moi de vous marquer ici exactement tous les défauts qui sont dans la piéce de M. Bouillon. J'aimerois autant être condamné à faire l'analyse exacte d'une chanson du Pont-Neuf par les règles de la poétique d'Aristote. Jamais style ne fut plus vicieux que le sien, et jamais style ne fut plus éloigné de celui de M. de La Fontaine. Ce n'est pas, Monsieur, que je veuille faire passer ici l'ouvrage de M. de La Fontaine pour un ouvrage sans défauts; je le tiens assez galant homme pour tomber d'accord lui-même des négligences qui s'y peuvent rencontrer : et où ne s'en rencon-

---

[a] On ne pouvoit guère terminer ce paralléle de l'Arioste et de La Fontaine avec plus de goût et d'impartialité.

tre-t-il point? Il suffit, pour moi, que le bon y passe infiniment le mauvais, et c'est assez pour faire un ouvrage excellent :

Ergo ubi plura nitent in carmine, non ego paucis
Offendar maculis. [a]

Il n'en est pas ainsi de M. Bouillon : c'est un auteur sec et aride; toutes ses expressions sont rudes et forcées, il ne dit jamais rien qui ne puisse être mieux dit; et bien qu'il bronche à chaque ligne, son ouvrage est moins à blâmer pour les fautes qui y sont, que pour l'esprit et le génie qui n'y est pas. Je ne doute point que vos sentiments en cela ne soient d'accord avec les miens. Mais s'il vous semble que j'aille trop avant, je veux bien, pour l'amour de vous, faire un effort, et en examiner seulement une page.

> Astolfe, roi de Lombardie,
> A qui son frère plein de vie
> Laissa l'empire glorieux,
> Pour se faire religieux,
> Naquit d'une forme si belle,
> Que Zeuxis et le grand Apelle,
> De leur docte et fameux pinceau
> N'ont jamais rien fait de si beau.

Que dites-vous de cette longue période? N'est-ce

[a] Horace, Art poétique, vers 351—352. Le poëte latin dit : *Verùm ubi*, etc.

pas bien entendre la manière de conter, qui doit être simple et coupée, que de commencer une narration en vers par un enchaînement de paroles à peine supportable dans l'exorde d'une oraison?

> A qui son frère plein de vie....

PLEIN DE VIE est une cheville, d'autant plus qu'il n'est pas du texte. M. Bouillon l'a ajouté de sa grace; car il n'y a point en cela de beauté qui l'y ait contraint.

> Laissa l'empire glorieux....

Ne semble-t-il pas que, selon M. Bouillon, il y a un empire particulier des glorieux, comme il y a un empire des Ottomans et des Romains; et qu'il a dit l'empire glorieux, comme un autre diroit l'empire ottoman? Ou bien il faut tomber d'accord que le mot de GLORIEUX en cet endroit-là est une cheville, et une cheville grossière et ridicule.

> Pour se faire religieux....

Cette manière de parler est basse, et nullement poétique.

> Naquit d'une forme si belle....

Pourquoi NAQUIT? N'y a-t-il pas des gens qui naissent fort beaux, et qui deviennent fort laids dans la suite du temps? Et au contraire n'en voit-on pas qui viennent fort laids au monde, et que l'âge ensuite embellit?

Que Zeuxis et le grand Apelle....

On peut bien dire qu'Apelle étoit un grand peintre; mais qui a jamais dit le grand Apelle? Cette épithète de grand tout simple ne se donne jamais qu'à des conquérants et à nos saints. On peut bien appeler Cicéron le grand orateur; mais il seroit ridicule de dire le grand Cicéron [a], et cela auroit quelque chose d'enflé et de puéril [b]. Mais qu'a fait ici le pauvre Zeuxis pour demeurer sans épithète, tandis qu'Apelle est le grand Apelle? Sans mentir, il est bien malheureux que la mesure du vers ne l'ait pas permis, car il auroit été du moins le brave Zeuxis.

[a] L'usage a consacré ces expressions: *le grand Corneille, le grand Bossuet*; et le critique lui-même a fini par dire:

Arnauld, *le grand Arnauld* fit mon apologie.
Épître X, vers 122.

[b] L'éditeur de 1772 dit avec raison que l'adjectif *puéril* est un de ceux qui ne prennent point d'e au masculin, parcequ'il provient du mot latin *puerilis*, dont la syllabe pénultième est longue. Il rappelle à ce sujet les observations de Vaugelas et de Bouhours, et il s'étonne que Saint-Marc les ait ignorées. C'est une faute que l'on commet fréquemment. Elle existe dans presque toutes les éditions de Despréaux que nous avons examinées, depuis celle de Brossette jusqu'à celle de M. Daunou inclusivement. MM. Didot sont les seuls qui l'aient évitée.

De leur docte et fameux pinceau
N'ont jamais rien fait de si beau.

Il a voulu exprimer ici la pensée de l'Arioste, que quand Zeuxis et Apelle auroient épuisé tous leurs efforts pour peindre une beauté douée de toutes les perfections, cette beauté n'auroit pas égalé celle d'Astolfe. Mais qu'il y a mal réussi! et que cette façon de parler est grossière! « N'ont jamais rien « fait de si beau de leur pinceau. »

Mais si sa grace sans pareille.... [a]

SANS PAREILLE est là une cheville; et le poëte n'a

[a] Plusieurs commentateurs, entre autres du Monteil, ont cru devoir insérer dans leurs éditions la nouvelle de La Fontaine et celle de Bouillon, pour mieux faire entendre la dissertation de Despréaux. Cette précaution nous a paru très superflue; mais il nous a semblé nécessaire de transcrire le morceau de la pièce de Bouillon, sur lequel portent les critiques. Despréaux, écrivant à quelqu'un qui l'avoit sous les yeux, s'est contenté d'en copier les huit premiers vers. En voici la suite :

> Mais si sa grace sans pareille
> Étoit du monde la merveille,
> Plus beau cent fois il se croyoit
> Que le monde qui le voyoit.
> Il n'estimoit rien sa couronne,
> Ni les avantages que donne
> Le royal éclat de son sang;
> Il méprisoit ce premier rang
> Qu'il tenoit entre tous les princes
> Dans les italiques provinces.

pas pu dire cela d'Astolfe, puisqu'il déclare dans la suite qu'il y avoit un homme au monde plus beau que lui; c'est à savoir Joconde.

> Étoit du monde la merveille....

Cette transposition ne se peut souffrir.

> Ni les avantages que donne
> Le royal éclat de son sang....

Ne diriez-vous pas que le sang des Astolfes de Lombardie est ce qui donne ordinairement de l'éclat? Il falloit dire: « ni les avantages que lui donnoit le « royal éclat de son sang. »

> Dans les italiques provinces....

Cette manière de parler sent le poëme épique, où même elle ne seroit pas fort bonne, et ne vaut rien

> Il comptoit pour rien ses trésors,
> Au prix des charmes de son corps,
> Que mille flatteuses louanges
> Élevoient au-dessus des anges.
> Entre plusieurs gens de sa cour
> Le roi s'enquit de Fauste un jour,
> Si jamais il avoit vu naître,
> Depuis qu'il se pouvoit connoître,
> Rien qui fût comparable à lui;
> Et ce lui fut un grand ennui,
> Quand Fauste, bannissant la crainte,
> Lui tint ce langage sans feinte :
> Sire, je crois que le soleil
> . . . .

du tout dans un conte, où les façons de parler doivent être simples et naturelles.

Élevoient au-dessus des anges....

Pour parler françois, il falloit dire : « Élevoient « au-dessus de ceux des anges. »

Au prix des charmes de son corps.

DE SON CORPS est dit bassement pour rimer. Il falloit dire DE SA BEAUTÉ.

Si jamais il avoit vu naître....

NAÎTRE est maintenant aussi peu nécessaire qu'il l'étoit tantôt.

Rien qui fût comparable à lui....

Ne voilà-t-il pas un joli vers?

> Sire, je crois que le soleil
> Ne voit rien qui vous soit pareil,
> Si ce n'est mon frère Joconde,
> Qui n'a point de pareil au monde.

Le pauvre Bouillon s'est terriblement embarrassé dans ces termes de PAREIL et de SANS PAREIL. Il a dit là-bas que la beauté d'Astolfe n'a point de pareille : ici il dit que c'est la beauté de Joconde qui est sans pareille : de là il conclut que la beauté sans pareille du roi n'a de pareille que la beauté sans pareille de Joconde. Mais, sauf l'honneur de l'Arioste que M. Bouillon a suivi en cet endroit, je trouve ce compliment fort impertinent, puisqu'il n'est pas vraisemblable qu'un courtisan aille de but en blanc dire à un roi qui se pique d'être le plus bel homme de son siècle : « J'ai un frère plus « beau que vous. » M. de La Fontaine a bien fait d'éviter cela, et de dire simplement que ce courtisan prit cette occasion de louer la beauté de son frère, sans l'élever néanmoins au-dessus de celle du roi.

Comme vous voyez, Monsieur, il n'y a pas un vers où il n'y ait quelque chose à reprendre, et que Quintilius (1) n'envoyât rebattre sur l'enclume.

---

(1) Dans les éditions des Contes de La Fontaine, où j'ai vu cette dissertation, il y a *Quintilien*. M. Brossette, M. du Monteil et l'éditeur de 1735 ont mis de même. C'est une faute d'impression, échappée vraisemblablement dans une des premières éditions de cette dissertation. L'éditeur de 1740 a pris soin, sans en avertir, de la corriger et de mettre *Quintilius*. Sa correction doit d'autant plus être adoptée, que la phrase même de notre auteur annonce qu'il parle du *Quintilius* d'Horace. Cette phrase n'est que la traduction des derniers mots de cet endroit de l'Art poétique :

Quintilio, si quid recitares, corrige sodes,
Hoc, aiebat, et hoc. Melius te posse negares
Bis terque expertum frustrà : delere jubebat,
Et malè formatos incudi reddere versus.

Vers 437—440.

(*Saint-Marc.*)

Mais en voilà assez; et quelque résolution que j'aie prise d'examiner la page entière, vous trouverez bon que je me fasse grace à moi-même, et que je ne passe pas plus avant. Et que seroit-ce, bon Dieu! si j'allois rechercher toutes les impertinences de cet ouvrage, les mauvaises façons de parler, les rudesses, les incongruités, les choses froides et platement dites qui s'y rencontrent par-tout? Que dirions-nous de ces murailles dont les ouvertures bâillent[a], de ces errements qu'Astolfe et Joconde suivent dans les pays flamands[b]? Suivre des errements! juste ciel! quelle langue est-ce là! Sans mentir, je suis honteux pour M. de La Fontaine de voir qu'il ait pu être mis en parallèle avec un tel auteur; mais je suis encore plus honteux pour votre ami. Je le trouve bien hardi, sans doute, d'oser ainsi hasarder cent pistoles sur la foi de son jugement. S'il n'a point de meilleure caution, et

[a] Dans l'obscurité d'un recoin,
　　Il considère avec soin
　　Que le plancher et la muraille
　　Font une ouverture qui *bâille*,
　　Et qui donne passage aux yeux.
[b] Après, suivant leurs *errements*,
　　Ils vont au *pays des Flamands*;
　　Puis ils passent en Angleterre,
　　Et par-tout ils portent la guerre
　　Au sexe amoureux et charmant,
　　Dont ils triomphent aisément.

qu'il fasse souvent de semblables gageures, il est au hasard de se ruiner.

Voilà, Monsieur, la manière d'agir ordinaire des demi-critiques, de ces gens, dis-je, qui, sous l'ombre d'un sens commun tourné pourtant à leur mode, prétendent avoir droit de juger souverainement de toutes choses, corrigent, disposent, réforment, louent, approuvent, condamnent tout au hasard. J'ai peur que votre ami ne soit un peu de ce nombre. Je lui pardonne cette haute estime qu'il fait de la pièce de M. Bouillon; je lui pardonne même d'avoir chargé sa mémoire de toutes les sottises de cet ouvrage; mais je ne lui pardonne pas la confiance avec laquelle il se persuade que tout le monde confirmera son sentiment. Pense-t-il donc que trois des plus galants hommes de France aillent, de gaieté de cœur, se perdre d'estime dans l'esprit des habiles gens, pour lui faire gagner cent pistoles [a]? Et depuis Midas, d'imper-

---

[a] Brossette nous apprend que l'abbé Le Vayer et M. de Saint-Gilles s'en rapportèrent à Molière, leur ami commun, qui ne voulut pas dire son sentiment, pour ne pas faire perdre la gageure au dernier, et que Despréaux termina le différent par sa dissertation. Du Monteil a de la peine à concilier ce que dit Brossette avec le choix de trois juges dont parle Despréaux. Il est à présumer que Molière refusa de prononcer seul, qu'on lui adjoignit deux arbitres, et que Despréaux, l'un d'eux, fit prévaloir son opinion.

tinente mémoire, s'est-il trouvé personne qui ait rendu un jugement aussi absurde que celui qu'il attend d'eux?

Mais, Monsieur, il me semble qu'il y a assez long-temps que je vous entretiens; et ma lettre pourroit enfin passer pour une dissertation préméditée. Que voulez-vous? c'est que votre gageure me tient au cœur; et j'ai été bien aise de vous justifier à vous-même le droit que vous avez sur les cent pistoles de votre ami. J'espère que cela servira à vous faire voir avec combien de passion je suis, etc. [a].

[a] Voltaire préféroit l'épisode de l'Arioste au conte de La Fontaine. Il a, dans ses ouvrages, combattu plusieurs fois la dissertation de Despréaux. « Je ne prononcerai point, « dit La Harpe, entre ces deux grands juges; mais il me « semble que dans tous les endroits où Despréaux rappro- « che et compare les deux poëtes, il est difficile de n'être « pas de son avis, et de ne pas convenir que La Fontaine « l'emporte par ces traits de naturel et de naïveté, par ces « graces propres au conte, qui étoient en lui un présent « particulier de la nature. » (*Cours de littérature*, tome VI, page 364.)

DISCOURS
SUR LE DIALOGUE SUIVANT.

Le dialogue qu'on donne ici au public a été composé à l'occasion de cette prodigieuse multitude de romans qui parurent vers le milieu du siècle précédent, et dont voici en peu de mots l'origine. Honoré d'Urfé [a], homme de fort grande qualité dans le Lyonnois, et très enclin à l'amour, voulant faire valoir un grand nombre de vers qu'il avoit composés pour ses maîtresses, et rassembler en un corps plusieurs aventures amoureuses qui lui étoient arrivées, s'avisa d'une invention très agréable. Il feignit que dans le Forez, petit pays contigu à la Limagne d'Auvergne, il y avoit eu, du temps de

[a] Honoré d'Urfé, comte de Châteauneuf et marquis de Valromei, fut d'abord chevalier de Malte et fit des vœux. Ensuite il épousa Diane de Château-Morand, sa belle-sœur, dont le mariage avoit été annullé. Il la désigne dans son roman sous les noms d'*Astrée* et de *Diane*, et lui-même il s'y peint sous ceux de *Céladon* et de *Sylvandre*. Né en 1567, il mourut, en 1625, à cinquante-huit ans.

nos premiers rois, une troupe de bergers et de bergères qui habitoient sur les bords de la rivière du Lignon, et qui, assez accommodés des biens de la fortune, ne laissoient pas néanmoins, par un simple amusement, et pour leur seul plaisir, de mener paître eux-mêmes leurs troupeaux. Tous ces bergers et toutes ces bergères étant d'un fort grand loisir, l'amour, comme on le peut penser, et comme il le raconte lui-même, ne tarda guère à les y venir troubler, et produisit quantité d'événements considérables. D'Urfé y fit arriver toutes ses aventures, parmi lesquelles il en mêla beaucoup d'autres, et enchâssa les vers dont j'ai parlé, qui, tout méchants qu'ils étoient, ne laissèrent pas d'être soufferts, et de passer à la faveur de l'art avec lequel il les mit en œuvre : car il soutint tout cela d'une narration également vive et fleurie, de fictions très ingénieuses et de caractères aussi finement imaginés qu'agréablement variés et bien suivis. Il composa ainsi un roman qui lui acquit beaucoup de réputation, et qui fut fort estimé, même des gens du goût le plus exquis [a]; bien que la

[a] Le roman de l'*Astrée* eut long-temps une vogue pro-

morale en fût fort vicieuse, ne prêchant que l'amour et la mollesse, et allant quelquefois jusqu'à blesser un peu la pudeur. Il en fit quatre volumes(1) qu'il intitula ASTRÉE, du nom de la plus belle de ses bergères; et sur ces entrefaites étant mort, Baro, son ami [a], et, selon quelques uns, son domestique, en composa sur ses mémoires un cinquième tome, qui en formoit la conclusion, et qui ne fut guère moins bien reçu que les quatre autres volumes. Le grand succès de ce roman échauffa si bien les beaux esprits d'alors, qu'ils en firent à son imitation quantité de semblables, dont il y en avoit même de dix et de douze volumes;

---

digieuse; mais depuis plus d'un siècle on n'en connoît guère que le nom, et La Harpe avoue qu'il n'a pu jamais en supporter la lecture. (*Cours de littérature*, t. 7, p. 297.)

(1) Le premier parut en 1610; le second dix ans après; le troisième, quatre ou cinq ans après le second. La quatrième partie étoit achevée lorsque l'auteur mourut. (*Brossette.*)

[a] Balthazar Baro, né en 1600 à Valence en Dauphiné, de l'académie françoise, gentilhomme de mademoiselle de Montpensier, fut d'abord secrétaire de d'Urfé. Sur les mémoires de ce dernier, il composa la cinquième partie de l'*Astrée*, et la publia en 1627. On a de lui des odes et des pièces de théâtre. Sa tragédie de Parthénie eut quelque succès en 1641. Il mourut à l'âge de cinquante ans.

et ce fut quelque temps comme une espèce de débordement sur le Parnasse. On vantoit surtout ceux de Gomberville[a], de La Calprenède, de Desmarets et de Scudéri. Mais ces imitateurs s'efforçant mal-à-propos d'enchérir sur leur [b] original, et prétendant ennoblir ses ca-

[a] Marin Le Roi de Gomberville, né en 1600, à Paris ou peut-être à Étampes, mort en 1674, fut un poëte très précoce. A quatorze ans il avoit publié un volume composé de cent dix quatrains, intitulé *le Tableau du bonheur de la vieillesse opposé au malheur de la jeunesse;* ouvrage dont le sujet étonne, mais dépourvu de style et d'idées. A l'âge de quarante-cinq ans, ayant fait connoissance avec les solitaires de Port-Royal, il embrassa le parti de la retraite, et revint bientôt dans le monde. Ses romans avoient obtenu un si grand succès, que le cardinal de Richelieu le désigna comme l'un des membres de l'académie françoise, à la formation de cette compagnie. Le principal de ces romans est *Polexandre*, en cinq volumes de mille ou douze cents pages chacun, « qui sont, dit La Harpe, d'un excès de folie si « curieux, qu'il donne le courage de les lire, à la vérité un « peu légèrement. » (*Cours de littérature*, t. 7, p. 300.)

[b] L'édition de 1713, où ce discours et le dialogue suivant parurent pour la première fois, porte *sur leur original*. Brossette met *sur l'original*, sans donner aucune raison de ce changement. Il se contente de dire, en parlant du dialogue de Despréaux: « Il voulut que le manuscrit original « m'en fût remis; ce qui a été fidèlement exécuté après sa « mort. » Les éditeurs sont partagés sur le choix des deux leçons; ceux de 1735 et de 1740 suivent celle de Brossette.

ractères, tombèrent, à mon avis, dans une très grande puérilité ; car, au lieu de prendre, comme lui, pour leurs héros, des bergers occupés du seul soin de gagner le cœur de leurs maîtresses, ils prirent, pour leur donner cette étrange occupation, non seulement des princes et des rois, mais les plus fameux capitaines de l'antiquité, qu'ils peignirent pleins du même esprit que ces bergers, ayant, à leur exemple, fait comme une espèce de vœu de ne parler jamais et de n'entendre jamais parler que d'amour. De sorte qu'au lieu que d'Urfé dans son Astrée, de bergers très frivoles avoit fait des héros de roman considérables, ces auteurs, au contraire, des héros les plus considérables de l'histoire firent des bergers très frivoles, et quelquefois même des bourgeois (1), encore plus frivoles que ces bergers. Leurs ouvrages néanmoins ne laissèrent pas de trouver un

---

(1) Les auteurs de ces romans, sous le nom de ces héros, peignoient quelquefois le caractère de leurs amis particuliers, gens de peu de conséquence. (*Despréaux.*) * C'est à ce travers que se rapporte le précepte suivant :

Gardez donc de donner, ainsi que dans Clélie,
L'air ni l'esprit françois à l'antique Italie.
. . . .
Art poétique, chant III, vers 115—116.

nombre infini d'admirateurs, et eurent longtemps une fort grande vogue. Mais ceux qui s'attirèrent le plus d'applaudissements, ce furent le Cyrus et la Clélie de mademoiselle de Scudéri, sœur de l'auteur du même nom. Cependant non seulement elle tomba dans la même puérilité, mais elle la poussa encore à un plus grand excès. Si bien qu'au lieu de représenter, comme elle devoit, dans la personne de Cyrus, un roi promis par les prophètes, tel qu'il est exprimé dans la Bible, ou, comme le peint Hérodote [a], le plus grand

[a] Hérodote naquit à Halicarnasse en Carie, 484 ans avant Jésus-Christ; on n'a aucun détail sur sa vieillesse ni sur l'époque de sa mort. Son histoire n'est pas seulement précieuse par le charme du style; c'est un des tableaux les plus vastes et les mieux ordonnés. Cet auteur célèbre, à qui l'on doit la connoissance des plus anciens peuples, fut accusé trop long-temps de s'être joué de la crédulité du lecteur. L'expérience démontre tous les jours que ses opinions étoient justes, et que ses descriptions étoient exactes. Ses récits le plus souvent sont le résultat de recherches pénibles et scrupuleuses. Si quelquefois on les trouve incroyables, il les donne pour tels, et comme des traditions propres à faire juger les hommes qu'il veut peindre.

Quoiqu'il n'y ait pas un siècle entre la mort de Cyrus et le temps où Hérodote écrivoit, celui-ci nous apprend qu'il existoit sur ce conquérant trois traditions différentes. On soupçonne qu'il adopta la moins favorable, pour plaire

conquérant que l'on eût encore vu, ou enfin tel qu'il est figuré dans Xénophon, qui a fait aussi bien qu'elle un roman de la vie de ce prince [a]; au lieu, dis-je, d'en faire un modèle de toute perfection, elle en composa un Artamène plus fou que tous les Céladons et tous les Sylvandres (1), qui n'est occupé que du seul soin de sa Mandane, qui ne sait du matin au soir que lamenter, gémir et filer le parfait amour. Elle a encore fait pis dans son autre roman intitulé CLÉLIE, où elle représente tous les héros de la république romaine naissante, les Horatius Coclès, les Mutius Scévola, les Clélie, les Lucrèce, les Brutus, encore plus amoureux qu'Artamène, ne s'occupant qu'à tracer des cartes géographiques d'amour (2), qu'à se proposer les uns aux autres des ques-

aux Grecs rassemblés, qui entendirent la lecture de son histoire, et qui n'aimoient pas les rois.

[a] On ne peut guère douter que *la Cyropédie* ne soit un roman historique, où l'auteur offre aux monarques un modèle de perfection dans le grand art de régner. Plusieurs critiques cependant pensent que Xénophon, dans les principaux événements de la vie de son héros, a suivi une tradition préférable à celle d'Hérodote.

(1) Bergers du roman de l'Astrée. (*Brossette.*)
(2) *Voyez* à ce sujet la satire X, vers 161. (*Brossette.*)

tions et des énigmes galantes; en un mot, qu'à faire tout ce qui paroît le plus opposé au caractère et à la gravité héroïque de ces premiers Romains.

Comme j'étois fort jeune dans le temps que tous ces romans, tant ceux de mademoiselle de Scudéri, que ceux de La Calprenède et de tous les autres, faisoient le plus d'éclat, je les lus, ainsi que les lisoit tout le monde, avec beaucoup d'admiration; et je les regardai comme des chefs-d'œuvre de notre langue. Mais enfin mes années étant accrues, et la raison m'ayant ouvert les yeux, je reconnus la puérilité de ces ouvrages. Si bien que l'esprit satirique commençant à dominer en moi, je ne me donnai point de repos que je n'eusse fait contre ces romans un dialogue à la manière de Lucien [a],

---

[a] Nous ne connoissons précisément ni la date de la naissance, ni celle de la mort de Lucien, cet auteur grec si original et si ingénieux. L'opinion la plus vraisemblable le fait vivre sous les règnes de Trajan, d'Antonin-le-Pieux, de Marc-Aurèle, et prolonge sa vieillesse jusque sous celui de Commode. Sorti d'une famille de sculpteurs, il embrassa d'abord la profession de ses parents, et s'en dégoûta presque aussitôt. Ensuite il exerça celle d'orateur au barreau d'Antioche, puis à celui d'Athènes, et voyagea beaucoup suivant l'usage des anciens. Il parcourut l'Italie, les Gau-

où j'attaquois non seulement leur peu de solidité, mais leur afféterie précieuse de langage, leurs conversations vagues et frivoles, les portraits avantageux faits à chaque bout de champ de personnes de très médiocre beauté et quelquefois même laides par excès, et tout ce long verbiage d'amour qui n'a point de fin. Cependant comme mademoiselle de Scudéri étoit alors vivante, je me contentai de composer ce dialogue dans ma tête; et bien loin de le faire imprimer, je gagnai même sur moi de ne point l'écrire, et de ne point le laisser voir sur le papier, ne voulant pas donner ce chagrin à une fille qui, après tout, avoit beaucoup de mérite, et qui, s'il en faut croire tous ceux qui l'ont connue, nonobstant la mauvaise morale

les, l'Asie mineure, en improvisant des discours qui lui valoient de fortes rétributions. A l'âge de quarante ans, désabusé d'un exercice qui est l'abus de la facilité, il dirigea son esprit vers le genre de composition auquel il doit sa renommée; mais si ses ouvrages, dont le plus grand nombre consiste en dialogues, sont remplis d'enjouement, de finesse et de naturel, souvent la lecture n'en seroit pas sans danger pour l'inexpérience. En attaquant les superstitions, les vices et les ridicules, Lucien n'a pas assez respecté les idées religieuses et morales. Des fonctions importantes lui furent confiées en Égypte. La ville de Samosate en Syrie, où il avoit reçu le jour, le posséda rarement.

enseignée dans ses romans, avoit encore plus de probité et d'honneur que d'esprit. Mais aujourd'hui qu'enfin la mort *l'a rayée du nombre des humains* [a], elle et tous les autres compositeurs de romans, je crois qu'on ne trouvera pas mauvais que je donne au public mon dialogue, tel que je l'ai retrouvé dans ma mémoire. Cela me paroît d'autant plus nécessaire, qu'en ma jeunesse l'ayant récité plusieurs fois dans des compagnies où il se trouvoit des gens qui avoient beaucoup de mémoire, ces personnes en ont retenu plusieurs lambeaux, dont elles ont ensuite composé un ouvrage, qu'on a distribué sous le nom de DIALOGUE DE M. DESPRÉAUX, et qui a été imprimé plusieurs fois dans les pays étrangers (1). Mais enfin le voici

[a] Mais sitôt que d'un trait de ses fatales mains,
  La parque l'eut rayé [a] du nombre des humains,
  . . . .
  Épître VII, vers 33—34

(1) Il parut d'abord en 1688, dans le deuxième tome du *Retour des pièces choisies*; ensuite on l'inséra parmi les *OEuvres de M. de Saint-Évremont*, sous le titre de *Dialogue des morts*. M. Despréaux soupçonnoit M. le marquis de Sévigné d'en être le principal auteur. (*Brossette.*) * *Voyez* la lettre de Despréaux à Brossette, qui paroît être du 27 mars 1704.

[a] Molière.

donné de ma main. Je ne sais s'il s'attirera les mêmes applaudissements qu'il s'attiroit autrefois dans les fréquents récits que j'étois obligé d'en faire ; car, outre qu'en le récitant je donnois à tous les personnages que j'y introduisois le ton qui leur convenoit, ces romans étant alors lus de tout le monde, on concevoit aisément la finesse des railleries qui y sont ; mais maintenant que les voilà tombés dans l'oubli, et qu'on ne les lit presque plus, je doute que mon dialogue fasse le même effet. Ce que je sais pourtant, à n'en point douter, c'est que tous les gens d'esprit et de véritable vertu me rendront justice, et reconnoîtront sans peine que, sous le voile d'une fiction en apparence extrêmement badine, folle, outrée, où il n'arrive rien qui soit dans la vérité et dans la vraisemblance, je leur donne peut-être ici le moins frivole ouvrage qui soit encore sorti de ma plume.

LES HÉROS DE ROMAN,

DIALOGUE

A LA MANIÈRE DE LUCIEN [a].

MINOS, *sortant du lieu où il rend la justice, proche du palais de Pluton* (1).

Maudit soit l'impertinent harangueur qui m'a tenu toute la matinée ! il s'agissoit d'un méchant drap qu'on a dérobé à un savetier, en passant le fleuve ; et jamais je n'ai tant ouï parler d'Aristote. Il n'y a point de loi qu'il ne m'ait citée.

---

[a] Ce dialogue, composé à la fin de l'année 1664 et au commencement de l'année 1665, ainsi que le discours qui le précède, composé en 1710, furent imprimés, pour la première fois, dans l'édition de 1713.

(1) Il y a dans l'édition de 1713 *proche du palais*. J'adopte la correction de M. Brossette, à l'exemple de tous les éditeurs qui l'ont suivi. Dans l'usage ordinaire *proche* gouverne l'accusatif, *proche le palais* ; et *près* gouverne le génitif, *près du palais*. (*Saint-Marc.*) * Le dictionnaire de l'académie françoise ne confirme point cette décision. D'après les exemples qu'il fournit, on peut dire également *proche le palais, proche du palais*. Nous avons rétabli la leçon de 1713.

PLUTON.

Vous voilà bien en colère, Minos.

MINOS.

Ah! c'est vous, roi des enfers. Qui vous amène?

PLUTON.

Je viens ici pour vous en instruire; mais auparavant peut-on savoir quel est cet avocat qui vous a si doctement ennuyé ce matin? Est-ce que Huot et Martinet sont morts (1)?

MINOS.

Non, grace au ciel; mais c'est un jeune mort qui a été sans doute à leur école. Bien qu'il n'ait dit que des sottises, il n'en a avancé pas une qu'il n'ait appuyée de l'autorité de tous les anciens; et quoiqu'il les fît parler de la plus mauvaise grace du monde, il leur a donné à tous, en les citant, de la galanterie, de la gentillesse et de la bonne grace. « Platon dit galamment dans son Timée. « Sénèque est joli dans son Traité des bienfaits. « Ésope a bonne grace dans un de ses apolo- « gues (2). »

PLUTON.

Vous me peignez là un maître impertinent;

(1) Dans la première composition, au lieu d'*Huot* il y avoit *Bilain*; mais Bilain n'étoit pas un avocat braillard. (*Brossette.*)

(2) Manières de parler de ce temps-là, fort communes dans le barreau. (*Despréaux.*)

mais pourquoi le laissiez-vous parler si long-temps? Que ne lui imposiez-vous silence?

MINOS.

Silence, lui! c'est bien un homme qu'on puisse faire taire quand il a commencé à parler! J'ai eu beau faire semblant vingt fois de me vouloir lever de mon siège; j'ai eu beau lui crier : Avocat, concluez, de grace; concluez, avocat. Il a été jusqu'au bout, et a tenu à lui seul toute l'audience. Pour moi, je ne vis jamais une telle fureur de parler; et si ce désordre-là continue, je crois que je serai obligé de quitter la charge.

PLUTON.

Il est vrai que les morts n'ont jamais été si sots qu'aujourd'hui. Il n'est pas venu ici depuis long-temps une ombre qui eût le sens commun ; et sans parler des gens de palais, je ne vois rien de si impertinent que ceux qu'ils nomment gens du monde. Ils parlent tous un certain langage qu'ils appellent galanterie; et quand nous leur témoignons, Proserpine et moi, que cela nous choque, ils nous traitent de bourgeois, et disent que nous ne sommes pas galants. On m'a assuré même que cette pestilente galanterie avoit infecté tous les pays infernaux, et même les champs élysées; de sorte que les héros et sur-tout les héroïnes qui les habitent, sont aujourd'hui les plus sottes gens du monde, grace à certains auteurs qui leur ont appris, dit-on, ce beau langage, et qui en ont fait des amoureux transis. A vous dire le vrai, j'ai bien de la peine à le croire. J'ai bien de la peine, dis-je, à m'imaginer que les Cyrus et les Alexandre soient devenus tout-à-coup, comme on veut me le faire entendre, des Thyrsis et des Celadon. Pour m'en éclaircir donc moi-même par mes propres yeux, j'ai donné ordre qu'on fît venir ici aujourd'hui des champs élysées, et de toutes les autres régions de l'enfer, les plus célèbres d'entre ces héros; et j'ai fait préparer pour les recevoir ce grand salon, où vous voyez que sont postés mes gardes. Mais où est Rhadamanthe?

MINOS.

Qui? Rhadamanthe? il est allé dans le Tartare pour y voir entrer un lieutenant-criminel (1), nouvellement arrivé de l'autre monde, où il a, dit-on, été, tant qu'il a vécu, aussi célèbre par sa grande capacité dans les affaires de judicature, que diffamé par son excessive avarice.

PLUTON.

N'est-ce pas celui qui pensa se faire tuer une seconde fois, pour une obole qu'il ne voulut pas payer à Caron en passant le fleuve?

---

(1) Le lieutenant-criminel Tardieu et sa femme avoient été assassinés à Paris la même année que je fis ce dialogue, c'est à savoir en 1664. (*Despréaux.*) * *Voyez* satire X, vers 253—340.

MINOS.

C'est celui-là même. Avez-vous vu sa femme? C'étoit une chose à peindre que l'entrée qu'elle fit ici. Elle étoit couverte d'un linceul de satin.

PLUTON.

Comment? de satin? Voilà une grande magnificence.

MINOS.

Au contraire, c'est une épargne : car tout cet accoutrement n'étoit autre chose que trois thèses cousues ensemble, dont on avoit fait présent à son mari en l'autre monde. O la vilaine ombre! Je crains qu'elle n'empeste tout l'enfer. J'ai tous les jours les oreilles rebattues de ses larcins. Elle vola avant-hier la quenouille de Clothon; et c'est elle qui avoit dérobé ce drap, dont on m'a tant étourdi ce matin, à un savetier qu'elle attendoit au passage. De quoi vous êtes-vous avisé de charger les enfers d'une si dangereuse créature?

PLUTON.

Il falloit bien qu'elle suivît son mari. Il n'auroit pas été bien damné sans elle. Mais, à propos de Rhadamanthe, le voici lui-même, si je ne me trompe, qui vient à nous. Qu'a-t-il? Il paroît tout effrayé?

RHADAMANTHE.

Puissant roi des enfers, je viens vous avertir qu'il faut songer tout de bon à vous défendre, vous et votre royaume. Il y a un grand parti formé contre vous dans le Tartare. Tous les criminels, résolus de ne plus vous obéir, ont pris les armes. J'ai rencontré là-bas Prométhée avec son vautour sur le poing. Tantale est ivre comme une soupe; Ixion a violé une furie; et Sisyphe, assis sur son rocher, exhorte tous ses voisins à secouer le joug de votre domination.

MINOS.

O les scélérats! il y a long-temps que je prévoyois ce malheur.

PLUTON.

Ne craignez rien, Minos. Je sais bien le moyen de les réduire. Mais ne perdons point de temps. Qu'on fortifie les avenues. Qu'on redouble la garde de mes furies. Qu'on arme toutes les milices de l'enfer. Qu'on lâche Cerbère. Vous, Rhadamanthe, allez-vous-en dire à Mercure qu'il nous fasse venir l'artillerie de mon frère Jupiter. Cependant vous, Minos, demeurez avec moi. Voyons nos héros, s'ils sont en état de nous aider. J'ai été bien inspiré de les mander aujourd'hui. Mais quel est ce bon homme qui vient à nous, avec son bâton et sa besace? Ha! c'est ce fou de Diogène. Que viens-tu chercher ici?

DIOGÈNE.

J'ai appris la nécessité de vos affaires; et, comme votre fidèle sujet, je viens vous offrir mon bâton.

PLUTON.

Nous voilà bien forts avec ton bâton!

DIOGÈNE.

Ne pensez pas vous moquer. Je ne serai peut-être pas le plus inutile de tous ceux que vous avez envoyé chercher.

PLUTON.

Eh quoi! nos héros ne viennent-ils pas?

DIOGÈNE.

Oui, je viens de rencontrer une troupe de fous là-bas. Je crois que ce sont eux. Est-ce que vous avez envie de donner le bal?

PLUTON.

Pourquoi le bal?

DIOGÈNE.

C'est qu'ils sont en fort bon équipage pour danser. Ils sont jolis, ma foi; je n'ai jamais rien vu de si dameret ni de si galant.

PLUTON.

Tout beau, Diogène. Tu te mêles toujours de railler. Je n'aime point les satiriques. Et puis ce sont des héros pour lesquels on doit avoir du respect.

DIOGÈNE.

Vous en allez juger vous-même tout-à-l'heure; car je les vois déja qui paroissent. Approchez, fameux héros, et vous aussi, héroïnes encore plus fameuses, autrefois l'admiration de toute la terre.

Voici une belle occasion de vous signaler. Venez ici tous en foule.

PLUTON.

Tais-toi. Je veux que chacun vienne l'un après l'autre, accompagné tout au plus de quelqu'un de ses confidents. Mais avant tout, Minos, passons, vous et moi, dans ce salon que j'ai fait, comme je vous ai dit, préparer pour les recevoir, et où j'ai ordonné qu'on mît nos sièges, avec une balustrade qui nous sépare du reste de l'assemblée. Entrons. Bon. Voilà tout disposé ainsi que je le souhaitois. Suis-nous, Diogène : j'ai besoin de toi pour nous dire le nom des héros qui vont arriver. Car de la manière dont je vois que tu as fait connoissance avec eux, personne ne me peut mieux rendre ce service que toi.

DIOGÈNE.

Je ferai de mon mieux.

PLUTON.

Tiens-toi donc ici près de moi. Vous, gardes, au moment que j'aurai interrogé ceux qui seront entrés, qu'on les fasse passer dans les longues et ténébreuses galeries qui sont adossées à ce salon, et qu'on leur dise d'y aller attendre mes ordres. Asseyons-nous [a]. Qui est ce-

---

[a] Les éditeurs de 1735 et de 1740 ont mis *assoyons-nous*, quoiqu'il y ait *asseyons-nous* dans l'édition de 1713, et que

lui-ci [a] qui vient le premier de tous, nonchalamment appuyé sur son écuyer?

DIOGÈNE.

C'est le grand Cyrus.

PLUTON.

Quoi! ce grand roi qui transféra l'empire des Mèdes aux Perses, qui a tant gagné de batailles? De son temps les hommes venoient ici tous les jours par trente et quarante mille. Jamais personne n'y en a tant envoyé.

DIOGÈNE.

Au moins ne l'allez pas appeler Cyrus.

PLUTON.

Pourquoi?

DIOGÈNE.

Ce n'est plus son nom. Il s'appelle maintenant Artamène.

PLUTON.

Artamène! et où a-t-il pêché ce nom-là? Je ne me souviens point de l'avoir jamais lu.

---

l'académie françoise n'admette que cette dernière expression, dans son observation sur la remarque CLXX de Vaugelas, 1704, in-4°, page 187.

[a] Il y a *qui est celui-ci qui*, etc. dans l'édition de 1713. Cette leçon a été suivie par Saint-Marc; on la trouve également dans le Boileau *imprimé par l'ordre du roi, pour l'éducation de monseigneur le Dauphin*, Didot l'aîné, in-16, 1788. Les autres éditeurs, depuis Brossette jusqu'à M. Daunou, ont mis *qui est celui qui*, etc.

DIOGÈNE.

Je vois bien que vous ne savez pas son histoire.

PLUTON.

Qui? moi? Je sais aussi bien mon Hérodote qu'un autre.

DIOGÈNE.

Oui; mais avec tout cela, diriez-vous bien pourquoi Cyrus a tant conquis de provinces, traversé l'Asie, la Médie, l'Hyrcanie, la Perse, et ravagé enfin plus de la moitié du monde?

PLUTON.

Belle demande! c'est que c'étoit un prince ambitieux, qui vouloit que toute la terre lui fût soumise.

DIOGÈNE.

Point du tout. C'est qu'il vouloit délivrer sa princesse, qui avoit été enlevée.

PLUTON.

Quelle princesse?

DIOGÈNE.

Mandane.

PLUTON.

Mandane?

DIOGÈNE.

Oui, et savez-vous combien elle a été enlevée de fois?

PLUTON.

Où veux-tu que je l'aille chercher?

DIOGÈNE.

Huit fois.

MINOS.

Voilà une beauté qui passe par bien des mains.

DIOGÈNE.

Cela est vrai; mais tous ses ravisseurs étoient les scélérats du monde les plus vertueux. Assurément ils n'ont pas osé lui toucher.

PLUTON.

J'en doute. Mais laissons là ce fou de Diogène. Il faut parler à Cyrus lui-même. Eh bien! Cyrus, il faut combattre. Je vous ai envoyé chercher pour vous donner le commandement de mes troupes. Il ne répond rien! Qu'a-t-il? Vous diriez qu'il ne ne sait où il est.

CYRUS.

Eh! divine princesse!

PLUTON.

Quoi?

CYRUS.

Ah! injuste Mandane!

PLUTON.

Plaît-il?

CYRUS.

Tu me flattes, trop complaisant Féraulas. Es-tu si peu sage que de penser que Mandane, l'illustre Mandane, puisse jamais tourner les yeux sur l'infortuné Artamène? Aimons-la toutefois; mais aimerons-nous une cruelle? Servirons-nous une insensible? Adorerons-nous une inexorable? Oui, Cyrus, il faut aimer une cruelle. Oui, Artamène, il faut servir une insensible. Oui, fils de Cambyse, il faut adorer l'inexorable fille de Cyaxare (1).

PLUTON.

Il est fou. Je crois que Diogène a dit vrai.

DIOGÈNE.

Vous voyez bien que vous ne saviez pas son histoire. Mais faites approcher son écuyer Féraulas; il ne demande pas mieux que de vous la conter; il sait par cœur tout ce qui s'est passé dans l'esprit de son maître, et a tenu un registre exact de toutes les paroles que son maître a dites en lui-même depuis qu'il est au monde, avec un rouleau de ses lettres qu'il a toujours dans sa poche. A la vérité vous êtes en danger de bâiller un peu; car ses narrations ne sont pas fort courtes.

PLUTON.

Oh! j'ai bien le temps de cela!

CYRUS.

Mais, trop engageante personne....

PLUTON.

Quel langage! A-t-on jamais parlé de la sorte? Mais dites-moi, vous, trop pleurant Artamène, est-ce que vous n'avez pas envie de combattre?

---

(1) Affectation du style du Cyrus imitée. (*Despréaux.*)

CYRUS.

Eh! de grace, généreux Pluton, souffrez que j'aille entendre l'histoire d'Aglatidas et d'Amestris, qu'on me va conter. Rendons ce devoir à deux illustres malheureux. Cependant voici le fidèle Féraulas que je vous laisse, qui vous instruira positivement de l'histoire de ma vie, et de l'impossibilité de mon bonheur.

PLUTON.

Je n'en veux point être instruit, moi. Qu'on me chasse ce grand pleureux.

CYRUS.

Eh de grace!

PLUTON.

Si tu ne sors....

CYRUS.

En effet....

PLUTON.

Si tu ne t'en vas....

CYRUS.

En mon particulier....

PLUTON.

Si tu ne te retires.... A la fin le voilà dehors. A-t-on jamais vu tant pleurer?

DIOGÈNE.

Vraiment il n'est pas au bout, puisqu'il n'en est qu'à l'histoire d'Aglatidas et d'Amestris. Il a encore neuf gros tomes à faire ce joli métier.

PLUTON.

Hé bien! qu'il remplisse, s'il veut, cent volumes de ses folies. J'ai d'autres affaires présentement qu'à l'entendre. Mais quelle est cette femme que je vois qui arrive?

DIOGÈNE.

Ne reconnoissez-vous pas Tomyris (1)?

PLUTON.

Quoi! cette reine sauvage des Massagètes, qui fit plonger la tête de Cyrus dans un vaisseau de sang humain? celle-ci ne pleurera pas, j'en réponds. Qu'est-ce qu'elle cherche?

TOMYRIS.

« Que l'on cherche par-tout mes tablettes perdues;
« Mais que sans les ouvrir elles me soient rendues (2). »

DIOGÈNE.

Des tablettes! Je ne les ai pas au moins. Ce n'est pas un meuble pour moi que des tablettes; et l'on prend assez de soin de retenir mes bons mots,

---

(1) On avoit omis ces mots dans l'édition de 1713, et l'on faisoit dire mal-à-propos à Diogène ce que Pluton dit ensuite ici, suivant le manuscrit de l'auteur: « Quoi! cette « reine sauvage des Massagètes, etc. » (*Brossette.*)

(2) Ce sont les deux premiers vers de la tragédie de *Cyrus*, faite par M. Quinault; et c'est Tomyris qui ouvre le théâtre par ces deux vers. (*Despréaux.*) * Ces vers ne sont pas les premiers de la tragédie, mais de la cinquième scène du premier acte. *Voyez* la note *a*, page 444, tome IV.

sans que j'aie besoin de les recueillir moi-même dans des tablettes.

PLUTON.

Je pense qu'elle ne fera que chercher. Elle a tantôt visité tous les coins et recoins de cette salle. Qu'y avoit-il donc de si précieux dans vos tablettes, grande reine?

TOMYRIS.

Un madrigal que j'ai fait ce matin pour le charmant ennemi que j'aime.

MINOS.

Hélas! qu'elle est doucereuse!

DIOGÈNE.

Je suis fâché que ses tablettes soient perdues. Je serois curieux de voir un madrigal massagète.

PLUTON.

Mais qui est donc ce charmant ennemi qu'elle aime?

DIOGÈNE.

C'est ce même Cyrus qui vient de sortir tout-à-l'heure.

PLUTON.

Bon! auroit-elle fait égorger l'objet de sa passion?

DIOGÈNE.

Égorgé! C'est une erreur dont on a été abusé seulement durant vingt et cinq siècles[a]; et cela

[a] Les éditions de 1713, de Brossette, etc. portent *vingt et cinq*; l'édition de 1740 et les suivantes mettent *vingt-cinq*.

par la faute du gazetier de Scythie, qui répandit mal-à-propos la nouvelle de sa mort sur un faux bruit. On en est détrompé depuis quatorze ou quinze ans.

PLUTON.

Vraiment je le croyois encore (1). Cependant, soit que le gazetier de Scythie se soit trompé ou non, qu'elle s'en aille dans ces galeries chercher, si elle veut, son charmant ennemi, et qu'elle ne s'opiniâtre pas davantage à retrouver des tablettes que vraisemblablement elle a perdues par sa négligence, et que sûrement aucun de nous n'a volées. Mais quelle est cette voix robuste que j'entends là-bas qui fredonne un air (2)?

DIOGÈNE.

C'est ce grand borgne d'Horatius Coclès, qui chante ici proche, comme m'a dit un de vos gardes, à un écho qu'il a trouvé, une chanson qu'il a faite pour Clélie.

PLUTON.

Qu'a donc ce fou de Minos, qu'il crève de rire?

(1) C'est ainsi qu'il y a dans l'édition de 1713. M. Brossette a mis : « Vraiment je le crois encore; » ce que les autres éditeurs ont adopté. Mais comme M. Brossette ne rend point raison de ce changement, il m'a paru que c'étoit une faute d'impression, d'autant plus que si l'on y fait attention, on verra que *je le croyois* répond bien plus juste à ce que Diogène vient de dire, que *je le crois*. (*Saint-Marc.*)

(2) *Voyez* le premier tome de Clélie, page 18. (*Brossette.*)

MINOS.

Et qui ne riroit? Horatius Coclès chantant à l'écho !

PLUTON.

Il est vrai que la chose est assez nouvelle. Cela est à voir. Qu'on le fasse entrer, et qu'il n'interrompe point pour cela sa chanson, que Minos vraisemblablement sera bien aise d'entendre de plus près.

MINOS.

Assurément.

HORATIUS COCLÈS, *chantant la reprise de la chanson qu'il chante dans Clélie :*

« Et Phénisse même publie
« Qu'il n'est rien si beau que Clélie. »

DIOGÈNE.

Je pense reconnoître l'air. C'est sur le chant de *Toinon la belle jardinière* (1).

HORATIUS COCLÈS.

« Et Phénisse même publie
« Qu'il n'est rien si beau que Clélie. »

PLUTON.

Quelle est donc cette Phénisse?

---

(1) Chanson du savoyard, alors à la mode. (*Despréaux.*)
* Brossette et la plupart des autres éditeurs rapportent la chanson grivoise du fameux chantre du Pont-Neuf. L'édition de 1713 en donne seulement le refrain:

Ce n'étoit pas de l'eau de rose,
Mais de l'eau de quelqu'autre chose.

DIOGÈNE.

C'est une dame des plus galantes et des plus spirituelles de la ville de Capoue, mais qui a une trop grande opinion de sa beauté, et qu'Horatius Coclès raille dans cet impromptu de sa façon, dont il a composé aussi le chant, en lui faisant avouer à elle-même que tout cède en beauté à Clélie.

MINOS.

Je n'eusse jamais cru que cet illustre Romain fût si excellent musicien, et si habile faiseur d'impromptu. Cependant je vois bien par celui-ci qu'il y est maître passé.

PLUTON.

Et moi, je vois bien que, pour s'amuser à de semblables petitesses, il faut qu'il ait entièrement perdu le sens. Hé! Horatius Coclès, vous qui étiez autrefois si déterminé soldat, et qui avez défendu vous seul un pont contre toute une armée, de quoi vous êtes-vous avisé de vous faire berger après votre mort? et qui est le fou ou la folle qui vous ont appris à chanter?

HORATIUS COCLÈS.

« Et Phénisse même publie
« Qu'il n'est rien si beau que Clélie. »

MINOS.

Il se ravit dans son chant.

PLUTON.

Oh! qu'il s'en aille dans mes galeries chercher, s'il veut, un nouvel écho. Qu'on l'emmène.

HORATIUS COCLÈS, *s'en allant et toujours chantant:*
  « Et Phénisse même publie
  « Qu'il n'est rien si beau que Clélie. »

PLUTON.

Le fou! le fou! Ne viendra-t-il point à la fin une personne raisonnable?

DIOGÈNE.

Vous allez avoir bien de la satisfaction; car je vois entrer la plus illustre de toutes les dames romaines, cette Clélie, qui passa le Tibre à la nage pour se dérober du camp de Porsenna, et dont Horatius Coclès, comme vous venez de le voir, est amoureux.

PLUTON.

J'ai cent fois admiré l'audace de cette fille dans Tite-Live; mais je meurs de peur que Tite-Live n'ait encore menti. Qu'en dis-tu, Diogène?

DIOGÈNE.

Écoutez ce qu'elle vous va dire.

CLÉLIE.

Est-il vrai, sage roi des enfers, qu'une troupe de mutins ait osé se soulever contre Pluton, le vertueux Pluton?

PLUTON.

Ah! à la fin nous avons trouvé une personne

raisonnable. Oui, ma fille, il est vrai que les criminels dans le Tartare ont pris les armes, et que nous avons envoyé chercher les héros dans les champs élysées et ailleurs pour nous secourir.

CLÉLIE.

Mais, de grace, seigneur, les rebelles ne songent-ils point à exciter quelque trouble dans le royaume de Tendre? car je serois au désespoir s'ils étoient seulement postés dans le village de Petits-soins. N'ont-ils point pris Billets-doux ou Billets-galants (1)?

PLUTON.

De quel pays parle-t-elle là? Je ne me souviens point de l'avoir vu dans la carte.

DIOGÈNE.

Il est vrai que Ptolomée n'en a point parlé; mais on a fait depuis peu de nouvelles découvertes. Et puis ne voyez-vous pas que c'est du pays de galanterie qu'elle vous parle?

PLUTON.

C'est un pays que je ne connois point.

CLÉLIE.

En effet, l'illustre Diogène raisonne tout-à-fait juste. Car il y a trois sortes de Tendre; Tendre sur Estime, Tendre sur Inclination et Tendre sur Re-

---

(1) *Voyez* Clélie, part. I, pag. 398, et la satire X de notre auteur, vers 161. (*Brossette.*)

connoissance. Lorsque l'on veut arriver à Tendre sur Estime, il faut aller d'abord au village de Petits-soins, et....

PLUTON.

Je vois bien, la belle fille, que vous savez parfaitement la géographie du royaume de Tendre, et qu'à un homme qui vous aimera, vous lui ferez voir bien du pays dans ce royaume. Mais pour moi, qui ne le connois point, et qui ne le veux point connoître, je vous dirai franchement que je ne sais si ces trois villages et ces trois fleuves mènent à Tendre, mais qu'il me paroît que c'est le grand chemin des Petites-Maisons.

MINOS.

Ce ne seroit pas trop mal fait, non, d'ajouter ce village-là dans la carte de Tendre. Je crois que ce sont ces terres inconnues dont on y veut parler.

PLUTON.

Mais vous, tendre mignonne, vous êtes donc aussi amoureuse, à ce que je vois?

CLÉLIE.

Oui, seigneur; je vous concède que j'ai pour Aronce une amitié qui tient de l'amour véritable : aussi faut-il avouer que cet admirable fils du roi de Clusium a en toute sa personne je ne sais quoi de si extraordinaire et de si peu imaginable, qu'à moins que d'avoir une dureté de cœur inconcevable, on ne peut pas s'empêcher d'avoir pour lui une passion tout-à-fait raisonnable. Car enfin....

PLUTON.

Car enfin, car enfin.... Je vous dis, moi, que j'ai pour toutes les folles une aversion inexplicable; et que quand le fils du roi de Clusium auroit un charme inimaginable, avec votre langage inconcevable, vous me feriez plaisir de vous en aller, vous et votre galant, au diable. A la fin la voilà partie. Quoi! toujours des amoureux! Personne ne s'en sauvera; et un de ces jours nous verrons Lucrèce galante.

DIOGÈNE.

Vous en allez avoir le plaisir tout-à-l'heure; car voici Lucrèce en personne.

PLUTON.

Ce que j'en disois n'est que pour rire : à Dieu ne plaise que j'aie une si basse pensée de la plus vertueuse personne du monde!

DIOGÈNE.

Ne vous y fiez pas. Je lui trouve l'air bien coquet. Elle a, ma foi, les yeux fripons.

PLUTON.

Je vois bien, Diogène, que tu ne connois pas Lucrèce. Je voudrois que tu l'eusses vue, la première fois qu'elle entra ici, toute sanglante et tout échevelée. Elle tenoit un poignard à la main : elle avoit le regard farouche; et la colère étoit encore peinte sur son visage, malgré les pâleurs de la mort. Jamais personne n'a porté la chasteté plus loin qu'elle. Mais, pour t'en convaincre, il ne faut que lui demander à elle-même ce qu'elle pense de l'amour. Tu verras. Dites-nous donc, Lucrèce; mais expliquez-vous clairement : croyez-vous qu'on doive aimer?

LUCRÈCE, *tenant des tablettes à la main.*

Faut-il absolument sur cela vous rendre une réponse exacte et décisive?

PLUTON.

Oui.

LUCRÈCE.

Tenez, la voilà clairement énoncée dans ces tablettes. Lisez.

PLUTON, *lisant.*

« Toujours. l'on. si. mais. aimoit. d'éternelles.
« hélas. amours. d'aimer. doux. il. point. seroit.
« n'est. qu'il (1). » Que veut dire ce galimatias?

LUCRÈCE.

Je vous assure, Pluton, que je n'ai jamais rien dit de mieux ni de plus clair.

PLUTON.

Je vois bien que vous avez accoutumé de parler fort clairement. Peste soit (2) de la folle! Où a-t-on

---

(1) *Voyez* Clélie, part. II, page 348. (*Brossette.*)

(2) Il y a comme cela dans l'édition de 1713. M. Brossette, sans dire pourquoi, a retranché *soit*, etc. (*Saint-Marc.*)

jamais parlé comme cela? POINT. MAIS. SI. D'ÉTER-
NELLES. Et où veut-elle que j'aille chercher un
OEdipe pour m'expliquer cette énigme?

DIOGÈNE.

Il ne faut pas aller fort loin. En voici un qui
entre, et qui est fort propre à vous rendre cet of-
fice.

PLUTON.

Qui est-il?

DIOGÈNE.

C'est Brutus, celui qui délivra Rome de la tyrannie des Tarquins.

PLUTON.

Quoi! cet austère Romain qui fit mourir ses enfants pour avoir conspiré contre leur patrie? Lui,
expliquer des énigmes? Tu es bien fou, Diogène.

DIOGÈNE.

Je ne suis point fou. Mais Brutus n'est pas non
plus cet austère personnage que vous vous ima-
ginez. C'est un esprit naturellement tendre et passionné, qui fait de fort jolis vers, et les billets du
monde les plus galants.

MINOS.

Il faudroit donc que les paroles de l'énigme fussent écrites, pour les lui montrer.

DIOGÈNE.

Que cela ne vous embarrasse point. Il y a long-
temps que ces paroles sont écrites sur les tablettes

de Brutus. Des héros comme lui sont toujours fournis de tablettes.

PLUTON.

Hé bien! Brutus, nous donnerez-vous l'explication des paroles qui sont sur vos tablettes?

BRUTUS.

Volontiers. Regardez bien. Ne les sont-ce pas là ? « Toujours. l'on. si. mais, etc.

PLUTON.

Ce les sont là elles-mêmes.

BRUTUS.

Continuez donc de lire. Les paroles suivantes non seulement vous feront voir que j'ai d'abord conçu la finesse des paroles embrouillées de Lucrèce ; mais elles contiennent la réponse précise que j'y ai faite :

« Moi. nos. verrez. vous. de. permettez. d'éter-
« nelles. jours. qu'on. merveille. peut. amours.
« d'aimer. voir. »

PLUTON.

Je ne sais pas si ces paroles se répondent juste les unes aux autres ; mais je sais bien que ni les unes ni les autres ne s'entendent, et que je ne suis pas d'humeur à faire le moindre effort d'esprit pour les concevoir.

DIOGÈNE.

Je vois bien que c'est à moi de vous expliquer tout ce mystère. Le mystère est que ce sont des paroles transposées. Lucrèce, qui est amoureuse et aimée de Brutus, lui dit en mots transposés :

Qu'il seroit doux d'aimer, si l'on aimoit toujours !
Mais, hélas! il n'est point d'éternelles amours.

Et Brutus, pour la rassurer, lui dit en d'autres termes transposés :

Permettez-moi d'aimer, merveille de nos jours ;
Vous verrez qu'on peut voir d'éternelles amours.

PLUTON.

Voilà une grosse finesse ! Il s'ensuit de là que tout ce qui se peut dire de beau est dans les dictionnaires ; il n'y a que les paroles qui sont transposées. Mais est-il possible que des personnes du mérite de Brutus et de Lucrèce en soient venus [a]

[a] Les éditions de 1713, de Brossette 1716, de Saint-Marc 1747, celles de 1722, 1735, 1740, 1746, 1772, etc., écrivent au masculin *en soient venus*, sans doute à cause du genre de *Brutus*. Les éditions de MM. Didot, 1788, 1815, et Daunou, 1809, écrivent au féminin *en soient venues*, d'après les principes généraux de la grammaire, qui paroissent ne plus admettre d'exceptions relativement au genre des mots qui se rapportent au substantif *personne*, à moins qu'il ne soit pris pour le *nemo* des latins. Les exceptions proposées par Vaugelas, remarque VII, pag. 104, tome Ier, ne sont pas entièrement hors d'usage. On en trouve des exemples dans nos bons écrivains les plus modernes. Delille, parlant des *personnes* qui ont écrit sur les

à cet excès d'extravagance, de composer de semblables bagatelles?

DIOGÈNE.

C'est pourtant par ces bagatelles qu'ils ont fait connoître l'un et l'autre qu'ils avoient infiniment d'esprit.

PLUTON.

Et c'est par ces bagatelles, moi, que je reconnois qu'ils ont infiniment de folie. Qu'on les chasse. Pour moi, je ne sais tantôt plus où j'en suis. Lucrèce amoureuse! Lucrèce coquette! Et Brutus son galant! Je ne désespère pas un de ces jours de voir Diogène lui-même galant.

DIOGÈNE.

Pourquoi non? Pythagore l'étoit bien.

PLUTON.

Pythagore étoit galant [a]?

---

jardins, dit : « L'auteur de ce poëme leur a emprunté quel-
« ques préceptes, et même quelques descriptions. Dans
« plusieurs endroits il a eu le bonheur de se rencontrer
« avec eux, etc. » C'est ainsi que commence son *avertissement*.

[a] Pythagore, né à Samos, a laissé, comme sage et comme savant, une grande réputation. Tous les jours encore on le cite, à cause de son système de la métempsycose et de la vénération qu'il inspiroit à ses disciples. Nous avons sous son nom des *vers dorés*, des *symboles*, etc., ouvrages peu authentiques. L'opinion la plus commune est qu'il mourut à Métaponte en Lucanie, dans la grande Grèce, à l'âge de quatre-vingt-dix ans, 497 ans avant l'ère

DIOGÈNE.

Oui, et ce fut de Théano sa fille, formée par lui à la galanterie, ainsi que le raconte le généreux Herminius [a] dans l'histoire de la vie de Brutus; ce fut, dis-je, de Théano que cet illustre Romain apprit ce beau symbole, qu'on a oublié d'ajouter aux autres symboles de Pythagore : « Que c'est à « pousser les beaux sentiments pour une maîtresse, « et à faire l'amour, que se perfectionne le grand « philosophe. »

PLUTON.

J'entends. Ce fut de Théano qu'il sut que c'est la folie qui fait la perfection de la sagesse. O l'admirable précepte! Mais laissons là Théano. Quelle est cette précieuse renforcée que je vois qui vient à nous?

DIOGÈNE.

C'est Sapho, cette fameuse Lesbienne qui a inventé les vers saphiques (1).

PLUTON.

On me l'avoit dépeinte si belle! Je la trouve bien laide.

---

vulgaire. Le Franc de Pompignan a traduit en vers françois les *vers dorés*.

[a] Herminius étot Pellisson. *Voy.* la lettre 110, t. IV.

(1) Mademoiselle de Scudéri paroît ici sous le nom de Sapho, nom qui lui avoit été donné par les poëtes de son temps. (*Brossette.*)

DIOGÈNE.

Il est vrai qu'elle n'a pas le teint fort uni, ni les traits du monde les plus réguliers : mais prenez garde qu'il y a une grande opposition du blanc et du noir de ses yeux, comme elle le dit elle-même dans l'histoire de sa vie.

PLUTON.

Elle se donne là un bizarre agrément; et Cerbère, selon elle, doit donc passer aussi pour beau, puisqu'il a dans les yeux la même opposition.

DIOGÈNE.

Je vois qu'elle vient à vous. Elle a sûrement quelque question à vous faire.

SAPHO.

Je vous supplie, sage Pluton, de m'expliquer fort au long ce que vous pensez de l'amitié, et si vous croyez qu'elle soit capable de tendresse aussi bien que l'amour; car ce fut le sujet d'une généreuse conversation que nous eûmes l'autre jour avec la [a] sage Démocède et l'agréable Phaon. De grace, oubliez donc pour quelque temps le soin de votre personne et de votre État; et au lieu de cela, songez à me bien définir ce que c'est que

[a] Il y a *la sage Démocède* dans les éditions de 1713, de Brossette 1716, dans celles de 1735, 1740 et de Saint-Marc 1747. Les éditions de 1722, 1729, 1746, de 1798 par M. Crapelet, de 1788 et 1815 par M. Didot, enfin de 1809 par M. Daunou portent *le sage Démocède*.

cœur tendre, tendresse d'amitié, tendresse d'amour, tendresse d'inclination et tendresse de passion.

MINOS.

Oh! celle-ci est la plus folle de toutes. Elle a la mine d'avoir gâté toutes les autres.

PLUTON.

Mais regardez cette impertinente! c'est bien le temps de résoudre des questions d'amour, que le jour d'une révolte!

DIOGÈNE.

Vous avez pourtant autorité pour le faire; et tous les jours les héros que vous venez de voir, sur le point de donner une bataille où il s'agit du tout pour eux, au lieu d'employer le temps à encourager les soldats, et à ranger leurs armées, s'occupent à entendre l'histoire de Timarète ou de Bérélise, dont la plus haute aventure est quelquefois un billet perdu ou un bracelet égaré.

PLUTON.

Ho bien! s'ils sont fous, je ne veux pas leur ressembler, et principalement à cette précieuse ridicule.

SAPHO.

Eh! de grace, seigneur, défaites-vous de cet air grossier et provincial de l'enfer, et songez à prendre l'air de la belle galanterie de Carthage et de Capoue. A vous dire le vrai, pour décider un point aussi important que celui que je vous propose, je souhaiterois fort que toutes nos généreuses amies et nos illustres amis fussent ici. Mais, en leur absence, le sage Minos représentera le discret Phaon, et l'enjoué Diogène le galant Ésope.

PLUTON.

Attends, attends, je m'en vais te faire venir ici une personne avec qui lier conversation. Qu'on m'appelle Tisiphone.

SAPHO.

Qui ? Tisiphone ? Je la connois, et vous ne serez peut-être pas fâché que je vous en fasse voir le portrait, que j'ai déja composé par précaution, dans le dessein où je suis de l'insérer dans quelqu'une des histoires que nous autres faiseurs et faiseuses de romans sommes obligés de raconter à chaque livre de notre roman.

PLUTON.

Le portrait d'une furie ! Voilà un étrange projet.

DIOGÈNE.

Il n'est pas si étrange que vous pensez. En effet, cette même Sapho, que vous voyez, a peint dans ses ouvrages beaucoup de ses généreuses amies, qui ne surpassent guère en beauté Tisiphone, et qui néanmoins, à la faveur des mots galants et des façons de parler élégantes et précieuses qu'elle jette dans leurs peintures, ne laissent pas de passer pour de dignes héroïnes de roman.

MINOS.

Je ne sais si c'est curiosité ou folie; mais je vous avoue que je meurs d'envie de voir un si bizarre portrait.

PLUTON.

Hé bien donc, qu'elle vous le montre, j'y consens. Il faut bien vous contenter. Nous allons voir comment elle s'y prendra pour rendre la plus effroyable des Euménides agréable et gracieuse.

DIOGÈNE.

Ce n'est pas une affaire pour elle, et elle a déja fait un pareil chef-d'œuvre, en peignant la vertueuse Arricidie. Écoutons donc; car je la vois qui tire le portrait de sa poche.

SAPHO, *lisant*.

L'illustre fille (1) dont j'ai à vous entretenir a en toute sa personne je ne sais quoi de si furieusement extraordinaire et de si terriblement merveilleux, que je ne suis pas médiocrement embarrassée quand je songe à vous en tracer le portrait.

MINOS.

Voilà les adverbes FURIEUSEMENT et TERRIBLEMENT qui sont, à mon avis, bien placés et tout-à-fait en leur lieu.

SAPHO *continue de lire*.

Tisiphone a naturellement la taille fort haute,

---

(1) Portrait de mademoiselle de Scudéri elle-même. (*Brossette*.)

et passant de beaucoup la mesure des personnes de son sexe; mais pourtant si dégagée, si libre et si bien proportionnée en toutes ses parties, que son énormité même lui sied admirablement bien. Elle a les yeux petits, mais pleins de feu, vifs, perçants et bordés d'un certain vermillon qui en relève prodigieusement l'éclat. Ses cheveux sont naturellement bouclés et annelés; et l'on peut dire que ce sont autant de serpents qui s'entortillent les uns dans les autres, et se jouent nonchalamment autour de son visage. Son teint n'a point cette couleur fade et blanchâtre des femmes de Scythie; mais il tient beaucoup de ce brun mâle et noble que donne le soleil aux Africaines, qu'il favorise le plus près de ses regards. Son sein est composé de deux demi-globes brûlés par le bout comme ceux des Amazones, et qui, s'éloignant le plus qu'ils peuvent de sa gorge, se vont négligemment et languissamment perdre sous ses deux bras. Tout le reste de son corps est presque composé de la même sorte. Sa démarche est extrêmement noble et fière. Quand il faut se hâter, elle vole plutôt qu'elle ne marche, et je doute qu'Atalante la pût devancer à la course. Au reste, cette vertueuse fille est naturellement ennemie du vice, sur-tout des grands crimes, qu'elle poursuit partout, un flambeau à la main, et qu'elle ne laisse jamais en repos, secondée en cela par ses deux illustres sœurs, Alecto et Mégère, qui n'en sont pas moins ennemies qu'elle; et l'on peut dire de ces trois sœurs, que c'est une morale vivante.

DIOGÈNE.

Hé bien! n'est-ce pas là un portrait merveilleux?

PLUTON.

Sans doute, et la laideur y est peinte dans toute sa perfection, pour ne pas dire dans toute sa beauté; mais c'est assez écouter cette extravagante. Continuons la revue de nos héros; et sans plus nous donner la peine, comme nous avons fait jusqu'ici, de les interroger l'un après l'autre, puisque les voilà tous reconnus véritablement insensés, contentons-nous de les voir passer devant cette balustrade, et de les conduire exactement de l'œil dans mes galeries, afin que je sois sûr qu'ils y sont; car je défends d'en laisser sortir aucun, que je n'aie précisément déterminé ce que je veux qu'on en fasse. Qu'on les laisse donc entrer, et qu'ils viennent maintenant tous en foule. En voilà bien, Diogène. Tous ces héros sont-ils connus dans l'histoire?

DIOGÈNE.

Non; il y en a beaucoup de chimériques mêlés parmi eux.

PLUTON.

Des héros chimériques! et sont-ce des héros?

DIOGÈNE.

Comment! si ce sont des héros! Ce sont eux qui ont toujours le haut bout dans les livres, et qui battent infailliblement les autres.

PLUTON.

Nomme-m'en par plaisir quelques uns.

DIOGÈNE.

Volontiers. Orondate, Spitridate, Alcaméne, Mélinte, Britomare, Mérindor [a], Artaxandre, etc.

PLUTON.

Et tous ces héros-là ont-ils fait vœu, comme les autres, de ne jamais s'entretenir que d'amour?

DIOGÈNE.

Cela seroit beau qu'ils ne l'eussent pas fait! Et de quel droit se diroient-ils héros, s'ils n'étoient point amoureux? N'est-ce pas l'amour qui fait aujourd'hui la vertu héroïque?

PLUTON.

Quel est ce grand innocent qui s'en va des derniers, et qui a la mollesse peinte sur le visage? Comment t'appelles-tu?

ASTRATE.

Je m'appelle Astrate (1).

---

[a] Ce nom est omis dans l'édition de Saint-Marc, 1747.

(1) On jouoit à l'hôtel de Bourgogne, dans le temps que je fis ce dialogue, l'Astrate de M. Quinault et l'Ostorius de l'abbé de Pure. (*Despréaux.*) * *Voyez*, au sujet de l'*Astrate*,

PLUTON.

Que viens-tu chercher ici?

ASTRATE.

Je veux voir la reine.

PLUTON.

Mais admirez cet impertinent. Ne diriez-vous pas que j'ai une reine que je garde ici dans une boîte, et que je montre à tous ceux qui la veulent voir? Qu'es-tu, toi? As-tu jamais été?

ASTRATE.

Oui-dà, j'ai été, et il y a un historien latin qui dit de moi en propres termes: ASTRATUS VIXIT, Astrate a vécu.

PLUTON.

Est-ce là tout ce qu'on trouve de toi dans l'histoire?

ASTRATE.

Oui; et c'est sur ce bel argument qu'on a composé une tragédie intitulée du nom d'ASTRATE, où les passions tragiques sont maniées si adroitement, que les spectateurs y rient à gorge déployée depuis le commencement jusqu'à la fin, tandis que moi j'y pleure toujours, ne pouvant obtenir que l'on m'y montre une reine dont je suis passionnément épris.

la satire III, vers 194, etc.; et sur l'abbé de Pure, *Voyez* la satire II, vers 17, la satire VI, vers 12, la satire IX, v. 28.

PLUTON.

Ho bien! va-t'en dans ces galeries voir si cette reine y est. Mais quel est ce grand mal bâti de Romain, qui vient après ce chaud amoureux? Peut-on savoir son nom?

OSTORIUS.

Mon nom est Ostorius.

PLUTON.

Je ne me souviens point d'avoir jamais nulle part lu ce nom-là dans l'histoire.

OSTORIUS.

Il y est pourtant. L'abbé de Pure assure qu'il l'y a lu.

PLUTON.

Voilà un merveilleux garant! Mais, dis-moi, appuyé de l'abbé de Pure, comme tu es, as-tu fait quelque figure dans le monde? T'y a-t-on jamais vu?

OSTORIUS.

Oui-dà; et, à la faveur d'une pièce de théâtre que cet abbé a faite de moi, on m'a vu à l'hôtel de Bourgogne (1).

PLUTON.

Combien de fois?

OSTORIUS.

Eh! une fois.

(1) Théâtre où l'on jouoit autrefois. (*Despréaux.*)

PLUTON.

Retourne-t'y-en (1).

OSTORIUS.

Les comédiens ne veulent plus de moi.

PLUTON.

Crois-tu que je m'accommode mieux de toi qu'eux? Allons, déloge d'ici au plus vite, et va te confiner dans mes galeries. Voici encore une héroïne qui ne se hâte pas trop, ce me semble, de s'en aller. Mais je lui pardonne: car elle me paroît si lourde de sa personne, et si pesamment armée, que je vois bien que c'est la difficulté de marcher, plutôt que la répugnance à m'obéir, qui l'empêche d'aller plus vite. Qui est-elle?

DIOGÈNE.

Pouvez-vous ne pas reconnoître la Pucelle d'Orléans?

---

(1) « On ne conçoit pas comment M. Despréaux a pu em-
« ployer cette expression, ni pourquoi les critiques ne l'ont
« pas relevée. On la passeroit à peine au plus grossier vil-
« lageois, etc. » (*Note de l'éditeur de 1772.*) * Ces mots, si pénibles à prononcer, étonnent sur-tout de la part d'un Dieu, dont l'oreille délicate est déchirée par le style de *la Pucelle*. On n'aperçoit pas quel motif a pu déterminer l'auteur à s'en servir de préférence à ceux-ci, qui se présentent si naturellement: *retournes-y*. Peut-être a-t-il cru que, par eur dureté même, ils convenoient mieux à l'impatience de Pluton.

PLUTON.

C'est donc là cette vaillante fille qui délivra la France du joug des Anglois?

DIOGÈNE.

C'est elle-même.

PLUTON.

Je lui trouve la physionomie bien plate et bien peu digne de tout ce qu'on dit d'elle.

DIOGÈNE.

Elle tousse et s'approche de la balustrade. Écoutons. C'est assurément une harangue qu'elle vous vient faire, et une harangue en vers; car elle ne parle plus qu'en vers.

PLUTON.

A-t-elle en effet du talent pour la poésie?

DIOGÈNE.

Vous l'allez voir.

LA PUCELLE.

« O grand prince, que grand dès cette heure j'appelle,
« Il est vrai, le respect sert de bride à mon zèle :
« Mais ton illustre aspect me redouble le cœur,
« Et me le redoublant, me redouble la peur.
« A ton illustre aspect mon cœur se sollicite,
« Et grimpant contre mont, la dure terre quitte.
« Oh! que n'ai-je le ton désormais assez fort
« Pour aspirer à toi sans te faire de tort!
« Pour toi puissé-je avoir une mortelle pointe
« Vers où l'épaule gauche à la gorge est conjointe!
« Que le coup brisât l'os, et fit pleuvoir le sang

« De la *temple*, du dos, de l'épaule et du flanc! (1) »

PLUTON.

Quelle langue vient-elle de parler?

DIOGÈNE.

Belle demande! françoise.

PLUTON.

Quoi! c'est du françois qu'elle a dit? je croyois que ce *fût* du bas-breton ou de l'allemand. Qui lui a appris cet étrange françois-là?

DIOGÈNE.

C'est un poëte (*Chapelain*) chez qui elle a été en pension quarante ans durant.

PLUTON.

Voilà un poëte qui l'a bien mal élevée!

DIOGÈNE.

Ce n'est pas manque d'avoir été bien payé, et d'avoir exactement touché ses pensions.

PLUTON.

Voilà de l'argent bien mal employé. Eh! Pucelle d'Orléans, pourquoi vous êtes-vous chargé la mémoire de ces grands vilains mots, vous qui ne songiez autrefois qu'à délivrer votre patrie, et qui n'aviez d'objet que la gloire?

LA PUCELLE.

La gloire?

---

(1) Vers extraits de la *Pucelle*. (*Despréaux*.) * L'académie confirmoit en 1704 la remarque CLXII de Vaugelas en faveur du mot *temple*; mais *tempe* a prévalu.

« Un seul endroit y mène, et de ce seul endroit
« Droite et roide..... »

PLUTON.

Ah! elle m'écorche les oreilles.

LA PUCELLE.

« Droite et roide est la côte et le sentier étroit (1). »

PLUTON.

Quels vers, juste ciel! je n'en puis pas entendre prononcer un, que ma tête ne soit prête à se fendre.

LA PUCELLE.

« De flèches toutefois aucune ne l'atteint;
« Ou pourtant l'atteignant, de son sang ne se teint. »

PLUTON.

Encore! j'avoue que de toutes les héroïnes qui ont paru en ce lieu, celle-ci me paroît beaucoup la plus insupportable. Vraiment elle ne prêche pas la tendresse. Tout en elle n'est que dureté et que sécheresse; et elle me paroît plus propre à glacer l'ame qu'à inspirer l'amour.

DIOGÈNE.

Elle en a pourtant inspiré au vaillant Dunois.

PLUTON.

Elle! inspirer de l'amour au cœur de Dunois!

DIOGÈNE.

Oui assurément.

Au grand cœur de Dunois, le plus grand de la terre,
Grand cœur qui dans lui seul deux grands amours enserre.

---

(1) Liv. V du même poëme. (*Brossette.*)

Mais il faut savoir quel amour. Dunois s'en explique ainsi lui-même en un endroit du poëme fait pour cette merveilleuse fille :

Pour ces célestes yeux, pour ce front magnanime,
Je n'ai que du respect, je n'ai que de l'estime;
Je n'en souhaite rien; et si j'en suis amant,
D'un amour sans desir je l'aime seulement.
Et soit. Consumons-nous d'une flamme si belle :
Brûlons en holocauste aux yeux de la Pucelle (1).

Ne voilà-t-il pas une passion bien exprimée ? et le mot d'holocauste n'est-il pas tout-à-fait bien placé dans la bouche d'un guerrier comme Dunois ?

PLUTON.

Sans doute; et cette vertueuse guerrière peut innocemment, avec de tels vers, aller tout de ce pas, si elle veut, inspirer un pareil amour à tous les héros qui sont dans ces galeries. Je ne crains pas que cela leur amollisse l'ame. Mais du reste qu'elle s'en aille : car je tremble qu'elle ne me veuille encore réciter quelques uns de ses vers, et je ne suis pas résolu de les entendre. La voilà enfin partie. Je ne vois plus ici aucun héros, ce me semble. Mais non, je me trompe : en voici encore un qui demeure immobile derrière cette porte. Vraisemblablement il n'a pas entendu que je voulois que tout le monde sortît. Le connois-tu, Diogène ?

(1) Liv. II du même poëme. (*Brossette.*)

DIOGÈNE.

C'est Pharamond, le premier roi des François (1).

PLUTON.

Que dit-il? il parle en lui-même.

PHARAMOND.

Vous le savez bien, divine Rosemonde, que pour vous aimer je n'attendis pas que j'eusse le bonheur de vous connoître, et que c'est sur le seul récit de vos charmes, fait par un de mes rivaux, que je devins si ardemment épris de vous.

PLUTON.

Il semble que celui-ci soit devenu amoureux avant que de voir sa maîtresse.

DIOGÈNE.

Assurément il ne l'avoit point vue.

PLUTON.

Quoi! il est devenu amoureux d'elle sur son portrait?

DIOGÈNE.

Il n'avoit pas même vu son portrait.

PLUTON.

Si ce n'est là une vraie folie, je ne sais pas ce qui peut l'être. Mais, dites-moi, vous, amoureux Pharamond, n'êtes-vous pas content d'avoir fondé le plus florissant royaume de l'Europe, et de pou-

---

(1) Critique de Pharamond, roman de La Calprenéde. (*Brossette*.)

voir compter au rang de vos successeurs le roi qui y règne aujourd'hui? Pourquoi vous êtes-vous allé mal-à-propos embarrasser l'esprit de la princesse Rosemonde?

PHARAMOND.

Il est vrai, seigneur. Mais l'amour...

PLUTON.

Ho! l'amour! l'amour! *Va exagérer, si tu veux, les injustices de l'amour dans mes galeries* (1). Mais pour moi, le premier qui m'en viendra encore parler, je lui donnerai de mon sceptre tout au travers du visage. En voilà un qui entre. Il faut que je lui casse la tête.

MINOS.

Prenez garde à ce que vous allez faire. Ne voyez-vous pas que c'est Mercure?

PLUTON.

Ah! Mercure, je vous demande pardon. Mais ne venez-vous point aussi me parler d'amour?

MERCURE.

Vous savez bien que je n'ai jamais fait l'amour pour moi-même. La vérité est que je l'ai fait quelquefois pour mon père Jupiter, et qu'en sa faveur autrefois j'endormis si bien le bon Argus, qu'il ne s'est jamais réveillé. Mais je viens vous

(1) Ces mots, qui sont dans l'original de l'auteur, avoient été omis dans l'édition de 1713. (*Brossette*.)

apporter une bonne nouvelle. C'est qu'à peine l'artillerie que je vous amène a paru, que vos ennemis se sont rangés dans le devoir. Vous n'avez jamais été roi plus paisible de l'enfer que vous l'êtes.

PLUTON.

Divin messager de Jupiter, vous m'avez rendu la vie. Mais, au nom de notre proche parenté, dites-moi, vous qui êtes le dieu de l'éloquence, comment vous avez souffert qu'il se soit glissé dans l'un et dans l'autre monde une si impertinente manière de parler que celle qui règne aujourd'hui, sur-tout en ces livres qu'on appelle romans; et comment vous avez permis que les plus grands héros de l'antiquité parlassent ce langage.

MERCURE.

Hélas! Apollon et moi, nous sommes des dieux qu'on n'invoque presque plus; et la plupart des écrivains d'aujourd'hui ne connoissent pour leur véritable patron qu'un certain Phébus, qui est bien le plus impertinent personnage qu'on puisse voir. Du reste, je viens vous avertir qu'on vous a joué une pièce.

PLUTON.

Une pièce à moi! Comment?

MERCURE.

Vous croyez que les vrais héros sont venus ici?

PLUTON.

Assurément, je le crois, et j'en ai de bonnes

preuves, puisque je les tiens encore ici tous renfermés dans les galeries de mon palais.

MERCURE.

Vous sortirez d'erreur, quand je vous dirai que c'est une troupe de faquins, ou plutôt de fantômes chimériques, qui, n'étant que de fades copies de beaucoup de personnages modernes, ont eu pourtant l'audace de prendre le nom des plus grands héros de l'antiquité, mais dont la vie a été fort courte, et qui errent maintenant sur les bords du Cocyte et du Styx. Je m'étonne que vous y ayez été trompé. Ne voyez-vous pas que ces gens-là n'ont nul caractère de héros? Tout ce qui les soutient aux yeux des hommes, c'est un certain oripeau et un faux clinquant de paroles, dont les ont habillés ceux qui ont écrit leur vie, et qu'il n'y a qu'à leur ôter pour les faire paroître tels qu'ils sont. J'ai même amené des champs élysées, en venant ici, un François pour les reconnoître quand ils seront dépouillés; car je me persuade que vous consentirez sans peine qu'ils le soient.

PLUTON.

J'y consens si bien que je veux que sur-le-champ la chose ici soit exécutée. Et pour ne point perdre de temps, gardes, qu'on les fasse de ce pas sortir tous de mes galeries par les portes dérobées, et qu'on les amène tous dans la grande place. Pour nous, allons nous mettre sur le balcon de cette fenêtre basse, d'où nous pourrons les contempler et leur parler tout à notre aise. Qu'on y porte nos sièges. Mercure, mettez-vous à ma droite; et vous, Minos, à ma gauche; et que Diogène se tienne derrière nous.

MINOS.

Les voilà qui arrivent en foule.

PLUTON.

Y sont-ils tous?

UN GARDE.

On n'en a laissé aucun dans les galeries.

PLUTON.

Accourez donc, vous tous, fidèles exécuteurs de mes volontés, spectres, larves, démons, furies, milices infernales que j'ai fait assembler. Qu'on m'entoure tous ces prétendus héros, et qu'on me les dépouille.

CYRUS.

Quoi! vous ferez dépouiller un conquérant comme moi?

PLUTON.

Hé! de grace, généreux Cyrus, il faut que vous passiez le pas.

HORATIUS COCLÈS.

Quoi! un Romain comme moi, qui a défendu lui seul un pont contre toutes les forces de Porsenna, vous ne le considérerez pas plus qu'un coupeur de bourses (1).

PLUTON.

Je m'en vais te faire chanter.

ASTRATE.

Quoi! un galant aussi tendre et aussi passionné que moi, vous le ferez maltraiter?

PLUTON.

Je m'en vais te faire voir la reine. Ah! les voilà dépouillés.

MERCURE.

Où est le François que j'ai amené?

LE FRANÇOIS.

Me voilà, seigneur, que souhaitez-vous?

MERCURE.

Tiens, regarde bien tous ces gens-là; les connois-tu?

LE FRANÇOIS.

Si je les connois [a]? Hé! ce sont tous la plupart

---

(1) On condamne ordinairement les coupeurs de bourses à la peine du fouet. (*Brossette.*)

[a] Dans les premières éditions du dialogue sur *Les héros de roman*, qui furent données sans la participation de l'auteur, Scarron étoit désigné en cet endroit. Despréaux n'ayant point reconnu dans ces éditions son véritable ouvrage, nous ne donnons pas ici les passages qui s'y trouvent, et que n'offre pas le seul dialogue qu'il ait avoué. *Voyez* sa lettre écrite à Brossette, en 1704, t. IV, p. 507.

des bourgeois de mon quartier. Bonjour, madame Lucrèce. Bonjour, M. Brutus. Bonjour, mademoiselle Clélie. Bonjour, M. Horatius Coclès.

PLUTON.

Tu vas voir accommoder tes bourgeois de toutes pièces. Allons, qu'on ne les épargne point; et qu'après qu'ils auront été abondamment fustigés, on me les conduise tous, sans différer, droit aux bords du fleuve de Léthé (1). Puis, lorsqu'ils y seront arrivés, qu'on me les jette tous, la tête la première, dans l'endroit du fleuve le plus profond, eux, leurs billets doux, leurs lettres galantes, leurs vers passionnés, avec tous les nombreux volumes, ou, pour mieux dire, les monceaux de ridicule papier où sont écrites leurs histoires. Marchez donc, faquins, autrefois si grands héros. Vous voilà arrivés à votre fin, ou, pour mieux dire, au dernier acte de la comédie que vous avez jouée si peu de temps.

CHOEUR DE HÉROS, *s'en allant chargés d'escourgées.*

Ah! La Calprenède! Ah! Scudéri!

PLUTON.

Eh! que ne les tiens-je! que ne les tiens-je! Ce n'est pas tout, Minos. Il faut que vous vous en alliez tout de ce pas donner ordre que la même

---

(1) Fleuve de l'oubli. (*Despréaux.*)

justice se fasse sur tous leurs pareils dans les autres provinces de mon royaume.

MINOS.

Je me charge avec plaisir de cette commission.

MERCURE.

Mais voici les véritables héros qui arrivent, et qui demandent à vous entretenir. Ne voulez-vous pas qu'on les introduise?

PLUTON.

Je serai ravi de les voir; mais je suis si fatigué des sottises que m'ont dites tous ces impertinents usurpateurs de leurs noms, que vous trouverez bon qu'avant tout j'aille faire un somme [a].

[a] Ce dialogue, récité fréquemment par l'auteur, ne contribua pas moins que ses autres ouvrages à couvrir d'un ridicule ineffaçable les énormes romans « dont les « personnages hors de nature, les sentiments sans vérité, « les intrigues sans passion, les aventures sans vraisem- « blance, les dangers sans intérêt, avoient, dit La Harpe, « passé sur la scène, et introduit jusque dans la société le « langage guindé et le galimatias sentimental, qui se re- « produit aujourd'hui sous une autre forme. » (*Cours de littérature*, tome VI, page 227.)

DIALOGUE

CONTRE LES MODERNES

QUI FONT DES VERS LATINS [a].

Interlocuteurs.

APOLLON, HORACE, DES MUSES ET DES POETES.

HORACE.

Tout le monde est surpris, grand Apollon, des abus que vous laissez régner sur le Parnasse.

---

[a] Après avoir rendu compte de ce que son édition de 1674 contient, Despréaux ajoute : « J'avois dessein d'y « joindre aussi quelques dialogues en prose que j'ai com- « posés; mais des considérations particulières m'en ont « empêché : j'espère en donner quelque jour un volume à « part. » (*Préface.*) Brossette fait une remarque à ce sujet. « Il n'a, dit-il, en parlant de Despréaux, donné dans la « suite que le dialogue sur les romans. Il en avoit composé « un autre, pour montrer qu'on ne sauroit bien parler, ou « du moins s'assurer qu'on parle bien une langue morte; « mais il ne l'a jamais voulu publier, de peur d'offenser « plusieurs de nos poëtes latins qui étoient ses amis et ses « traducteurs : il ne l'a pas même confié au papier. Cepen-

APOLLON.

Et depuis quand, Horace, vous avisez-vous de parler françois?

HORACE.

Les François se mêlent bien de parler latin. Ils estropient quelques uns de mes vers; ils en font de même à mon ami Virgile; et quand ils ont accroché, je ne sais comment,

Disjecti membra poetæ[a],

ainsi que je parlois autrefois, ils veulent figurer avec nous.

APOLLON.

Je ne comprends rien à vos plaintes. De qui donc me parlez-vous?

« dant il m'en récita un jour ce que sa mémoire lui put
« fournir, et j'allai sur-le-champ écrire ce que j'en avois re-
« tenu. Quoique je n'aie conservé ni les graces de sa dic-
« tion, ni toute la suite de ses pensées, peut-être ne sera-
« t-on pas fâché de voir mon extrait, pour juger à-peu-près
« du tour qu'il avoit imaginé. »

Immédiatement après sa remarque, Brossette met en note le dialogue de Despréaux sur la latinité des modernes. Les autres éditeurs lui assignent la même place, à l'exception de celui de 1740, qui le donne à la suite des lettres; Saint-Marc l'insère plus convenablement à la suite du dialogue sur les romans; MM. Daunou et Didot suivent l'exemple de ce dernier.

[a] Liv. Ier, satire IV, vers 62.

HORACE.

Leurs noms me sont inconnus. C'est aux Muses de nous les apprendre.

APOLLON.

Calliope, dites-moi, qui sont ces gens-là? C'est une chose étrange, que vous les inspiriez, et que je n'en sache rien.

CALLIOPE.

Je vous jure que je n'en ai aucune connoissance. Ma sœur Érato sera peut-être mieux instruite que moi.

ÉRATO.

Toutes les nouvelles que j'en ai, c'est par un pauvre libraire, qui faisoit dernièrement retentir notre vallon de cris affreux. Il s'étoit ruiné à imprimer quelques ouvrages de ces plagiaires, et il venoit se plaindre ici de vous et de nous, comme si nous devions répondre de leurs actions, sous prétexte qu'ils se tiennent au pied du Parnasse.

APOLLON.

Le bon-homme croit-il que nous sachions ce qui se passe hors de notre enceinte? Mais nous voilà bien embarrassés pour savoir leurs noms. Puisqu'ils ne sont pas loin de nous, faisons-les monter pour un moment. Horace, allez leur ouvrir une des portes.

CALLIOPE.

Si je ne me trompe, leur figure sera réjouissante, ils nous donneront la comédie.

HORACE.

Quelle troupe! nous allons être accablés, s'ils entrent tous. Messieurs, doucement: les uns après les autres.

UN POETE, *s'adressant à Apollon.*

Da, Tymbræe, loqui....

AUTRE POETE, *à Calliope.*

Dic mihi, musa, virum....

TROISIÈME POETE, *à Érato.*

Nunc age, qui reges, Erato....

APOLLON.

Laissez vos compliments, et dites-nous d'abord vos noms.

UN POETE.

Menagius [a].

AUTRE POETE.

Pererius [b].

TROISIÈME POETE.

Santolius [c].

[a] Ménage composoit, en grec et en latin, en italien et en françois, des vers où sa mémoire le servoit mieux que son talent.

[b] Dupérier remporta deux fois de suite à l'académie françoise le prix de poésie, en 1681 et 1683. Ses vers françois n'en sont pas moins très médiocres; on estime davantage ses vers latins.

[c] Quoique Santeuil n'ait composé que des vers latins, il conserve une juste célébrité, parcequ'il étoit né poëte.

APOLLON.

Et ce vieux bouquin que je vois parmi vous, comment s'appelle-t-il?

TEXTOR.

Je me nomme *Ravisius Textor*[a]. Quoique je sois en la compagnie de ces messieurs, je n'ai pas l'honneur d'être poëte; mais ils veulent m'avoir avec eux, pour leur fournir des épithètes au besoin.

UN POETE.

Latonæ proles divina, Jovisque.... Jovisque.... Jovisque.... Heus tu, Textor! Jovisque....

TEXTOR.

Magni....

LE POETE.

Non.

TEXTOR.

Omnipotentis.

LE POETE.

Non, non.

TEXTOR.

Bicornis.

LE POETE.

Bicornis : optimè. Jovisque bicornis.
Latonæ proles divina, Jovisque bicornis.

---

[a] Jean Teissier, seigneur de Ravisi dans le Nivernois, professeur de l'université de Paris, a fait un livre intitulé *Delectus epithetorum*. On a de lui une assez grande quantité de vers latins, imprimés plus d'une fois. Il mourut en 1522.

APOLLON.

Vous avez donc perdu l'esprit? Vous donnez des cornes à mon père?

LE POETE.

C'est pour finir le vers. J'ai pris la première épithète que Textor m'a donnée.

APOLLON.

Pour finir le vers, falloit-il dire une énorme sottise? Mais vous, Horace, faites aussi des vers françois.

HORACE.

C'est-à-dire qu'il faut que je vous donne aussi une scène à mes dépens et aux dépens du sens commun.

APOLLON.

Ce ne sera qu'aux dépens de ces étrangers. Rimez toujours.

HORACE.

Sur quel sujet? Qu'importe? Rimons, puisqu'Apollon l'ordonne. Le sujet viendra après.

Sur la rive du fleuve amassant de l'arène....

UN POETE.

Alte là. On ne dit point en notre langue: sur *la rive* du fleuve, mais sur *le bord* de la rivière. Amasser *de l'arène* ne se dit pas non plus; il faut dire *du sable*.

HORACE.

Vous êtes plaisant. Est-ce que *rive* et *bord* ne

sont pas des mots synonymes aussi bien que *fleuve* et *rivière?* Comme si je ne savois pas que dans votre cité de Paris la Seine passe sous le Pont-nouveau. Je sais tout cela sur l'extrémité du doigt.

UN POETE.

Quelle pitié! Je ne conteste pas que toutes vos expressions ne soient françoises; mais je dis que vous les employez mal. Par exemple, quoique le mot de *cité* soit bon en soi, il ne vaut rien où vous le placez: on dit *la ville de Paris*. De même on dit *le Pont-neuf*, et non pas *le Pont-nouveau;* savoir une chose *sur le bout du doigt*, et non pas *sur l'extrémité du doigt*.

HORACE.

Puisque je parle si mal votre langue, croyez-vous, messieurs les faiseurs de vers latins, que vous soyez plus habiles dans la nôtre? Pour vous dire nettement ma pensée, Apollon devroit vous défendre aujourd'hui pour jamais de toucher plume ni papier.

APOLLON.

Comme ils ont fait des vers sans ma permission, ils en feroient encore malgré ma défense. Mais, puisque dans les grands abus il faut des remèdes violents, punissons-les de la manière la plus terrible. Je crois l'avoir trouvée. C'est qu'ils soient obligés désormais à lire exactement les vers les uns des autres. Horace, faites-leur savoir ma volonté.

HORACE.

De la part d'Apollon, il est ordonné, etc.

SANTEUIL.

Que je lise le galimatias de Dupérier! Moi! Je n'en ferai rien. C'est à lui de lire mes vers.

DUPÉRIER.

Je veux que Santeuil commence par me reconnoître pour son maître, et après cela je verrai si je puis me résoudre à lire quelque chose de son phébus [a].

Ces poëtes continuent à se quereller; ils s'accablent réciproquement d'injures; et Apollon les fait chasser honteusement du Parnasse [b].

[a] Dupérier prétendoit en effet avoir appris l'art des vers à Santeuil, qui étoit loin d'en convenir. Ces deux poëtes eurent à ce sujet un violent débat, qui mit tout le Parnasse en rumeur. Ménage, non moins vain, ni moins irascible, parvint à les calmer.

[b] *Voyez*, à la fin du tome II, sur la latinité des modernes, un fragment latin, intitulé *Satira*, et la lettre de Despréaux à Brossette, du 6 octobre 1701, tome IV, page 418.

AVERTISSEMENT [a]

Mis à la tête des œuvres posthumes de Gilles Boileau, frère aîné de Despréaux.

LE LIBRAIRE AU LECTEUR.

Je ne doute point que le lecteur ne m'ait quelque obligation du présent que je lui fais des derniers ouvrages d'un homme illustre, que la mort a mis hors d'état de les pouvoir donner lui-même au public. Bien qu'ils n'aient point encore vu le jour, ils ne laissent pas d'être fort connus. La traduction du quatrième livre de l'Énéide a déja charmé une bonne partie de la cour, par la lecture que l'auteur, de son vivant, a été comme forcé d'en faire en plusieurs réduits célèbres. Elle a mérité l'approbation d'une des plus spirituelles princesses de la terre [b], et elle a fait dire à un des plus fameux prédicateurs de notre siècle, qu'à ce coup la

---

[a] Saint-Marc a le premier recueilli cet avertissement, composé par Despréaux pour les *œuvres posthumes de défunt M. B., de l'académie françoise, contrôleur de l'argenterie du roi*, Paris, 1670, petit in-12 de 192 pages.

[b] Cette princesse étoit sans doute Henriette d'Angleterre, première femme de Monsieur, frère de Louis XIV.

copie avoit surpassé l'original [a]. Cependant il est certain que l'auteur ne s'étoit pas encore satisfait sur cette traduction, à laquelle il n'avoit pas mis la dernière main, non plus qu'à ses autres ouvrages qu'il n'avoit pas faits la plupart pour être imprimés, et qui ne l'auroient jamais été, si je n'en eusse fait une espèce de larcin à ceux entre les mains de qui ils étoient tombés. C'est un avis que je suis bien aise de donner, en passant, à ceux qui y trouveront peut-être des choses plus foibles les unes que les autres. Je crois que le nombre de ces critiques sera fort petit : et j'espère qu'il en sera de ces ouvrages comme de l'Énéide de Virgile, dont Virgile seul est mort mécontent. Voilà tout l'avertissement que j'ai à donner au lecteur. S'il profite, comme il doit, du don que je lui fais, et s'il sait m'en faire profiter, je me promets de lui donner bientôt une seconde édition de ce livre, plus ample et plus correcte que celle-ci; et je lui réponds que je n'épargnerai point mes soins et ma diligence pour lui donner une entière satisfaction.

[a] Quel que soit ce prédicateur, l'éloge est très exagéré. Assurément la traduction en vers françois du quatrième livre de l'Énéide, par Gilles Boileau, mérite d'être distinguée. Il s'y trouve des morceaux bien faits; mais l'auteur auroit eu besoin de la retoucher, pour en faire disparoître les négligences.

ARRÊT BURLESQUE [a]

Donné en la grand'chambre du Parnasse, en faveur des maîtres-ès-arts, médecins et professeurs de l'université de Stagyre (1), au pays des Chimères, pour le maintien de la doctrine d'Aristote (2).

Vu par la cour la requête (3) présentée par les régents, maîtres-ès-arts, docteurs et professeurs de

[a] Despréaux inséra cet arrêt dans ses œuvres en 1701. Brossette prétend qu'il fut composé en 1674, et imprimé la même année sur une feuille volante. Il se trompe évidemment, puisque, le 6 septembre 1671, madame de Sévigné le fit passer à sa fille, et que nous le possédons tel qu'il parut alors. Saint-Marc rapporte que l'abbé Goujet lui a remis un manuscrit dans lequel cet arrêt est daté de la manière suivante : *Ce douzième jour d'août mil six cent soixante onze*. Il ajoute qu'il s'y trouve fort différent de ce qu'il est, et dans l'édition de 1701, et sur la feuille séparée de 1674. Le mot *burlesque* n'est point dans l'édition de 1701; il fut ajouté dans celle de 1713.

(1) Ville de Macédoine, sur la mer Égée, et patrie d'Aristote. (*Despréaux.*)

(2) Le titre étoit ainsi dans l'édition de 1674 : *Arrêt donné en faveur des maîtres-ès-arts, médecins et professeurs de l'université, pour le maintien de la doctrine d'Aristote.* (*Brossette.*)

(3) L'université avoit présenté requête au parlement pour

l'université, tant en leurs noms, que comme tuteurs et défenseurs de la doctrine de maître (*en blanc*) (1) Aristote, ancien professeur royal en grec dans le collège du Lycée, et précepteur du feu roi de querelleuse mémoire [a], Alexandre dit le Grand, acquéreur de l'Asie, Europe, Afrique et autres lieux; contenant que, depuis quelques années [b], une inconnue, nommée la Raison, auroit entrepris d'entrer par force dans les écoles de ladite université;

empêcher qu'on n'enseignât la philosophie de Descartes. La requête fut supprimée, et Bernier en fit imprimer une de sa façon. (*Despréaux.*) * Si cette note, insérée dans l'édition de 1713, est de Despréaux, il est évident que lorsqu'il préparoit cette édition en 1710, il ne se souvenoit plus de ce qu'il avoit dit en 1701, dans le dernier alinéa de son *Discours sur l'ode*. Peut-être y a-t-il une faute d'impression, et faut-il lire ces mots: *alloit présenter*, au lieu de ceux-ci: *avoit présenté*. La *requête à nosseigneurs du Mont-Parnasse*, rédigée par Bernier, fut réimprimée en 1715, dans le *Menagiana*, tome IV, page 271, et non tome II, page 71, comme l'avance Saint-Marc, qui n'a pas jugé à propos d'admettre dans son commentaire cette pièce, dont les plaisanteries sont loin de valoir celles de l'arrêt.

(1) Dans l'édition de 1674, il y avoit *de maître.... Aristote*. Ces mots *en blanc* sont pour suppléer au nom de baptême, qui se met au-devant des noms des maîtres-ès-arts. (*Brossette.*) * Ces mots *en blanc* se trouvent dans les éditions de 1701 et de 1713.

[a] « De redoutable mémoire, ».... (*édit. de 1674.*)

[b] « Depuis quelques années *en çà*, ».... (*édit. de 1674.*)

et pour cet effet, à l'aide de certains quidams factieux, prenant les surnoms de Gassendites [a], Cartésiens [b], Malebranchistes [c] et Pourchotistes [d], gens sans aveu, se seroit mise en état d'en expulser ledit Aristote, ancien et paisible possesseur desdites écoles, contre lequel elle et ses consorts auroient

[a] Gassendi, né près de Digne, en Provence, le 22 janvier 1592, étudia toutes les sciences, à une époque où elles venoient à peine de renaître; il y porta un excellent esprit, et des recherches non moins ingénieuses que profondes. Disciple de Bacon, digne adversaire de Descartes, précurseur de Newton et de Locke, on le vit s'élever avec sagesse contre la manière dont la doctrine d'Aristote étoit expliquée dans les écoles. Il fut professeur de théologie à Aix, chanoine à Digne, lecteur de mathématiques au collège royal de France, et mourut à Paris le 14 octobre 1655.

[b] Descartes, d'une ancienne maison de Bretagne, né à La Haye en Touraine, l'an 1596, mort à Stockolm en 1650. Ce génie puissant et hardi entreprit de renverser le trône du prince de l'école, et prépara dans les sciences une révolution mémorable.

[c] Malebranche, né à Paris le 6 août 1638, fils d'un secrétaire du roi, entra en 1660 dans la congrégation de l'Oratoire, où il mourut le 13 octobre 1715. Sa diction a toute la dignité que demandent les matières graves qu'il traite, et toute la grace qu'il est permis de leur donner. Il étoit membre honoraire de l'académie des sciences, et Fontenelle a fait son éloge.

[d] Edme Pourchot, né près d'Auxerre, en 1651, enseigna la philosophie pendant vingt-six ans avec éclat, d'abord au collège des Grassins, ensuite à celui des Quatre-

déja publié plusieurs livres, traités, dissertations et raisonnements diffamatoires, voulant assujettir ledit Aristote à subir devant elle l'examen de sa doctrine; ce qui seroit directement opposé aux lois, us et coutumes de ladite université, où ledit Aristote auroit toujours été reconnu pour juge sans appel et non comptable de ses opinions [a]. Que même, sans l'aveu d'icelui, elle auroit changé et innové plusieurs choses en et au-dedans de la nature, ayant ôté au cœur la prérogative d'être le principe des nerfs, que ce philosophe lui avoit accordée libéralement et de son bon gré, et laquelle elle auroit cédée et transportée au cerveau. Et ensuite, par une procédure nulle de toute nullité, auroit attribué audit cœur la charge de recevoir le chyle, appartenant ci-devant au foie; comme aussi de faire voiturer le sang par tout le corps, avec plein pouvoir audit sang d'y vaguer, errer et cir-

Nations. Il fut nommé sept fois recteur de l'université, et mourut en 1724. On a souvent réimprimé ses *institutiones philosophicæ*.

Dans l'édition de 1674, on lit: « de Cartésiens, nouveaux « philosophes, circulateurs et Gassendistes. » On n'y parle ni des Malebranchistes ni des Pourchotistes, Malebranche ayant fait imprimer le premier volume de la *Recherche de la vérité* en 1674, postérieurement sans doute à l'*arrêt burlesque*, et Pourchot ayant commencé à professer quelques années après.

[a] .... « de ses arguments. » (*édition de 1674.*)

culer impunément par les veines et artères, n'ayant autre droit ni titre pour faire lesdites vexations, que la seule expérience [a], dont le témoignage n'a jamais été reçu dans lesdites écoles. Auroit aussi attenté ladite Raison [b], par une entreprise inouïe, de déloger le feu de la plus haute région du ciel, et prétendu qu'il n'avoit là aucun domicile, nonobstant les certificats dudit philosophe, et les visites et descentes faites par lui sur les lieux. Plus, par un attentat et voie de fait énorme contre la faculté de médecine, se seroit ingérée de guérir, et auroit réellement et de fait guéri quantité de fièvres intermittentes, comme tierces, double-tierces, quartes, triple-quartes et même continues, avec vin pur, poudre, écorce de quinquina et autres drogues inconnues audit Aristote et à Hippocrate son devancier, et ce sans saignée, purgation ni évacuation précédentes ; ce qui est non seulement irrégulier, mais tortionnaire et abusif ; ladite Raison n'ayant jamais été admise ni agrégée au corps de ladite faculté, et ne pouvant par conséquent consulter avec les docteurs d'icelle, ni être consultée par eux, comme elle ne l'a en effet jamais été [c]. Nonobstant quoi, et malgré les plaintes et opposi-

[a] .... « que l'expérience, ».... (*édition de* 1674.)

[b] Ces mots *ladite Raison* n'étoient pas dans l'édition de 1674.

[c] « Comme ils ne l'ont en effet jamais pratiqué. » (1674).

tions réitérées des sieurs Blondel, Courtois, Denyau (1) et autres défenseurs de la bonne doctrine, elle n'auroit pas laissé de se servir toujours desdites drogues, ayant eu la hardiesse de les employer sur les médecins mêmes de ladite faculté, dont plusieurs, au grand scandale des régles, ont été guéris par lesdits remédes : ce qui est d'un exemple très dangereux, et ne peut avoir été fait que par mauvaises voies, sortiléges et pactes avec le diable. Et non contente de ce, auroit entrepris de diffamer et de bannir des écoles de philosophie les formalités, matérialités, entités, identités, virtualités, eccéités, pétréités, polycarpéités et autres êtres imaginaires, tous enfants et ayant cause de défunt maître Jean Scot, leur père; ce qui porteroit un préjudice notable, et causeroit la totale subversion de la philosophie scolastique, dont elles font tout le mystère [a], et qui tire d'elles toute sa subsistance, s'il n'y étoit par la cour pourvu. Vu les libelles intitulés : Physique de Rohault, Logique de Port-Royal, Traités du Quinquina, même l'ADVERSUS

---

(1) Blondel a écrit que le bon effet du quinquina venoit des pactes que les Américains avoient faits avec le diable. Courtois, médecin, aimoit fort la saignée. Denyau, autre médecin, nioit la circulation du sang. (*Despréaux.*) * Ces trois médecins étoient de la faculté de Paris. Les deux derniers sont nommés dans la satire X, vers 412.

[a] .... « tout le savoir, » .... (*édition de* 1674.)

ARISTOTELEOS de Gassendi, et autres pièces attachées à ladite requête, signée CHICANEAU [a], procureur de ladite université : Ouï le rapport du conseiller-commis : tout considéré :

LA COUR, ayant égard à ladite requête, a maintenu et gardé, maintient et garde ledit Aristote en la pleine et paisible possession et jouissance desdites écoles. Ordonne qu'il sera toujours suivi et enseigné par les régents, docteurs, maîtres-ès-arts et professeurs de ladite université, sans que pour ce ils soient obligés de le lire, ni de savoir sa langue et ses sentiments. Et sur le fond de sa doctrine, les renvoie à leurs cahiers. Enjoint au cœur de continuer d'être le principe des nerfs, et à toutes personnes, de quelque condition et profession qu'elles soient, de le croire tel, nonobstant toute expérience à ce contraire. Ordonne pareillement au chyle d'aller droit au foie, sans plus passer par le cœur, et au foie de le recevoir. Fait défenses au sang d'être plus vagabond, errer ni circuler dans le corps, sous peine d'être entièrement livré et abandonné à la faculté de médecine. Défend à la Raison et à ses adhérents de plus s'ingérer à l'avenir de guérir les fièvres tierces, double-tierces, quartes, triple-quartes ni continues, par mauvais moyens et voies de sortiléges, comme vin pur,

---

[a] .... « signée CROTÉ, » .... (*édition de* 1674.)

poudre, écorce de quinquina et autres drogues non approuvées ni connues des anciens. Et en cas de guérisons irrégulières par icelles drogues, permet aux médecins de ladite faculté de rendre, suivant leur méthode ordinaire, la fièvre aux malades, avec casse, séné, sirops, juleps et autres remèdes propres à ce; et de remettre lesdits malades en tel et semblable état qu'ils étoient auparavant, pour être ensuite traités selon les règles; et, s'ils n'en réchappent, conduits du moins en l'autre monde suffisamment purgés et évacués. Remet les entités, identités, virtualités, eccéités et autres pareilles formules scotistes [a], en leur bonne fame et renommée. A donné acte aux sieurs Blondel, Courtois et Denyau de leur opposition au bon sens. A réintégré le feu dans la plus haute région du ciel, suivant et conformément aux descentes faites sur les lieux. Enjoint à tous régents, maîtres-ès-arts et professeurs d'enseigner comme ils ont accoutumé, et de se servir, pour raison de ce, de tel raisonnement qu'ils aviseront bon être; et aux répétiteurs hibernois, et autres leurs suppôts, de leur prêter main-

[a] Quoique le mot *formules* se trouve dans toutes les éditions, même dans le manuscrit remis par l'abbé Goujet à Saint-Marc, ce dernier y substitue le mot *formalités*, qu'il regarde comme consacré dans le langage de l'école, et que Despréaux emploie dans cet arrêt, page 116 : « bannir des écoles de philosophie les *formalités*, etc. »

forte, et de courir sus aux contrevenants, à peine d'être privés du droit de disputer sur les prolégomènes de la logique [a]. Et afin qu'à l'avenir il n'y soit contrevenu, a banni à perpétuité la Raison des écoles de ladite université; lui fait défenses d'y entrer, troubler ni inquiéter ledit Aristote en la possession et jouissance d'icelles, à peine d'être déclarée janséniste et amie des nouveautés [b]. Et à cet effet sera le présent arrêt lu et publié aux Mathurins [c] de Stagire [d], à la première assemblée qui sera faite pour la procession du recteur, et affiché aux portes de tous les collèges du Parnasse [e], et par-tout où besoin sera. Fait ce trente-huitième jour d'août onze mil six cent soixante-quinze [f].

COLLATIONNÉ AVEC PARAPHE [g].

[a] « à peine d'être chassés de l'université. » (*édit. de* 1674.)

[b] « à peine d'être déclarée hérétique et perturbatrice des « disputes publiques. » (*édition de* 1674.)

[c] Lorsque le recteur de l'université de Paris faisoit ses processions, ce corps s'assembloit aux Mathurins.

[d] Les mots *de Stagire* ne sont pas dans l'édition de 1674.

[e] .... « de tous les collèges de cette ville, » .... (1674.)

[f] « Fait ce douzième jour d'août mil six cent soixante « et quatorze. » (1674.)

[g] Dans le *Menagiana* cet arrêt est signé ainsi : *Bon Sens*. Saint-Marc rapporte les différences qui existent dans le *manuscrit* dont nous avons parlé, ainsi que dans une *relation fidelle de tout ce qui s'est passé dans l'université d'Angers, au sujet de la philosophie de Descartes, etc.*, journal in-4°,

imprimé en 1679. Ces différences, sur-tout celles de la relation d'Angers, ne portent pas un caractère d'authenticité qui nous ait permis de les transcrire. Nous aimons mieux donner l'arrêt même, tel qu'il fut publié en 1671 : le manuscrit et la relation n'en sont que des copies inexactes.

EXTRAIT
DES REGISTRES DE LA COUR SOUVERAINE
DU PARNASSE.

Vu par la Cour la requête présentée par les maîtres-ès-arts, professeurs et régents de l'université de Paris, tant en leurs noms, que comme tuteurs et défenseurs de la doctrine de très haut, très admiré et très peu entendu philosophe messire Aristote, autrefois professeur royal en langue grecque à Athènes, et précepteur du feu roi de triomphante mémoire, Alexandre le Grand, acquéreur de l'Asie, Europe et autres lieux; contenant que, depuis quelques années en çà, une inconnue, nommée *la Raison*, auroit entrepris d'entrer par force dans les écoles de philosophie de ladite université; et pour cet effet, à l'aide de certains quidams factieux, prenant le surnom de Cartistes et Gassendistes, gens sans aveu, se seroit mise en état d'en expulser ledit Aristote, ancien et paisible possesseur desdites écoles, contre lequel elle et ses consorts auroient déja publié plusieurs livres et raisonnements diffamatoires, voulant assujettir ledit Aristote à subir devant elle l'examen de sa doctrine, ce qui est directement opposé aux lois, us et coutumes de ladite université, où ledit Aristote a toujours été reconnu pour juge sans appel, et non comptable de ses arguments; que même sans l'aveu d'icelui Aristote, elle auroit changé, mué et innové plusieurs choses en et au-dedans de la nature, ayant ôté au cœur la prérogative d'être le principe des nerfs, que ce philosophe lui avoit accordée libéralement et de son bon gré pour la donner au cerveau. Et ensuite par une procédure nulle de toute nullité, auroit attribué audit cœur la charge de recevoir le chyle qui appartenoit ci-devant au foie; comme aussi de faire voiturer et circuler le sang par tout le corps, n'ayant autre droit ni titre pour faire lesdites innovations, que l'expérience, dont le témoignage n'a jamais été reçu dans lesdites écoles; et non contente de ce, auroit entrepris de bannir desdites écoles les formalités, matérialités, entités, identités, virtualités, eccéités, pétréités, polycarpéités et autres, enfants et ayant cause de défunt messire Jean Scot, leur père et premier auteur; ce qui porteroit un préjudice notable, et causeroit la totale ruine et subversion de ladite philosophie scolastique, qui tire d'elles toute sa subsistance. Auroit aussi attenté, par une entreprise inouïe, d'ôter le feu de la plus haute région de l'air, nonobstant les visites et descentes faites sur les lieux. Vu aussi les libelles intitulés: Physique de Rohault, Logique de Port-Royal, l'*Adversus Aristoteleos* de Gassendi et autres pièces attachées à ladite requête, signée Croté, *procureur de ladite université*. Ouï le rapport de Messire Jacques de la Poterie, conseiller en ladite cour, et tout considéré:

La cour, ayant égard à ladite requête, a maintenu et gardé, garde et maintient ledit Aristote en la pleine et paisible possession et jouissance desdites écoles. Fait défenses à ladite Raison de les troubler ni inquiéter, à peine d'être déclarée hérétique et perturbatrice des disputes publiques. Ordonne que ledit Aristote sera toujours suivi et enseigné par lesdits professeurs et régents de ladite université, sans que pour ce ils soient obligés de le lire ni savoir son sentiment. Et sur le fond de sa doctrine, les renvoie à leurs cahiers. Enjoint au cœur de continuer à être le principe des nerfs, et à toutes personnes, de quelque qualité et profession qu'elles soient, le croire tel, nonobstant et malgré toute expérience à ce contraire. Ordonne pareillement au chyle d'aller droit au foie, sans plus passer par le cœur, et au foie de le recevoir. Fait aussi très expresses inhibitions et défenses au sang d'être plus vagabond, errer ni circuler dans le corps, sur peine d'être abandonné entièrement à la faculté de médecine de Paris, pour être tiré sans mesure. Et à cette fin, seront à l'avenir les chirurgiens tenus de lier le bras au-dessous de l'endroit où ils voudront faire ouverture de la veine, sans qu'ils s'en puissent excuser sur la crainte de piquer les artères. Remet les entités, identités, pétréités, polycarpéités et autres pareilles formules scotistes en leur bonne fame et renommée. A réintégré le feu dans la plus haute région de l'air, suivant et conformément auxdites descentes. A relégué les comètes aux cerceaux de la lune, avec défenses d'en jamais sortir pour aller espionner ce qui se fait dans les cieux. Défend à tous libraires et colporteurs de vendre et débiter à l'avenir le *Journal des savants* et autres libelles contenant de nouvelles découvertes, à moins qu'elles ne servent pour faire entendre la matière première, la forme substantielle et autres pareilles définitions d'Aristote, qu'il n'a pas entendues lui-même. Enjoint à tous professeurs et régents de tenir la main à l'exécution du présent arrêt, et de se servir pour ce de tel raisonnement qu'il aviseront bon être; et aux répétiteurs hibernois et autres suppôts de l'université de leur prêter main-forte, et courir sus aux contrevenants. Bannit à perpétuité la Raison des écoles de l'université, la condamne en tous les dépens, dommages et intérêts envers les suppliants. Et sera le présent arrêt lu et publié aux Mathurins, à la première assemblée qui se fera pour la procession du recteur, et affiché aux portes de tous les colléges de la ville de Paris.

Collationné, Bon Sens.

La pièce que l'on vient de lire, inconnue aux divers éditeurs, est insérée dans un petit volume, dont voici le titre : *La Guerre des autheurs anciens et modernes*, La Haye, chez Arnout Léers le fils, 1671, sur la copie imprimée à Paris. Ce livre, sans nom d'auteur, est une réimpression faite en Hollande de l'ouvrage de Gabriel Guéret. L'édition originale est également de 1671, Paris, chez Théodore Girard; mais l'Arrêt burlesque n'y est pas joint. Guéret, avocat au parlement, né à Paris en 1641, y mourut en 1688. Les littérateurs qui se réunissoient chez l'abbé d'Aubignac, l'avoient choisi pour être leur secrétaire; il est principalement connu par ses *Entretiens sur l'éloquence de la chaire et du barreau*.

« L'université de Paris, dit Brossette, vouloit présenter
« requête au parlement pour empêcher qu'on n'enseignât
« la philosophie de Descartes. On en parla même à M. le
« premier président de Lamoignon, qui dit un jour à
« M. Despréaux, en s'entretenant familièrement avec lui,
« qu'il ne pourroit se dispenser de donner un arrêt con-
« forme à la requête de l'université. Sur cela M. Despréaux
« imagina cet arrêt burlesque, et le composa avec le se-
« cours de M. Bernier et de M. Racine, qui fournirent cha-
« cun leurs pensées. M. Dongois, neveu de l'auteur et
« greffier de la grand'chambre, y eut aussi beaucoup de
« part, sur-tout pour le style et les termes de pratique qu'il
« entendoit mieux qu'eux. Quelque temps après, M. Don-
« gois donnant à signer à M. le premier président ses ex-
« péditions, qu'il avoit laissé amasser exprès pendant deux

« jours, y joignit l'arrêt burlesque, pour tâcher de surpren-
« dre ce magistrat, et le lui faire signer avec les autres.
« Mais ce magistrat s'en aperçut; et comme il étoit extrê-
« mement doux et familier avec ceux qu'il aimoit, il fit
« semblant de le jeter au nez de M. Dongois, en lui disant:
« *à d'autres; voilà un tour de Despréaux.* Il le lut avec grand
« plaisir; il en rit plusieurs fois avec l'auteur; et il conve-
« noit que cet arrêt burlesque l'avoit empêché d'en donner
« un sérieux, qui auroit apprêté à rire à tout le monde. La
« requête de l'université ne parut point. Bernier en fit une
« autre sur le modèle de l'arrêt; mais notre auteur n'en fai-
« soit pas grand cas. »

Il résulte des longs détails dans lesquels entre Saint-Marc, dans son *avertissement au sujet de l'arrêt burlesque*, que ce ne fut point l'université en corps, mais Claude Morel, doyen de la faculté de théologie, qui entreprit, avec le syndic Denis Guyard et quelques autres docteurs, de faire renouveler l'arrêt que le parlement rendit, le 4 septembre 1624, contre Villon, Bitault et de Claves, qui avoient composé et publié des thèses contraires à la doctrine d'Aristote. « Vu par la cour la requête présentée par
« les doyens, syndics et docteurs de la faculté de théologie
« en l'université de Paris, tendante à ce que, pour les cau-
« ses y contenues, fût ordonné que les nommés Villon,
« Bitault et de Claves comparoîtroient en personnes pour
« connoître, avouer ou désavouer les thèses par eux pu-
« bliées, et ouï leur déclaration, être procédé contre eux
« ainsi que de raison, etc.... La cour, après que ledit de
« Claves a été admonesté, ordonne que lesdites thèses se-
« ront déchirées dès à présent, et que commandement sera
« fait.... auxdits de Claves, Villon et Bitault.... de sortir
« dans vingt-quatre heures de cette ville de Paris, avec dé-
« fenses de se retirer dans les villes et lieux du ressort de

« cette cour, d'enseigner la philosophie en aucune des
« universités d'icelui. — Fait défenses à toutes personnes,
« *à peine de la vie*, tenir ni enseigner aucune maxime contre
« les auteurs anciens et approuvés, ni faire aucune dis-
« pute que celles qui seroient approuvées par les docteurs
« de ladite faculté de théologie, etc..... » Signé Devervins
(président), Sanguin (rapporteur).

On connoît les lettres patentes données, près d'un siècle
auparavant, par François Ier contre Ramus [a]. « Naguère
« averti, dit ce prince, du trouble advenu à notre chère
« et aimée université de Paris, à cause de deux livres faits
« par maître Pierre Ramus, intitulés, l'un, *Dialecticæ insti-*
« *tutiones*, et l'autre, *Aristotelicæ animadversiones*, et des
« procès et différends qui étoient pendants en notre cour
« de parlement, audit lieu entre elle et ledit Ramus.... Les
« docteurs ayant été d'avis que ledit Ramus avoit été témé-
« raire, arrogant et impudent d'avoir réprouvé et con-
« damné le train et art de logique, etc.... Nous condamnons,
« supprimons et abolissons lesdits deux livres, faisons in-
« hibitions et défenses audit Ramus, sous peine de puni-
« tion corporelle, de plus user de telles médisances et in-
« vectives contre Aristote.... ni contre notre dite fille
« l'université et suppôts d'icelle, etc. »

(a) Pierre de La Ramée, connu sous le nom de Ramus, célèbre professeur
d'éloquence et de poésie, naquit en 1515 à Cuthe, village de Vermandois, où
son aïeul, gentilhomme liégeois, chassé de son pays, avoit subsisté du métier
de charbonnier. Il fonda une chaire au collège Royal. Comme il passoit pour
être attaché à la religion prétendue réformée, Jacques Chartier, son ennemi,
autre professeur, saisit ce prétexte à l'aide duquel il put assouvir sa haine, et
le faire assassiner pendant le massacre de la Saint-Barthélemi.

REMERCIEMENT

A MESSIEURS

DE L'ACADÉMIE FRANÇOISE[a].

Messieurs,

L'honneur que je reçois aujourd'hui est quelque chose pour moi de si grand, de si extraordinaire,

[a] Colbert étant mort le 6 septembre 1683, le président Rose, l'abbé Régnier-Desmarais et quelques autres amis de Despréaux lui demandèrent s'il desiroit occuper la place vacante que ce ministre laissoit à l'académie françoise. Il répondit qu'il l'accepteroit avec reconnoissance, sans néanmoins se conformer à l'usage qui sembloit prescrire de la demander. La Fontaine qui, pour la seconde fois, se mettoit sur les rangs, le pria de se désister en sa faveur. « Si « l'académie me nomme, lui dit Despréaux, je ne pourrai « refuser cet honneur; mais je vous promets de ne faire « aucune démarche pour l'obtenir. » Ces deux poëtes, également célèbres dans des genres différents, fixoient les regards de la compagnie. La Fontaine l'emporta; il obtint seize voix, et son concurrent n'en eut que sept. Les atteintes portées à la morale par le conteur, firent sur la plupart des académiciens moins d'impression que les blessures faites à leur amour-propre par le satirique.

Louis XIV, dont on avoit intéressé la religion, et qui

de si peu attendu, et tant de sortes de raisons sembloient devoir pour jamais m'en exclure (1), que, dans le moment même où je vous en fais mes remerciements, je ne sais encore ce que je dois croire. Est-il possible, est-il bien vrai que vous m'ayez en effet jugé digne d'être admis dans cette illustre compagnie, dont le fameux établissement ne fait guère moins d'honneur à la mémoire du cardinal de Richelieu, que tant de choses merveilleuses qui ont été exécutées sous son ministère? Et que penseroit ce grand homme, que penseroit ce sage chancelier [a], qui a possédé après lui la dignité de vo-

d'ailleurs voyoit avec peine que l'on n'eût pas préféré Despréaux, qu'il distinguoit particulièrement, différa d'accorder son agrément à cette élection. Il fit même la campagne de Luxembourg sans se prononcer à cet égard. Six mois et demi après Colbert, le 20 mars 1684, mourut M. de Bezons; et l'académie s'empressa de présenter Despréaux comme son successeur. Aucun de ses membres n'osa lui donner une boule noire. Ses ennemis les plus reconnus se bornèrent à lui refuser leur suffrage, sans s'opposer à sa nomination. Le monarque applaudit beaucoup à ce choix, et finit par dire aux députés qui, suivant l'usage, étoient allés le soumettre à son approbation : « Vous pouvez recevoir « incessamment La Fontaine; il a promis d'être sage. »

(1) L'auteur avoit écrit contre plusieurs académiciens. (*Despréaux.*)

[a] Le cardinal de Richelieu fut autorisé, par des lettres patentes données en 1635, à prendre le titre de *chef et protecteur* de l'académie françoise. Après sa mort, en 1642,

tre protecteur, et après lequel vous avez jugé ne pouvoir choisir que le roi même; que penseroient-ils, dis-je, s'ils me voyoient aujourd'hui entrer dans ce corps si célèbre, l'objet de leurs soins et de leur estime, et où, par les lois qu'ils ont établies, par les maximes qu'ils ont maintenues, personne ne doit être reçu qu'il ne soit d'un mérite sans reproche, d'un esprit hors du commun, en un mot, semblable à vous? Mais à qui est-ce encore que je succède dans la place que vous m'y donnez? N'est-ce pas à un homme (1) également considérable et par ses grands emplois et par sa profonde capacité dans les affaires; qui tenoit une des premières places dans le conseil, et qui en tant d'importantes occasions a été honoré de la plus étroite confiance de son prince; à un magistrat non moins sage qu'éclairé, vigilant, laborieux, et avec lequel, plus je m'examine, moins je me trouve de proportion?

le chancelier Séguier obtint le même titre; ce fut dans son hôtel que ce corps tint ses séances. En 1672, Louis XIV se déclara protecteur de l'académie, et permit à ses membres de s'assembler au Louvre.

(1) M. de Bezons, conseiller d'État. (*Despréaux.*)* Claude Bazin, seigneur de Bezons, né à Paris vers 1617, obtint à l'académie françoise la place du chancelier Séguier, lorsque celui-ci en fut nommé protecteur. Dès 1639, il étoit avocat-général au grand conseil; ensuite il

Je sais bien, Messieurs, et personne ne l'ignore, que, dans le choix que vous faites des hommes propres à remplir les places vacantes de votre savante assemblée, vous n'avez égard ni au rang ni à la dignité; que la politesse, le savoir, la connoissance des belles-lettres ouvrent chez vous l'entrée aux honnêtes gens; et que vous ne croyez point remplacer indignement un magistrat du premier ordre, un ministre de la plus haute élévation, en lui substituant un poëte célèbre, un écrivain illustre par ses ouvrages, et qui n'a souvent d'autre dignité que celle que son mérite lui donne sur le Parnasse. Mais, en qualité même d'homme de lettres, que puis-je vous offrir qui soit digne de la grace dont vous m'honorez? Seroit-ce un foible recueil de poésies, qu'une témérité heureuse et quelque adroite imitation des anciens ont fait valoir, plutôt que la beauté des pensées, ni la richesse des expressions? Seroit-ce une traduction si éloignée

---

exerça pendant vingt ans l'intendance de Languedoc, d'où il revint à Paris, pour y remplir les fonctions de conseiller-d'État ordinaire. Magistrat non moins intègre qu'éclairé, il laissa trois fils: l'un fut archevêque de Rouen, un autre fut conseiller-d'État, un troisième mourut en 1733 maréchal de France. On a de M. de Bezons deux discours prononcés à Carcassonne, le premier à l'ouverture des États de la province, le deuxième sur la demande du don gratuit; et l'on croit qu'il est l'auteur d'une traduction du *Traité fait à Prague entre l'empereur et le duc de Saxe*, 1635.

de ces grands chefs-d'œuvre [a] que vous nous donnez tous les jours, et où vous faites si glorieusement revivre les Thucydide [b], les Xénophon [c], les Tacite [d] et tous ces autres célèbres héros de la

[a] « .... Ces grands *chef-d'œuvres*.... » (édition de 1694.)
On trouve *chef-d'œuvres* et *chefs-d'œuvres* dans les éditions de 1701 et de 1713. Aujourd'hui, dans ce mot, composé de deux substantifs, le premier est le seul qui soit déclinable.

[b] Thucydide se proposa de bonne heure de marcher sur les traces d'Hérodote. Un échec qu'il reçut en allant secourir la ville d'Amphipolis, le fit exiler par les Athéniens. Pendant son éloignement de sa patrie, il composa l'*Histoire de la guerre du Péloponnèse* entre les républiques de Sparte et d'Athènes, jusqu'à la vingt-unième année inclusivement. On lui reproche d'être trop concis dans sa narration et trop long dans ses harangues. Son style abonde en pensées, et sa gravité dégénère quelquefois en sécheresse.

[c] Xénophon avoit été disciple de Socrate, dont il nous a laissé *Les paroles mémorables*. Quoiqu'on l'ait surnommé *l'abeille attique* à cause de la douceur de son style, il avoit l'ame forte d'un Spartiate. Il se montra digne d'être le héros et l'historien de *La retraite des dix mille*, l'un des prodiges de l'antiquité. On lui doit la continuation de l'histoire de Thucydide, etc.

[d] On sait peu de choses sur Tacite, qui vécut sous un grand nombre d'empereurs, depuis le règne de Néron jusqu'à celui de Trajan; mais ses écrits donnent de son ame une aussi haute idée que de son génie. Il parle également à l'esprit, au cœur, à l'imagination; et son mérite ne peut être apprécié que par les lecteurs capables de pénétrer ses

savante antiquité [a]? Non, Messieurs, vous connoissez trop bien la juste valeur des choses, pour payer d'un si grand prix des ouvrages aussi médiocres que les miens, et pour m'offrir de vous-mêmes, s'il faut ainsi dire, sur un si léger fondement, un honneur que la connoissance de mon peu de mérite ne m'a pas laissé seulement la hardiesse de demander.

Quelle est donc la raison qui vous a pu inspirer si heureusement pour moi en cette rencontre? Je commence à l'entrevoir, et j'ose me flatter que je ne vous ferai point souffrir en la publiant. La bonté qu'a eu [b] le plus grand prince du monde, en voulant bien que je m'employasse avec un de vos plus illustres écrivains à ramasser en un corps le

pensées dans toute leur étendue. Sa liaison intime avec Pline le jeune prouve qu'il partageoit les sentiments de cet homme aimable et vertueux, dont la conduite, sous l'exécrable Domitien, fut à-la-fois noble et prudente.

[a] Ces éloges s'adressent aux traductions élégantes mais peu fidèles de Thucycide, de Xénophon et de Tacite, par Perrot d'Ablancourt, qui étoit mort vingt ans avant la réception de Despréaux à l'académie françoise. Charpentier, traducteur des *dits mémorables de Socrate* et de la *Cyropédie*, ne pouvoit se faire illusion à cet égard : l'éloignement du récipiendaire pour son style étoit très connu.

[b] On diroit à présent : « La bonté qu'a eue le plus grand « prince du monde,.... »

nombre infini de ses actions immortelles [a]; cette permission, dis-je, qu'il m'a donnée, m'a tenu lieu auprès de vous de toutes les qualités qui me manquent. Elle vous a entièrement déterminés en ma faveur. Oui, Messieurs, quelque juste sujet qui dût pour jamais m'interdire l'entrée de votre académie, vous n'avez pas cru qu'il fût de votre équité de souffrir qu'un homme destiné à parler de si grandes choses fût privé de l'utilité de vos leçons, ni instruit en d'autre école qu'en la vôtre. Et en cela vous avez bien fait voir que, lorsqu'il s'agit de votre auguste protecteur, quelque autre considération qui vous pût retenir d'ailleurs, votre zèle ne vous laisse plus voir que le seul intérêt de sa gloire.

Permettez pourtant que je vous désabuse, si vous vous êtes persuadés que ce grand prince, en m'accordant cette grace, ait cru rencontrer en moi un écrivain capable de soutenir en quelque sorte, par la beauté du style et par la magnificence des paroles, la grandeur de ses exploits. C'est à vous, Messieurs, c'est à des plumes comme les vôtres, qu'il appartient de faire de tels chefs-d'œuvre; et il n'a jamais conçu de moi une si avantageuse pensée. Mais comme tout ce qui s'est fait sous son règne

---

[a] Racine fut nommé en 1677 historiographe du roi, ainsi que Despréaux.

tient beaucoup du miracle et du prodige, il n'a pas trouvé mauvais qu'au milieu de tant d'écrivains célèbres qui s'apprêtent à l'envi à peindre ses actions dans tout leur éclat et avec tous les ornements de l'éloquence la plus sublime, un homme sans fard, et accusé plutôt de trop de sincérité que de flatterie, contribuât de son travail et de ses conseils à bien mettre en jour, et dans toute la naïveté du style le plus simple, la vérité de ses actions, qui, étant si peu vraisemblables d'elles-mêmes, ont bien plus besoin d'être fidèlement écrites que fortement exprimées [a].

En effet, MESSIEURS, lorsque des orateurs et des poëtes, ou des historiens même aussi entreprenants quelquefois que les poëtes et les orateurs, viendront à déployer sur une matière si heureuse toutes les hardiesses de leur art, toute la force de leurs expressions; quand ils diront de LOUIS LE GRAND, à meilleur titre qu'on ne l'a dit d'un fameux capitaine de l'antiquité, qu'il a lui seul plus fait d'exploits que les autres n'en ont lu, qu'il a pris plus de villes que les autres rois n'ont souhaité d'en prendre (1); quand ils assureront qu'il n'y a

[a] dans les éditions antérieures à celle de 1701, il y a: « fortement exagérées. »

(1) Mot fameux de Cicéron en parlant de Pompée: *Plura bella gessit quàm cœteri legerunt; plures provincias confecit quàm alii concupiverunt.* Pro lege Manilia. (*Despréaux.*)

point de potentat sur la terre, quelque ambitieux qu'il puisse être, qui, dans les vœux secrets qu'il fait au ciel, ose lui demander autant de prospérités et de gloire que le ciel en a accordé libéralement à ce prince; quand ils écriront que sa conduite est maîtresse des événements, que la fortune n'oseroit contredire ses desseins; quand ils le peindront à la tête de ses armées, marchant à pas de géant au travers des fleuves et des montagnes, foudroyant les remparts, brisant les rocs, terrassant tout se qui s'oppose à sa rencontre : ces expressions paroîtront sans doute grandes, riches, nobles, accommodées au sujet; mais, en les admirant, on ne se croira point obligé d'y ajouter foi, et la vérité sous ces ornements pompeux pourra aisément être désavouée ou méconnue.

Mais lorsque des écrivains sans artifice, se contentant de rapporter fidèlement les choses, et avec toute la simplicité de témoins qui déposent, plutôt même que d'historiens qui racontent, exposeront bien tout ce qui s'est passé en France depuis la fameuse paix des Pyrénées, tout ce que le roi a fait pour rétablir dans ses États l'ordre, les lois, la discipline; quand ils compteront bien toutes les provinces que dans les guerres suivantes il a ajoutées à son royaume, toutes les villes qu'il a conquises, tous les avantages qu'il a eus, toutes les victoires qu'il a remportées sur ses ennemis, l'Espagne,

la Hollande, l'Allemagne, l'Europe entière trop
foible contre lui seul, une guerre toujours féconde
en prospérités, une paix encore plus glorieuse;
quand, dis-je, des plumes sincères et plus soigneuses de dire vrai que de se faire admirer, articuleront bien tous ces faits disposés dans l'ordre
des temps, et accompagnés de leurs véritables circonstances : qui est-ce qui en pourra disconvenir,
je ne dis pas de nos voisins, je ne dis pas de nos
alliés, je dis de nos ennemis mêmes? Et quand ils
n'en voudroient pas tomber d'accord, leurs puissances diminuées (1), leurs États resserrés dans des
bornes plus étroites, leurs plaintes, leurs jalousies,
leurs fureurs, leurs invectives même, ne les en
convaincront-ils pas malgré eux? Pourront-ils nier
que, l'année même où je parle, ce prince voulant
les contraindre d'accepter la paix, qu'il leur offroit
pour le bien de la chrétienté, il a tout-à-coup, et
lorsqu'ils le publioient entièrement épuisé d'argent et de forces, il a, dis-je, tout-à-coup fait sortir
comme de terre, dans les Pays-Bas, deux armées
de quarante mille hommes chacune, et les y a fait
subsister abondamment, malgré la disette des four-

---

(1) Il y a comme cela dans toutes les éditions faites tant
du vivant de l'auteur que depuis sa mort. Il n'en est pas
moins certain qu'il faudroit: *leur puissance.* Le mot puissance, dans l'acception où notre auteur le prend ici, ne
peut avoir de pluriel. (*Saint-Marc.*) * Critique rigoureuse.

rages et la sécheresse de la saison? Pourront-ils nier que tandis qu'avec une de ses armées il faisoit assiéger Luxembourg, lui-même avec l'autre, tenant toutes les villes du Hainaut et du Brabant comme bloquées, par cette conduite toute merveilleuse, ou plutôt par une espèce d'enchantement semblable à celui de cette tête si célèbre dans les fables, dont l'aspect convertissoit les hommes en rochers, il a rendu les Espagnols immobiles spectateurs de la prise de cette place si importante, où ils avoient mis leur dernière ressource; que, par un effet non moins admirable d'un enchantement si prodigieux, cet opiniâtre ennemi de sa gloire, cet industrieux artisan de ligues et de querelles [a], qui travailloit

[a] Guillaume III de Nassau, prince d'Orange, né en 1650, reçut une excellente éducation par les soins du célèbre de Witt. Dès l'âge de vingt-deux ans, la faveur populaire s'empressa de l'élever au stathoudérat. Les ressources que son génie artificieux déploya aussitôt contre la France lui concilièrent l'affection publique au plus haut degré. En 1674, les États de Hollande, si jaloux de leur liberté, déclarèrent le pouvoir héréditaire dans sa maison.

Guillaume voyant que les imprudences et la foiblesse de Jacques II, son oncle et son beau-père, détachoient de ce prince la plus grande partie de la nation angloise, réunit tous ses efforts pour lui enlever la couronne. Après avoir fomenté le mécontentement général en Angleterre, il y débarqua inopinément au mois de novembre 1688. La désertion s'étant mise dans l'armée royale, il s'avança

depuis si long-temps à remuer contre lui toute l'Europe, s'est trouvé lui-même dans l'impuissance, pour ainsi dire, de se mouvoir, lié de tous côtés, et réduit pour toute vengeance à semer des libelles, à pousser des cris et des injures? Nos ennemis, je le répète, pourront-ils nier toutes ces choses? Pourront-ils ne pas avouer qu'au même temps que ces merveilles s'exécutoient dans les Pays-Bas, notre armée navale sur la mer Méditerranée, après avoir forcé Alger à demander la paix, faisoit sentir à Gênes, par un exemple à jamais terrible, la juste punition de ses insolences et de ses perfidies, ensevelissoit sous les ruines de ses palais et de ses maisons cette superbe ville, plus aisée à détruire qu'à humilier? Non, sans doute, nos ennemis n'oseroient démentir des vérités si reconnues, sur-tout lorsqu'ils les verront écrites avec cet air simple et naïf, et dans ce caractère de sincérité et de vraisem-

---

promptement vers Londres; il assembla une *convention nationale*, qui décréta, au mois de février 1689, que le trône étoit vacant, et qu'il étoit déféré à Guillaume et à son épouse Marie, l'administration restant entre les mains du premier, qui conserva toujours le stathoudérat.

Guillaume fut l'ame des ligues formées contre Louis XIV. Quoique ce monarque l'eût reconnu roi d'Angleterre par le traité de Riswick en 1697, sa haine n'en étoit pas moins active. Lorsqu'il mourut en 1702, il soulevoit encore l'Europe contre la France.

blance, qu'au défaut des autres choses je ne désespère pas absolument de pouvoir, au moins en partie, fournir à l'histoire.

Mais comme cette simplicité même, tout ennemie qu'elle est de l'ostentation et du faste, a pourtant son art, sa méthode, ses agréments, où pourrois-je mieux puiser cet art et ces agréments que dans la source même de toutes les délicatesses, dans cette académie qui tient depuis si long-temps en sa possession tous les trésors, toutes les richesses de notre langue? C'est donc, MESSIEURS, ce que j'espère aujourd'hui trouver parmi vous, c'est ce que j'y viens étudier, c'est ce que j'y viens apprendre. Heureux si, par mon assiduité à vous cultiver, par mon adresse à vous faire parler sur ces matières, je puis vous engager à ne me rien cacher de vos connoissances et de vos secrets! Plus heureux encore si, par mes respects et par mes sincères soumissions, je puis parfaitement vous convaincre de l'extrême reconnoissance que j'aurai toute ma vie de l'honneur inespéré que vous m'avez fait [a]!

[a] Le récipiendaire manifeste sa surprise *de l'honneur inespéré* qu'on lui a fait,.... dont *tant de raisons sembloient devoir pour jamais l'exclure*, et qu'il n'a pas eu *seulement la hardiesse de demander*. Il ne dissimule point tout ce qu'il doit, dans cette occasion, à l'auguste protecteur de la compagnie. Sans blesser les convenances, il laisse percer l'épigramme au milieu des compliments dictés par l'usage.

Dans sa réponse, en qualité de directeur, l'abbé de La Chambre nous apprend que le discours de Despréaux attira un *concours extraordinaire de personnes de qualité et de mérite*, et qu'il excita un *doux et agréable murmure d'applaudissements.*

D'Alembert dit pourtant le contraire, et ne trouve dans ce même discours qu'*un tissu de sarcasmes mal déguisés*. Il rapporte les quatre vers suivants contre Despréaux; un académicien se les permit, pour se soulager de la violence qu'il s'étoit faite en consentant à son admission.

> Boileau nous dit dans son écrit
> Qu'il n'est pas né pour l'éloquence;
> Il ne dit pas ce qu'il en pense,
> Mais je pense ce qu'il en dit.

Le jour où Despréaux fut reçu à l'académie n'est point indiqué dans les éditions de 1694, 1701, 1713. Il se trouve sous la date du 3 juillet 1684, dans le *Recueil des harangues* prononcées par les académiciens, tome II, 1714, p. 115. Brossette, Saint-Marc, M. Daunou, en un mot, tous ceux des éditeurs qui ont fait mention de cette date, l'ont prise dans ce recueil. D'Alembert lui-même, historien de la compagnie, a cru ne pouvoir mieux faire. Un ouvrage publié récemment nous apprend néanmoins que cette date a besoin d'être rectifiée. « Il suffit pour cela, dit l'auteur, de « consulter les régistres de l'académie françoise où sa ré- « ception (*de Despréaux*) se trouve datée positivement du « 1er juillet. Dans le procès-verbal de cette séance, on voit « qu'après le discours de remerciement du récipiendaire, « Boyer lut quatre sonnets; que Leclerc en lut un autre, et « qu'à Benserade, qui lut la traduction de deux psaumes, « succéda La Fontaine qui lut une fable. » (*Mes voyages aux environs de Paris*, par J. Delort, tome II, 1821, page 186.)

AVERTISSEMENT.

M. Charpentier, de l'académie françoise, ayant composé des inscriptions pleines d'emphase, qui furent mises par ordre du roi au bas des tableaux des victoires de ce prince, peints dans la grande galerie de Versailles par M. Le Brun, M. de Louvois, qui succéda à M. Colbert dans la charge de surintendant des bâtiments, fit entendre à sa majesté que ces inscriptions déplaisoient fort à tout le monde; et, pour mieux lui montrer que c'étoit avec raison, me pria de faire sur cela un mot d'écrit qu'il pût montrer au roi. Ce que je fis aussitôt. Sa majesté lut cet écrit avec plaisir; et l'approuva : de sorte que la saison l'appelant à Fontainebleau, il [a] ordonna qu'en son absence on ôtât toutes ces pompeuses déclamations de M. Charpentier [b], et qu'on

[a] Despréaux emploie ce pronom au masculin, quoiqu'il se rapporte au mot *majesté*. L'usage contraire avoit pourtant prévalu dès-lors, et tous les exemples que donne Bouhours le confirment. *Voyez* la *Suite des remarques nouvelles sur la langue françoise*, 1737, pages 11 et suivantes.

[b] « Le malheur a voulu, dit Furetière en parlant de « l'abbé Tallemant le jeune, qu'ayant fait des inscriptions

y mît les inscriptions simples qui y sont, que nous composâmes presque sur-le-champ, M. Racine et moi, et qui furent approuvées de tout le monde. C'est cet écrit, fait à la prière de M. de Louvois, que je donne ici au public.

« pour les tableaux de la galerie de Versailles, elles ont été « trouvées si mauvaises, qu'il y a eu ordre de les effacer; « et le sieur Charpentier en a fait d'autres, qui seront effa- « cées à leur tour dans quelque temps. Cette prédiction a « été accomplie plus tôt que je ne pensois, et le sieur Ra- « cine a fait de nouvelles inscriptions qui ont effacé toutes « les autres. » (*Second factum contre quelques uns de l'académie françoise.*)

DISCOURS

SUR LE STYLE

DES INSCRIPTIONS [a].

Les inscriptions doivent être simples, courtes et familières. La pompe ni la multitude des paroles n'y valent rien, et ne sont point propres au style grave, qui est le vrai style des inscriptions. Il est absurde de faire une déclamation autour d'une médaille ou au bas d'un tableau, sur-tout lorsqu'il s'agit d'actions comme celles du roi, qui, étant d'elles-mêmes toutes grandes et toutes merveilleuses, n'ont pas besoin d'être exagérées.

Il suffit d'énoncer simplement les choses pour les faire admirer. « Le passage du Rhin » dit beaucoup plus que « le merveilleux passage du Rhin. » L'épithète de MERVEILLEUX en cet endroit, bien loin d'augmenter l'action, la diminue, et sent son déclamateur qui veut grossir de petites choses. C'est à l'inscription à dire, « Voilà le passage du Rhin; » et celui qui lit saura bien dire sans elle : « Le pas-

---

[a] Ce discours fut publié, pour la première fois, dans l'édition de 1713, onze ans après la mort de Charpentier.

« sage du Rhin est une des plus merveilleuses ac-
« tions qui aient jamais été faites dans la guerre. »
Il le dira même d'autant plus volontiers que l'inscription ne l'aura pas dit avant lui, les hommes naturellement ne pouvant souffrir qu'on prévienne leur jugement, ni qu'on leur impose la nécessité d'admirer ce qu'ils admireront assez d'eux-mêmes.

D'ailleurs, comme les tableaux de la galerie de Versailles sont des espèces d'emblèmes héroïques des actions du roi, il ne faut, dans les règles, que mettre au bas du tableau le fait historique qui a donné occasion à l'emblème. Le tableau doit dire le reste, et s'expliquer tout seul. Ainsi, par exemple, lorsqu'on aura mis au bas du premier tableau :
« Le roi prend lui-même la conduite de son royau-
« me, et se donne tout entier aux affaires, 1661 ; »
il sera aisé de concevoir le dessein du tableau, où l'on voit le roi fort jeune, qui s'éveille au milieu d'une foule de plaisirs dont il est environné, et qui, tenant de la main un timon, s'apprête à suivre la gloire qui l'appelle, etc.

Au reste, cette simplicité d'inscriptions est extrèmement du goût des anciens, comme on le peut voir dans les médailles, où ils se contentoient souvent de mettre pour toute explication la date de l'action qui est figurée, ou le consulat sous lequel elle a été faite, ou tout au plus deux mots qui apprennent le sujet de la médaille.

Il est vrai que la langue latine dans cette simplicité a une noblesse et une énergie [a] qu'il est difficile d'attraper en notre langue; mais si l'on n'y peut atteindre, il faut s'efforcer d'en approcher, et tout du moins ne pas charger nos inscriptions d'un verbiage et d'une enflure de paroles, qui étant fort mauvaise par-tout ailleurs, devient sur-tout insupportable en ces endroits.

Ajoutez à tout cela que ces tableaux étant dans l'appartement du roi, et ayant été faits par son ordre, c'est en quelque sorte le roi lui-même qui parle à ceux qui viennent voir sa galerie. C'est pour ces raisons qu'on a cherché une grande simplicité dans les nouvelles inscriptions, où l'on ne met proprement que le titre et la date, et où l'on a sur-tout évité le faste et l'ostentation.

[a] *Voyez* la lettre de Despréaux à Brossette, du 15 mai 1705. Jean-Jacques Rousseau, dont les opinions sont presque toujours extrêmes, traite notre langue bien plus sévèrement. « Le françois, dit-il en parlant de l'inscription, ne « vaut rien pour ce genre; il est mou, il est mort, il n'a pas « plus de nerf que de vie. » (*Lettre à d'Ivernois, 7 janvier* 1765.)

ÉPITAPHE [a]
DE JEAN RACINE.

D. O. M.

Hic jacet vir nobilis Joannes Racine, Franciæ thesauris præfectus, regis à secretis atque à cubiculo, nec non unus è quadraginta gallicanæ academiæ viris, qui, postquàm profana tragœdiarum argumenta diù cum ingenti hominum admiratione tractasset, musas tandem suas uni Deo consecravit, omnemque ingenii vim in eo laudando contulit, qui solus laude dignus est. Quum eum vitæ negotiorumque rationes multis nobilibus aulæ tenerent addictum, tamen in frequenti hominum commer-

---

[a] On a imprimé cette épitaphe, telle qu'on la lit, à la fin des *Mémoires sur la vie de Jean Racine*. Son fils la donne positivement, dans les deux langues latine et françoise, comme étant l'ouvrage de Despréaux. « La traduction, « dit-il, que ses commentateurs ont mise dans ses œuvres, « n'est point la véritable; ce qu'on reconnoîtra aisément « par la différence du style. » Il auroit pu ajouter que les mêmes commentateurs ont donné l'épitaphe latine avec des changements, faits sans doute à Port-Royal.

cio omnia pietatis ac religionis officia coluit. A christiano rege Ludovico magno selectus unà cum familiari ipsius amico fuerat, qui res eo regnante præclarè ac mirabiliter gestas perscriberet. Huic intentus operi, repentè in gravem æquè ac diuturnum morbum implicitus est, tandemque ab hâc sede miseriarum in melius domicilium translatus anno ætatis suæ LIX. Qui mortem longo adhuc intervallo remotam valdè horruerat; ejusdem præsentis adspectum placidâ fronte sustinuit; obiitque spe multò magis et piâ in Deum fiduciâ erectus, quàm fractus metu. Ea jactura omnes illius amicos, quorum nonnulli inter regni primores eminebant, acerbissimo dolore perculit. Manavit etiam ad ipsum regem tanti viri desiderium. Fecit modestia ejus singularis, et præcipua in hanc Portûs-Regii domum benevolentia, ut in eâ sepeliri voluerit, ideòque testamento cavit, ut corpus suum juxta piorum hominum, qui hîc sunt, corpora humaretur.

Tu verò quicumque es, quem in hanc domum pietas adducit, tuæ ipse mortalitatis ad hunc adspectum recordare, et clarissimam tanti viri memoriam precibus potiùs quàm elogiis prosequere.

A LA GLOIRE DE DIEU, TRÈS BON ET TRÈS GRAND.

Ici repose le corps de messire Jean Racine, trésorier de France, secrétaire du roi, gentilhomme ordinaire de sa chambre, et l'un des quarante de l'académie françoise; qui, après avoir long-temps charmé la France par ses excellentes poésies profanes, consacra ses muses à Dieu, et les employa uniquement à louer le seul objet digne de louange. Les raisons indispensables qui l'attachoient à la cour l'empêchèrent de quitter le monde; mais elles ne l'empêchèrent pas de s'acquitter, au milieu du monde, de tous les devoirs de la piété et de la religion. Il fut choisi avec un de ses amis [a] par le roi Louis le grand pour rassembler en un corps d'histoire les merveilles de son règne, et il étoit occupé à ce grand ouvrage, lorsque tout-à-coup il fut attaqué d'une longue et cruelle maladie, qui à la fin l'enleva de ce séjour de misères, en sa cinquante-neuvième année. Bien qu'il eût extrêmement redouté la mort, lorsqu'elle étoit encore loin de lui, il la vit de près sans s'étonner, et mourut beaucoup plus rempli d'espérance que de crainte, dans une entière résignation à la volonté de Dieu. Sa perte toucha sensiblement ses amis, entre lesquels il pouvoit compter les premières personnes du royaume, et il fut regretté du roi même. Son humilité et l'affection particulière qu'il eut toujours pour cette maison de Port-Royal-des-Champs, lui firent souhaiter d'être enterré sans aucune

---

[a] Despréaux lui-même.

pompe dans ce cimetière avec les humbles serviteurs de Dieu qui y reposent, et auprès desquels il a été mis, selon qu'il l'avoit ordonné par son testament [a].

O toi, qui que tu sois, que la piété attire en ce saint lieu, plains dans un si excellent homme la triste destinée de tous les mortels, et quelque grande idée que puisse te donner de lui sa réputation, souviens-toi que ce sont des prières, et non pas de vains éloges qu'il te demande.

[a] Voici la première disposition du codicille de Racine: « Je desire qu'après ma mort mon corps soit porté à Port-« Royal des champs, et qu'il y soit inhumé dans le cime-« tière, au pied de la fosse de M. Hamon. » Le lendemain de sa mort, le 22 avril 1699, son corps fut déposé dans le chœur de Saint-Sulpice, sa paroisse; et la nuit suivante, il fut transporté à Port-Royal, où le 23 on l'enterra au-dessus de M. Hamon, parcequ'il ne se trouva pas de place au-dessous.

« Nous obtînmes, dit Louis Racine, après la destruction « de Port-Royal, la permission de faire exhumer le corps « de mon père, qui fut apporté à Paris le 2 décembre 1711, « dans l'église de Saint-Étienne-du-Mont, notre paroisse « alors, et placé derrière le maître-autel, en face de la cha-« pelle de la Vierge, auprès de la tombe de M. Pascal. » (*Mémoires sur la vie de Jean Racine.*)

LA MÊME ÉPITAPHE

Avec des changements [a].

D. O. M.

Hîc jacet *nobilis vir* Joannes Racine, Franciæ

[a] Nous indiquons par des caractères italiques les endroits où cette épitaphe diffère de celle que nous avons donnée, d'après les mémoires de Racine le fils. Insérée d'abord en 1723, d'une manière défectueuse, dans le nécrologe de l'abbaye de Notre-Dame de Port-Royal des champs, elle fut imprimée, pour la première fois, avec soin, dans les œuvres de Despréaux en 1735. Les éditions postérieures l'ont simplement copiée. Dans celle de 1809, on s'est contenté d'y substituer l'épitaphe produite par Louis Racine. Nous avons cru devoir offrir l'une et l'autre au lecteur, qui peut en faire un objet de comparaison.

On ne voit pas sur quoi se fonde l'éditeur de 1740, lorsqu'il dit: « M. Despréaux a composé cette épitaphe en « françois, et M. Dodart la tourna en latin. »

Saint-Marc n'avoit sans doute aucune connoissance de l'épitaphe publiée par Racine le fils. Il affirme que celle qu'il rapporte dans son édition, et que nous transcrivons ici, ne fut point gravée sur la tombe de Racine. « M. Michel « Tronchay, dit-il, mort chanoine de Laval, en fit une « autre dont on se servit, et dans laquelle on retrouve les « principales idées de M. Despréaux, tournées d'une ma- « nière encore plus chrétienne et plus conforme à la morale « enseignée par les écrivains de Port-Royal. On peut la voir « dans le nécrologe de Port-Royal, au 21 avril. »

thesauris præfectus, *regi* [a] à secretis atque à cubiculo, nec non unus è quadraginta gallicanæ academiæ viris, qui, *postquàm tragœdiarum* argumenta diù cum ingenti hominum admiratione tractasset, musas tandem suas uni Deo consecravit, omnemque ingenii vim in eo laudando contulit, qui solus laude *dignus* cùm eum vitæ negotiorumque rationes multis *nominibus* aulæ tenerent addictum, tamen in frequenti hominum *consortio* omnia pietatis ac religionis officia coluit. A *christianissimo* rege Ludovico magno selectus unà cum familiari ipsius amico fuerat; qui res eo regnante præclarè ac mirabiliter gestas perscriberet. Huic intentus operi, repentè in gravem *atque* diuturnum morbum implicitus est, tandemque ab hâc sede miseriarum in melius domicilium translatus anno ætatis suæ *quinquagesimo nono*. Qui mortem *longiori* adhuc intervallo remotam valdè horruerat, ejusdem præsentis adspectum placidâ fronte sustinuit; obiitque spe *magis* et piâ in Deum fiduciâ erectus quàm fractus metu. Ea jactura omnis illius amicos, *è quibus* nonnulli inter regni primores eminebant, acerbissimo dolore perculit. Manavit etiam ad ipsum regem tanti viri desiderium. Fecit modestia ejus singularis, et præcipua in hanc Portus-

---

[a] Dans toutes les éditions de Despréaux, il y a *regi* au lieu de *regis*.

Regii domum benevolentia, ut in *isto cœmeterio piè magis quàm magnificè sepeliri vellet*, *adeòque* testamento cavit, ut corpus suum juxta piorum hominum, qui hic jacent, corpora humaretur.

Tu verò quicumque es, quem in hanc domum pietas adducit, tuæ *ipsius* mortalitatis ad hanc aspectum recordare, et clarissimam tanti viri memoriam precibus potiùs quàm elogiis prosequere.

A LA GLOIRE DE DIEU, TRÈS BON ET TRÈS GRAND.

Ci gît messire Jean Racine, trésorier de France, secrétaire du roi, gentilhomme de la chambre, l'un des quarante de l'académie françoise. Il s'appliqua long-temps à composer des tragédies, qui firent l'admiration de tout le monde ; mais enfin il quitta ces sujets profanes, pour ne plus employer son esprit et sa plume qu'à louer celui qui seul mérite nos louanges. Les engagements de son état et la situation de ses affaires le tinrent attaché à la cour ; mais, au milieu du commerce des hommes, il sut remplir tous les devoirs de la piété et de la religion chrétienne. Le roi Louis le grand le choisit lui et un de ses intimes amis, pour écrire l'histoire et les événements admirables de son règne. Pendant qu'il travailloit à cet ouvrage, il tomba dans une longue et grande maladie qui le retira de ce lieu de misères pour l'établir dans un séjour plus heureux, la cinquante-neuvième année de son âge.

Quoiqu'il eût eu autrefois des frayeurs horribles de la mort, il l'envisagea alors avec beaucoup de tranquillité; et il mourut, non abattu par la crainte, mais soutenu par une ferme espérance et une grande confiance en Dieu. Tous ses amis, entre lesquels ils comptoit plusieurs grands seigneurs, furent extrêmement sensibles à la perte de ce grand homme. Le roi même témoigna le regret qu'il en avoit. Sa grande modestie et son affection singulière pour cette maison de Port-Royal lui firent choisir une sépulture pauvre, mais sainte, dans ce cimetière; et il ordonna par son testament qu'on enterrât son corps auprès des gens de bien qui y reposent.

Qui que vous soyez, qui venez ici par un motif de piété, souvenez-vous, en voyant le lieu de sa sépulture, que vous êtes mortel; et pensez plutôt à prier Dieu pour cet homme illustre, qu'à lui donner des éloges (1).

(1) On a tout lieu de croire que M. Despréaux est lui-même auteur de cette traduction. Ce qu'il y a de certain, c'est que les religieuses de Port-Royal la tenoient de sa main. (*Note de l'éditeur de 1735.*) * Celle que Louis Racine assure être le véritable ouvrage de Despréaux est pourtant tout-à-fait différente, comme il est facile de s'en convaincre. Il y a une autre traduction françoise de l'épitaphe de Racine dans le nécrologe de Port-Royal, tome I, page 166.

RÉFLEXIONS CRITIQUES

SUR QUELQUES PASSAGES

DU RHÉTEUR LONGIN.

AVIS AUX LECTEURS.

On a jugé à propos de mettre ces réflexions avant la traduction du Sublime de Longin, parcequ'elles n'en sont point une suite, faisant elles-mêmes un corps de critique à part, qui n'a souvent aucun rapport avec cette traduction, et que d'ailleurs, si on les avoit mises à la suite de Longin, on les auroit pu confondre avec les notes grammaticales qui y sont, et qu'il n'y a ordinairement que les savants qui lisent, au lieu que ces réflexions sont propres à être lues de tout le monde et même des femmes; témoin plusieurs dames de mérite qui les ont lues avec un très grand plaisir, ainsi qu'elles me l'ont assuré elles-mêmes [a].

[a] Cet avis se trouve dans l'édition de 1713, où les *Réflexions critiques* précèdent la traduction du *Traité du Sublime*. Brossette, Du Monteil, les éditeurs de 1722, 1735, 1740, 1772, etc. ont suivi un ordre contraire, que l'auteur avoit lui-même adopté en 1694. Nous avons cru devoir nous conformer à celui qu'il indique dans son édition de 1701, et qu'il motive définitivement dans celle qu'il préparoit peu de temps avant de mourir.

RÉFLEXIONS CRITIQUES

SUR QUELQUES PASSAGES

DU RHÉTEUR LONGIN,

Où, par occasion, on répond à plusieurs objections de M. Perrault contre Homère et contre Pindare, et tout nouvellement à la dissertation de M. Le Clerc contre Longin, et à quelques critiques contre M. Racine [a].

RÉFLEXION PREMIÈRE.

Mais c'est à la charge, mon cher Térentianus, que nous reverrons ensemble exactement mon ouvrage, et que vous m'en direz votre sentiment avec cette sincérité que nous devons naturellement à nos amis. (*Paroles de Longin, chap. I.*)

Longin nous donne ici, par son exemple, un des plus importants préceptes de la rhétorique, qui est

---

[a] « La querelle de M. Despréaux et de Perrault vint,
« dit Monchesnai, à l'occasion d'un poëme composé contre
« les anciens par ce dernier. Ce poëme avoit pour titre :
« *Le siècle de Louis-le-Grand*, et commençoit par deux vers
« des plus prosaïques :
   « La docte antiquité fut toujours vénérable,
   « Je ne la trouve pas cependant adorable [a].

[a] Dans les différentes éditions du poëme de Perrault, ce second vers est un peu moins mauvais. Le voici :
   Mais je ne crus jamais qu'elle fût adorable.

de consulter nos amis sur nos ouvrages, et de les accoutumer de bonne heure à ne nous point flatter. Horace et Quintilien nous donnent le même con-

« Le reste du poëme étoit à-peu-près de la même tournure,
« et ne laissa pas d'être fort applaudi, à la lecture qui en
« fut faite à l'académie [a], en présence de personnes très
« illustres, entre autres de M. de Harlai, archevêque de
« Paris. J'étois sur les charbons, disoit M. Despréaux, pen-
« dant la lecture de ce misérable poëme; et sans M. Ra-
« cine, qui me retint vingt fois, j'étois prêt à me lever
« pour confondre tant de graves approbateurs, qui, à la
« honte du bon sens, avoient la complaisance de souffrir
« qu'on traitât Homère comme un carabin, dans une com-
« pagnie sur-tout fondée pour être le plus ferme appui des
« lettres. »

« M. Despréaux protesta en public et en particulier con-
« tre le bizarre système de Perrault, qui vouloit abaisser
« aux pieds des modernes les plus grands personnages de
« l'antiquité. Il fut néanmoins quelques années sans lui
« répondre; mais Perrault ayant fait imprimer ses paral-
« lèles, où M. Despréaux étoit traité de médisant et d'en-
« vieux, celui-ci crut devoir se justifier par ces *Réflexions*
« *judicieuses* et démonstratives qui sont à la suite du *Traité*
« *du Sublime* [b]. M. Despréaux nous disoit que M. le prince
« de Conti lui avoit fait dire par M. Racine : — Si Des-
« préaux ne répond point à Perrault, j'irai moi-même à

[a] Le 27 janvier 1687, jour où l'académie rendit graces au ciel de la parfaite guérison de Louis XIV, que le chirurgien Félix avoit opéré de la fistule, le 18 novembre 1686.

[b] En effet, dans l'édition de 1694, les *Réflexions critiques* sont placées à la suite de la traduction du *Traité du Sublime*.

seil en plusieurs endroits; et Vaugelas, le plus sage, à mon avis, des écrivains de notre langue, confesse que c'est à cette salutaire pratique qu'il doit ce qu'il a de meilleur dans ses écrits. Nous avons beau être éclairés par nous-mêmes, les yeux d'autrui voient toujours plus loin que nous dans nos défauts; et un esprit médiocre fera quelquefois apercevoir le plus habile homme d'une méprise qu'il ne voyoit pas. On dit que Malherbe consultoit sur ses vers jusqu'à l'oreille de sa servante; et je me souviens que Molière m'a montré aussi plusieurs fois une vieille servante qu'il avoit chez lui, à qui il lisoit, disoit-il, quelquefois ses comédies; et il m'assuroit que lorsque des endroits de plai-

« l'académie, et j'écrirai à sa place: *Tu dors, Brutus....* [a] » (*Bolæana*, n° XV.)

Le récit de Brossette confirme celui de Monchesnai. On y voit que l'auteur de Phèdre et d'Iphigénie, dont Perrault avoit affecté de ne faire aucune mention ni dans son poëme, ni dans son parallèle, en parlant de nos poëtes tragiques, étoit l'un de ceux qui excitoient le plus Despréaux à prendre la défense des anciens. Le satirique s'y étant déterminé, employa des passages de Longin pour servir de texte à chacune de ses *réflexions critiques*, afin de paroître simplement répondre à son adversaire, par occasion. Ces réflexions furent composées en 1693, et parurent dans l'édition donnée en 1694.

[a] *Voyez* sur le prince de Conti la note *b*, page 306, tome IV.

santerie ne l'avoient point frappée, il les corrigeoit; parcequ'il avoit plusieurs fois éprouvé sur son théâtre que ces endroits n'y réussissoient point (1). Ces exemples sont un peu singuliers; et je ne voudrois pas conseiller à tout le monde de les imiter. Ce qui est de certain, c'est que nous ne saurions trop consulter nos amis.

Il paroît néanmoins que M. Perrault n'est pas de ce sentiment. S'il croyoit ses amis, on ne les verroit pas tous les jours dans le monde nous dire comme ils font : « M. Perrault est de mes amis, et
« c'est un fort honnête homme; je ne sais pas com-
« ment il s'est allé mettre en tête de heurter si lour-
« dement la raison, en attaquant dans ses Parallèles
« tout ce qu'il y a de livres anciens estimés et esti-
« mables. Veut-il persuader à tous les hommes que

---

(1) Un jour Molière, pour éprouver le goût de cette servante nommée *La Forêt*, lui lut quelques scènes d'une comédie qu'il disoit être de lui, mais qui étoit du comédien Brécourt. La servante ne prit point le change : elle soutint que son maître n'avoit pas fait cette pièce. (*Brossette*.) * On a de Brécourt sept comédies, qui sont tombées dans l'oubli. A la chasse du roi, à Fontainebleau, en 1678, il perça de son épée jusqu'à la garde un sanglier qui le poursuivoit. Louis XIV lui témoigna de l'intérêt, et lui dit qu'il n'avoit jamais vu porter un coup aussi vigoureux. Pour assurer le succès de sa pièce de *Timon*, Brécourt fit de si grands efforts, qu'il se rompit une veine, accident dont il mourut en 1685.

RÉFLEXION I.

« depuis deux mille ans ils n'ont pas eu le sens
« commun? Cela fait pitié. Aussi se garde-t-il bien
« de nous montrer ses ouvrages. Je souhaiterois
« qu'il se trouvât quelque honnête homme, qui
« lui voulût sur cela charitablement ouvrir les
« yeux. »

Je veux bien être cet homme charitable. M. Perrault m'a prié de si bonne grace lui-même de lui montrer ses erreurs [a], qu'en vérité je ferois conscience de ne lui pas donner sur cela quelque satisfaction. J'espère donc lui en faire voir plus d'une dans le cours de ces remarques. C'est la moindre chose que je lui dois, pour reconnoître les grands services que feu monsieur son frère le médecin, m'a, dit-il, rendus en me guérissant [b] de deux gran-

[a] « Vous dites que quelque jour vous pourrez me mon-
« trer mes erreurs. Je le souhaite de tout mon cœur :
« pourquoi voudrois-je être trompé? et au fond, que m'im-
« porte que les modernes vaillent mieux que les anciens,
« ou les anciens que les modernes? Mais je déclare par
« avance qu'il faut des raisons pour me désabuser, (voilà
« la difficulté) et que des injures, des épigrammes et des
« satires ne feront rien. » (*Lettre* de Perrault *à M. D****, *touchant la préface de son ode sur la prise de Namur*, n° XV.)

[b] « Il vous a tiré (*Claude Perrault*) de deux dangereuses
« maladies avec des soins et une application inconcevables,
« et on sait de quelle sorte vous avez reconnu ses soins en
« le maltraitant dans vos satires. » (*Lettre* de Perrault à
M. D***, *touchant la préface de son ode sur la prise de Namur*, n° XII.)

des maladies. Il est certain pourtant[a] que monsieur son frère ne fut jamais mon médecin. Il est vrai que lorsque j'étois encore tout jeune, étant tombé malade d'une fièvre assez peu dangereuse, une de mes parentes (1), chez qui je logeois, et dont il étoit médecin, me l'amena, et qu'il fut appelé deux ou trois fois en consultation par le médecin qui avoit soin de moi. Depuis, c'est-à-dire trois ans après, cette même parente me l'amena une seconde fois, et me força de le consulter sur une difficulté de respirer [b] que j'avois alors, et que j'ai encore; il me tâta le pouls, et me trouva la fièvre, que sûrement je n'avois point. Cependant il me conseilla de me faire saigner du pied, remède assez bizarre pour l'asthme dont j'étois menacé. Je fus toutefois assez fou pour faire son ordonnance dès le soir même. Ce qui arriva de cela, c'est que ma difficulté de respirer ne diminua point [c], et que le lendemain, ayant marché mal-à-propos, le pied m'enfla de telle sorte, que j'en

---

[a] « La vérité est pourtant.... » (*édition de* 1694.)

(1) La belle-sœur de notre auteur, veuve de Jérôme Boileau, son frère aîné. (*Brossette.*)

[b] « Il est vrai qu'étant encore tout jeune, une de mes
« parentes chez qui je logeois, et dont il étoit médecin,
« me l'amena malgré moi, et me força de le consulter sur
« une difficulté de respirer,.... (*édition de* 1694.)

[c] « augmenta considérablement,.... » (*édit. de* 1694.)

fus trois semaines dans le lit. C'est là toute la cure qu'il m'a jamais faite, que je prie Dieu de lui pardonner en l'autre monde.

Je n'entendis plus parler de lui depuis cette belle consultation, sinon lorsque mes Satires parurent, qu'il me revint de tous côtés que, sans que j'en aie jamais pu savoir la raison [a], il se déchaînoit à outrance contre moi : ne m'accusant pas simplement d'avoir écrit contre des auteurs, mais d'avoir glissé dans mes ouvrages des choses dangereuses, et qui regardoient l'État. Je n'appréhendois guère ces calomnies, mes satires n'attaquant que les méchants livres, et étant toutes pleines des louanges du roi, et ces louanges même en faisant le plus bel ornement. Je fis néanmoins avertir monsieur le médecin qu'il prît garde à parler avec un peu plus de retenue; mais cela ne servit qu'à l'aigrir encore davantage. Je m'en plaignis même alors à monsieur son frère l'académicien, qui ne me jugea pas digne de réponse. J'avoue que c'est ce qui me fit faire dans mon Art poétique la métamorphose du médecin de Florence en architecte[b]; vengeance assez médiocre de toutes les infamies que ce médecin avoit dites de moi. Je

[a] « Sans que j'en aie jamais pu savoir la raison,.... » Ce membre de phrase n'est point dans l'édition de 1694.

[b] Épisode par lequel commence le quatrième chant.

ne nierai pas cependant qu'il ne fût homme de très grand mérite [a], fort savant, sur-tout dans les matières de physique. MM. de l'académie des sciences néanmoins ne conviennent pas tous [b] de l'excellence de sa traduction de Vitruve, ni de toutes les choses avantageuses [c] que monsieur son frère

[a] Dans l'édition de 1694, la phrase se termine à ces mots : « qu'il ne fût homme de mérite. »

[b] « .... ne conviennent pas pourtant de l'excellence.... » (*édition de* 1694.)

[c] « Par où avez-vous pu reconnoître de la bizarrerie
« dans son esprit? demande Charles Perrault au sujet de
« son frère. Est-ce par ses ouvrages? Est-ce par la traduc-
« tion qu'il a faite de Vitruve et par les notes dont il l'a
« accompagnée; ouvrage aussi beau en son genre qu'il s'en
« soit fait de notre siècle? Est-ce par ses essais de physique,
« qui ont été si bien reçus de toutes les personnes intelli-
« gentes dans les choses de la nature? Est-ce enfin par les
« mémoires qu'il a dressés pour servir à l'histoire naturelle
« des animaux, dont il y a un volume d'imprimé et un vo-
« lume manuscrit, qu'il a laissé à l'académie des sciences?
« Non assurément, puisque ce sont des matières dont vous
« n'avez presque aucune connoissance, et où il ne s'agit
« ni d'Horace ni de Pindare. Concluez-vous que l'auteur
« de tous ces ouvrages n'avoit pas le sens droit, parceque
« M. Colbert, qui avoit un si grand sens, le choisit pour
« être de l'académie des sciences; parceque c'a été sur ses
« dessins que la façade principale du Louvre a été bâtie,
« préférablement à ceux du cavalier Bernin et de tous les
« architectes de France et d'Italie; et que c'est encore sur
« ses dessins qu'on a élevé le modèle de l'arc de triomphe

RÉFLEXION I. 163

rapporte de lui. Je [a] puis même nommer un des plus célèbres de l'académie d'architecture (1), qui s'offre de lui faire voir, quand il voudra [b], papiers sur table, que c'est le dessin du fameux M. Le Vau (2) qu'on a suivi dans la façade du Louvre; et qu'il n'est point vrai que ni ce grand ouvrage d'architecture, ni l'observatoire, ni l'arc de triomphe, soient des ouvrages d'un médecin de la faculté. C'est une querelle que je leur laisse démêler entre eux [c], et où je déclare que je ne prends aucun intérêt, mes vœux même, si j'en fais quelques uns, étant pour le médecin. Ce qu'il y a de vrai, c'est que ce médecin étoit de même goût que monsieur son frère sur les anciens, et qu'il avoit pris en haine, aussi bien que lui, tout ce qu'il

« et le bâtiment de l'observatoire? Est-ce enfin parcequ'il
« avoit un goût et un génie universel pour tous les arts et
« pour toutes les sciences? » (*Lettre à M. D****, n° XII.)

[a] « Je lui puis même nommer.... » (*édition de 1694.*)

(1) M. Dorbay. (*Despréaux.*) * C'étoit un élève de M. Le Vau.

[b] .... « démonstrativement et papiers sur table, ... » (*édition de 1694.*)

(2) Louis Le Vau, premier architecte du roi, a eu la direction des bâtiments royaux, depuis l'année 1653 jusqu'en 1670, qu'il mourut âgé de 58 ans, pendant qu'on travailloit à la façade du Louvre. (*Brossette.*) * *Voyez* la note *a*, tome IV, page 255.

[c] Dans l'édition de 1694, la phrase finit par ces mots « démêler entre eux. » Le reste fut ajouté en 1701.

y a de grands personnages dans l'antiquité. On assure que ce fut lui qui composa cette belle *défense de l'opéra d'Alceste*, où, voulant tourner Euripide en ridicule, il fit ces étranges bévues que M. Racine a si bien relevées dans la préface de son Iphigénie. C'est donc de lui et d'un autre frère [a] encore qu'ils avoient, grand ennemi comme eux de Platon, d'Euripide et de tous les autres bons auteurs, que j'ai voulu parler, quand j'ai dit qu'il y avoit de la bizarrerie d'esprit [b] dans leur famille, que je reconnois d'ailleurs pour une famille pleine d'honnêtes gens, et où il y en a même plusieurs, je crois, qui souffrent Homère et Virgile.

On me pardonnera, si je prends encore ici l'occasion de désabuser le public d'une autre fausseté que M. Perrault a avancée dans la Lettre bourgeoise [c] qu'il m'a écrite, et qu'il a fait imprimer, où il prétend qu'il a autrefois beaucoup servi à un de mes frères [d] auprès de M. Colbert, pour

[a] Pierre Perrault, receveur-général des finances de la généralité de Paris, donna sa traduction de la *Secchia rapita* du Tassoni en 1678. C'est lui, et non son frère Claude Perrault, qui est l'auteur de la *défense de l'opéra d'Alceste*. Dans la préface de sa traduction il professe, sur les anciens et les modernes, toutes les opinions que Charles Perrault, son autre frère, a développées douze ans plus tard.

[b] *Voyez* le *discours sur l'ode*, par Despréaux, tome II.

[c] C'est celle dont nous avons cité plusieurs passages.

[d] Gilles Boileau, mort en 1669.

lui faire avoir l'agrément de la charge de contrôleur de l'argenterie. Il allègue pour preuve que mon frère, depuis qu'il eut cette charge, venoit tous les ans lui rendre une visite, qu'il appeloit de devoir, et non pas d'amitié. C'est une vanité dont il est aisé de faire voir le mensonge, puisque mon frère mourut dans l'année qu'il obtint cette charge, qu'il n'a possédée, comme tout le monde le sait, que quatre mois; et que même, en considération de ce qu'il n'en avoit point joui, mon autre frère [a], pour qui nous obtînmes l'agrément de la même charge, ne paya point le marc d'or, qui montoit à une somme assez considérable. Je suis honteux de conter de si petites choses au public; mais mes amis m'ont fait entendre que ces reproches de M. Perrault regardant l'honneur, j'étois obligé d'en faire voir la fausseté [b].

[a] Pierre Boileau de Puimorin, mort en 1683.
[b] « J'étois intime ami de M. votre frère, qui étoit de
« l'académie françoise. Dans le temps qu'il faisoit agir ses
« amis pour obtenir la charge de contrôleur de l'argenterie,
« il me pria d'en parler à M. Colbert,.... La connoissance
« que j'avois du bon cœur, de la probité et du désintéres-
« sement de M. votre frère (voilà, Monsieur, comme je
« parle de votre famille), fit que j'en répondis comme de
« moi-même, La charge lui fut accordée, et rien n'est égal
« à la reconnoissance qu'il m'en témoigna pendant toute sa
« vie. Il venoit me voir à tous les commencements de l'an-
« née..... Il vouloit, par un excès d'honnêteté, que je re-

RÉFLEXION II.

Notre esprit, même dans le sublime, a besoin d'une méthode pour lui enseigner à ne dire que ce qu'il faut, et à le dire en son lieu. (Paroles de Longin, chap. II.)

Cela est si vrai, que le sublime hors de son lieu, non seulement n'est pas une belle chose, mais devient quelquefois une grande puérilité. C'est ce qui est arrivé à Scudéri, dès le commencement de son poëme d'Alaric, lorsqu'il dit :

Je chante le vainqueur des vainqueurs de la terre.

Ce vers est assez noble, et est peut-être le mieux tourné de tout son ouvrage; mais il est ridicule de crier si haut, et de promettre de si grandes choses dès le premier vers. Virgile auroit bien pu dire, en commençant son Énéide : « Je chante ce « fameux héros, fondateur d'un empire qui s'est

« gardasse cette visite comme une visite de devoir, qui ne
« devoit point être confondue avec les visites d'amitié que
« nous nous rendions très fréquemment. Après sa mort,
« sa charge a passé entre les mains de M. de Puimorin,
« votre frère, et mon ancien ami. L'exercice de cette charge,
« pendant une longue suite d'années, leur fut utile, et n'a
« point diminué leur succession que vous avez recueillie. »
(*Lettre à M. D****, n° XIII.)

« rendu maître de toute la terre. » On peut croire qu'un aussi grand maître que lui auroit aisément trouvé des expressions pour mettre cette pensée en son jour; mais cela auroit senti son déclamateur. Il s'est contenté de dire : « Je chante cet homme « rempli de piété, qui, après bien des travaux, « aborda en Italie [a]. » Un exorde doit être simple et sans affectation. Cela est aussi vrai dans la poésie que dans les discours oratoires, parceque c'est une règle fondée sur la nature, qui est la même par-tout; et la comparaison du frontispice d'un palais, que M. Perrault allègue pour défendre ce vers d'Alaric, n'est point juste [b]. Le frontispice d'un palais doit être orné, je l'avoue; mais l'exorde n'est point le frontispice d'un poëme. C'est plutôt une avenue, une avant-cour qui y conduit, et d'où on le découvre. Le frontispice fait une partie essentielle du palais, et on ne le sauroit ôter qu'on n'en détruise toute la symétrie; mais un poëme subsistera fort bien sans exorde, et même nos ro-

[a] Cette traduction du commencement de l'Énéide est foible et peu exacte. En suivant l'original, on pourroit allier plus de noblesse à la simplicité qu'exige le début d'un poëme épique.

[b] « A-t-on jamais blâmé le frontispice d'un temple ou « d'un palais pour être magnifique, dit l'abbé, l'un des in- « terlocuteurs? Si le palais n'y répond pas, c'est le palais « qu'il faut blâmer. » Tome III du *parallèle*, etc., p. 267.

mans, qui sont des espèces de poëmes, n'ont point d'exorde.

Il est donc certain qu'un exorde ne doit point trop promettre; et c'est sur quoi j'ai attaqué le vers d'Alaric, à l'exemple d'Horace, qui a aussi attaqué dans le même sens le début du poëme d'un Scudéri de son temps, qui commençoit par

Fortunam Priami cantabo, et nobile bellum [a].

« Je chanterai les diverses fortunes de Priam, et toute
« la noble guerre de Troie. »

Car le poëte, par ce début, promettoit plus que l'Iliade et l'Odyssée ensemble. Il est vrai que, par occasion, Horace se moque aussi fort plaisamment de l'épouvantable ouverture de bouche qui se fait en prononçant ce futur CANTABO; mais, au fond, c'est de trop promettre qu'il accuse ce vers. On voit donc où se réduit la critique de M. Perrault, qui suppose que j'ai accusé le vers d'Alaric d'être mal tourné, et qui n'a entendu ni Horace ni moi. Au reste, avant que de finir cette remarque, il trouvera bon que je lui apprenne qu'il n'est pas vrai que l'A de CANO, dans ARMA VIRUMQUE CANO, se doive prononcer comme l'A de CANTABO [b]; et

[a] Art poétique, vers 137.
[b] .... « Quand Virgile a dit :
Arma virumque cano, Trojæ qui primus ab oris.....
« Est-ce que l'*a* de *cano*, quoique bref selon les règles de

que c'est une erreur qu'il a sucée dans le collége, où l'on a cette mauvaise méthode de prononcer les bréves dans les dissyllabes latins, comme si c'étoient des longues. Mais c'est un abus qui n'empêche pas le bon mot d'Horace : car il a écrit pour des Latins qui savoient prononcer leur langue, et non pas pour des François.

RÉFLEXION III.

Il étoit enclin naturellement à reprendre les vices des autres, quoique aveugle pour ses propres défauts. (*Paroles de Longin*, *chap. III.*)

Il n'y a rien de plus [a] insupportable qu'un auteur médiocre qui, ne voyant point ses propres défauts, veut trouver des défauts dans tous les plus habiles écrivains; mais c'est encore bien pis lorsque accusant ces écrivains de fautes qu'ils n'ont

« la quantité, n'a pas autant de son et autant d'emphase
« que celui de *cantabo*? A l'égard du sens, le vers de Virgile
« a quelque chose d'aussi grand et d'aussi élevé que celui
« du poëte que reprend Horace. » (Tome III du *parallèle*,
pages 267 et suivantes.)

[a] Les éditions de 1694, de 1701, de 1713 portent « Il
« n'y a rien de *plus* insupportable....; » c'est donc par inadvertance que Saint-Marc dit dans la sienne « Il n'y a rien
« de *si* insupportable.... »

point faites, il fait lui-même des fautes, et tombe dans des ignorances grossières. C'est ce qui étoit arrivé quelquefois à Timée, et ce qui arrive toujours à M. Perrault. Il commence la censure qu'il fait d'Homère par la chose du monde la plus fausse (1), qui est que beaucoup d'excellents critiques soutiennent qu'il n'y a jamais eu au monde un homme nommé Homère, qui ait composé l'Iliade et l'Odyssée; et que ces deux poëmes ne sont qu'une collection de plusieurs petits poëmes de différents auteurs, qu'on a joints ensemble [a]. Il n'est point vrai que jamais personne ait avancé, au moins sur le papier, une pareille extravagance; et Élien, que M. Perrault cite pour son garant, dit positivement le contraire, comme nous le ferons voir par la suite de cette remarque [b].

(1) Parallèle de M. Perrault, tome III, page 33. (*Despréaux.*)* « C'est, dit Saint-Marc, la page 32 qu'il falloit « citer. »

[a] « Il est bon de remarquer, dit l'abbé (l'un des inter-« locuteurs du *parallèle*), que beaucoup d'excellents criti-« ques soutiennent qu'il n'y a jamais eu au monde un « homme nommé Homère, qui ait composé les vingt-qua-« tre livres de l'Iliade et les vingt-quatre livres de l'Odyssée.... « Ils disent que l'Iliade et l'Odyssée ne sont autre chose « qu'un amas, qu'une collection de plusieurs petits poëmes « de divers auteurs qu'on a joints ensemble.... »

[b] Claude Élien, né en Italie vers la fin du second siècle de l'ère vulgaire, mort à-peu-près au milieu du troisième,

RÉFLEXION III.

Tous ces excellents critiques donc se réduisent à feu M. l'abbé d'Aubignac, qui avoit, à ce que prétend M. Perrault, préparé des mémoires pour prouver ce beau paradoxe. J'ai connu M. l'abbé d'Aubignac. Il étoit homme de beaucoup de mérite, et fort habile en matière de poétique, bien qu'il sût médiocrement le grec. Je suis sûr qu'il n'a jamais conçu un si étrange dessein, à moins qu'il ne l'ait conçu les dernières années de sa vie, où l'on sait qu'il étoit tombé en une espèce d'enfance [a]. Il savoit trop qu'il n'y eut jamais deux

n'écrivit qu'en grec. On a de lui un volume d'*histoires diverses*, compilation qui peut être regardée comme le plus ancien des *ana*, et une *histoire des animaux*, dont le style est plus soigné. M. Dacier, à qui l'on doit une traduction anonyme du premier ouvrage, publiée en 1772, paroît regarder cet auteur comme étant le même que celui dont Suidas a rapporté plusieurs fragments d'un Traité sur la Providence; mais cela n'est pas prouvé. Il ne faut pas non plus confondre Élien avec un autre écrivain du même nom, grec d'origine, et qui, dans le siècle précédent, composa sur la tactique un ouvrage dédié à l'empereur Adrien.

[a] Le manuscrit dont Perrault s'autorise existoit réellement. En 1715, pendant le débat de La Motte et de madame Dacier, il fut publié sous ce titre : *Conjectures académiques, ou Dissertation sur l'Iliade, ouvrage posthume trouvé dans les recherches d'un savant*. Après être convenu qu'il est impossible de ne pas reconnoître l'abbé d'Aubignac dans cette production, après avoir fait l'analyse des paradoxes qu'elle contient, l'abbé Goujet termine ainsi son extrait :

poëmes si bien suivis et si bien liés que l'Iliade et l'Odyssée, ni où le même génie éclate davantage par-tout, comme tous ceux qui les ont lus en conviennent. M. Perrault prétend [a] néanmoins qu'il y a de fortes conjectures pour appuyer le prétendu [b] paradoxe de cet abbé; et ces fortes conjectures se réduisent à deux, dont l'une est, qu'on ne sait point la ville qui a donné naissance à Homère. L'autre est que ses ouvrages s'appellent *rapsodies*, mot qui veut dire un amas de chansons cousues ensemble; d'où il conclut que les ouvrages

« L'abbé d'Aubignac prouve-t-il tous ces paradoxes? Non,
« selon moi. Son livre me paroît plutôt un jeu d'esprit,
« qu'un ouvrage sérieux. Il est rempli de doutes, de con-
« jectures, de suppositions. L'auteur l'avoue lui-même, et
« semble vouloir qu'on ne regarde ses conjectures que *comme*
« *un exercice* d'esprit, qui ne doit pas être désapprouvé, par-
« cequ'il n'est pas défendu. » (*Bibliothèque françoise*, t. IV,
page 112.)

[a] « M. Perrault néanmoins prétend.... » (édit. de 1694.)
[b] Saint-Marc trouve que le mot *prétendu*, placé avant le mot *paradoxe*, n'offre pas ici un sens fort clair.... « M. Des-
« préaux, dit-il, semble vouloir faire entendre que le pa-
« radoxe avancé par M. Perrault n'est pas de l'abbé d'Au-
« bignac. En ce cas il falloit dire: *le paradoxe prétendu de*
« *cet abbé....* A la rigueur, un *prétendu paradoxe* veut dire:
« *une opinion que l'on donne comme paradoxe, quoiqu'elle ne*
« *soit rien moins que cela*. Notre auteur eût évité cette am-
« biguité, s'il eût dit: *le paradoxe qu'il prétend être de cet*
« *abbé.* »

d'Homère sont des pièces ramassées de différents auteurs, jamais aucun poëte n'ayant intitulé, dit-il, ses ouvrages *rapsodies*. Voilà d'étranges preuves; car, pour le premier point, combien n'avons-vous pas d'écrits fort célèbres qu'on ne soupçonne point d'être faits par plusieurs écrivains différents, bien qu'on ne sache point les villes où sont nés les [a] auteurs, ni même le temps où ils vivoient! témoin Quinte-Curce, Pétrone, etc. A l'égard du mot de RAPSODIES, on étonneroit peut-être bien M. Perrault si on lui faisoit voir que ce mot ne vient point de ῥάπτειν, qui signifie JOINDRE, COUDRE ENSEMBLE; mais de ῥάβδος, qui veut dire UNE BRANCHE; et que les livres de l'Iliade et de l'Odyssée ont été ainsi appelés, parcequ'il y avoit autrefois des gens qui les chantoient, une branche de laurier à la main, et qu'on appeloit à cause de cela les CHANTRES DE LA BRANCHE (ῥαβδῳδοὶ).

La plus commune opinion pourtant est que ce mot vient de ῥάπτειν ᾠδάς, et que RAPSODIE veut dire un amas de vers d'Homère qu'on chantoit, y ayant des gens qui gagnoient leur vie à les chanter, et non pas à les composer, comme notre censeur se le veut bizarrement persuader. Il n'y a qu'à lire sur cela Eustathius [b]. Il n'est donc pas surprenant

---

[a] .... « où sont nés *leurs* auteurs, ... » (*édit. de* 1694.)

[b] Eustathe, archevêque de Thessalonique et célèbre

qu'aucun autre poëte qu'Homère n'ait intitulé ses vers RAPSODIES, parcequ'il n'y a jamais eu proprement [a] que les vers d'Homère qu'on ait chantés de la sorte. Il paroît néanmoins que ceux qui dans la suite ont fait de ces parodies, qu'on appeloit Centons d'Homère (Ὁμηρόκεντρα), ont aussi nommé ces centons RAPSODIES; et c'est peut-être ce qui a rendu le mot de RAPSODIE odieux en françois, où il veut dire un amas de méchantes piéces recousues. Je viens maintenant au passage d'Élien, que cite M. Perrault; et afin qu'en faisant voir sa méprise et sa mauvaise foi sur ce passage, il ne m'accuse pas, à son ordinaire, de lui imposer, je vais rapporter ses propres mots. Les voici : « Élien,
« dont le témoignage n'est pas frivole, dit formel-
« lement que l'opinion des anciens critiques étoit
« qu'Homère n'avoit jamais composé l'Iliade et
« l'Odyssée que par morceaux, sans unité de des-
« sein; et qu'il n'avoit point donné d'autres noms
« à ces diverses parties, qu'il avoit composées sans
« ordre et sans arrangement dans la chaleur de
« son imagination, que les noms des matières

commentateur d'Homère, florissoit dans le douzième siécle. Dans ses fonctions épiscopales il déploya le caractère le plus respectable; dans ses commentaires sur l'Iliade et l'Odyssée, il offrit une compilation savante des remarques faites par les meilleurs scholiastes.

[a] Le mot *proprement* n'est pas dans l'édition de 1694.

« dont il traitoit : qu'il avoit intitulé la Colère
« d'Achille, le chant qui a depuis été le premier
« livre de l'Iliade ; le Dénombrement des vaisseaux,
« celui qui est devenu le second livre ; le Combat
« de Pâris et de Ménélas, celui dont on a fait le
« troisième, et ainsi des autres. Il ajoute que Ly-
« curgue de Lacédémone fut le premier qui ap-
« porta d'Ionie dans la Grèce ces diverses parties
« séparées les unes des autres ; et que ce fut Pisis-
« trate qui les arrangea, comme je viens de le dire,
« et qui fit les deux poëmes de l'Iliade et de l'Odys-
« sée, en la manière que nous les voyons aujour-
« d'hui, de vingt-quatre livres chacun, en l'hon-
« neur des vingt-quatre lettres de l'alphabet (1). »

A en juger par la hauteur dont M. Perrault étale ici toute cette belle érudition, pourroit-on soupçonner qu'il n'y a rien de tout cela dans Élien ? Cependant il est très véritable qu'il n'y en a pas un mot, Élien ne disant autre chose, sinon que les œuvres d'Homère, qu'on avoit complétes en Ionie, ayant couru d'abord par pièces détachées dans la Grèce, où on les chantoit sous différents titres, elles furent enfin apportées tout entières

---

(1) Parallèle de M. Perrault, tome III. (*Despréaux.*)
* « M. Perrault, dit Brossette, avoit pris ce passage dans
« le tome V, page 76 des *Jugements des savants*, de M. Bail-
« let, et celui-ci l'avoit pris du père Rapin, dans sa *Com-
« paraison d'Homère et de Virgile.* » Chap. XIV.

d'Ionie par Lycurgue, et données au public par Pisistrate, qui les revit. Mais pour faire voir que je dis vrai, il faut rapporter ici les propres termes d'Élien : « Les poésies d'Homère, dit cet auteur, « courant d'abord en Grèce par pièces détachées, « étoient chantées chez les anciens Grecs sous de « certains titres qu'ils leur donnoient. L'une s'ap- « peloit le Combat proche des vaisseaux; l'autre, « Dolon surpris; l'autre, la Valeur d'Agamemnon; « l'autre, le Dénombrement des vaisseaux; l'autre, « la Patroclée; l'autre, le Corps d'Hector racheté; « l'autre, les Combats faits en l'honneur de Pa- « trocle; l'autre, les Serments violés. C'est ainsi « à-peu-près que se distribuoit l'Iliade. Il en étoit « de même des parties de l'Odyssée : l'une s'appeloit « le Voyage à Pyle; l'autre, le Passage à Lacédé- « mone, l'Antre de Calypso, le Vaisseau, la Fable « d'Alcinoüs, le Cyclope, la Descente aux Enfers, « les Bains de Circé, le Meurtre des Amants de « Pénélope, la Visite rendue à Laërte dans son « champ, etc. Lycurgue Lacédémonien fut le pre- « mier qui, venant d'Ionie, apporta assez tard en « Grèce toutes les œuvres complètes d'Homère; et « Pisistrate, les ayant ramassées ensemble dans un « volume, fut celui qui donna au public l'Iliade « et l'Odyssée, en l'état que nous les avons (1). »

(1) Liv. XIII des *Diverses histoires*, ch. XIV. (*Despréaux.*)

Y a-t-il là un seul mot dans le sens que lui donne M. Perrault? Où Élien dit-il formellement que l'opinion des anciens critiques étoit qu'Homère n'avoit composé l'Iliade et l'Odyssée que par morceaux, et qu'il n'avoit point donné d'autres noms à ces diverses parties, qu'il avoit composées sans ordre et sans arrangement dans la chaleur de son imagination, que les noms des matières dont il traitoit? Est-il seulement parlé là de ce qu'a fait ou pensé Homère en composant ses ouvrages? Et tout ce qu'Élien avance ne regarde-t-il pas simplement ceux qui chantoient en Grèce les poésies de ce divin poëte, et qui en savoient par cœur beaucoup de pièces détachées, auxquelles ils donnoient les noms qu'il leur plaisoit, ces pièces y étant toutes long-temps même avant l'arrivée de Lycurgue? Où est-il parlé que Pisistrate fit l'Iliade et l'Odyssée? Il est vrai que le traducteur latin a mis CONFECIT; mais outre que CONFECIT en cet endroit ne veut point dire FIT, mais RAMASSA, cela est fort mal traduit; et il y a dans le grec ἀπέφηνε, qui signifie, « les montra, les fit voir au public. » Enfin, bien loin de faire tort à la gloire d'Homère, y a-t-il rien de plus honorable pour lui que ce passage d'Élien, où l'on voit que les ouvrages de ce grand poëte avoient d'abord couru en Grèce dans la bouche de tous les hommes, qui en faisoient leurs délices, et se les apprenoient les uns aux autres, et qu'ensuite ils furent donnés complets au public par un des plus galants hommes de son siècle, je veux dire par Pisistrate, celui qui se rendit maître d'Athènes? Eustathius cite encore, outre Pisistrate, deux des plus fameux grammairiens d'alors (1), qui contribuèrent, dit-il, à ce travail; de sorte qu'il n'y a peut-être point d'ouvrages de l'antiquité qu'on soit si sûr d'avoir complets et en bon ordre, que l'Iliade et l'Odyssée. Ainsi voilà plus de vingt bévues que M. Perrault a faites sur le seul passage d'Élien. Cependant c'est sur ce passage qu'il fonde toutes les absurdités qu'il dit d'Homère. Prenant de là occasion de traiter de

(1) Aristarque et Zénodote. *Eusthath.*, *préf. p.* 5. (*Despréaux.*) * Saint-Marc prétend que le critique n'est point exact dans son récit relativement à l'Iliade et à l'Odyssée. « Il semble d'ailleurs, ajoute-t-il, qu'il fasse Aristarque et « Zénodote contemporains de Pisistrate. » Sans doute Despréaux auroit pu développer davantage la manière dont les poëmes d'Homère furent donnés au public, il auroit pu parler avec plus de précision des époques où vivoient Aristarque et Zénodote; mais est-il à présumer qu'il ignoroit des faits aussi connus? On sait que Pisistrate, à qui Solon disoit : « A votre ambition près, vous êtes le meil- « leur des Athéniens, » mourut à-peu-près 530 ans avant l'ère vulgaire; que Zénodote d'Éphèse vivoit au moins deux cents ans après, sous le règne d'Alexandre-le-Grand ; que depuis Zénodote jusqu'à Aristarque, dont le nom est un éloge, et qui florissoit sous Ptolémée-Philométor, il s'écoula plus de deux autres siècles.

haut en bas l'un des meilleurs livres de poétique qui, du consentement de tous les habiles gens, aient été faits en notre langue, c'est à savoir le Traité du poëme épique du père Le Bossu, et où ce savant religieux fait si bien voir l'unité, la beauté et l'admirable construction des poëmes de l'Iliade, de l'Odyssée et de l'Énéide ; M. Perrault, sans se donner la peine de réfuter toutes les choses solides que ce père a écrites sur ce sujet, se contente de le traiter d'homme à chimères et à visions creuses [a]. On me permettra d'interrompre ici ma remarque, pour lui demander de quel droit il parle avec ce mépris d'un auteur approuvé de tout le monde, lui qui trouve si mauvais que je me sois moqué de Chapelain et de Cotin, c'est-à-dire, de deux auteurs universellement décriés. Ne se souvient-il

[a] « Comment l'entendoit donc le père Le Bossu, qui « a écrit du poëme épique? A voir le respect avec lequel « ce bon religieux parle de la construction de la fable de « l'Iliade, il semble qu'il fasse un commentaire sur l'Ecri-« ture-Sainte. Que de chimères ce bon père s'est imagi-« nées! car je ne doute point qu'Élien n'ait dit vrai. » A la vérité, l'interlocuteur qui s'exprime ainsi est le chevalier dont Perrault dit : « Quoiqu'il n'avance rien qui ne soit « soutenable, il lui arrive quelquefois d'outrer la ma-« tière » ; mais les réflexions de ce chevalier sont une conséquence naturelle des faits controuvés par l'abbé. Perrault se rend formellement *responsable* de tout ce que hasarde ce dernier.

point que le père Le Bossu est un auteur moderne, et un auteur moderne excellent [a]? Assurément il s'en souvient, et c'est vraisemblablement ce qui le lui rend insupportable; car ce n'est pas simplement aux anciens qu'en veut M. Perrault, c'est à tout ce qu'il y a jamais eu d'écrivains d'un mérite élevé dans tous les siècles, et même dans le nôtre; n'ayant d'autre but que de placer, s'il lui étoit possible, sur le trône des belles-lettres ses chers amis, les auteurs médiocres, afin d'y trouver sa place avec eux. C'est dans cette vue qu'en son dernier

[a] René Le Bossu, né en 1631, entra chez les chanoines réguliers de Sainte-Geneviève en 1649, professa les humanités en différentes maisons, et mourut en 1680. Le plus connu de ses ouvrages est le *Traité du poëme épique*, 1675, in-12. L'abbé Batteux en parle en ces termes : « Son « livre fut reçu avec beaucoup d'applaudissement. Comme « il donnoit un système nouveau, dont quelques parties « étoient connues et avouées, celles-ci donnèrent du crédit « aux autres, et le tout fut adopté. Cependant beaucoup « de gens de lettres sont revenus à l'examen; et, convenant « tous que le système du père Le Bossu est l'ouvrage d'un « homme d'esprit, ils ont trouvé que la méthode qu'il éta- « blit étoit trop laborieuse pour avoir été celle des poëtes « qu'il cite pour exemple. » (*Principes de la littérature*, in-8° 1774, tome II, page 275.) Le père Le Courayer, dans ses Mémoires, nous apprend que Despréaux conserva beaucoup de reconnoissance au père Le Bossu, pour avoir pris sa défense contre les attaques de Desmarets de Saint-Sorlin.

dialogue (1) il a fait cette belle apologie de Chapelain, poëte à la vérité un peu dur dans ses expressions, et dont il ne fait point, dit-il, son héros; mais qu'il trouve pourtant beaucoup plus sensé qu'Homère et que Virgile, et qu'il met du moins en même rang que le Tasse, affectant de parler de la Jérusalem délivrée et de la Pucelle comme de deux ouvrages modernes qui ont la même cause à soutenir contre les poëmes anciens.

Que s'il loue en quelques endroits Malherbe, Racan, Molière et Corneille, et s'il les met au-dessus de tous les anciens, qui ne voit que ce n'est qu'afin de les mieux avilir dans la suite, et pour rendre plus complet le triomphe de M. Quinault, qu'il met beaucoup au-dessus d'eux, et « qui est, « dit-il en propres termes, le plus grand poëte que « la France ait jamais eu pour le lyrique et pour « le dramatique [a]? » Je ne veux point ici offenser

---

(1) *Parallèle* de Perrault, tome III, publié en 1692. Il en parut un quatrième volume en 1696. (*Brossette.*)

[a] « Les traits de votre satire ne sont pas aussi mortels « que vous le pensez. On en voit un exemple dans M. Qui-« nault, que toute la France regarde présentement, malgré « tout ce que vous avez dit contre lui, comme *le plus excel-« lent poëte lyrique et dramatique tout ensemble*, que la « France ait jamais eu. » (*Lettre à M. D****, n° XVIII.) En rapportant les expressions de Perrault, Saint-Marc se croit en droit d'accuser Despréaux de mauvaise foi, ou tout au moins d'une inattention inexcusable. « Ce *tout ensemble*,

la mémoire de M. Quinault, qui, malgré tous nos démêlés poétiques, est mort mon ami. Il avoit, je l'avoue, beaucoup d'esprit, et un talent tout particulier pour faire des vers bons à mettre en chant : mais ces vers n'étoient pas d'une grande force, ni d'une grande élévation [a]; et c'étoit leur foiblesse même qui les rendoit d'autant plus propres pour le musicien, auquel ils doivent leur principale gloire [b], puisqu'il n'y a en effet de tous ses ouvrages que les opéras qui soient recherchés. Encore est-il bon que les notes de musique les accompagnent ; car, pour les autres pièces de théâtre, qu'il a faites en fort grand nombre, il y a long-

« dit-il, mis après *lyrique et dramatique*, détermine si bien
« la phrase à signifier uniquement que Quinault est le
« meilleur de nos poëtes pour le dramatique-lyrique, c'est-
« à-dire, pour les opéras,.... qu'il est étonnant que M. Des-
« préaux ait pu s'y méprendre. » Il étoit d'autant plus facile de commettre cette méprise, si toutefois c'en est une, que Perrault fait un grand éloge des comédies et des tragédies de Quinault, par l'organe de l'abbé, qui tient la première place parmi les interlocuteurs de ses dialogues, tome III, page 236. L'abbé d'Olivet n'entend pas la phrase de Perrault autrement que Despréaux lui-même. (*Histoire de l'académie françoise*, article Quinault.)

[a] « Jusqu'ici, suivant La Harpe, il n'y a rien à dire :
« c'est la vérité. » (*Cours de littérature*, tome VI, page 85.)

[b] « La première moitié de cette phrase est encore généralement vraie ; le temps a démontré combien la seconde est fausse. » (*Cours de littérature*, t. VI, page 85.)

temps qu'on ne les joue plus, et on ne se souvient pas même qu'elles aient été faites [a].

Du reste, il est certain que M. Quinault étoit un très honnête homme, et si modeste, que je suis persuadé que, s'il étoit encore en vie, il ne seroit guère moins choqué des louanges outrées que lui donne ici M. Perrault, que des traits qui sont contre lui dans mes satires. Mais, pour revenir à Homère, on trouvera bon, puisque je suis en train, qu'avant que de finir cette remarque, je fasse encore voir ici cinq énormes bévues que notre censeur a faites en sept ou huit pages, voulant reprendre ce grand poëte.

La première est à la page 72, où il le raille d'avoir, par une ridicule observation anatomique, écrit, dit-il, dans le quatrième livre de l'Iliade (1), que Ménélas avoit les talons à l'extrémité des jambes [b]. C'est ainsi qu'avec son agrément ordinaire

[a] Quinault donna *la Mère coquette* ou *les amants brouillés*, en 1664, à l'âge de vingt-neuf ans. Cette comédie s'est toujours maintenue au théâtre; elle est régulièrement conduite; les caractères sont bien soutenus; la versification a du naturel. Il y a des détails agréables et d'heureuses plaisanteries.

(1) Vers 146. (*Despréaux.*)

[b] C'est l'abbé qui parle. « Ne trouvez-vous point encore « qu'Homère a montré sa science, quand il a dit que les « talons de Ménélas étoient à l'extrémité de ses jambes? » (tome III.)

il traduit un endroit très sensé et très naturel d'Homère, où le poëte, à propos du sang qui sortoit de la blessure de Ménélas, ayant apporté la comparaison de l'ivoire qu'une femme de Carie a teint en couleur de pourpre : « De même, dit-il, Méné-« las, ta cuisse et ta jambe, jusqu'à l'extrémité du « talon, furent alors teintes de ton sang. »

Τοῖοί τοι, Μενέλαε, μιάνθην αἵματι μηροί
Εὐφυέες, κνῆμαί τ' ἠδὲ σφυρὰ κάλ' ὑπένερθε.

Talia tibi, Menelae, fœdata sunt cruore femora
Solida, tibiæ, talique pulchri, infrâ.

Est-ce là dire anatomiquement que Ménélas avoit les talons à l'extrémité des jambes, et le censeur est-il excusable de n'avoir pas au moins vu dans la version latine que l'adverbe INFRA ne se construisoit pas avec TALUS, mais avec FOEDATA SUNT ? Si M. Perrault veut voir de ces ridicules observations anatomiques, il ne faut pas qu'il aille feuilleter l'Iliade, il faut qu'il relise la Pucelle. C'est là qu'il en pourra trouver un bon nombre; et entre autres celle-ci, où son cher M. Chapelain met au rang des agréments de la belle Agnès, qu'elle avoit les doigts inégaux; ce qu'il exprime en ces jolis termes :

On voit hors des deux bouts de ses deux courtes manches
Sortir à découvert deux mains longues et blanches,
Dont les doigts inégaux, mais tous ronds et menus,
Imitent l'embonpoint des bras ronds et charnus.

La seconde bévue est à la page suivante (1), où notre censeur accuse Homère de n'avoir point su les arts; et cela, pour avoir dit, dans le troisième (*livre*) (2) de l'Odyssée, que le fondeur que Nestor fit venir pour dorer les cornes du taureau qu'il vouloit sacrifier, vint avec son enclume, son marteau et ses tenailles. A-t-on besoin, dit M. Perrault, d'enclume ni de marteau pour dorer? Il est bon premièrement de lui apprendre qu'il n'est point parlé là d'un fondeur, mais d'un forgeron (3); et ce forgeron, qui étoit en même temps et le fondeur et le batteur d'or de la ville de Pyle [a], ne venoit pas seulement pour dorer les cornes du taureau, mais pour battre l'or dont il les devoit dorer, et que c'est pour cela qu'il avoit apporté ses instruments, comme le poëte le dit en propres termes: οἷσίν τε χρυσὸν εἰργάζετο, INSTRUMENTA QUIBUS AURUM ELABORABAT [b]. Il paroît même que ce fut Nestor qui lui fournit l'or qu'il battit. Il est vrai qu'il n'avoit pas besoin pour cela d'une fort grosse

---

(1) C'est quatre pages plus loin, à la page 76. (*Saint-Marc.*)

(2) Vers 425 et suiv. (*Despréaux.*) * Après le mot *troisième* le mot *livre* est omis dans toutes les éditions.

(3) Χαλκεύς. (*Despréaux.*)

[a] « de la petite ville de Pyle, » (*édit. de 1694 et de 1701.*)

[b] Au lieu de *elaborabat*, il y a *fabricabat* dans les éditions de 1694 et de 1701.

enclume ; aussi celle qu'il apporta étoit-elle si petite qu'Homère assure qu'il la tenoit entre ses mains [a]. Ainsi on voit qu'Homère a parfaitement entendu l'art dont il parloit. Mais comment justifierons-nous M. Perrault, cet homme d'un si grand goût, et si habile en toutes sortes d'arts, ainsi qu'il s'en vante lui-même dans la lettre qu'il m'a écrite [b]; comment, dis-je, l'excuserons-nous d'être encore à apprendre que les feuilles d'or dont on se sert pour dorer ne sont que de l'or extrêmement battu?

La troisième bévue est encore plus ridicule. Elle est à la même page [c] où il traite notre poëte de grossier, d'avoir fait dire à Ulysse par la princesse

[a] .... « qu'il la tenoit à la main. » (*édition* de 1694.)
[b] .... « Vous qui n'avez de sensibilité, à ce qu'on dit, « que pour la poésie, sensibilité que je vous disputerai « toujours, vous qui connoissez si peu l'architecture, la « sculpture et la peinture, qui n'avez presque point de « commerce avec la philosophie et les mathématiques, ni « avec mille autres choses semblables qui font le plaisir « des honnêtes gens, comment pouvez-vous m'accuser « d'insensibilité sur ce qui touche ordinairement les hom-« mes, moi qui à la vérité ne suis pas fort habile dans tou-« tes les sciences et dans tous les arts que je viens de nom-« mer, mais qui suis connu pour les aimer avec passion, « et pour n'avoir point donné sujet de me reprendre toutes « les fois que j'ai eu occasion d'en écrire? » (*Lettre à M. D****, n° XIV.)
[c] A la page 79.

Nausicaa, dans l'Odyssée (1), « qu'elle n'approu-
« voit point qu'une fille couchât avec un homme
« avant de l'avoir épousé. » Si le mot grec, qu'il
explique de la sorte, vouloit dire en cet endroit
COUCHER, la chose seroit encore bien plus ridicule
que ne dit notre critique, puisque ce mot est joint
en cet endroit à un pluriel; et qu'ainsi la princesse
Nausicaa diroit « qu'elle n'approuve point qu'une
« fille couche avec plusieurs hommes avant que
« d'être mariée. » Cependant c'est une chose très
honnête et pleine de pudeur qu'elle dit ici à Ulysse :
car, dans le dessein qu'elle a de l'introduire à la
cour du roi son père, elle lui fait entendre qu'elle
va devant préparer toutes choses; mais qu'il ne
faut pas qu'on la voie entrer avec lui dans la ville,
à cause des Phéaques [a], peuple fort médisant,
qui ne manqueroient pas d'en faire de mauvais
discours; ajoutant qu'elle n'approuveroit pas elle-
même la conduite d'une fille qui, sans le congé de
son père et de sa mère, fréquenteroit des hommes
avant que d'être mariée. C'est ainsi que tous les
interprètes ont expliqué en cet endroit les mots
ἀνδράσι μίσγεσθαι, MISCERI HOMINIBUS, y en ayant
même qui ont mis à la marge du texte grec, pour
prévenir les Perraults : « Gardez-vous bien de croire

---

(1) Livre VI, vers 188. (*Despréaux.*)

[a] .... « Phéaciens, » (*édition de* 1694.)

« que μίσγεσθαι en cet endroit veuille dire COUCHER. »
En effet, ce mot est presque employé par-tout dans l'Iliade et dans l'Odyssée pour dire FRÉQUENTER; et il ne veut dire COUCHER AVEC QUELQU'UN, que lorsque la suite naturelle du discours, quelque autre mot qu'on y joint, et la qualité de la personne qui parle ou dont on parle, le déterminent infailliblement à cette signification, qu'il ne peut jamais avoir dans la bouche d'une princesse aussi sage et aussi honnête qu'est représentée Nausicaa.

Ajoutez l'étrange absurdité qui s'ensuivroit de son discours, s'il pouvoit être pris ici dans ce sens; puisqu'elle conviendroit en quelque sorte, par son raisonnement, qu'une femme mariée peut coucher honnêtement avec tous les hommes qu'il lui plaira. Il en est de même de μίσγεσθαι en grec, que des mots COGNOSCERE et COMMISCERI dans le langage de l'Écriture, qui ne signifient d'eux-mêmes que CONNOITRE et SE MÊLER, et qui ne veulent dire figurément COUCHER que selon l'endroit où on les applique; si bien que toute la grossièreté prétendue du mot d'Homère appartient entièrement à notre censeur, qui salit tout ce qu'il touche, et qui n'attaque les auteurs anciens que sur des interprétations fausses, qu'il se forge à sa fantaisie, sans savoir leur langue, et que personne ne leur a jamais données [a].

[a] *Voyez* sur ce passage la lettre 56 de Racine à Despréaux, tome IV, page 212.

RÉFLEXION III.

La quatrième bévue est aussi sur un passage de l'Odyssée. Eumée, dans le quinzième [a] livre de ce poëme, raconte qu'il est né dans une petite île appelée Syros (1), qui est au couchant de l'île d'Ortygie (2). Ce qu'il explique par ces mots :

Ὀρτυγίας καθύπερθεν, ὅθι τροπαὶ ἠελίοιο.

Ortygiâ desuper, quâ parte sunt conversiones solis.

« Petite île située au-dessus de l'île d'Ortygie, du côté
« que le soleil se couche. »

Il n'y a jamais eu de difficulté sur ce passage : tous les interprètes l'expliquent de la sorte ; et Eustathius même apporte des exemples où il fait voir que le verbe τρέπεσθαι, d'où vient τροπαὶ, est employé dans Homère pour dire que le soleil se couche. Cela est confirmé par Hésychius, qui explique le terme de τροπαὶ par celui de δύσις, mot qui signifie incontestablement le couchant. Il est vrai qu'il y a un vieux commentateur (3) qui a mis dans une petite note, qu'Homère, par ces mots, a voulu aussi marquer « qu'il y avoit dans

[a] Toutes les éditions portoient dans le *neuvième livre*; erreur corrigée par Brossette. *Voyez* sur ce passage la lettre 106 de Despréaux à ce dernier, et la note *a*, page 425.
(1) Ile de l'Archipel, du nombre des Cyclades. (*Despréaux*.)
(2) Cyclade, nommée depuis Délos. (*Despréaux*.)
(3) Didyme. (*Brossette*.)

« cette île un antre où l'on faisoit voir les tours
« ou conversions du soleil. » On ne sait pas trop
bien ce qu'a voulu dire par-là ce commentateur,
aussi obscur qu'Homère est clair. Mais ce qu'il y a
de certain, c'est que ni lui ni pas un autre n'ont
jamais prétendu qu'Homère ait voulu dire que l'île
de Syros étoit située sous le tropique; et que l'on
n'a jamais attaqué ni défendu ce grand poëte sur
cette erreur, parcequ'on ne la lui a jamais imputée.
Le seul M. Perrault, qui, comme je l'ai montré par
tant de preuves, ne sait point le grec [a], et qui
sait si peu la géographie, que dans un de ses ouvrages il a mis le fleuve de Méandre (1), et par
conséquent la Phrygie et Troie, dans la Grèce; le
seul M. Perrault, dis-je, vient, sur l'idée chimérique
qu'il s'est mise dans l'esprit, et peut-être sur quelque

[a] .... « ne sait point de grec, » (*éditions de* 1694 *et de*
1701.)

(1) Le Méandre est un fleuve de Phrygie. (*Despréaux.*)
* Dès 1687, Furetière avoit fait ce reproche à Perrault. Celui-ci, l'année suivante, dans la préface du premier tome
du *parallèle, etc.*, lui répondit que sa critique étoit une
chicane. Il prétendoit avoir pu également appeler le Méandre, *fleuve de la Grèce* ou *de l'Asie mineure*, puisque ce dernier pays se nommoit aussi *Grèce asiatique*; mais dans une
édition postérieure, il rectifia sa note, et se contenta de
dire au sujet du Méandre : « Fleuve qui retourne plusieurs
« fois sur lui-même. » Cette note est relative à des vers
du poëme sur *le siècle de Louis-le-Grand*, qui sont assez

misérable note d'un pédant, accuser un poëte regardé par tous les anciens géographes comme le père de la géographie, d'avoir mis l'île de Syros et la mer Méditerranée sous le tropique; faute qu'un petit écolier n'auroit pas faite : et non seulement il l'en accuse, mais il suppose que c'est une chose reconnue de tout le monde, et que les interprètes ont tâché en vain de sauver, en expliquant, dit-il, ce passage du cadran que Phérécydes, qui vivoit trois cents ans depuis Homère, avoit fait dans l'île de Syros, quoique Eustathius, le seul commentateur qui a bien entendu Homère, ne dise rien de cette interprétation, qui ne peut avoir été donnée à Homère que par quelque [a] commentateur de Diogène Laërce, lequel commentateur je ne connois point (1). Voilà les belles preuves par où notre censeur prétend faire voir qu'Homère ne savoit

bons, sur-tout les derniers, pour être cités. Il s'agit de la circulation du sang :

>L'homme, de mille erreurs autrefois prévenu,
>Et, malgré son savoir, à soi-même inconnu,
>Ignoroit en repos jusqu'aux routes certaines
>Du Méandre vivant qui coule dans nos veines.

[a] .... « par quelque ridicule commentateur.... » (*édit. de* 1694 *et* 1701.)

(1) *Voyez* Diogène Laërce de l'édition de M. Ménage, page 76 du texte, et page 68 des observations. (*Despréaux.*)
* Le commentateur que Despréaux semble ne pas connoître est Ménage lui-même.

point les arts; et qui ne font voir autre chose sinon que M. Perrault ne sait point de grec, qu'il [a] entend médiocrement le latin, et ne connoît lui-même en aucune sorte les arts.

Il a fait les autres bévues pour n'avoir pas entendu le grec, mais il est tombé dans la cinquième erreur pour n'avoir pas entendu le latin. La voici : « Ulysse, dans l'Odyssée (1), est, dit-il, reconnu « par son chien, qui ne l'avoit point vu depuis « vingt ans. Cependant Pline assure que les chiens « ne passent jamais quinze ans. » M. Perrault sur cela fait le procès à Homère, comme ayant infailliblement tort d'avoir fait vivre un chien vingt ans, Pline assurant que les chiens n'en peuvent vivre que quinze [b]. Il me permettra de lui dire

[a] Ce *qu'il* a été ajouté dans l'édition de 1713.
(1) Liv. XVII, vers 300 et suiv. (*Despréaux.*)
[b] L'abbé avance ce fait, page 96, tome III du *parallèle*. Le chevalier reprend en ces termes, page 97 : « Voilà un « grand scandale, M. le président, de voir deux anciens se « contredire de la sorte. On sait bien qu'il faut qu'Homère « ait raison, comme le plus ancien; cependant je ne laisse-« rois pas de parier pour Pline; et je ne trouve point d'in-« convénient qu'Homère, qui est mauvais astronome et « mauvais géographe, ne soit pas fort bon naturaliste. » — Le président : — « Tout beau, M. le chevalier; Aristote « dont le témoignage vaut bien celui de Pline, après avoir « dit que les chiens vivent ordinairement quatorze ans, « ajoute qu'il y en a qui vivent jusqu'à vingt, comme celui

que c'est condamner un peu légèrement Homère, puisque non seulement Aristote, ainsi qu'il l'avoue lui-même, mais tous les naturalistes modernes, comme Jonston, Aldrovande, etc., assurent qu'il y a des chiens qui vivent vingt années; que même je pourrois lui citer des exemples, dans notre siècle, de chiens qui en ont vécu jusqu'à vingt-deux [a]; et qu'enfin Pline, quoique écrivain admirable, a été convaincu, comme chacun sait, de s'être trompé plus d'une fois sur les choses de la nature [b], au lieu qu'Homère, avant les dialogues de M. Perrault, n'a jamais été même accusé sur ce point d'aucune erreur. Mais quoi! M. Perrault est

« d'Ulysse. » — Le chevalier : « Qui ne voit que cette ex-« ception n'est ajoutée que pour ne pas contredire Ho-« mère ? »

[a] Despréaux n'ose ici, par respect pour Louis XIV, se prévaloir du témoignage de ce prince sur un point d'histoire naturelle; mais il s'en explique dans sa réponse à Brossette, du 29 décembre 1701. C'est la lettre 106, déja citée, page 425 du tome IV. On peut la consulter, ainsi que la note *a*, page 427.

[b] Pline l'ancien, né l'an 23 de l'ère vulgaire, mort en 79 victime d'une éruption du Vésuve, dont il voulut observer les terribles effets. Il est le seul des anciens qui ait embrassé les divers objets que produit la nature; mais on lui reproche d'avoir trop facilement accueilli ce que l'ignorance ou la vanité des historiens et des voyageurs offroit à son insatiable avidité de tout savoir.

résolu de ne croire aujourd'hui que Pline, pour lequel il est, dit-il, prêt à parier. Il faut donc le satisfaire, et lui apporter l'autorité de Pline lui-même, qu'il n'a point lu ou qu'il n'a point entendu, et qui dit positivement la même chose qu'Aristote et tous les autres naturalistes; c'est à savoir, que les chiens ne vivent ordinairement que quinze ans, mais qu'il y en a quelquefois qui vont jusqu'à vingt. Voici ses termes (1) :

« Cette espèce de chiens, qu'on appelle chiens de La« conie, ne vivent que dix ans.... Toutes les autres espèces « de chiens vivent ordinairement quinze ans, et vont quel« quefois jusqu'à vingt. »

Canes laconici vivunt annis denis.... cætera genera quindecim annos, aliquando viginti.

Qui pourroit croire que notre censeur, voulant, sur l'autorité de Pline, accuser d'erreur un aussi grand personnage qu'Homère, ne se donne pas la

(1) Pline, hist. nat. l. X. (*Despréaux.*) * Le dernier commentateur (*M. Daunou*) place le latin avant la traduction de ce passage; ce qui est plus régulier. Nous avons cru devoir suivre l'ordre adopté par l'auteur, dans les éditions de 1694, de 1701 et de 1713, en rapportant les expressions latines comme il les écrit. Voici le texte de Pline, tel que le donne Gabriel Brotier : « Vivunt laconici annis denis, « feminæ duodenis; cætera genera quindenos annos, ali« quando et vicenos; etc. » (*Lib. X, sect. LXXIII*, tome II, page 356.)

peine de lire le passage de Pline, ou de se le faire expliquer; et qu'ensuite, de tout ce grand nombre de bévues entassées les unes sur les autres dans un si petit nombre de pages, il ait la hardiesse de conclure, comme il a fait [a], « qu'il ne trouve « point d'inconvénient (ce sont ses termes), qu'Ho- « mère, qui est mauvais astronome et mauvais « géographe, ne soit pas bon naturaliste (1)? » Y a-t-il un homme sensé qui, lisant ces absurdités, dites avec tant de hauteur dans les dialogues de M. Perrault, puisse s'empêcher de jeter de colère le livre, et de dire comme Démiphon dans Térence :

ipsum gestio
Dari mi in conspectum, etc.... (2)

Je ferois un gros volume, si je voulois lui montrer toutes les autres bévues qui sont dans les sept

[a] .... « comme il fait, ... » (*édition de* 1694.)
(1) Parall., tome II. (*Despréaux.*) * Cette indication donnée par les éditions de 1694, 1701 et 1713 n'est pas exacte: il faut *tome III, page* 97.
(2) Le Phormion, acte I, scène V, vers 30. (*Despréaux.*) * Ce passage est dans la sixième scène du premier acte, traduction de Térence par l'abbé Le Monnier, 1771. Dans les éditions de 1694 et de 1701, Despréaux le citoit ainsi de mémoire: « Cuperem mihi dari in conspectum hunc « hominem. » Démiphon desire la présence d'Antiphon, son fils, pour lui témoigner sa colère du mariage qu'il a contracté.

ou huit pages que je viens d'examiner, y en ayant presque encore un aussi grand nombre que je passe, et que peut-être je lui ferai voir dans la première édition de mon livre, si je vois que les hommes daignent jeter les yeux sur ces éruditions grecques, et lire des remarques faites sur un livre que personne ne lit.

RÉFLEXION IV.

C'est ce qu'on peut voir dans la description de la déesse Discorde, qui a, dit-il, (*Homère*)

La tête dans les cieux et les pieds sur la terre (1).

(*Paroles de Longin*, chap. VII.)

Virgile a traduit ce vers presque mot pour mot dans le quatrième livre de l'Énéide, appliquant à la Renommée ce qu'Homère dit de la Discorde :

Ingrediturque solo, et caput inter nubila condit [a].

Un si beau vers imité par Virgile, et admiré par Longin, n'a pas été néanmoins à couvert de la critique de M. Perrault, qui trouve cette hyperbole outrée, et la met au rang des contes de Peau-

(1) Iliade, liv. IV, vers 443. (*Despréaux.*)
[a] Vers 117.

d'Ane (1). Il n'a pas pris garde que, même dans le discours ordinaire, il nous échappe tous les jours des hyperboles plus fortes que celle-là, qui ne dit au fond que ce qui est très véritable ; c'est à savoir que la Discorde règne par-tout sur la terre, et même dans le ciel entre les dieux, c'est-à-dire entre les dieux d'Homère. Ce n'est donc point la description d'un géant, comme le prétend notre censeur, que fait ici Homère, c'est une allégorie très juste ; et bien qu'il fasse de la Discorde un personnage, c'est un personnage allégorique qui ne choque point, de quelque taille qu'il le fasse, parcequ'on le regarde comme une idée et une imagination de

---

(1) Parall., tome III. (*Despréaux.*) * Perrault, en rapportant cette hyperbole, pense qu'elle « ne sauroit faire une « image bien nette dans l'esprit.... » L'exagération qu'il juge digne ou plutôt au-dessous des contes bleus, est relative aux coursiers des Dieux, qui franchissent d'un saut autant d'espace que peut en apercevoir un homme assis sur le rivage de la mer. « Les enfants, fait-il dire à son che-
« valier, conçoivent ces bottes de sept lieues comme de
« grandes échasses avec lesquelles les ogres sont en moins
« de rien partout où ils veulent, au lieu qu'on ne sait com-
« ment s'imaginer que les chevaux des Dieux fassent d'un
« seul saut une si grande étendue de pays. C'est à trouver
« de beaux et de grands sentiments, que la grandeur d'es-
« prit est nécessaire et se fait voir, et non pas à se former
« des corps d'une masse démesurée ou des mouvements
« d'une vitesse inconcevable. » (page 118.)

l'esprit, et non point comme un être matériel subsistant dans la nature. Ainsi cette expression du psaume : « J'ai vu l'impie élevé comme un cèdre du « Liban (1), » ne veut pas dire que l'impie étoit un géant grand comme un cèdre du Liban. Cela signifie que l'impie étoit au faîte des grandeurs humaines; et M. Racine est fort bien entré dans la pensée du psalmiste par ces deux vers de son Esther, qui ont du rapport au vers d'Homère :

> Pareil au cèdre, il cachoit dans les cieux
> Son front audacieux. [a]

Il est donc aisé de justifier les paroles avantageuses que Longin dit du vers d'Homère sur la Discorde. La vérité est pourtant que ces paroles ne sont point de Longin, puisque c'est moi qui, à l'imitation de Gabriel de Pétra [b], les lui ai en partie prêtées, le grec en cet endroit étant fort défectueux, et même le vers d'Homère n'y étant point rapporté. C'est ce que M. Perrault n'a eu garde de voir, parcequ'il n'a jamais lu Longin, selon toutes les apparences, que dans ma traduction. Ainsi, pensant contredire Longin, il a fait mieux qu'il

---

(1) Vidi impium superexaltatum, et elevatum sicut cedros Libani. (Psal. XXXVI, v. 35.) (*Despréaux.*)

[a] Acte III, scène dernière.

[b] Gabriel de Pétra, mort à-peu-près vers l'an 1616, a traduit en latin le *Traité du Sublime.*

ne pensoit, puisque c'est moi qu'il a contredit. Mais, en m'attaquant, il ne sauroit nier qu'il n'ait aussi attaqué Homère, et sur-tout Virgile, qu'il avoit tellement dans l'esprit quand il a blâmé ce vers sur la Discorde, que dans son discours, au lieu de la Discorde, il a écrit, sans y penser, la Renommée.

C'est donc d'elle qu'il fait cette belle critique :

« Que l'exagération du poëte en cet endroit ne « sauroit faire une idée bien nette. Pourquoi? C'est, « ajoute-t-il, que tant qu'on pourra voir la tête de « la Renommée, sa tête ne sera point dans le ciel; « et que si sa tête est dans le ciel, on ne sait pas « trop bien ce que l'on voit (1). » O l'admirable raisonnement! Mais où est-ce qu'Homère et Virgile disent qu'on voit la tête de la Discorde et de la Renommée? Et afin qu'elle ait la tête dans le ciel, qu'importe qu'on l'y voie ou qu'on ne l'y voie pas? N'est-ce pas ici le poëte qui parle, et qui est supposé voir tout ce qui se passe, même dans le ciel, sans que pour cela les yeux des autres hommes le découvrent? En vérité, j'ai peur que les lecteurs ne rougissent pour moi de me voir réfuter de si étranges raisonnements. Notre censeur attaque ensuite une autre hyperbole d'Homère, à propos des chevaux des dieux. Mais comme ce qu'il dit contre

(1) Parall., tome III, page 118. (*Despréaux.*)

cette hyperbole n'est qu'une fade plaisanterie, le peu que je viens de dire contre l'objection précédente suffira, je crois, pour répondre à toutes les deux.

RÉFLEXION V.

Il en est de même de ces compagnons d'Ulysse changés en pourceaux(1), que Zoïle appelle de petits cochons larmoyants. (*Paroles de Longin*, chap. VII.)

Il paroît par ce passage de Longin que Zoïle, aussi bien que M. Perrault, s'étoit égayé à faire des railleries sur Homère : car cette plaisanterie des petits cochons larmoyants a assez de rapport avec les comparaisons à longue queue, que notre critique moderne reproche à ce grand poëte. Et puisque, dans notre siècle (2), la liberté que Zoïle s'étoit donnée de parler sans respect des plus grands écrivains de l'antiquité se met aujourd'hui à la mode parmi beaucoup de petits esprits, aussi ignorants qu'orgueilleux et pleins d'eux-mêmes, il ne sera

(1) Odyssée, liv. X, vers 239 et suiv. (*Despréaux.*)
(2) *Dans notre siècle*,.... ces trois mots paroissent superflus. (*Brossette.*) * « Ils le sont en effet, ajoute avec raison « Saint-Marc: *aujourd'hui*, qui vient ensuite, signifie la « même chose dans cette phrase. »

pas hors de propos de leur faire voir ici de quelle manière cette liberté a réussi autrefois à ce rhéteur, homme fort savant, ainsi que le témoigne Denys d'Halicarnasse [a], et à qui je ne vois pas qu'on

[a] Denys d'Halicarnasse, le plus distingué des rhéteurs et des critiques grecs de son temps, florissoit avant et sous le règne d'Auguste. Après avoir fait un séjour de vingt ans en Italie, il entreprit son histoire des *antiquités romaines*, dont nous n'avons guère que la première moitié, qui commence par l'origine de Rome, et se termine à la seconde guerre punique.

Cet historien parle de Zoïle en divers endroits. 1° Dans ses *Mémoires sur les orateurs anciens*, il le place au nombre des imitateurs de Lysias, dont il s'abstient de faire une mention particulière, parcequ'ils n'ont pas l'élégante simplicité de leur modèle. 2° Dans sa *Lettre à Cn. Pompée*, il se justifie d'avoir relevé quelques fautes de Platon, à l'exemple d'Aristote, de Théopompe, de Zoïle, etc., qui en ont fait la critique, non par haine, non par envie, mais par l'amour de la vérité. 3° Dans son *Traité sur la véhémence de Démosthène*, le dernier et le plus important de ses ouvrages, il dit qu'en faisant l'énumération des meilleurs écrivains, il a omis Policrate, Isée, Zoïle, etc., qui n'ont rien inventé.

Ces différents passages annoncent, dans celui qui en est l'objet, non un auteur du premier ordre, mais un critique ami de la vérité; ce qui ne peut convenir au détracteur acharné d'Homère, dont le nom seul est devenu une injure. Aussi croit-on qu'il a existé deux Zoïles, que Despréaux confond ici d'après beaucoup d'autres. Le premier avoit exercé à Athènes la profession d'orateur, dans laquelle il

puisse rien reprocher sur les mœurs, puisqu'il fut toute sa vie très pauvre (1), et que, malgré l'animosité que ses critiques sur Homère et sur Platon avoient excitée contre lui, on ne l'a jamais accusé d'autre crime que de ces critiques mêmes, et d'un peu de misanthropie.

Il faut donc premièrement voir ce que dit de lui

s'étoit assez distingué pour que Démosthène recherchât ses plaidoyers. Il devoit être fort vieux vers la fin du règne de Philippe, père d'Alexandre. Le second, qui est si décrié, vivoit environ soixante ans après.

Tanneguy Le Febvre passe pour être le premier traducteur qui, dans une de ses notes sur Longin, ait averti de ne pas les prendre l'un pour l'autre. Il se proposoit de prouver son opinion. A son défaut, **Hardion** l'a discutée dans une dissertation, lue le 12 novembre 1728 à l'académie des Inscriptions et Belles-lettres. Il ne forme aucun doute sur l'existence des deux Zoïles; il en établit la distinction par des autorités, dont Belin de Ballu reconnoît tout le poids, dans son *Histoire critique de l'éloquence chez les Grecs*, tome I, page 253, Paris, 1813.

(1) *Puisqu'il fut toute sa vie très pauvre*,.... il semble que ces mots devroient être retranchés; car on peut être malhonnête homme et très pauvre.... (*Brossette.*) « La correc-
« tion proposée par M. Brossette est si juste et si nécessaire,
« dit Saint-Marc, que, si j'avois osé, je l'aurois fait passer
« dans le texte. » * Ces deux commentateurs paroissent n'avoir pas saisi le sens de Despréaux, dont la phrase à la vérité auroit pu être mieux construite. De ce que Zoïle a toujours vécu dans la misère, il n'en conclut pas sans

RÉFLEXION V.

Vitruve, le célèbre architecte [a]; car c'est lui qui en parle le plus au long ; et afin que M. Perrault ne m'accuse pas d'altérer le texte de cet auteur, je mettrai ici les mots mêmes de monsieur son frère

doute que ses mœurs étoient irréprochables. Il l'inféroit plutôt de ce qu'on ne les avoit pas attaquées, malgré sa détresse et la haine qu'il excitoit.

[a] Vitruve, né à Véronne, est auteur d'un volume in-folio sur l'architecture, divisé en dix livres écrits en latin. Malgré sa profonde connoissance dans l'art qu'il enseigne, et quoique la princesse Octavie l'eût recommandé à l'empereur Auguste, son frère, il ne paroît pas qu'il ait été employé dans la construction d'édifices d'une grande importance. Le seul que l'on sache avoir été dirigé par lui n'est point à Rome, mais à Fano, petite ville qui tire son nom d'un temple élevé à la fortune.

« La traduction de Vitruve manquoit à l'architecture, et
« sans Perrault (Claude) elle lui manqueroit peut-être en-
« core. Il réunissoit le goût, l'érudition et le savoir néces-
« saires pour réussir dans cette entreprise, où il falloit un
« homme qui connût également bien les anciens, les arts
« et la mécanique. Le texte de Vitruve avoit été défiguré
« par des copistes et des commentateurs qui ignoroient les
« arts; douze siècles de barbarie avoient anéanti toute tra-
« dition sur les procédés que les anciens employoient;
« souvent il falloit songer moins à entendre ce qui étoit
« dans l'original, qu'à suppléer ce qui auroit dû y être.
« Perrault joignit à sa traduction des remarques, qui for-
« ment un ouvrage aussi utile pour le moins que celui de
« Vitruve; il fit jusqu'aux dessins des planches dont ce
« livre est orné, et ces dessins sont regardés comme des

le médecin, qui nous a donné Vitruve en François.
« Quelques années après (c'est Vitruve qui parle
« dans la traduction de ce médecin), Zoïle, qui se
« faisoit appeler le fléau d'Homère, vint de Macé-
« doine à Alexandrie, et présenta au roi les livres
« qu'il avoit composés contre l'Iliade et contre
« l'Odyssée. Ptolémée [a], indigné que l'on attaquât
« si insolemment le père de tous les poëtes, et que
« l'on maltraitât ainsi celui que tous les savants
« reconnoissent pour leur maître, dont toute la
« terre admiroit les écrits, et qui n'étoit pas là pour
« se défendre, ne fit point de réponse. Cependant
« Zoïle, ayant long-temps attendu, et étant pressé
« de la nécessité, fit supplier le roi de lui faire
« donner quelque chose. A quoi l'on dit qu'il fit
« cette réponse : Que puisqu'Homère, depuis mille
« ans qu'il y avoit qu'il étoit mort, avoit nourri
« plusieurs milliers de personnes, Zoïle devoit bien
« avoir l'industrie de se nourrir, non seulement
« lui, mais plusieurs autres encore, lui qui faisoit
« profession d'être beaucoup plus savant qu'Ho-
« mère. Sa mort se raconte diversement. Les uns
« disent que Ptolémée le fit mettre en croix; d'au-

« chefs-d'œuvre en ce genre. » (*Éloges des académiciens de l'académie royale des sciences, morts depuis l'an* 1666 *jusqu'en* 1699.) Cette traduction fut publiée en 1673.

[a] Ptolémée Philadelphe.

« tres, qu'il fut lapidé; et d'autres, qu'il fut brûlé
« tout vif à Smyrne. Mais de quelque façon que
« cela soit, il est certain qu'il a bien mérité cette
« punition, puisqu'on ne la peut pas mériter pour
« un crime plus odieux qu'est celui de reprendre
« un écrivain, qui n'est pas en état de rendre raison
« de ce qu'il a écrit [a]. »

Je ne conçois pas comment M. Perrault le médecin, qui pensoit d'Homère et de Platon à-peu-près les mêmes choses que monsieur son frère et que Zoïle, a pu aller jusqu'au bout en traduisant ce passage. La vérité est qu'il l'a adouci autant qu'il lui a été possible, tâchant d'insinuer que ce n'étoit que les savants, c'est-à-dire, au langage de MM. Perrault, les pédants, qui admiroient les ouvrages d'Homère; car dans le texte latin il n'y a pas un seul mot qui revienne au mot de savant; et à l'endroit où monsieur le médecin traduit : « Celui que
« tous les savants reconnoissent pour leur maître, »
il y a, « Celui que tous ceux qui aiment les belles-
« lettres reconnoissent pour leur chef (1). » En effet, bien qu'Homère ait su beaucoup de choses, il n'a jamais passé pour le maître des savants. Ptolémée ne dit point non plus à Zoïle dans le

---

[a] Ce passage est extrait de la préface du cinquième livre de Vitruve.

(1) .... « Philologiæ omnis ducem » .... (*Despréaux.*)

texte latin, « Qu'il devoit bien avoir l'industrie
« se nourrir, lui qui faisoit profession d'être beau-
« coup plus savant qu'Homère : » il y a, « Lui qui
« se vantoit d'avoir plus d'esprit qu'Homère (1). »
« D'ailleurs Vitruve ne dit pas simplement que
« Zoïle présenta ses livres contre Homère à Ptolé-
« mée, mais qu'il les lui récita (2) : » ce qui est bien
plus fort, et qui fait voir que ce prince les blâmoit
avec connoissance de cause.

Monsieur le médecin ne s'est pas contenté de ces
adoucissements : il a fait une note où il s'efforce
d'insinuer qu'on a prêté ici beaucoup de choses à
Vitruve; et cela fondé sur ce que c'est un raisonnement indigne de Vitruve, de dire qu'on ne puisse
reprendre un écrivain qui n'est pas en état de
rendre raison de ce qu'il a écrit; et que par cette
raison ce seroit un crime digne du feu que de reprendre quelque chose dans les écrits que Zoïle a
faits contre Homère, si on les avoit à présent. Je
réponds premièrement que dans le latin il n'y a
pas simplement, reprendre un écrivain, mais citer (3), appeler en jugement des écrivains, c'est-à-
dire les attaquer dans les formes sur tous leurs
ouvrages; que d'ailleurs, par ces écrivains, Vitruve

(1) .... « Qui meliori ingenio se profiteretur » .... (*Despréaux.*)

(2) .... « Regi recitavit » .... (*Despréaux.*)

(3) .... « Qui citat eos quorum » .... (*Despréaux.*)

n'entend pas des écrivains ordinaires, mais des écrivains qui ont été l'admiration de tous les siècles, tels que Platon et Homère, et dont nous devons présumer, quand nous trouvons quelque chose à redire dans leurs écrits, que, s'ils étoient là présents pour se défendre, nous serions tout étonnés que c'est nous qui nous trompons; qu'ainsi il n'y a point de parité avec Zoïle, homme décrié dans tous les siècles, et dont les ouvrages n'ont pas même eu la gloire que, grace à mes remarques, vont avoir les écrits de M. Perrault, qui est qu'on leur ait répondu quelque chose.

Mais, pour achever le portrait de cet homme, il est bon de mettre aussi en cet endroit ce qu'en a écrit l'auteur que M. Perrault cite le plus volontiers, c'est à savoir Élien. C'est au livre XI [a] de ses *Histoires diverses :* « Zoïle, celui qui a écrit contre « Homère, contre Platon et contre plusieurs autres « grands personnages, étoit d'Amphipolis (1), et fut « disciple de ce Polycrate [b] qui a fait un discours

---

[a] Chap. X.

(1) Ville de Thrace. (*Despréaux.*) * Les Athéniens, dit « d'Anville, lui donnèrent ce nom pour exprimer une po-« sition équivoque entre la Macédoine et la Thrace. » (*Géographie ancienne*, tome I, page 241.) Voilà pourquoi quelques auteurs, tels que Suidas, etc... font Zoïle Macédonien. Eustathe le dit d'Éphèse.

[b] Polycrate, rival d'Isocrate, enseigna la rhétorique

« en forme d'accusation contre Socrate. Il fut appelé
« le chien de la rhétorique. Voici à-peu-près sa
« figure. Il avoit une grande barbe qui lui descen-
« doit sur le menton, mais nul poil à la tête, qu'il
« se rasoit jusqu'au cuir. Son manteau lui pendoit
« ordinairement sur ses genoux. Il aimoit à mal
« parler de tout, et ne se plaisoit qu'à contredire.
« En un mot, il n'y eut jamais d'homme si har-
« gneux que ce misérable. Un très savant homme
« lui ayant demandé un jour pourquoi il s'achar-
« noit de la sorte à dire du mal de tous les grands
« écrivains; c'est, répliqua-t-il, que je voudrois bien
« leur en faire, mais je n'en puis venir à bout. »

Je n'aurois jamais fait, si je voulois ramasser ici toutes les injures qui lui ont été dites dans l'antiquité, où il étoit par-tout connu sous le nom de vil esclave de Thrace. On prétend que ce fut l'envie qui l'engagea à écrire contre Homère, et que

dans l'île de Chypre. Pour déployer les ressources de son esprit, il composa un *Éloge de Busiris*, tyran d'Égypte, dont la cruauté étoit passée en proverbe. Il est auteur d'un ouvrage infame, qu'il eut l'impudence de publier sous le nom de *Philœnis*, femme vertueuse. Le discours d'Anitus, prononcé contre Socrate, passoit pour être l'ouvrage de ce sophiste, bien digne d'avoir eu pour élève le fameux Zoïle. Il paroît prouvé néanmoins que ce ne fut pas ce dernier qui reçut ses leçons; mais l'orateur Zoïle dont Denys d'Halycarnasse fait l'éloge, et dont nous avons parlé, page 201, note *a*.

c'est ce qui a fait que tous les envieux ont été depuis appelés du nom de Zoïles, témoin ces deux vers d'Ovide :

> Ingenium magni livor detrectat Homeri :
> Quisquis es, ex illo, Zoile, nomen habes [a].

Je rapporte ici tout exprès ce passage, afin de faire voir à M. Perrault qu'il peut fort bien arriver, quoi qu'il en puisse dire [b], qu'un auteur vivant soit jaloux d'un écrivain mort plusieurs siècles avant lui. Et, en effet, je connois plus d'un demi-savant qui rougit lorsqu'on loue devant lui avec un peu d'excès ou Cicéron ou Démosthène, prétendant qu'on lui fait tort (1).

[a] Vers 365 du poëme intitulé *Remedia amoris*.
[b] « Je ne puis m'empêcher de marquer ici l'étonnement
« où je suis, de voir qu'on nous accuse, nous les défenseurs
« des modernes, de ne parler, comme nous faisons, des
« ouvrages des anciens que par envie.... Jusqu'ici on avoit
« cru que l'envie s'acharnoit sur les vivants et épargnoit les
« morts. Aujourd'hui l'on dit qu'elle fait tout le contraire.
« Cela n'est guère moins étonnant que d'avoir le cœur au
« côté droit; et aujourd'hui il faut que ces messieurs aient
« tout changé dans la morale, comme Molière disoit que
« les médecins avoient tout changé dans l'anatomie. »
(*Préface* du tome II du *parallèle*, etc.)
(1) M. C*** de l'académie françoise, étant un jour chez M. Colbert, et entendant louer Cicéron par M. l'abbé Gallois, ne put l'écouter sans rougir, et se mit à contre-

Mais, pour ne me point écarter de Zoïle, j'ai cherché plusieurs fois en moi-même ce qui a pu attirer contre lui cette animosité et ce déluge d'injures ; car il n'est pas le seul qui ait fait des critiques sur Homère et sur Platon. Longin, dans ce traité même, comme nous le voyons, en a fait plusieurs ; et Denys d'Halicarnasse n'a pas plus épargné Platon que lui [a]. Cependant on ne voit point que ces critiques aient excité contre eux l'indignation des hommes. D'où vient cela ? En voici la raison, si je ne me trompe. C'est qu'outre que leurs critiques sont fort sensées, il paroît visiblement qu'ils ne les font point pour rabaisser la gloire de ces grands hommes, mais pour établir la vérité de quelque précepte important ; qu'au fond, bien loin de disconvenir du mérite de ces héros (c'est ainsi qu'ils les appellent), ils nous font par-tout comprendre, même en les critiquant, qu'ils les reconnoissent pour leurs maîtres en l'art de parler, et pour les seuls modèles que doit suivre tout homme qui veut écrire ; que s'ils nous y découvrent quelques taches, ils nous y font voir en même temps un nombre infini de beautés : tellement

dire l'éloge que cet abbé en faisoit. (*Brossette.*) * L'académicien désigné par un C*** doit être Charpentier.

[a] Dans sa lettre au grand Pompée, dont nous avons parlé page 201, note *a*, Denys d'Halycarnasse justifie ses critiques à l'égard de Platon.

qu'on sort de la lecture de leurs critiques convaincu de la justesse d'esprit du censeur, et encore plus de la grandeur du génie de l'écrivain censuré. Ajoutez qu'en faisant ces critiques ils s'énoncent toujours avec tant d'égards, de modestie et de circonspection, qu'il n'est pas possible de leur en vouloir du mal.

Il n'en étoit pas ainsi de Zoïle, homme fort atrabilaire, et extrêmement rempli de la bonne opinion de lui-même; car, autant que nous en pouvons juger par quelques fragments qui nous restent de ses critiques, et par ce que les auteurs nous en disent, il avoit directement entrepris de rabaisser les ouvrages d'Homère et de Platon, en les mettant l'un et l'autre au-dessous des plus vulgaires écrivains. Il traitoit les fables de l'Iliade et de l'Odyssée de contes de vieille, appelant Homère un diseur de sornettes (1). Il faisoit de fades plaisanteries des plus beaux endroits de ces deux poëmes, et tout cela avec une hauteur si pédantesque, qu'elle révoltoit tout le monde contre lui. Ce fut, à mon avis, ce qui lui attira cette horrible diffamation, et qui lui fit faire une fin si tragique [a].

(1) Φιλόμυθον. (*Despréaux*.)

[a] « On est bien tenté de croire que le satirique inexo-
« rable qui a transcrit ce passage [a] si sérieusement et avec

[a] Celui de Vitruve sur Zoïle, rapporté page 202.

Mais, à propos de hauteur pédantesque, peut-être ne sera-t-il pas mauvais d'expliquer ici ce que j'ai voulu dire par là, et ce que c'est proprement qu'un pédant; car il me semble que M. Perrault ne conçoit pas trop bien toute l'étendue de ce mot. En effet, si l'on en doit juger par tout ce qu'il insinue dans ses dialogues, un pédant, selon lui, est un savant nourri dans un collége, et rempli de grec et de latin; qui admire aveuglément tous les auteurs anciens; qui ne croit pas qu'on puisse faire de nouvelles découvertes dans la nature, ni aller plus loin qu'Aristote, Épicure, Hippocrate, Pline; qui croiroit faire une espèce d'impiété s'il avoit trouvé quelque chose à redire dans Virgile; qui ne trouve pas simplement Térence un joli auteur,

« une sorte d'approbation, auroit fait un mauvais parti à
« Charles Perrault, s'il eût été chargé de lui infliger quelque
« peine pour ses blasphèmes contre le prince des poëtes;
« tant l'intolérance et le fanatisme paroissent inséparables
« de toute espèce de culte superstitieux! » (*Éloge de Charles Perrault.*) L'opinion de Vitruve sur la fin tragique de Zoïle est si déraisonnable et si outrée, que l'on a peine à la concilier avec le grand sens dont il fait preuve en général. Despréaux, en la rapportant, étoit sans doute loin d'y applaudir. Les intentions que lui suppose d'Alembert à l'égard de Perrault, annoncent seulement que l'historien de l'académie françoise partageoit contre l'illustre satirique les préventions de plusieurs hommes de lettres du dix-huitième siècle.

mais le comble de toute perfection; qui ne se pique point de politesse; qui non seulement ne blâme jamais aucun auteur ancien, mais qui respecte sur-tout les auteurs que peu de gens lisent, comme Jason[a], Barthole, Lycophron[b], Macrobe, etc.

Voilà l'idée du pédant qu'il paroît que M. Perrault s'est formée. Il seroit donc bien surpris si on lui disoit qu'un pédant est presque tout le contraire de ce tableau; qu'un pédant est un homme plein de lui-même, qui, avec un médiocre savoir, décide hardiment de toutes choses; qui se vante sans cesse d'avoir fait de nouvelles découvertes; qui traite de haut en bas Aristote, Épicure, Hippocrate, Pline; qui blâme tous les auteurs an-

[a] Jason, jurisconsulte, rhéteur et versificateur latin. Il étoit de Milan, et mourut vers 1520.

[b] Lycophron, né à Chalcis, ville de l'Eubée, obtint la protection de Ptolémée-Philadelphe. Son nom est plus connu que ses ouvrages. Il avoit composé un très grand nombre de tragédies; nous avons seulement quatre vers de ses *Pélopides*. Il écrivit un long traité sur la comédie, dans lequel il éclaircissoit Aristophane et les autres comiques grecs. Pour plaire à ses contemporains, grands admirateurs du mérite de la difficulté vaincue, il fit un poëme grec, véritable prodige d'érudition, de bizarrerie et d'obscurité. *Alexandra*, fille de Priam, que l'on connoît davantage sous le nom de Cassandre, est le sujet de ce poëme. Elle y prédit les malheurs de Troie en vers conçus avec toute l'ambiguité des anciens oracles.

ciens; qui publie que Jason et Barthole étoient deux ignorants, Macrobe un écolier; qui trouve à la vérité quelques endroits passables dans Virgile, mais qui y trouve aussi beaucoup d'endroits dignes d'être sifflés; qui croit à peine Térence digne du nom de joli; qui, au milieu de tout cela, se pique sur-tout de politesse; qui tient que la plupart des anciens n'ont ni ordre ni économie dans leurs discours; en un mot, qui compte pour rien de heurter sur cela le sentiment de tous les hommes.

M. Perrault me dira peut-être que ce n'est point là le véritable caractère d'un pédant. Il faut pourtant lui montrer que c'est le portrait qu'en fait le célèbre Régnier, c'est-à-dire le poëte françois qui, du consentement de tout le monde, a le mieux connu, avant Molière, les mœurs et le caractère des hommes. C'est dans sa dixième satire, où décrivant cet énorme pédant qui, dit-il,

> Faisoit par son savoir, comme il faisoit entendre,
> La figue sur le nez au pédant d'Alexandre [a],

[a] Voici les vers de Régnier :

> . . . .
> Que c'étoit un pédant, animal domestique,
> De qui la mine rogue et le parler confus,
> Les cheveux gras et longs, et les sourcils touffus,
> Faisoient par leur savoir, comme il faisoit entendre,
> La figue sur le nez au pédant d'Alexandre.

il lui donne ensuite ces sentiments :

> Qu'il a, pour enseigner, une belle manière ;
> Qu'en son globe il a vu la matière première ;
> Qu'Épicure est ivrogne, Hippocrate un bourreau ;
> Que Barthole et Jason ignorent le barreau ;
> Que Virgile est passable, encore qu'en quelques pages
> Il méritât au Louvre être sifflé [a] des pages ;
> Que Pline est inégal, Térence un peu joli ;
> Mais sur-tout il estime un langage poli.
> Ainsi sur chaque auteur il trouve de quoi mordre :
> L'un n'a point de raison, et l'autre n'a point d'ordre ;
> L'un [b] avorte avant temps des œuvres qu'il conçoit ;
> Souvent [c] il prend Macrobe et lui donne le fouet, etc.

Je laisse à M. Perrault le soin de faire l'application de cette peinture, et de juger qui Régnier a décrit par ces vers ; ou un homme de l'université, qui a un sincère respect pour tous les grands écrivains de l'antiquité, et qui en inspire, autant qu'il peut, l'estime à la jeunesse qu'il instruit ; ou un auteur présomptueux qui traite tous les anciens d'ignorants, de grossiers, de visionnaires, d'insensés, et qui, étant déja avancé en âge, emploie le reste de

---

[a] Il y a dans Régnier :
. . . . être chiffié des pages.

[b] Au lieu de *l'un*, il y a *l'autre*.

[c] Cet hémistiche est ainsi :
Or' il vous prend Macrobe. . . . .

Or' pour *ore* ou *ores*, *maintenant*.

ses jours et s'occupe uniquement à contredire le sentiment de tous les hommes.

RÉFLEXION VI.

En effet, de trop s'arrêter aux petites choses, cela gâte tout. (Paroles de Longin, chap. VIII.)

Il n'y a rien de plus vrai, sur-tout dans les vers; et c'est un des grands défauts de Saint-Amant. Ce poëte avoit assez de génie pour les ouvrages de débauche et de satire outrée; et il a même quelquefois des boutades assez heureuses dans le sérieux; mais il gâte tout par les basses circonstances qu'il y mêle. C'est ce qu'on peut voir dans son ode intitulée LA SOLITUDE, qui est son meilleur ouvrage, où, parmi un fort grand nombre d'images très agréables, il vient présenter mal-à-propos aux yeux les choses du monde les plus affreuses, des crapauds et des limaçons qui bavent, le squelette d'un pendu, etc.

>   Là branle le squelette horrible
>   D'un pauvre amant qui se pendit [a].

[a] Voici la strophe où se trouvent ces deux vers. Le poëte, après avoir parlé du plaisir que lui causent les vieux châteaux ruinés par le temps, continue en ces termes:

>   L'orfraie, avec ses cris funèbres,
>   Mortels augures des destins,

Il est sur-tout bizarrement tombé dans ce défaut en son MOÏSE SAUVÉ, à l'endroit du passage de la mer Rouge [a] : au lieu de s'étendre sur tant de grandes circonstances qu'un sujet si majestueux lui présentoit, il perd le temps à peindre le petit enfant qui va, saute, revient, et ramassant une coquille, la va montrer à sa mère, et met en quelque sorte, comme j'ai dit dans ma poétique [b], les poissons aux fenêtres, par ces deux vers :

>Et là, près des remparts que l'œil peut transpercer,
>Les poissons ébahis les regardent passer [c].

Il n'y a que M. Perrault au monde qui puisse ne pas sentir le comique qu'il y a dans ces deux vers, où il semble en effet que les poissons aient

>Fait rire et danser les lutins
>Dans ces lieux remplis de ténèbres.
>Sous un chevron de bois maudit,
>Y branle le squelette horrible
>D'un pauvre amant qui se pendit
>Pour une bergère insensible,
>Qui d'un seul regard de pitié
>Ne daigna voir son amitié.

[a] ….. « A l'endroit du passage de la mer Rouge où, au « lieu de s'étendre sur tant de grandes circonstances…. » (*Éditions de* 1694 *et de* 1701.)

[b] Art poétique, chant III, vers 264.

[c] Ces deux vers terminent la description du passage des Hébreux, dans le poëme du *Moïse sauvé*, V^e partie.

loué des fenêtres pour voir passer le peuple hébreu. Cela est d'autant plus ridicule que les poissons ne voient presque rien au travers de l'eau, et ont les yeux placés d'une telle manière, qu'il étoit bien difficile, quand ils auroient eu la tête hors de ces remparts, qu'ils pussent bien [a] découvrir cette marche. M. Perrault prétend néanmoins justifier ces deux vers; mais c'est par des raisons si peu sensées, qu'en vérité je croirois abuser du papier, si je l'employois à y répondre [b]. Je me contenterai donc de le renvoyer à la comparaison que Longin rapporte ici d'Homère. Il y pourra voir l'adresse de ce grand poëte à choisir et à ramasser les grandes circonstances. Je doute pourtant qu'il convienne de cette vérité; car il en veut sur-tout aux comparaisons d'Homère, et il en fait le principal objet de ses plaisanteries dans son dernier

[a] Le mot *bien* n'est pas dans l'édition de 1694.
[b] .... « Je n'ai pu voir sans indignation, dit l'abbé, « traiter de fou un homme de ce mérite (*Saint-Amant*) sur « ce qu'on suppose qu'il a mis des *poissons aux fenêtres* pour « voir passer la mer Rouge aux Hébreux, chose à laquelle « il n'a jamais songé, ayant dit seulement que les poissons « les regardèrent avec étonnement.... Pour le fond de la « pensée, on ne sauroit la condamner, ou il faut condam- « ner toute la poésie, à qui rien n'est plus ordinaire que de « donner de l'étonnement, non seulement aux animaux les « plus stupides, mais aux choses inanimées. » (Tome III du *parallèle*, page 262.)

RÉFLEXION VI.

dialogue. On me demandera peut-être ce que c'est que ces plaisanteries, M. Perrault n'étant pas en réputation d'être fort plaisant; et comme vraisemblablement on n'ira pas les chercher dans l'original, je veux bien, pour la curiosité des lecteurs, en rapporter ici quelques traits. Mais pour cela il faut commencer par faire entendre ce que c'est que les dialogues de M. Perrault.

C'est une conversation qui se passe entre trois personnages, dont le premier, grand ennemi des anciens et sur-tout de Platon, est M. Perrault lui-même, comme il le déclare dans sa préface. Il s'y donne le nom d'abbé; et je ne sais pas trop pourquoi il a pris ce titre ecclésiastique, puisqu'il n'est parlé dans ce dialogue que de choses très profanes; que les romans y sont loués par excès [a], et que l'opéra y est regardé comme le comble de la perfection où la poésie pouvoit arriver en notre langue [b]. Le second de ces personnages est un che-

---

[a] .... « Nos bons romans, dit l'abbé, comme l'*Astrée*, « où il y a dix fois plus d'invention que dans l'Iliade, la « *Cléopâtre*, le *Cyrus*, la *Clélie* et plusieurs autres, non seu« lement n'ont aucun des défauts que j'ai remarqués dans « les anciens poëtes; mais ont, de même que nos poëmes « en vers, une infinité de beautés toutes nouvelles. » (Tom. III du *parallèle*, page 148.)

[b] .... « Puisque les opéras, tels qu'ils sont, dit l'abbé, « ont le don de plaire à toutes sortes d'esprits, aux grands

valier, admirateur de M. l'abbé, qui est là comme son Tabarin pour appuyer ses décisions, et qui le contredit même quelquefois à dessein, pour le faire mieux valoir. M. Perrault ne s'offensera pas sans doute de ce nom de Tabarin que je donne ici à son chevalier, puisque ce chevalier lui-même déclare en un endroit qu'il estime plus les dialogues de Mondor et de Tabarin que ceux de Platon [a]. Enfin le troisième de ces personnages, qui est beaucoup le plus sot des trois, est un président, protecteur des anciens, qui les entend encore moins que l'abbé ni le chevalier, qui ne sauroit souvent répondre aux objections du monde les plus frivoles, et qui défend quelquefois si sottement la raison, qu'elle devient plus ridicule dans

« génies, de même qu'au menu peuple, aux vieillards
« comme aux enfants; que ces chimères bien maniées
« amusent et endorment la raison, quoique contraires à
« cette même raison, et la charment davantage que toute
« la vraisemblance imaginable, on peut dire que l'inven-
« tion ingénieuse des opéras n'est pas un accroissement
« peu considérable à la belle et grande poésie. » (Tom. III du *parallèle*, page 284.)

[a] Après n'avoir trouvé aucun plan, aucun dessein dans le dialogue de Platon, intitulé *Hippias*, ou *du beau*, le chevalier ajoute: « les dialogues de Mondor et de Tabarin,
« tout impertinents qu'ils étoient, avoient de ce côté-là
« plus de raison et plus d'entente. » (Tome III du *parallèle*, page 116.)

sa bouche que le mauvais sens. En un mot, il est là comme le faquin de la comédie, pour recevoir toutes les nasardes. Ce sont là les acteurs de la pièce. Il faut maintenant les voir en action.

M. l'abbé, par exemple, déclare en un endroit qu'il n'approuve point ces comparaisons d'Homère où le poëte, non content de dire précisément ce qui sert à la comparaison, s'étend sur quelque circonstance historique de la chose dont il est parlé, comme lorsqu'il compare la cuisse de Ménélas blessé à de l'ivoire teint en pourpre par une femme de Méonie ou de Carie, etc. Cette femme de Méonie ou de Carie déplaît à M. l'abbé, et il ne sauroit souffrir ces sortes de *comparaisons à longue queue* (1) : mot agréable, qui est d'abord admiré par M. le chevalier, lequel prend de là occasion de raconter quantité de jolies choses qu'il dit aussi à la campagne, l'année dernière, à propos de ces comparaisons à longue queue.

Ces plaisanteries étonnent un peu M. le président, qui sent bien la finesse qu'il y a dans ce mot de longue queue. Il se met pourtant à la fin en devoir de répondre. La chose n'étoit pas sans doute fort malaisée, puisqu'il n'avoit qu'à dire ce que

(1) Ce n'est point l'abbé qui traite les comparaisons d'Homère de *comparaisons à longue queue*, c'est le chevalier lui-même.... (*Saint-Marc.*)

tout homme qui sait les éléments de la rhétorique auroit dit d'abord : Que les comparaisons, dans les odes et dans les poëmes épiques, ne sont pas simplement mises pour éclaircir et pour orner le discours, mais pour amuser et pour délasser l'esprit du lecteur, en le détachant de temps en temps du principal sujet, et le promenant sur d'autres images agréables à l'esprit; que c'est en cela qu'a principalement excellé Homère, dont non seulement toutes les comparaisons, mais tous les discours sont pleins d'images de la nature, si vraies et si variées, qu'étant toujours le même, il est néanmoins toujours différent; instruisant sans cesse le lecteur, et lui faisant observer, dans les objets mêmes qu'il a tous les jours devant les yeux, des choses qu'il ne s'avisoit pas d'y remarquer; que c'est une vérité universellement reconnue qu'il n'est point nécessaire, en matière de poésie, que les points de la comparaison se répondent si juste les uns aux autres, qu'il suffit d'un rapport général, et qu'une trop grande exactitude sentiroit son rhéteur.

C'est ce qu'un homme sensé auroit pu dire sans peine à M. l'abbé et à M. le chevalier; mais ce n'est pas ainsi que raisonne M. le président. Il commence par avouer sincèrement que nos poëtes se feroient moquer d'eux s'ils mettoient dans leurs poëmes de ces comparaisons étendues, et n'excuse

Homère que parcequ'il avoit le goût oriental, qui étoit, dit-il, le goût de sa nation. Là-dessus il explique ce que c'est que le goût des orientaux, qui, à cause du feu de leur imagination et de la vivacité de leur esprit, veulent toujours, poursuit-il, qu'on leur dise deux choses à-la-fois, et ne sauroient souffrir un seul sens dans un discours : au lieu que nous autres Européans [a], nous nous contentons d'un seul sens, et sommes bien aises qu'on ne nous dise qu'une seule chose à-la-fois. Belles observations que M. le président a faites dans la nature, et qu'il a faites tout seul, puisqu'il est très faux que les Orientaux aient plus de vivacité d'esprit que les Européans, et sur-tout que les François, qui sont fameux par tout pays pour leur conception vive et prompte ; le style figuré qui règne aujourd'hui dans l'Asie mineure et dans les pays voisins, et qui n'y régnoit point autrefois, ne venant que de l'irruption des Arabes et des autres nations barbares qui, peu de temps après Héraclius [b], inondèrent ces pays, et y por-

---

[a] « Quelques uns disent *Européan, Européane.* » (*Dictionnaire de l'académie françoise.*) Voltaire est de ce nombre ; mais on ne dit plus que *Européen, Européenne,* qui sont plus doux à prononcer.

[b] Héraclius, empereur d'Orient, et successeur du cruel Phocas, naquit vers l'an 575 de l'ère vulgaire, et mourut en 641, après un règne de trente ans. Les succès que ce

tèrent, avec leur langue et avec leur religion, ces manières de parler ampoulées. En effet, on ne voit point que les pères grecs de l'Orient, comme saint Justin [a], saint Basile [b], saint Chrysosto-

prince, dont la conduite fut si inégale, obtint contre la Perse ne furent avantageux qu'aux Musulmans; ils affoiblirent un royaume dont les forces, jointes à celles de l'empire romain, auroient pu arrêter les progrès du mahométisme.

[a] Saint Justin, l'un des premiers défenseurs de la religion, naquit en Palestine, l'an 103 de l'ère vulgaire. Après avoir suivi en Égypte les leçons des différentes sectes de philosophie, il embrassa le christianisme à trente ans, et vint à Rome en enseigner les dogmes, particulièrement celui de la Trinité. Dénoncé au préfet Rusticus par un philosophe cynique qu'il vouloit convertir, il fut frappé de verges et eut la tête tranchée l'an 167, sous le règne de Marc-Aurèle qui n'avoit porté aucun édit contre les chrétiens. Si les ouvrages de ce martyr, qui n'étoit point prêtre, n'ont pas le mérite d'un style très pur, ils ont celui de la logique; on les a recueillis en un vol. in-fol. Les divers apologistes de la foi, depuis Tertullien jusqu'à nos jours, y ont puisé leurs principaux arguments.

[b] Saint Basile, né à Césarée en Cappadoce l'an 329, suivit à Constantinople les leçons de Libanius, le plus célèbre rhéteur de son temps. Après s'être perfectionné à Athènes, il revint dans sa patrie, où il professa la rhétorique, parut au barreau avec éclat, et finit par se consacrer entièrement à Dieu à l'âge de vingt-huit ans. Il fut le successeur d'Eusèbe, archevêque de Césarée, et mourut en 379. Il opposa une résistance noble et prudente à l'empe-

me [a], saint Grégoire de Nazianze [b] et tant d'autres aient jamais pris ce style dans leurs écrits; et

reur Valens, qui protégeoit les ariens. Ses ouvrages, réunis en trois volumes in-fol., consistent en Homélies, en Discours, en Morales, en plus de 300 lettres sur différents sujets. A une excellente dialectique, à des connoissances étendues il joint une imagination riche, une diction claire et pleine d'élégance, mais quelquefois surchargée d'ornements. Il avoit sur-tout une onction qui entraînoit les cœurs.

[a] Saint Jean Chrysostôme, né à Antioche vers l'an 344, se consacra dès sa jeunesse à Dieu dans les déserts de la Syrie. Obligé de revenir dans sa patrie pour y rétablir sa santé, saint Flavien lui conféra le sacerdoce en 386. L'empereur Arcadius, en 397, eut recours à l'artifice pour le déterminer à accepter le siége de Constantinople; mais l'impératrice Eudoxie, son épouse, croyant avoir à s'en plaindre, le fit déposer deux fois. Comme on le transféroit à pied aux confins de l'empire, il expira de fatigue à Comane dans le Pont, en 407. Les œuvres de ce grand et saint personnage, avec la version latine et des notes, forment treize volumes in-fol. Le surnom de Chrysostôme, c'est-à-dire, *Bouche d'or*, lui fut donné peu de temps après sa mort; l'antiquité chrétienne n'a point d'orateur plus accompli.

[b] Saint Grégoire de Nazianze naquit, vers l'an 328, en Cappadoce, près de la ville dont il emprunte son surnom. On met au nombre des saints et Grégoire son père et Nonne sa mère. Celle-ci le consacra dès sa naissance au culte du Seigneur. Aussi, en étudiant avec ardeur les lettres profanes, se proposoit-il uniquement de les faire servir aux lettres saintes. Tel fut le but de ses voyages dans la Palestine, dans l'Égypte et dans la Grèce. Il gouverna l'église de

ni Hérodote, ni Denys d'Halicarnasse, ni Lucien, ni Josèphe [a], ni Philon le juif [b], ni aucun autre auteur grec n'a jamais parlé ce langage.

Nazianze, sous son père qui en étoit évêque. Après la mort de ce dernier, il fut appelé à Constantinople, pour y soutenir les catholiques contre les ariens; et l'empereur Théodose l'installa lui-même dans l'église patriarcale. Fatigué de résister à des cabales toujours renaissantes, il donna sa démission, se retira dans son pays, où il passa environ les huit dernières années de sa vie à prier Dieu, à cultiver la poésie et son jardin. Sa mort eut lieu vers 390. Une imagination vive et féconde est le caractère distinctif de ses écrits, auxquels on peut reprocher quelques faux brillants. Ses discours, ses poëmes et ses lettres forment deux volumes in-fol. « Ses vers, dit Le Franc de Pompignan, son traduc-« teur, seroient souvent dignes d'Homère. »

[a] Flavius Josèphe, né à Jérusalem l'an 37 de Jésus-Christ, reçut une éducation conforme à sa haute naissance. Après s'être vainement opposé à ce que ses compatriotes fissent la guerre aux Romains, il accepta le gouvernement de la Galilée. Malgré une défense habile et vigoureuse de sa part, Vespasien s'empara de la ville de Jotapat, l'an 69, et voulut bien ne pas le livrer à Néron. Au siège de Jérusalem, Titus l'employa pour détourner les habitants d'une résistance aveugle et funeste; on connoît l'inutilité de ses touchantes exhortations. Vespasien, parvenu à l'empire, l'accueillit à Rome avec honneur, lui fit une pension, et les fils de ce prince ajoutèrent à sa fortune. L'époque précise de la mort de Josèphe n'est pas connue; on croit qu'il mourut vers la fin du premier siècle. Son style élégant et nombreux l'a fait surnommer le Tite-Live des Grecs. Ses principaux ouvrages sont, 1° l'*Histoire de la guerre des*

Mais pour revenir aux comparaisons à longue queue, M. le président rappelle toutes ses forces pour renverser ce mot, qui fait tout le fort de l'argument de M. l'abbé, et répond enfin que, comme dans les cérémonies on trouveroit à redire aux queues des princesses si elles ne traînoient jusqu'à terre, de même les comparaisons dans le poëme épique seroient blâmables si elles n'avoient des queues fort traînantes. Voilà peut-être une des plus extravagantes réponses qui aient jamais été faites; car quel rapport ont les comparaisons à des

---

Juifs contre les Romains et de la ruine de Jérusalem, en VII livres, qu'il avoit écrite d'abord dans sa langue maternelle, et qu'ensuite il traduisit en grec; 2° les *Antiquités judaïques*, en XX livres, histoire complète des Juifs, depuis la création du monde jusqu'à leur soulèvement contre les Romains.

[*b*] Philon, écrivain du premier siècle de l'ère vulgaire, tiroit son origine d'une famille illustre et sacerdotale. Nommé chef d'une députation que ses compatriotes d'Alexandrie envoyèrent à Caligula, contre les Grecs de la même ville, il ne réussit pas dans sa négociation; mais il nous a laissé à ce sujet des discours contre Flaccus, où il fait preuve d'esprit, de sagesse et de courage. Ses œuvres, qui ont en général pour objet l'Écriture sainte, forment deux volumes in-fol., Londres, 1742; elles furent d'abord publiées en grec par Turnèbe, Paris, 1552, et Gélénius y ajouta ensuite une version latine. Philon est surnommé le *Platon juif*; ce qui donne une idée de la chaleur et de l'élévation de son style.

princesses? Cependant M. le chevalier, qui jusqu'alors n'avoit rien approuvé de tout ce que le président avoit dit, est ébloui de la solidité de cette réponse, et commence à avoir peur pour M. l'abbé, qui, frappé aussi du grand sens de ce discours, s'en tire pourtant avec assez de peine, en avouant, contre son premier sentiment, qu'à la vérité on peut donner de longues queues aux comparaisons, mais soutenant qu'il faut, ainsi qu'aux robes des princesses, que ces queues soient de même étoffe que la robe; ce qui manque, dit-il, aux comparaisons d'Homère, où les queues sont de deux étoffes différentes: de sorte que, s'il arrivoit qu'en France, comme cela peut fort bien arriver, la mode vînt de coudre des queues de différente étoffe aux robes des princesses, voilà le président qui auroit entièrement cause gagnée sur les comparaisons. C'est ainsi que ces trois messieurs manient entre eux la raison humaine; l'un faisant toujous l'objection qu'il ne doit point faire; l'autre approuvant ce qu'il ne doit point approuver; et l'autre répondant ce qu'il ne doit pas répondre.

Que si le président a eu ici quelque avantage sur l'abbé, celui-ci a bientôt sa revanche, à propos d'un autre endroit d'Homère. Cet endroit est dans le douzième livre de l'Odyssée (1), où Ho-

(1) Vers 420 et suiv. (*Despréaux.*)

mère, selon la traduction de M. Perrault, raconte « qu'Ulysse étant porté sur son mât brisé vers la « Charybde, justement dans le temps que l'eau s'é- « levoit, et craignant de tomber au fond quand « l'eau viendroit à redescendre, il se prit à un fi- « guier sauvage qui sortoit du haut du rocher, où « il s'attacha comme une chauve-souris, et où il « attendit, ainsi suspendu, que son mât, qui étoit « allé à fond, revint sur l'eau; » ajoutant « que, « lorsqu'il le vit revenir, il fut aussi aise qu'un « juge qui se lève de dessus son siége pour aller « dîner, après avoir jugé plusieurs procès. » M. l'abbé insulte fort (1) à M. le président sur cette comparaison bizarre du juge qui va dîner; et voyant le président embarrassé, « Est-ce, ajoute-t-il, que « je ne traduis pas fidèlement le texte d'Homère? » ce que ce grand défenseur des anciens n'oseroit nier. Aussitôt M. le chevalier revient à la charge, et sur ce que le président répond que le poëte donne à tout cela un tour si agréable qu'on ne peut pas n'en être point charmé, « Vous vous « moquez, poursuit le chevalier. Dès le moment « qu'Homère, tout Homère qu'il est, veut trouver « de la ressemblance entre un homme qui se ré- « jouit de voir son mât revenir sur l'eau, et un

---

(1) Ce n'est pas l'abbé, c'est le chevalier qui raille le défenseur des anciens,.... page 87. (*Saint-Marc.*)

« juge qui se lève pour aller dîner après avoir jugé
« plusieurs procès, il ne sauroit dire qu'une im-
« pertinence. »

Voilà donc le pauvre président fort accablé; et cela, faute d'avoir su que M. l'abbé fait ici une des plus énormes bévues qui aient jamais été faites, prenant une date pour une comparaison. Car il n'y a en effet aucune comparaison en cet endroit d'Homère. Ulysse raconte que voyant le mât et la quille de son vaisseau, sur lesquels il s'étoit sauvé, qui s'engloutissoient dans la Charybde, il s'accrocha comme un oiseau de nuit à un grand figuier qui pendoit là d'un rocher, et qu'il y demeura long-temps attaché, dans l'espérance que, le reflux venant [a], la Charybde pourroit enfin revomir

[a] Madame Dacier, après avoir applaudi à la réfutation que Despréaux oppose à l'auteur du parallèle, ajoute: « Ce
« n'est pas la seule bévue que cet auteur ait faite sur ce pas-
« sage, il a encore confondu les marées. Ulysse, dit-il, porté
« sur son mât brisé, *justement dans le temps que l'eau s'éle-*
« *voit.* Cela est faux et ne sauroit être. Ce ne fut point dans
« le temps du flux, mais dans celui du reflux, qu'Ulysse
« porté sur ce mât craignit d'être entraîné dans la Cha-
« rybde. Le flux au contraire l'en éloignoit; et il ne crai-
« gnit pas non plus *de tomber au fond, quand l'eau viendroit*
« *à redescendre.* Ce n'est qu'un pur galimatias. Ulysse, pour
« éviter que le reflux ne l'entraînât dans le gouffre de Cha-
« rybde, se prit au figuier, et ainsi suspendu, il attendit,
« non que *l'eau vînt à redescendre,* mais au contraire que

les débris de son vaisseau; qu'en effet ce qu'il avoit prévu arriva; et qu'environ vers l'heure qu'un magistrat, ayant rendu la justice, quitte sa séance pour aller prendre sa réfection, c'est-à-dire environ sur les trois heures après midi, ces débris parurent hors de la Charybde, et qu'il se remit dessus. Cette date est d'autant plus juste qu'Eustathius assure que c'est le temps d'un des reflux de la Charybde, qui en a trois en vingt-quatre heures, et qu'autrefois en Grèce on datoit ordinairement les heures de la journée par le temps où les magistrats entroient au conseil, par celui où ils y demeuroient, et par celui où ils en sortoient. Cet endroit n'a jamais été entendu autrement par aucun interprète, et le traducteur latin l'a fort bien rendu. Par là on peut voir à qui appartient l'impertinence de la comparaison prétendue, ou à Homère qui ne l'a

« l'eau vint à remonter, c'est-à-dire, qu'il attendit que Cha-
« rybde revomit les eaux; et c'étoit là le flux. Je suis fâchée
« que M. Despréaux n'ait pas relevé ces fautes, et plus en-
« core que lui-même y soit tombé; car il a pris aussi le flux
« pour le reflux. Dans l'espérance, dit-il, que *le reflux ve-
« nant*, la Charybde pourroit enfin revomir le débris de son
« vaisseau. Il falloit dire, *le flux venant*. En effet, le flux
« étoit lorsque la Charybde revomissoit ses eaux; car c'étoit
« alors que la mer montoit vers la côte. Cela est assez
« prouvé, et j'espère qu'il paroîtra sensible à tout le mon-
« de. » (*Remarques sur l'Odyssée*, livre XII, page 71, édition
de 1756.)

point faite, ou à M. l'abbé qui la lui fait faire si mal-à-propos.

Mais avant que de quitter la conversation de ces trois messieurs, M. l'abbé trouvera bon que je ne donne pas les mains à la réponse décisive qu'il fait à M. le chevalier, qui lui avoit dit : « Mais à propos de comparaisons, on dit qu'Homère compare Ulysse qui se tourne dans son lit, au boudin qu'on rôtit sur le gril. » A quoi M. l'abbé répond, « Cela est vrai, » et à quoi je réponds : Cela est si faux, que même le mot grec qui veut dire boudin n'étoit point encore inventé du temps d'Homère, où il n'y avoit ni boudins ni ragoûts. La vérité est que, dans le vingtième livre de l'Odyssée (1), il compare Ulysse qui se tourne çà et là dans son lit, brûlant d'impatience de se soûler, comme dit Eustathius, du sang des amants de Pénélope, à un homme affamé, qui s'agite pour faire cuire sur un grand [a] feu le ventre sanglant et plein de graisse d'un animal dont il brûle de se rassasier, le tournant sans cesse de côté et d'autre.

En effet, tout le monde sait que le ventre de cer-

(1) Vers 24 et suiv. (*Despréaux.*)

[a] Le mot *grand*, exprimé dans le texte, manque dans les éditions de 1701 et 1713. Brossette, Dumonteil, Saint-Marc, etc., l'ont rétabli d'après l'édition de 1694. Cette comparaison n'est pas noble, mais elle n'est pas absurde.

tains animaux, chez les anciens, étoit un de leurs plus délicieux mets; que le SUMEN, c'est-à-dire le ventre de la truie, parmi les Romains, étoit vanté par excellence, et défendu même par une ancienne loi [a] censorienne, comme trop voluptueux. Ces mots, « plein de sang et de graisse, qu'Homère a mis en parlant du ventre des animaux, et qui sont si vrais de cette partie [b] du corps, ont donné occasion à un misérable traducteur qui a mis autrefois l'Odyssée en françois, de se figurer qu'Homère parloit là de boudin, parceque le boudin de pourceau se fait communément avec du sang et de la graisse; et il l'a ainsi sottement rendu dans sa tra-

[a] Pline le naturaliste fait mention de lois romaines qui prohiboient, dans les festins, les parties les plus délicates de la truie. Après avoir dit que nul autre animal n'offre plus de ressources aux talents des cuisiniers, il continue en ces termes: « Hinc censoriarum legum, interdictaque cœnis « abdomina, glandia, testiculi, vulvæ, sincipita verri- « na, etc. » Liv. VIII, chap. LXXVII.

[b] « Jusque-là M. Despréaux a raison, dit madame Da- « cier; mais il s'est trompé évidemment, lorsqu'il a dit que « ces mots *plein de sang et de graisse* se doivent entendre de « la graisse et du sang qui sont naturellement dans cette « partie du corps de l'animal.... Il se trompe, dis-je; car ces « mots doivent s'entendre de la graisse et du sang dont on « farcissoit cette partie. Cela peut se prouver par toute l'an- « tiquité..... » (*Remarques sur l'Odyssée*, liv. XX, page 139, édition de 1756.)

duction [a]. C'est sur la foi de ce traducteur que quelques ignorants, et M. l'abbé du dialogue, ont cru qu'Homère comparoit Ulysse à un boudin, quoique ni le grec ni le latin n'en disent rien, et que jamais aucun commentateur n'ait fait cette ridicule bévue. Cela montre bien les étranges inconvénients qui arrivent à ceux qui veulent parler d'une langue qu'ils ne savent point.

RÉFLEXION VII.

Il faut songer au jugement que toute la postérité fera de nos écrits. (*Paroles de Longin*, chap. XII.)

Il n'y a en effet que l'approbation de la postérité qui puisse établir le vrai mérite des ouvrages. Quelque éclat qu'ait fait un écrivain durant sa vie, quelques éloges qu'il ait reçus, on ne peut pas pour

[a] Voici la phrase entière de cette traduction publiée en 1619: « Tout ainsi qu'un homme qui fait griller un boudin « plein de sang et de graisse, le tourne de tous les côtés sur « le gril, pour le faire cuire; ainsi la fureur et les inquié- « tudes le viroient et le tournoient çà et là, etc. » Madame Dacier, Saint-Marc et M. Daunou nomment le traducteur *Claude Boitel*. Suivant l'abbé Goujet, il se nommoit *Claude Boitet*, et il étoit avocat au parlement de Paris. La *Biographie universelle* le fait naître à Orléans en 1570, et lui donne les noms de *Claude Boitet de Frauville*.

cela infailliblement conclure que ses ouvrages soient excellents. De faux brillants, la nouveauté du style, un tour d'esprit qui étoit à la mode, peuvent les avoir fait valoir; et il arrivera peut-être que dans le siècle suivant on ouvrira les yeux, et que l'on méprisera ce que l'on a admiré. Nous en avons un bel exemple dans Ronsard et dans ses imitateurs, comme du Bellay [a], du Bar-

[a] Joachim du Bellay, chanoine de Notre-Dame de Paris, né vers 1524 d'une famille illustre de l'Anjou. Jaloux de la gloire littéraire de son pays, il composa un traité en prose, intitulé : *Défense et illustration de la langue françoise*, 1549, in-8º. Il y prouve par d'assez bonnes raisons que nous ne devrions écrire qu'en notre langue. Ses poésies, qui lui valurent le surnom d'*Ovide françois*, furent imprimées en 1568, in-8º. Elles consistent en odes, chansons, imitations du latin; on y remarque sur-tout un grand nombre de sonnets, genre de pièces qu'il accrédita parmi nous. La Harpe n'a pas rendu justice à du Bellay, en le confondant avec les poëtes qui « n'eurent guère que les dé-« fauts de Ronsard, sans avoir son mérite. » (*Cours de littérature*, tome IV, page 115.) Le style de du Bellay est loin d'être hérissé d'autant d'hellénismes et de latinismes que celui de Ronsard. Si ce dernier a plus d'enthousiasme, le premier a plus d'agrément; les vers suivants que du Bellay adresse à Ronsard, caractérisent fort bien ces deux amis :

. . . . . . Ceux qui trop me favorisent
Au pair de tes chansons les miennes autorisent,
Disant, comme tu sais, pour me mettre en avant,
Que l'un est plus facile, et l'autre plus savant.

Du Bellay mourut en 1560, au moment où son parent le

tas [a], Desportes, qui, dans le siècle précédent, ont été l'admiration de tout le monde, et qui aujourd'hui ne trouvent pas même de lecteurs.

La même chose étoit arrivée chez les Romains à Nævius [b], à Livius [c] et à Ennius [d], qui, du

cardinal Jean du Bellay se démettoit en sa faveur de l'archevêché de Bordeaux.

[a] Guillaume de Salluste, seigneur du Bartas, petite terre près d'Auch, naquit vers l'an 1544. Gentilhomme ordinaire de la chambre du roi de Navarre (depuis Henri IV) il se distingua comme capitaine et comme négociateur. Il chanta la victoire remportée en 1590 à Ivri, et mourut peu de temps après des suites des blessures qu'il y avoit reçues. Dans ses poëmes, aussi longs que nombreux, du Bartas a traité des sujets qui roulent presque tous sur l'histoire sainte. Le principal est *la Semaine*, c'est-à-dire, la Création du monde en sept journées. On voit qu'il copie la manière de Ronsard; mais il la gâte encore. « Jamais, dit La Harpe, « la barbarie ne fut poussée plus loin. » Ce critique cite pourtant avec éloge quelques vers d'une description du déluge, imitée des Métamorphoses d'Ovide. (*Cours de littérature*, tome IV, page 118.)

[b] Cneius Nævius, poëte latin né dans la Campanie, mit en vers l'histoire de la première guerre punique, où il avoit servi, et composa diverses pièces dramatiques. Dans ses comédies il n'épargnoit pas les personnages les plus illustres. Scipion l'Africain lui pardonna ce genre d'attaque; mais la famille de Métellus, qu'il avoit également offensée, n'eut pas la même indulgence. Chassé de Rome, Nævius se retira à Utique, où il mourut plus de deux siècles avant Jésus-Christ. On n'a de lui que des fragments. Aulu-Gelle

temps d'Horace, comme nous l'apprenons de ce poëte, trouvoient encore beaucoup de gens qui les admiroient; mais qui à la fin furent entièrement décriés. Et il ne faut point s'imaginer que la chute de ces auteurs, tant les françois que les latins, soit venue de ce que les langues de leur pays ont changé.

nous a conservé l'épitaphe que ce poëte avoit composée pour lui-même.

[c] Livius Andronicus, esclave d'origine grecque, fut affranchi par son maître à cause de ses talents. C'est le plus ancien des poëtes latins. Il donna sa première pièce environ 250 ans avant l'ère vulgaire. Comme il jouoit lui-même, les spectateurs charmés de l'entendre lui firent un jour répéter si souvent plusieurs morceaux, qu'il en perdit la voix. On lui permit d'emprunter celle d'un esclave pour déclamer ses rôles, et de se borner à faire les gestes. De là vint l'usage de partager chaque rôle entre deux acteurs. On n'a de ce poëte que les vers cités par les critiques.

[d] Quintus Ennius, né dans la Calabre l'an 240 avant l'ère vulgaire, vécut en Sardaigne jusqu'à l'âge de quarante ans. Il enseigna la langue grecque à Caton l'ancien, qui gouvernoit cette île, et qui l'emmena à Rome. Supérieur aux écrivains de cette époque, il obtint une grande célébrité. Nous avons encore de ce poëte plusieurs morceaux où son génie mâle se fait sentir. Il réussit dans plusieurs genres, dans la comédie, l'ode, la satire; mais il dut principalement sa réputation aux annales romaines et aux actions éclatantes de Scipion l'Africain, qu'il écrivit en vers héroïques. Le vainqueur d'Annibal ordonna, par son testament, qu'on éleveroit sur son tombeau la statue d'Ennius; celui-ci survécut dix-huit ans à son héros.

Elle n'est venue que de ce qu'ils n'avoient point attrapé dans ces langues le point de solidité et de perfection, qui est nécessaire pour faire durer et pour faire à jamais priser des ouvrages. En effet, la langue latine, par exemple, qu'ont écrite Cicéron et Virgile, étoit déja fort changée du temps de Quintilien [a], et encore plus du temps d'Aulu-Gelle [b]. Cependant Cicéron et Virgile y étoient encore plus estimés que de leur temps même, parcequ'ils avoient comme fixé la langue par leurs

[a] Nous ne connoissons ni l'époque où est né Quintilien, ni celle où il est mort, ni même le lieu de sa naissance. Il est vraisemblable qu'il reçut le jour en Italie, vers la fin du règne de Tibère, qu'il fut élevé à Rome, et qu'il composa pendant les dernières années du premier siècle de l'ère vulgaire, à l'âge de soixante ans, son immortel ouvrage *de l'Institution de l'orateur.* C'est le meilleur préservatif que l'on puisse opposer au mauvais goût, et le seul livre qui soit incontestablement de Quintilien.

[b] Aulu-Gelle vivoit à Rome, sa patrie, dans le deuxième siècle de l'ère vulgaire, sous les empereurs Adrien et Antonin. Étant allé à Athènes pour y perfectionner ses études, il y rassembla les premiers matériaux d'un recueil intitulé *les Nuits attiques,* parcequ'il y consacroit les longues soirées d'hiver. De retour à Rome, il profita des intervalles que lui laissoient les fonctions du barreau, pour continuer une compilation dans laquelle il y a des chapitres sans intérêt, mais où il y en a beaucoup d'agréables et d'instructifs. L'auteur y travailloit encore lorsqu'il mourut, au commencement du règne de Marc-Aurèle.

écrits, ayant atteint le point de perfection que j'ai dit.

Ce n'est donc point la vieillesse des mots et des expressions dans Ronsard, qui a décrié Ronsard; c'est qu'on s'est aperçu tout d'un coup que les beautés qu'on y croyoit voir n'étoient point des beautés; ce que Bertaut, Malherbe, de Lingendes [a] et Racan, qui vinrent après lui, contribuèrent beaucoup à faire connoître, ayant attrapé dans le genre sérieux le vrai génie de la langue françoise, qui, bien loin d'être en son point de maturité du temps de Ronsard, comme Pasquier [b] se l'étoit persuadé

[a] Le poëte Jean de Lingendes étoit de Moulins, ainsi que ses parents, Claude de Lingendes, jésuite, et Jean de Lingendes, évêque de Mâcon, l'un et l'autre célèbres prédicateurs. Ses vers, insérés dans divers recueils, ont du sentiment et de l'harmonie; ils sont presque tous distribués en stances, ce qui a fait dire mal-à-propos au dictionnaire de Trévoux, qu'il étoit en France l'inventeur de ce dernier genre de poésie. La pièce qui lui fait le plus d'honneur est son *Élégie pour Ovide*, imitée de l'élégie latine d'Ange Politien. On cite tous les jours les derniers vers du couplet suivant:

>> Si c'est un crime de l'aimer,
>> On n'en doit justement blâmer
>> Que les beautés qui sont en elle :
>>> La faute en est aux dieux
>>> Qui la firent si belle,
>>> Et non pas à mes yeux.

Lingendes naquit vers 1580, et mourut en 1616.

[b] Étienne Pasquier, né à Paris en 1529, après avoir

faussement, n'étoit pas même encore sortie de sa première enfance. Au contraire, le vrai tour de l'épigramme, du rondeau et des épîtres naïves ayant été trouvé, même avant Ronsard, par Marot, par Saint-Gelais et par d'autres, non seulement leurs ouvrages en ce genre ne sont point tombés dans le mépris, mais ils sont encore aujourd'hui généralement estimés; jusque là même que pour trouver l'air naïf en françois, on a encore quelquefois recours à leur style; et c'est ce qui a si bien réussi au célèbre M. de La Fontaine. Concluons donc qu'il n'y a qu'une longue suite d'années qui puisse établir la valeur et le vrai mérite d'un ouvrage.

Mais lorsque des écrivains ont été admirés durant un fort grand nombre de siècles, et n'ont été méprisés que par quelques gens de goût bizarre, car il se trouve toujours des goûts dépravés, alors

---

plaidé avec succès, notamment pour l'université contre les jésuites, fut nommé avocat-général de la chambre des comptes par Henri III. On a de lui des vers latins et françois; son ouvrage le plus important est intitulé *Recherches de la France*. Il y donne des éclaircissements curieux sur nos antiquités, sur l'origine et les progrès de notre poésie; mais ses réflexions, comme on le voit, ne sont pas toujours justes. Son intégrité est généralement reconnue; sa gaieté est quelquefois portée trop loin, sur-tout pour un magistrat. Il mourut en 1615.

non seulement il y a de la témérité, mais il y a de la folie à vouloir douter du mérite de ces écrivains. Que si vous ne voyez point les beautés de leurs écrits, il ne faut pas conclure qu'elles n'y sont point, mais que vous êtes aveugle, et que vous n'avez point de goût. Le gros des hommes à la longue ne se trompe point sur les ouvrages d'esprit[a]. Il n'est plus question, à l'heure qu'il est, de savoir si Homère, Platon, Cicéron, Virgile, sont des hommes merveilleux ; c'est une chose sans contestation, puisque vingt siècles en sont convenus ; il s'agit de savoir en quoi consiste ce merveilleux qui les a fait admirer de tant de siècles, et il faut

[a] « Il y a long-temps, dit l'abbé, qu'on ne se paie plus « de cette sorte d'autorité, et que la raison est la seule mon- « noie qui ait cours dans le commerce des arts et des scien- « ces.... Quoi donc ! Il nous sera défendu de porter notre « jugement sur les ouvrages d'Homère et de Virgile, de « Démosthène et de Cicéron, et d'en juger comme il nous « plaira, parceque d'autres, avant nous, en ont jugé à leur « fantaisie?.... » L'abbé passe en revue les différents motifs qui, suivant lui, font admirer les anciens. Voici ce qu'il pense d'une classe d'admirateurs dans laquelle sans doute il met Despréaux : « D'autres enfin, ... ayant consi- « déré qu'il est nécessaire de louer quelque chose en ce « monde, pour n'être pas accusés de n'estimer qu'eux-mê- « mes et leurs ouvrages, donnent toutes sortes de louan- « ges aux anciens, pour se dispenser d'en donner aux mo- « dernes. » (*Parallèle*, etc., tome I, pages 92—101.)

trouver moyen de le voir, ou renoncer aux belles lettres, auxquelles (1) vous devez croire que vous n'avez ni goût ni génie, puisque vous ne sentez point ce qu'ont senti tous les hommes.

Quand je dis cela néanmoins, je suppose que vous sachiez la langue de ces auteurs ; car, si vous ne la savez point, et si vous ne vous l'êtes point familiarisée, je ne vous blâmerai pas de n'en point voir les beautés, je vous blâmerai seulement d'en parler. Et c'est en quoi on ne sauroit trop condamner M. Perrault, qui, ne sachant point la langue d'Homère, vient hardiment lui faire son procès sur les bassesses de ses traducteurs, et dire au genre humain, qui a tant admiré les ouvrages de ce grand poëte durant tant de siècles : Vous avez admiré des sottises. C'est à-peu-près la même chose qu'un aveugle-né qui s'en iroit crier par toutes les rues : Messieurs, je sais que le soleil que vous voyez vous paroît fort beau ; mais moi, qui ne l'ai jamais vu, je vous déclare qu'il est fort laid.

Mais, pour revenir à ce que je disois, puisque c'est la postérité seule qui met le véritable prix aux ouvrages, il ne faut pas, quelque admirable que vous paroisse un écrivain moderne, le mettre aisément en parallèle avec ces écrivains admirés du-

---

(1) Nous dirions aujourd'hui : « pour lesquelles vous devez « croire que vous n'avez ni goût ni génie. » (*Saint-Marc.*)

rant un si grand nombre de siècles, puisqu'il n'est pas même sûr que ses ouvrages passent avec gloire au siècle suivant. En effet, sans aller chercher des exemples éloignés, combien n'avons-nous point vu d'auteurs admirés dans notre siècle, dont la gloire est déchue en très peu d'années! Dans quelle estime n'ont point été, il y a trente ans, les ouvrages de Balzac! on ne parloit pas de lui simplement comme du plus éloquent homme de son siècle, mais comme du seul éloquent. Il a effectivement des qualités merveilleuses. On peut dire que jamais personne n'a mieux su sa langue que lui, et n'a mieux entendu la propriété des mots et la juste mesure des périodes; c'est une louange que tout le monde lui donne encore. Mais on s'est aperçu tout d'un coup que l'art où il s'est employé toute sa vie étoit l'art qu'il savoit le moins, je veux dire l'art de faire une lettre; car, bien que les siennes soient toutes pleines d'esprit et de choses admirablement dites, on y remarque partout les deux vices les plus opposés au genre épistolaire, c'est à savoir l'affectation et l'enflure; et on ne peut plus lui pardonner ce soin vicieux qu'il a de dire toutes choses autrement que ne le disent les autres hommes. De sorte que tous les jours on rétorque contre lui ce même vers que Maynard a fait autrefois à sa louange:

Il n'est point de mortel qui parle comme lui.

Il y a pourtant encore des gens qui le lisent; mais il n'y a plus personne qui ose imiter son style, ceux qui l'ont fait s'étant rendus la risée de tout le monde.

Mais, pour chercher un exemple encore plus illustre que celui de Balzac, Corneille est celui de tous nos poëtes qui a fait le plus d'éclat en notre temps; et on ne croyoit pas qu'il pût jamais y avoir en France un poëte digne de lui être égalé. Il n'y en a point en effet qui ait eu plus d'élévation de génie, ni qui ait plus composé. Tout son mérite pourtant, à l'heure qu'il est, ayant été mis par le temps comme dans un creuset, se réduit à huit ou neuf pièces de théâtre qu'on admire, et qui sont, s'il faut ainsi parler, comme le midi de sa poésie, dont l'orient et l'occident n'ont rien valu. Encore, dans ce petit nombre de bonnes pièces, outre les fautes de langue qui y sont assez fréquentes, on commence à s'apercevoir de beaucoup d'endroits de déclamation qu'on n'y voyoit point autrefois. Ainsi, non seulement on ne trouve point mauvais qu'on lui compare aujourd'hui M. Racine, mais il se trouve même quantité de gens [a] qui le lui préfèrent. La postérité jugera qui vaut le mieux des

---

[a] L'édition de M. Daunou substitue le mot *personnes* au mot *gens*, que nous avons maintenu d'après les éditions de 1694, 1701, 1713, celles de Brossette et de Saint-Marc.

deux; car je suis persuadé que les écrits de l'un et de l'autre passeront aux siècles suivants : mais jusque là ni l'un ni l'autre ne doit être mis en parallèle avec Euripide [a] et avec Sophocle, puisque leurs ouvrages n'ont point encore le sceau qu'ont les ouvrages d'Euripide et de Sophocle, je veux dire l'approbation de plusieurs siècles.

Au reste, il ne faut pas s'imaginer que, dans ce nombre d'écrivains approuvés de tous les siècles, je veuille ici comprendre ces auteurs, à la vérité

Nous aurions pu multiplier les notes de cette espèce; mais nous avons cru qu'il suffisoit d'en faire un très petit nombre.

[a] Despréaux s'est écarté du principe qu'il établit ici, lorsque, dans ses vers pour le portrait de Racine, il a dit que ce grand homme avoit su

Surpasser Euripide et balancer Corneille.

On sait qu'il avoit mis d'abord

Balancer Euripide et surpasser Corneille.

Ce dernier vers, dans lequel il donnoit la préférence à son ami, étoit conforme à sa véritable opinion, qu'il se contente de nous laisser entrevoir.

Perrault ne s'étoit pas borné à faire le plus grand éloge de Corneille, dans son poëme sur *le siècle de Louis-le-Grand*. Voici ce qu'il faisoit dire à l'abbé, qui est le principal interlocuteur de ses dialogues : « Dans les tragédies de Cor-« neille, il y a plus de pensées fines et délicates sur l'ambi-« tion, sur la vengeance, sur la jalousie, qu'il n'y en a dans « tous les livres de l'antiquité. » (*Parallèle*, t. II, p. 30.)

anciens, mais qui ne se sont acquis qu'une médiocre estime, comme Lycophron, Nonnus [a], Silius Italicus [b], l'auteur des tragédies attribuées à Sénèque [c], et plusieurs autres à qui on peut non

[a] Nonnus, né à Panople en Égypte, vivoit dans le cinquième siècle de l'ère vulgaire. On connoît de lui deux ouvrages d'un genre fort différent : 1° une paraphrase de l'évangile de saint Jean; 2° un poëme, intitulé les *Dionysiaques*, en quarante-huit livres, production en général aussi foible d'ordonnance que de style, suivant le père Rapin. Claude Boitet, dont nous avons parlé, page 234, note *a*, a fait de ce poëme grec une traduction assez recherchée, parcequ'elle est la seule que nous ayons. Elle a pour titre *les Dionysiaques ou les voyages, les amours et les conquêtes de Bacchus*, in-8°, 1625.

[b] Caius Silius Italicus, né l'an 25, et mort l'an qui termine le premier siècle de l'ère vulgaire, parvint aux principaux emplois de l'empire romain par le moyen de son éloquence. Sa conduite peu honorable sous Néron, mérita des éloges sous les règnes suivants. Son poëme latin, divisé en XVII livres, sur la seconde guerre punique, fut composé dans sa vieillesse. C'est plutôt une histoire qu'une épopée. S'il y a peu de mauvais goût, on y trouve aussi peu d'enthousiasme.

[c] Les tragédies que l'on a sous le nom de Lucius Annéius Sénèque, passent pour être de ce célèbre philosophe. Tacite, Juvénal, Martial, etc., ne nous donnent aucunes lumières à ce sujet; mais Quintilien semble autoriser le sentiment des modernes, en assurant que Sénèque « embrassa « tous les genres d'études; qu'on avoit de lui et des haran- « gues et des poëmes et des épîtres et des dialogues. »

seulement comparer, mais à qui on peut, à mon avis, justement préférer beaucoup d'écrivains modernes. Je n'admets dans ce haut rang que ce petit nombre d'écrivains merveilleux, dont le nom seul fait l'éloge, comme Homère, Platon, Cicéron, Virgile, etc. Et je ne règle point l'estime que je fais d'eux par le temps qu'il y a que leurs ouvrages durent, mais par le temps qu'il y a qu'on les admire. C'est de quoi il est bon d'avertir beaucoup de gens qui pourroient mal-à-propos croire ce que veut insinuer notre censeur, qu'on ne loue les anciens que parcequ'ils sont anciens, et qu'on ne blâme les modernes que parcequ'ils sont modernes; ce qui n'est point du tout véritable, y ayant beaucoup d'anciens qu'on n'admire point, et beaucoup de modernes que tout le monde loue. L'antiquité d'un écrivain n'est pas un titre certain de son mérite; mais l'antique et constante admiration qu'on a toujours eue pour ses ouvrages, est une preuve sûre et infaillible qu'on les doit admirer.

(*Liv. X, chap. I.*) Dix tragédies composent son théâtre; les critiques les plus judicieux croient devoir en rejeter l'*Octavie*, l'*Hercule furieux* et la *Thébaïde*.

RÉFLEXION VIII.

Il n'en est pas ainsi de Pindare [a] et de Sophocle; car au milieu de leur plus grande violence, durant qu'ils tonnent et foudroient, pour ainsi dire, souvent leur ardeur vient [b] à s'éteindre, et ils tombent malheureusement. (*Paroles de Longin*, chap. XXVII.)

Longin donne ici assez à entendre qu'il avoit trouvé des choses à redire dans Pindare. Et dans quel auteur n'en trouve-t-on point? Mais en même temps il déclare que ces fautes qu'il y a remarquées ne peuvent point être appelées proprement fautes, et que ce ne sont que de petites négligences où Pindare est tombé à cause de cet esprit divin dont il est entraîné, et qu'il n'étoit pas en sa puissance de régler comme il vouloit. C'est ainsi que le plus grand et le plus sévère de tous les critiques grecs parle de Pindare, même en le censurant.

Ce n'est pas là le langage de M. Perrault, homme qui sûrement ne sait point de grec [c]. Selon lui, Pin-

[a] Dans l'édition de 1694, Despréaux n'avoit cité que ces mots: *Il n'en est pas ainsi de Pindare*, etc. Il ajouta le reste du passage dans l'édition de 1701.

[b] Il y a dans la traduction de Longin par Despréaux: « souvent leur ardeur vient *mal-à-propos* à s'éteindre, »

[c] Voici ce que Perrault opposoit à ce reproche, dans la réponse qu'il fit en 1694 à la huitième réflexion. « Peut-être

dare non seulement est plein de véritables fautes, mais c'est un auteur qui n'a aucune beauté ; (1) un diseur de galimatias impénétrable, que jamais personne n'a pu comprendre, et dont Horace s'est moqué quand il a dit que c'étoit un poëte inimitable. En un mot, c'est un écrivain sans mérite, qui n'est estimé que d'un certain nombre de savants, qui le lisent sans le concevoir, et qui ne s'attachent qu'à recueillir quelques misérables sentences dont il a semé ses ouvrages[a]. Voilà ce

« sais-je assez de grec pour faire voir à M. Despréaux qu'il
« n'en sait guère, et qu'il s'est trompé plus d'une fois dans
« ses critiques. Cette grande affectation d'entendre bien le
« grec m'est fort suspecte; je ne vois point que ceux qui
« savent bien quelque chose en fassent tant de parade; et
« on remarque qu'aux réceptions des échevins de l'hôtel-de-
« ville, il n'y a que ceux qui ne savent point de latin qui
« en mettent dans leurs harangues. »

(1) *Parallèles*, tome I et tome III. (*Despréaux*.) * Despréaux avoit d'abord mis en note « *Parallèles*, t. I, p. 235, « et t. III, p. 163, 184. » Il avoit également, dans l'édition de 1694, fait imprimer en caractères italiques tout ce passage, depuis ces mots « un diseur de galimatias impénétra- « ble, ... » jusqu'à ceux-ci «.quelques misérables sentences « dont il a semé ses ouvrages. » Sa citation paroissoit copiée sur le texte; elle ne l'étoit pourtant pas. Le sens même n'y étoit pas entièrement respecté. Perrault s'en étant plaint, le critique fit supprimer l'italique, et ne cita plus les pages.

[a] Voici ce qu'il y a dans le *parallèle*, t. III, p. 163:

qu'il juge à propos d'avancer sans preuve dans le dernier de ses dialogues. Il est vrai que dans un autre de ses [a] dialogues il vient à la preuve devant madame la présidente Morinet, et prétend montrer que le commencement de la première ode de ce grand poëte ne s'entend point. C'est ce qu'il prouve admirablement par la traduction qu'il en a faite; car il faut avouer que si Pindare s'étoit énoncé comme lui, La Serre ni Riche-Source [b] ne l'emporteroient pas sur Pindare pour le galimatias et pour la bassesse.

« Les savants, en lisant Pindare, passent légèrement sur ce « qu'ils n'entendent pas, et ne s'arrêtent qu'aux beaux traits « qu'ils transcrivent dans leurs recueils. » Aussi Perrault ne manque-t-il pas de faire à son adversaire les questions suivantes : « Dire qu'on ne s'arrête qu'aux beaux traits d'un « auteur, est-ce dire qu'on ne s'attache qu'à en recueillir « quelques misérables sentences? Est-ce dire que c'est un « écrivain sans mérite, que c'est un auteur qui n'a aucune « beauté? »

[a] « Dans un autre de ces dialogues, » (éditions de 1694 et de 1701.)

[b] Jean Sourdier de Riche-Source faisoit des conférences publiques sur l'éloquence aux jeunes gens qui se destinoient à l'église ou au barreau. On raconte que La Serre, après l'avoir entendu, l'embrassa, et lui témoigna sa reconnoissance en ces termes: « Ah! Monsieur, depuis vingt ans j'ai « bien débité du galimatias; mais vous venez d'en dire « plus en une heure, que je n'en ai écrit en toute ma vie. » En 1662, Riche-Source fit imprimer l'*Idée de la rhétorique*

On sera donc assez surpris ici de voir que cette bassesse et ce galimatias appartiennent entièrement à M. Perrault, qui, en traduisant Pindare, n'a entendu ni le grec, ni le latin, ni le françois. C'est ce qu'il est aisé de prouver. Mais pour cela il faut savoir que Pindare vivoit peu de temps après Pythagore, Thalès [a] et Anaxagore [b], fameux philosophes naturalistes, et qui avoient enseigné la physique avec un fort grand succès. L'opinion de Thalès, qui mettoit l'eau pour le principe des choses, étoit sur-tout célèbre. Empédocle [c] Sicilien,

---

des prédicateurs. Il est difficile de croire que Fléchier l'ait engagé sérieusement à publier ce livre ridicule, en lui envoyant des vers, dont voici les quatre derniers :

> Cette éloquence nonpareille
> Qui ton livre fait voir avec tant d'appareil,
> Donne aux prédicateurs un secret sans pareil
> De gagner les cœurs par l'oreille.

[a] Thalès, de Milet en Ionie, l'un des sept sages de la Grèce, n'a laissé aucun écrit. Les anciens ont seulement conservé quelques unes de ses paroles.

[b] Anaxagore, né à Clazomène 500 ans avant Jésus-Christ, fut, malgré le crédit de Périclès, réduit à quitter Athènes pour ses opinions sur la nature.

[c] Empédocle tenoit le premier rang dans la république d'Agrigente, sa patrie, par ses talents, sa naissance et ses richesses. On lui offrit le pouvoir suprême qu'il refusa. Il avoit composé plusieurs ouvrages, dont le plus célèbre étoit un poëme sur les éléments. Lucrèce fait un grand éloge d'Empédocle.

qui vivoit du temps de Pindare même, et qui avoit été disciple d'Anaxagore, avoit encore poussé la chose plus loin qu'eux; et non seulement avoit pénétré fort avant dans la connoissance de la nature, mais il avoit fait ce que Lucrèce [a] a fait depuis à son imitation, je veux dire qu'il avoit mis toute la physique en vers. On a perdu son poëme. On sait pourtant que ce poëme commençoit par l'éloge des quatre éléments, et vraisemblablement il n'y avoit pas oublié la formation de l'or et des autres métaux. Cet ouvrage s'étoit rendu si fameux dans la Grèce, qu'il y avoit fait regarder son auteur comme une espèce de divinité.

Pindare, venant donc à composer sa première ode olympique à la louange d'Hiéron, roi de Sicile, qui avoit remporté le prix de la course des che-

---

[a] Nous n'avons presque aucun détail sur la personne de Titus-Lucretius-Carus. L'époque précise de sa naissance ne paroît pas être plus connue que celle de sa mort. On croit qu'il étudia sous Zénon, à Athènes, le système d'Épicure. Son origine lui permettoit d'aspirer aux premières places de la république romaine; mais son amour pour la retraite l'éloigna des affaires publiques, et il ne fut jamais que simple chevalier. Il se tua volontairement à quarante et quelques années, environ cinquante ans avant Jésus-Christ. Ce fut sans doute dans un accès de délire; car on sait qu'il composa, dans les intervalles où il jouissoit de son génie, le poëme *sur la nature des choses*, dans lequel se trouvent de grandes beautés et de funestes erreurs.

vaux, débute par l[a c]hose du monde la plus simple et la plus natu[re]lle, qui est que, s'il vouloit chanter les merveil[le]s de la nature, il chanteroit, à l'imitation d'Em[pé]docle Sicilien, l'eau et l'or, comme les deux pl[us] excellentes choses du monde ; mais que, s'étant consacré à chanter les actions des hommes, il va chanter le combat olympique, puisque c'est en effet ce que les hommes font de plus grand; et que de dire qu'il y ait quelque autre combat aussi excellent que le combat olympique, c'est prétendre qu'il y a dans le ciel quelque autre astre aussi lumineux que le soleil. Voilà la pensée de Pindare mise dans son ordre naturel, et telle qu'un rhéteur la pourroit dire dans une exacte prose. Voici comme Pindare l'énonce en poëte : « Il n'y a rien de si excellent que l'eau ; il n'y
« a rien de plus éclatant que l'or, et il se distingue
« entre toutes les autres superbes richesses comme
« un feu qui brille dans la nuit. Mais, ô mon es-
« prit, puisque (1) c'est des combats que tu veux
« chanter, ne va point te figurer ni que dans les
« vastes déserts du ciel, quand il fait jour (2), on

(1) La particule *ti* veut aussi bien dire en cet endroit *puisque* et *comme*, que *si*; et c'est ce que Benoît a fort bien montré dans l'ode III, où ces mots ἄριϛον, etc. sont répétés. (*Despréaux.*)

(2) Le traducteur latin n'a pas bien rendu cet endroit, μηκετι σκι'πει ἄλλο φαεινὸν ἄϛρον, *ne contempleris aliud*

« puisse voir quelque autre astre aussi lumineux
« que le soleil, ni que sur la terre nous puissions
« dire qu'il y ait quelque autre combat aussi excel-
« lent que le combat olympique. »

Pindare est presque ici traduit mot pour mot, et je ne lui ai prêté que le mot de [a] SUR LA TERRE, que le sens amène si naturellement, qu'en vérité il n'y a qu'un homme qui ne sait ce que c'est que traduire, qui puisse me chicaner là-dessus. Je ne prétends donc pas, dans une traduction si littérale, avoir fait sentir toute la force de l'original, dont la beauté consiste principalement dans le nombre, l'arrangement et la magnificence des paroles. Cependant quelle majesté et quelle noblesse un homme de bon sens n'y peut-il pas remarquer, même dans la sécheresse de ma traduction ! Que de grandes images présentées d'abord, l'eau, l'or, le feu, le soleil ! Que de sublimes figures ensemble, la métaphore, l'apostrophe, la métonymie ! Quel tour et quelle agréable circonduction de paroles [b] !

visibile astrum, qui doivent s'expliquer dans mon sens : *Ne puta quòd videatur aliud astrum*, ne te figure pas qu'on puisse voir un autre astre, etc. (*Despréaux*.)

[a] Le mot *de* ne se trouve pas dans l'édit. de M. Daunou.

[b] « Je ne sais, dit Perrault, ce que c'est qu'une *circon-*
« *duction de paroles*. Ce mot n'est point dans le dictionnaire
« de l'académie françoise, et je ne crois pas qu'il soit dans
« aucun autre dictionnaire. » Par cette périphrase Despréaux entend sans doute une circonlocution.

Cette expression : « Les vastes déserts du ciel, quand « il fait jour », est peut-être une des plus grandes choses qui aient jamais été dites en poésie. En effet, qui n'a point remarqué de quel nombre infini d'étoiles le ciel paroît peuplé durant la nuit, et quelle vaste solitude c'est au contraire dès que le soleil vient à se montrer ? De sorte que, par le seul début de cette ode, on commence à concevoir tout ce qu'Horace a voulu faire entendre quand il a dit que « Pindare est comme un grand fleuve qui « marche à flots bouillonnants ; et que de sa bou- « che, comme d'une source profonde, il sort une « immensité de richesses et de belles choses. »

Fervet, immensusque ruit profundo
Pindarus ore [a].

Examinons maintenant la traduction de M. Perrault. La voici : « L'eau est très bonne à la vérité ; « et l'or, qui brille comme le feu durant la nuit, « éclate merveilleusement parmi les richesses qui « rendent l'homme superbe. Mais, mon esprit, si « tu desires chanter des combats, ne *contemples* « point d'autre astre plus lumineux que le soleil « pendant le jour, dans le vague de l'air ; car nous « ne saurions chanter des combats plus illustres « que les combats olympiques. » Peut-on jamais

[a] Horace, liv. IV, ode II, vers 8.

voir un plus plat galimatias? « L'eau est très bonne « à la vérité, » est une manière de parler familière et comique, qui ne répond point à la majesté de Pindare. Le mot d'ἄριστον ne veut pas simplement dire en grec BON, mais MERVEILLEUX, DIVIN, EXCELLENT [a] ENTRE LES CHOSES EXCELLENTES. On dira fort bien en grec qu'Alexandre et Jules-César étoient ἄριστοι : traduira-t-on qu'ils étoient de BONNES GENS? D'ailleurs le mot de BONNE EAU en françois tombe dans le bas, à cause que cette façon de parler s'emploie dans des usages bas et populaires, A L'ENSEIGNE DE LA BONNE EAU, A LA BONNE EAU-DE-VIE. Le mot d'A LA VÉRITÉ en cet endroit est encore plus familier et plus ridicule, et n'est point dans le grec, où le μὲν et le δὲ sont comme des espèces d'enclitiques qui ne servent qu'à soutenir la versification. « Et l'or qui brille (1). » Il n'y a point d'ET dans le grec, et QUI n'y est point non plus. « Éclate merveilleusement parmi les richesses. » MERVEILLEUSEMENT est burlesque en cet endroit. Il n'est point dans le grec, et se sent de l'ironie que M. Perrault a dans l'esprit, et qu'il tâche de prêter même aux paroles de Pindare en le traduisant. « Qui rendent l'homme superbe. » Cela n'est

[a] « excellent par excellence. » (*édition de* 1694.)
(1) S'il y avoit *l'or qui brille*, dans le grec, cela feroit un solécisme; car il faudroit que αἰθόμενον fût l'adjectif de χρυσός. (*Despréaux.*)

point dans Pindare, qui donne l'épithète de superbe aux richesses mêmes, ce qui est une figure très belle; au lieu que dans la traduction, n'y ayant point de figure, il n'y a plus par conséquent de poésie. « Mais, mon esprit, etc. » C'est ici [a] où M. Perrault achève de perdre la tramontane; et, comme il n'a entendu aucun mot de cet endroit où j'ai fait voir un sens si noble, si majestueux et si clair, on me dispensera d'en faire l'analyse.

Je me contenterai de lui demander dans quel lexicon, dans quel dictionnaire ancien ou moderne, il a jamais trouvé que μηδὲ en grec, ou NE en latin, voulût dire CAR. Cependant c'est ce CAR qui fait ici toute la confusion du raisonnement qu'il veut attribuer à Pindare. Ne sait-il pas qu'en toute langue, mettez un CAR mal-à-propos, il n'y a point de raisonnement qui ne devienne absurde? Que je dise, par exemple, « Il n'y a rien de si clair que le com-
« mencement de la première ode de Pindare, et
« M. Perrault ne l'a point entendu; » voilà parler très juste. Mais si je dis: « Il n'y a rien de si clair
« que le commencement de la première ode de Pin-
« dare, car M. Perrault ne l'a point entendu; » c'est fort mal argumenté, parceque d'un fait très véritable je fais une raison très fausse [b], et qu'il

[a] Au lieu d'*ici où*, il auroit fallu *ici que*.
[b] Tout ce qui suit dans cette phrase étoit, dans l'édit.

est fort indifférent, pour faire qu'une chose soit claire ou obscure, que M. Perrault l'entende ou ne l'entende point.

Je ne m'étendrai pas davantage à lui faire connoître une faute qu'il n'est pas possible que lui-même ne sente. J'oserai seulement l'avertir que, lorsqu'on veut critiquer d'aussi grands hommes qu'Homère et que Pindare, il faut avoir du moins les premières teintures de la grammaire; et qu'il peut fort bien arriver que l'auteur le plus habile devienne un auteur de mauvais sens entre les mains d'un traducteur ignorant, qui ne l'entend point, et qui ne sait pas même quelquefois que NI ne veut point dire CAR.

Après avoir ainsi convaincu M. Perrault sur le grec et sur [a] le latin, il trouvera bon que je l'avertisse aussi qu'il y a une grossière faute de françois dans ces mots de sa traduction : « Mais, mon es-
« prit, ne contemples point, etc. » et que CONTEMPLE, à l'impératif, n'a point d's [b]. Je lui conseille

---

de 1694, rendu de cette manière : « et qu'il y a un fort
« grand nombre de choses fort claires que M. Perrault
« n'entend point. »

[a] Au lieu de *et sur le latin*, qui se trouvent dans les éditions de 1694, 1701, 1713, il y a dans celles de MM. Daunou et Didot *et le latin*.

[b] « Dans la première et dans la seconde édition de mes
« Parallèles, page 28 du premier tome, il y a, répond Per-

donc de renvoyer cet s au mot de CASUITE, qu'il écrit toujours ainsi, quoiqu'on doive toujours écrire et prononcer CASUISTE [a]. Cet s, je l'avoue, y est un peu plus nécessaire qu'au pluriel du mot d'OPÉRA; car bien que j'aie toujours entendu prononcer des opéras [b] comme on dit des factums

« rault : *mais, mon esprit, ne contemple point*, et non pas *ne
« contemples point*. Il faut que M. Despréaux ait trouvé cette
« faute d'orthographe dans une des éditions qu'on en a faites
« en Hollande. » Cette faute n'est point dans le *parallèle etc.*
de Perrault; mais elle existe dans sa *lettre en réponse au discours sur l'ode*.

[a] « Il faut, dit Perrault, écrire cette s, et non pas cet s;
« car s est un substantif féminin. Dans le troisième tome
« de mes parallèles où j'ai parlé de *casuistes*, on trouvera
« que ce mot est imprimé avec une s, tant dans la première
« que dans la seconde édition. Il est si peu vrai que je l'é-
« crive toujours sans s, comme l'assure M. Despréaux, que
« dans le petit conte de *Peau d'âne*, je l'ai fait rimer avec
« *triste*. » Le mot *casuiste*, écrit sans s ne se trouve point
dans le *parallèle, etc.*; mais dans la *lettre, etc.*, citée note *a*.

[b] Ceci est une réponse à l'observation suivante de Perrault. « Souffrez, dit-il à Despréaux, que je vous avertisse en
« passant, que vous écrivez les *opéras*, et qu'il faut écrire les
« *opéra*; ce peut être une faute d'imprimeur; mais si c'est
« vous qui l'avez faite, vous auriez besoin de venir plus
« souvent à l'académie. » (*Lettre en réponse, etc.*, n. X.) Le
mot opéra, dans le dictionnaire de l'académie françoise,
édition de 1798, prend la lettre s au **pluriel**; mais dans les
éditions précédentes il est indéclinable.

et des totons, je ne voudrois pas assurer qu'on le doive écrire, et je pourrois bien m'être trompé en l'écrivant de la sorte [a].

RÉFLEXION IX.

Les mots bas sont comme autant de marques honteuses qui flétrissent l'expression. (*Paroles de Longin*, chap. XXXV.)

Cette remarque est vraie dans toutes les langues. Il n'y a rien qui avilisse davantage un discours que les mots bas. On souffrira plutôt, généralement parlant, une pensée basse exprimée en termes nobles, que la pensée la plus noble exprimée en ter-

[a] On a vu le commencement de la première ode de Pindare, traduit par Despréaux et par Perrault; on sera bien aise de voir la version latine de Henri Estienne:

Optima quidem est aqua, et aurum velut ignis ardens coruscat eximiè inter superbificas divitias. At si certamina narrare cupis, anime mi, ne jam sole contempleris aliud splendidius astrum, lucens interdiù per vacuum aerem. Neque olympico certamen præstantius dicemus.

Estienne (Henri II), né à Paris en 1528, a imprimé un grand nombre d'auteurs anciens, ou traduits par lui, ou accompagnés de ses notes. Parmi les ouvrages de sa composition, on distingue le dictionnaire de la langue grecque, qui pourroit seul assurer sa réputation. Les bienfaits du roi Henri III ne l'empêchèrent pas de mener une vie errante et agitée, et de mourir à l'hôpital de Lyon, en 1598.

mes bas. La raison de cela est que tout le monde ne peut pas juger de la justesse et de la force d'une pensée ; mais qu'il n'y a presque personne, sur-tout dans les langues vivantes, qui ne sente la bassesse des mots. Cependant il y a peu d'écrivains qui ne tombent quelquefois dans ce vice. Longin, comme nous voyons ici, accuse Hérodote, c'est-à-dire le plus poli de tous les historiens grecs, d'avoir laissé échapper des mots bas dans son histoire. On en reproche à Tite-Live [a], à Salluste [b] et à Virgile.

N'est-ce donc pas une chose fort surprenante

[a] On l'a nommé le père de l'histoire romaine. Il l'avoit composée depuis la fondation de Rome jusqu'à la mort de Drusus en Allemagne, c'est-à-dire jusqu'à l'an 743. Divisée en cent quarante ou cent quarante-deux livres, il ne nous en reste que trente-cinq, dont quelques uns ne sont pas entiers. En 1772, on a découvert un fragment du XCIe liv. Tite-Live s'élève sans effort à la grandeur de son sujet; et Quintilien le place à côté de Cicéron pour la pureté du goût. Loin d'être l'adulateur d'Auguste, qui l'honoroit d'une faveur particulière, il donna des éloges à Brutus, à Cassius, à Pompée. Ce prince lui avoit confié l'éducation du jeune Claude, qui depuis fut empereur. Tite-Live, dont la vie est peu connue, mourut à Padoue, sa patrie, à l'âge de soixante-seize ans, la quatrième année du règne de Tibère, et le même jour qu'Ovide.

[b] Salluste excelle dans les portraits, dont il a introduit l'usage. Il se fait admirer par l'énergique rapidité de son style; mais on lui reproche l'affectation de rajeunir de vieux mots. Nous avons de lui l'histoire de la conjuration de Ca-

qu'on n'ait jamais fait sur cela aucun reproche à Homère, bien qu'il ait composé deux poëmes, chacun plus gros que l'Énéide, et qu'il n'y ait point d'écrivain qui descende quelquefois dans un plus grand détail que lui, ni qui dise si volontiers les petites choses, ne se servant jamais que de termes nobles, ou employant les termes les moins relevés avec tant d'art et d'industrie, comme remarque Denys d'Halicarnasse, qu'il les rend nobles et harmonieux [a]? Et certainement, s'il y avoit eu quelque reproche à lui faire sur la bassesse des mots, Longin ne l'auroit pas vraisemblablement plus épargné ici qu'Hérodote. On voit donc par là le peu de sens de ces critiques modernes qui veulent juger du grec sans savoir de grec, et qui, ne lisant Homère que dans des traductions latines très basses, ou dans des traductions françoises encore plus

---

tilina, de la guerre de Jugurtha et quelques fragments d'une histoire des guerres civiles entre Marius et Sylla. Sa conduite étoit si éloignée de l'austérité de ses écrits, qu'il fut chassé du sénat. César, dont il avoit embrassé le parti, l'y fit rentrer, et lui donna le gouvernement de Numidie, où il amassa des richesses immenses par les vexations les plus odieuses. Il fit bâtir à Rome une maison magnifique, ornée de jardins qui portent encore son nom, et mourut à l'âge d'environ cinquante ans, à-peu-près trente-cinq ans avant l'ère vulgaire.

[a] *Voyez* à ce sujet les observations de Racine à Despréaux, lettre 56, tome IV, page 212.

rampantes, imputent à Homère les bassesses de ses traducteurs, et l'accusent de ce qu'en parlant grec il n'a pas assez noblement parlé latin ou françois. Ces messieurs doivent savoir que les mots des langues ne répondent pas toujours juste les uns aux autres; et qu'un terme grec très noble ne peut souvent être exprimé en françois que par un terme très bas. Cela se voit par le mot d'ASINUS en latin, et d'ANE en françois, qui sont de la dernière bassesse dans l'une et dans l'autre de ces langues, quoique le mot qui signifie cet animal n'ait rien de bas en grec [a] ni en hébreu, où on le voit employé dans les endroits même les plus magnifiques. Il en est de même du mot de MULET et de plusieurs autres.

En effet les langues ont chacune leur bizarrerie: mais la françoise est principalement capricieuse sur les mots; et bien qu'elle soit riche en beaux termes sur de certains sujets, il y en a beaucoup où elle est fort pauvre; et il y a un très grand nombre de petites choses qu'elle ne sauroit dire noblement : ainsi, par exemple, bien que dans les endroits les plus sublimes elle nomme sans s'avilir un mouton, une chèvre, une brebis, elle ne sauroit, sans se diffamer, dans un style un peu élevé, nommer un veau, une truie, un cochon. Le mot

---

[a] *Voyez* les observations de Racine, t. IV, page 213.

de GÉNISSE en françois est fort beau, sur-tout dans une églogue; VACHE ne s'y peut pas souffrir. PASTEUR et BERGER y sont du plus bel usage; GARDEUR DE POURCEAUX ou GARDEUR DE BOEUFS y seroient horribles. Cependant il n'y a peut-être pas dans le grec deux plus beaux mots que συβώτης et βουκόλος, qui répondent à ces deux mots françois; et c'est pourquoi Virgile a intitulé ses églogues de ce doux nom de BUCOLIQUES, qui veut pourtant dire en notre langue à la lettre, LES ENTRETIENS DES BOUVIERS OU DES GARDEURS DE BOEUFS.

Je pourrois rapporter encore ici un nombre infini de pareils exemples. Mais, au lieu de plaindre en cela le malheur de notre langue, prendrons-nous le parti d'accuser Homère et Virgile de bassesse, pour n'avoir pas prévu que ces termes, quoique si nobles et si doux à l'oreille en leur langue, seroient bas et grossiers étant traduits un jour en françois? Voilà en effet le principe sur lequel M. Perrault fait le procès à Homère. Il ne se contente pas de le condamner sur les basses traductions qu'on en a faites en latin : pour plus grande sûreté, il traduit lui-même ce latin en françois; et avec ce beau talent qu'il a de dire bassement toutes choses, il fait si bien, que, racontant le sujet de l'Odyssée, il fait d'un des plus nobles sujets [a]

[a] Saint-Marc rapproche ce jugement de celui que Despréaux a porté sur l'Odyssée, dans sa dissertation sur Jo-

qui ait jamais été traité [a], un ouvrage aussi burlesque que l'OVIDE EN BELLE HUMEUR [b].

Il change ce sage vieillard qui avoit soin des troupeaux d'Ulysse en un vilain porcher. Aux endroits où Homère dit « que la nuit couvroit la « terre de son ombre, et cachoit les chemins aux « voyageurs, » il traduit, « que l'on commençoit « à ne voir goutte dans les rues. » Au lieu de la magnifique chaussure dont Télémaque lie ses pieds délicats, il lui fait mettre ses BEAUX SOULIERS de parade [c]. A l'endroit où Homère, pour marquer la propreté de la maison de Nestor, dit « que ce « fameux vieillard s'assit devant sa porte sur des « pierres fort polies, et qui reluisoient comme si « on les avoit frottées de quelque huile précieuse, »

---

conde, page 11 : il y trouve de la contradiction. En effet, dans cette dissertation, le critique regarde l'Odyssée comme « un ouvrage tout comique. » Ici c'est au contraire « un des plus nobles sujets. »

[a] Aujourd'hui l'on emploieroit le pluriel, et l'on diroit : « un des plus nobles sujets qui aient jamais été traités. » L'ancienne façon de parler a pour elle des autorités imposantes. « D'Alembert y trouvoit, dit Marmontel, une nuance « délicate.... On fait entendre ce qu'on n'ose pas énoncer, etc. (*Grammaire*, 1819, page 88.)

[b] *Voyez*, sur ce poëme ridicule, l'Art poétique, chant premier, vers 90.

[c] Parall., tome III, page 74, « notre auteur, dit Saint-« Marc, ajoute *de parade.* »

il met « que Nestor s'alla asseoir sur des pierres
« luisantes comme de l'onguent. » Il explique partout le mot de sus, qui est fort noble en grec, par
le mot de cochon ou de pourceau, qui est de la
dernière bassesse en françois. Au lieu qu'Agamemnon dit « qu'Égisthe le fit assassiner dans son pa-
« lais, comme un taureau qu'on égorge dans une
« étable, » il met dans la bouche d'Agamemnon
cette manière de parler basse : « Égisthe me fit as-
« sommer comme un bœuf. » Au lieu de dire,
comme porte le grec, « qu'Ulysse voyant son vais-
« seau fracassé et son mât renversé d'un coup de
« tonnerre, il lia ensemble, du mieux qu'il put,
« ce mât avec son reste de vaisseau, et s'assit des-
« sus, » il fait dire à Ulysse « qu'il se mit à cheval
« sur son mât. » C'est en cet endroit qu'il fait cette
énorme bévue, que nous avons remarquée ailleurs
dans nos observations.

Il dit encore sur ce sujet cent autres bassesses de
la même force, exprimant en style rampant et
bourgeois les mœurs des hommes de cet ancien
siècle, qu'Hésiode appelle le siècle des héros, où
l'on ne connoissoit point la mollesse et les délices,
où l'on se servoit, où l'on s'habilloit soi-même,
et qui se sentoit encore par là du siècle d'or.
M. Perrault triomphe à nous faire voir combien
cette simplicité est éloignée de notre mollesse et de
notre luxe, qu'il regarde comme un des grands

présents que Dieu ait faits aux hommes, et qui sont pourtant l'origine de tous les vices, ainsi que Longin le fait voir dans son dernier chapitre, où il traite de la décadence des esprits, qu'il attribue principalement à ce luxe et à cette mollesse.

M. Perrault ne fait pas réflexion que les dieux et les déesses dans les fables n'en sont pas moins agréables, quoiqu'ils n'aient ni estafiers, ni valets de chambre, ni dames d'atours, et qu'ils aillent souvent tout nus; qu'enfin le luxe est venu d'Asie en Europe, et que c'est des nations barbares qu'il est descendu chez les nations polies, où il a tout perdu; et où, plus dangereux fléau que la peste ni que la guerre, il a, comme dit Juvénal, vengé l'univers vaincu, en pervertissant les vainqueurs :

Sævior armis
Luxuria incubuit, victumque ulciscitur orbem.
Sat. VI, vers 292—293.

J'aurois beaucoup de choses à dire sur ce sujet; mais il faut les réserver pour un autre endroit, et je ne veux parler ici que de la bassesse des mots. M. Perrault en trouve beaucoup dans les épithètes d'Homère, qu'il accuse d'être souvent superflues[a].

[a] « Supposons, dit l'abbé, que la poésie d'Homère soit
« très nombreuse et très agréable, lui étoit-il malaisé de la
« faire ainsi avec toutes les licences qu'il s'est données? Ce
« poëte, pour faciliter sa versification, a commencé par
« équiper tous ses héros et tous ses dieux de plusieurs épi-

Il ne sait pas sans doute ce que sait tout homme un peu versé dans le grec, que, comme en Grèce autrefois le fils ne portoit point le nom du père, il est rare, même dans la prose, qu'on y nomme un homme sans lui donner une épithète qui le distingue, en disant ou le nom de son père, ou son pays, ou son talent, ou son défaut : Alexandre fils de Philippe, Alcibiade fils de Clinias, Hérodote d'Halicarnasse, Clément Alexandrin [a], Polyclète

« thètes de différentes longueurs, pour finir les vers pom-
« peusement et commodément. Achille est *divin;* il est un
« *dieu;* il est *bien botté;* il est *bien coiffé;* il a les *pieds légers;*
« et tout cela, non point selon le cas dont il s'agit, mais
« selon qu'il reste plus ou moins de place à remplir pour
« achever le vers. Junon a des *yeux de bœuf* ou les *bras*
« *blancs;* est *femme de Jupiter* ou *fille de Saturne,* suivant le
« besoin de la versification, et nullement par rapport aux
« aventures où elle intervient. Le plus souvent ces épithètes
« vaines et vagues, non seulement ne conviennent point
« au fait qui est raconté, mais y sont directement opposées.
« Il est dit, par exemple, qu'Achille *aux pieds légers* ne bou-
« geoit du fond de son vaisseau; que Vénus, *qui aime à*
« *rire,* pleuroit amèrement. Il donne à la mère d'Irus, le
« plus vilain de tous les gueux, l'épithète de *vénérable,* aussi
« franchement qu'à Thétis, *la mère d'Achille,* parceque cette
« épithète orne le vers, et jointe avec le mot de *mère,* en
« fait heureusement la fin, qui est la partie du vers la plus
« malaisée à faire. » (*Parallèle,* etc., t. III, p. 109.)

[a] Saint Clément fit ses premieres études à Athènes, et les acheva dans la capitale de l'Égypte. Ayant embrassé les

le sculpteur, Diogène le cynique, Denis le tyran, etc. Homère donc, écrivant dans le génie de sa langue, ne s'est pas contenté de donner à ses dieux et à ses héros ces noms de distinction qu'on leur donnoit dans la prose; mais il leur en a composé de doux et d'harmonieux qui marquent leur principal caractère. Ainsi par l'épithète de LÉGER A LA COURSE, qu'il donne à Achille, il a marqué l'impétuosité d'un jeune homme. Voulant exprimer la prudence dans Minerve, il l'appelle la déesse aux yeux fins. Au contraire, pour peindre la majesté dans Junon, il la nomme la déesse aux yeux grands et ouverts; et ainsi des autres.

Il ne faut donc pas regarder ces épithètes qu'il leur donne comme de simples épithètes, mais comme des espèces de surnoms qui les font connoître. Et on n'a jamais trouvé mauvais qu'on répétât ces épithètes, parceque ce sont, comme je viens de dire, des espèces de surnoms. Virgile est entré dans ce goût grec, quand il a répété tant de

---

dogmes du christianisme, il fut choisi par l'Église d'Alexandrie pour être catéchiste, à la place de saint Pantène. Son nom n'est point inscrit dans le Martyrologe romain, mais les églises de France célèbrent sa fête. Il est mort l'an 217 de l'ère vulgaire. Ses œuvres sont recueillies en 2 vol. in-fol. Elles contiennent ses *Hypotyposes* ou *Instructions*, son *Exhortation aux gentils*, ses *Stromates* ou *Tapisseries*, le *Pédagogue*, etc.

fois dans l'Énéide PIUS ÆNEAS et PATER ÆNEAS, qui sont comme les surnoms d'Énée. Et c'est pourquoi on lui a objecté fort mal-à-propos qu'Énée se loue lui-même, quand il dit, SUM PIUS ÆNEAS, « je suis « le pieux Énée; » parcequ'il ne fait proprement que dire son nom. Il ne faut donc pas trouver étrange qu'Homère donne de ces sortes d'épithètes à ses héros, en des occasions qui n'ont aucun rapport à ces épithètes, puisque cela se fait souvent même en françois, où nous donnons le nom de saint à nos saints, en des rencontres où il s'agit de tout autre chose que de leur sainteté; comme quand nous disons que saint Paul gardoit les manteaux [a] de ceux qui lapidoient saint Étienne [b].

Tous les plus habiles critiques avouent que ces épithètes sont admirables dans Homère, et que c'est une des principales richesses de sa poésie. Notre censeur cependant les trouve basses; et afin de prouver ce qu'il dit, non seulement il les traduit bassement, mais il les traduit selon leur racine et leur étymologie; et au lieu, par exemple, de tra-

[a] Saint-Marc blâme Despréaux d'avoir employé cette expression si vulgaire, en parlant de saint Paul, sur-tout dans un chapitre dont l'objet principal est de condamner l'usage des *mots bas*.

[b] Saint Étienne périt à Jérusalem environ neuf mois après Jésus-Christ. On croit qu'il est le premier martyr à qui l'église ait consacré une fête.

duire Junon aux yeux grands et ouverts, qui est ce que porte le mot βοῶπις, il le traduit selon sa racine : « Junon aux yeux de bœuf. » Il ne sait pas qu'en françois même il y a des dérivés et des composés qui sont fort beaux, dont le nom primitif est fort bas, comme on le voit dans les mots de PETILLER et de RECULER. Je ne saurois m'empêcher de rapporter, à propos de cela, l'exemple d'un maître de rhétorique [a] sous lequel j'ai étudié, et qui sûrement ne m'a pas inspiré l'admiration d'Homère, puisqu'il en étoit presque aussi grand ennemi que M. Perrault. Il nous faisoit traduire l'oraison pour Milon [b] ; et à un endroit où cet ora-

[a] La Place, professeur de rhétorique au collège de Beauvais. Quand un de ses écoliers l'impatientoit : « Petit fripon, disoit-il avec emphase, tu seras la première victime que j'immolerai à ma sévérité. » Nommé recteur de l'université, en 1650, il en conçut tant de joie, qu'il se promenoit dans sa classe, en disant : « Ibo, ambulabo per totam civitatem cum chirothecis violaceis et zonâ violaceâ. » La même année, il publia un traité contre la pluralité des bénéfices. En voici l'intitulé : *De necessariâ unius uni clerico ecclesiastici beneficii singularitate.*

[b] L'édition de 1694 porte : « .... l'oraison de Cicéron pour la loi Manilia, et à un endroit où cet orateur dit, etc. : » Despréaux, dans les éditions de 1701 et de 1713, à ces mots « l'oraison de Cicéron pour la loi Manilia » a substitué ceux-ci « l'oraison pour Milon, » sans changer le reste de sa phrase, où l'expression *cet orateur* ne se rapporte plus à rien. Saint-Marc a, d'après Brossette, rectifié le texte de la

teur dit OBDURUERAT ET PERCALLUERAT RESPUBLICA, « la république s'étoit endurcie et étoit devenue « comme insensible; » les écoliers étant un peu embarrassés sur PERCALLUERAT, qui dit presque la même chose qu'OBDURUERAT, notre régent nous fit attendre quelque temps son explication; et enfin, ayant défié plusieurs fois MM. de l'académie, et sur-tout M. d'Ablancourt, à qui il en vouloit, de venir traduire ce mot; PERCALLERE, dit-il gravement, vient du cal et du durillon que les hommes contractent aux pieds; et de là il conclut qu'il falloit traduire, OBDURUERAT ET PERCALLUERAT RESPUBLICA, « la république s'étoit endurcie et avoit « contracté un durillon. » Voilà à-peu-près la manière de traduire de M. Perrault; et c'est sur de pareilles traductions qu'il veut qu'on juge de tous les poëtes et de tous les orateurs de l'antiquité; jusque-là qu'il nous avertit qu'il doit donner un de ces jours un nouveau volume de parallèles, où il a, dit-il, mis en prose françoise les plus beaux endroits des poëtes grecs et latins, afin de les oppo-

---

manière suivante : « Il nous faisoit traduire l'oraison pour « Milon, et à un endroit où Cicéron dit, etc. » MM. Daunou et Didot ont adopté cette correction. Nous avons cru qu'il falloit respecter l'inadvertance de Despréaux, et qu'il suffisoit de la faire remarquer. Voici le passage de l'oraison pour Milon : « Sed nescio quomodo jam usu obdurue- « rat et percalluerat civitatis incredibilis patientia. »

ser à d'autres beaux endroits des poëtes modernes, qu'il met aussi en prose : secret admirable qu'il a trouvé pour les rendre ridicules les uns et les autres, et sur-tout les anciens, quand il les aura habillés des impropriétés et des bassesses de sa traduction [a].

CONCLUSION

DES NEUF PREMIÈRES RÉFLEXIONS.

Voilà un léger échantillon du nombre infini de fautes que M. Perrault a commises, en voulant attaquer les défauts des anciens. Je n'ai mis ici que celles qui regardent Homère et Pindare ; encore n'y en ai-je mis qu'une très petite partie, et selon que les paroles de Longin m'en ont donné l'occasion : car si je voulois ramasser toutes celles qu'il a faites sur le seul Homère, il faudroit un très gros volume. Et que seroit-ce donc si j'allois lui faire

[a] Perrault avoit annoncé ce projet dans le tome III de son *parallèle*, etc., page 124. Il l'abandonna après sa réconciliation avec Despréaux, « aimant mieux, dit-il, se « priver du plaisir de prouver la bonté de sa cause...., que « d'être brouillé plus long-temps avec des hommes d'un « aussi grand mérite que ceux qu'il avoit pour adversaires, « et dont l'amitié ne pouvoit trop s'acheter. » (*Préface* du tome IV, 1696.)

voir ses puérilités sur la langue grecque et sur la langue latine; ses ignorances sur Platon, sur Démosthène, sur Cicéron, sur Horace, sur Térence, sur Virgile, etc.; les fausses interprétations qu'il leur donne, les solécismes qu'il leur fait faire, les bassesses et le galimatias qu'il leur prête! J'aurois besoin pour cela d'un loisir qui me manque.

Je ne réponds pas néanmoins, comme j'ai déja dit, que dans les éditions de mon livre qui pourront suivre celle-ci, je ne lui découvre encore quelques unes de ses erreurs, et que je ne le fasse peut-être repentir de n'avoir pas mieux profité du passage de Quintilien qu'on a allégué autrefois si à-propos à un de ses frères [a] sur un pareil sujet. Le voici :

Modestè tamen et circumspecto judicio de tantis viris pronunciandum est, ne, quod plerisque accidit, damnent quæ non intelligunt.

« Il faut parler avec beaucoup de modestie et de circons-
« pection de ces grands hommes, de peur qu'il ne vous ar-
« rive, ce qui est arrivé à plusieurs, de blâmer ce que vous
« n'entendez pas. »

M. Perrault me répondra peut-être ce qu'il m'a déja répondu [b], qu'il a gardé cette modestie, et qu'il n'est point vrai qu'il ait parlé de ces grands hom-

[a] Ce passage de Quintilien, liv. X, ch. I, fut objecté à Pierre Perrault par Racine, dans la préface d'Iphigénie.
[b] Dans sa lettre en réponse au discours sur l'ode.

mes avec le mépris que je lui reproche; mais il n'avance si hardiment cette fausseté que parcequ'il suppose, et avec raison, que personne ne lit ses dialogues : car de quel front pourroit-il la soutenir à des gens qui auroient seulement lu ce qu'il y dit d'Homère?

Il est vrai pourtant que, comme il ne se soucie point de se contredire, il commence ses invectives contre ce grand poëte par avouer qu'Homère est peut-être le plus vaste et le plus bel esprit qui ait jamais été; mais on peut dire que ces louanges forcées qu'il lui donne sont comme des fleurs dont il couronne la victime qu'il va immoler à son mauvais sens, n'y ayant point d'infamies qu'il ne lui dise dans la suite, l'accusant d'avoir fait ses deux poëmes sans dessein, sans vue, sans conduite. Il va même jusqu'à cet excès d'absurdité de soutenir qu'il n'y a jamais eu d'Homère; que ce n'est point un seul homme qui a fait l'Iliade et l'Odyssée, mais plusieurs pauvres aveugles qui alloient, dit-il, de maison en maison réciter pour de l'argent de petits poëmes qu'ils composoient au hasard; et que c'est de ces poëmes qu'on a fait ce qu'on appelle les ouvrages d'Homère. C'est ainsi que, de son autorité privée, il métamorphose tout-à-coup ce vaste et bel esprit en une multitude de misérables gueux. Ensuite il emploie la moitié de son livre à prouver, Dieu sait comment, qu'il n'y a dans les ouvrages de ce grand homme ni ordre, ni raison, ni économie, ni suite, ni bienséance, ni noblesse de mœurs; que tout y est plein de bassesses, de chevilles, d'expressions grossières; qu'il est mauvais géographe, mauvais astronome, mauvais naturaliste; finissant enfin toute cette critique par ces belles paroles [a] qu'il fait dire à son chevalier : « Il « faut que Dieu ne fasse pas grand cas de la répu- « tation de bel esprit, puisqu'il permet que ces ti- « tres soient donnés, préférablement au reste du « genre humain, à deux hommes comme Platon et « Homère, à un philosophe qui a des visions si « bizarres, et à un poëte qui dit tant de choses si « peu sensées [b]. » A quoi M. l'abbé du dialogue donne les mains, en ne contredisant point, et se contentant de passer à la critique de Virgile.

C'est là ce que M. Perrault appelle parler avec retenue d'Homère, et trouver, comme Horace, que ce grand poëte s'endort quelquefois. Cependant comment peut-il se plaindre que je l'accuse à faux d'avoir dit qu'Homère étoit de mauvais sens? Que signifient donc ces paroles: « Un poëte qui « dit tant de choses si peu sensées? » Croit-il s'être suffisamment justifié de toutes ces absurdités, en soutenant hardiment, comme il a fait, qu'É-

[a] « Toute cette belle critique par ces paroles.... » (édition de 1694.)
[b] *Parallèle*, etc., tome III, page 125.

rasme [a] et le chancelier Bacon [b] ont parlé avec aussi peu de respect que lui des anciens? Ce qui est

[a] Érasme (Didier), né à Roterdam en 1467, fut enfant de chœur dans la cathédrale d'Utrecht. A l'âge de dix-sept ans, il prit l'habit de chanoine régulier, qui convenoit peu à l'indépendance de son caractère. Ayant obtenu la permission d'aller à Paris se perfectionner dans les sciences, il en profita pour voyager en France, en Angleterre, en Italie. Il reçut à Bologne le bonnet de docteur en théologie; il enseigna dans les universités d'Oxford et de Cambridge. Sa vie ne fut qu'une suite de courses continuelles jusqu'en 1521, qu'il alla se fixer à Bâle. Les souverains de l'Europe lui firent, pour l'attirer auprès d'eux, des offres qui ne le séduisirent point; on croit même que Paul III lui destinoit le cardinalat. Il mourut en 1536. Son penchant à la raillerie, le peu de discrétion avec lequel il s'exprime quelquefois l'exposèrent à de fréquentes attaques. Il n'en est pas moins le restaurateur de la critique. Son dialogue intitulé *Ciceronianus* est d'une littérature exquise. Ses *Colloques* méritent d'être lus autant pour le style que pour le fonds des choses. Ses *Adages* offrent une érudition immense; ses *Lettres* sont très attachantes, et son *Éloge de la folie* est une satire ingénieuse des travers de l'humanité. Ses ouvrages ont été recueillis en 10 volumes in-fol., 1703.

[b] François Bacon, né à Londres en 1561, mort en 1626, fut à 28 ans conseiller extraordinaire de la reine Élisabeth. Il conçut de bonne heure le projet de refondre le système des connoissances humaines. Il observa les rapports qui les unissent entre elles, et les divisa d'après les facultés de l'esprit auxquelles chacune appartient; division si bien développée par d'Alembert. Comme métaphysien, il n'a pas

absolument faux de l'un et de l'autre, et sur-tout d'Érasme, l'un des plus grands admirateurs de l'antiquité : car bien que cet excellent homme se soit moqué avec raison de ces scrupuleux grammairiens qui n'admettent d'autre latinité que celle de Cicéron, et qui ne croient pas qu'un mot soit latin s'il n'est dans cet orateur, jamais homme au fond n'a rendu plus de justice aux bons écrivains de l'antiquité, et à Cicéron même, qu'Érasme.

M. Perrault ne sauroit donc plus s'appuyer que sur le seul exemple de Jules Scaliger. Et il faut avouer qu'il l'allègue avec un peu plus de fondement. En effet, dans le dessein que cet orgueilleux savant s'étoit proposé, comme il le déclare lui-même, de dresser des autels à Virgile, il a parlé d'Homère d'une manière un peu profane ; mais,

moins de sagacité que de profondeur. Comme physicien, il est sur la voie des découvertes, et c'est avec raison qu'on l'a appelé le père de la philosophie expérimentale. Grand moraliste, antiquaire érudit, écrivain énergique et souvent élégant, il ne fut inférieur à lui-même que dans la partie des mathématiques ; ce qui l'empêcha de rendre justice à Copernic. Son ingratitude envers le comte d'Essex, ses prévarications dans la place de grand-chancelier d'Angleterre, prouvent qu'une ame commune peut s'allier avec un génie extraordinaire. Il existe pourtant un bon ouvrage en sa faveur, intitulé : *Du Christianisme de Bacon*, par l'abbé Émery.

outre que ce n'est que par rapport à Virgile, et dans un livre qu'il appelle hypercritique [a], voulant témoigner par là qu'il y passe toutes les bornes de la critique ordinaire, il est certain que ce livre n'a pas fait d'honneur à son auteur, Dieu ayant permis que ce savant homme soit devenu alors un M. Perrault, et soit tombé dans des ignorances si grossières qu'elles lui ont attiré la risée de tous les gens de lettres, et de son propre fils même.

Au reste, afin que notre censeur ne s'imagine pas que je sois le seul qui aie trouvé ses dialogues si étranges, et qui aie paru si [b] sérieusement choqué de l'ignorante audace avec laquelle il y décide de tout ce qu'il y a de plus révéré dans les lettres; je ne saurois, ce me semble, mieux finir ces remarques sur les anciens, qu'en rapportant le mot d'un très grand prince [c] d'aujourd'hui, non moins

[a] C'est dans l'*Hypercritique*, qui est le sixième livre de son traité latin de l'Art poétique, que Jules-César Scaliger, comme le remarque Brossette, se propose d'ériger des autels à Virgile; mais c'est dans le livre V, intitulé *le Critique*, qu'il met constamment Homère au-dessous du chantre d'Énée. Dans l'*Hypercritique* il ne parle que des poëtes latins.

[b] Ce *si* n'est point dans les éditions de 1694 et de 1701. Il ne se trouve que dans celle de 1713.

[c] François-Louis de Bourbon-Conti. *Voyez* sur ce prince la note *b*, tome IV, page 306.

admirable par les lumières de son esprit, et par l'étendue de ses connoissances dans les lettres, que par son extrême valeur, et par sa prodigieuse capacité dans la guerre, où il s'est rendu le charme des officiers et des soldats, et où, quoique encore fort jeune, il s'est déja signalé par quantité d'actions dignes des plus expérimentés capitaines. Ce prince qui, à l'exemple du fameux prince de Condé [a], son oncle paternel, lit tout, jusqu'aux ouvrages de M. Perrault, ayant en effet lu son dernier dialogue, et en paroissant fort indigné, comme quelqu'un eut pris la liberté de lui demander [b] ce que c'étoit donc que cet ouvrage pour lequel il témoignoit un si grand mépris: « C'est un « livre, dit-il, où tout ce que vous avez jamais ouï « louer au monde est blâmé, et où tout ce que « vous avez jamais entendu blâmer est loué [c]. »

[a] Il y a seulement « du fameux prince de C**, etc » dans les éditions de 1694, 1701 et 1713.

[b] « Comme quelqu'un lui eut demandé, etc. » (*édition de* 1694.)

[c] Quelques éditeurs, et Saint-Marc est de ce nombre, placent avant la *réflexion X* une lettre écrite en 1700 à Perrault. C'est une véritable dissertation, dans laquelle Despréaux fait le parallèle des siècles d'Auguste et de Louis XIV. Dans son édition de 1701, l'auteur l'avoit placée à la suite de sa *conclusion* des neuf premières réflexions critiques. Nous avons cru nous conformer à ses dernières intentions en l'insérant parmi les lettres, d'après l'édition de 1713. On la trouvera, tome IV, page 375.

AVERTISSEMENT

Touchant la dixième Réflexion sur Longin [a].

Les amis de feu M. Despréaux savent qu'après qu'il eut connoissance de la lettre qui fait le sujet de la dixième réflexion, il fut long-temps sans se déterminer à y répondre. Il ne pouvoit se résoudre à prendre la plume contre un évêque, dont il respectoit la personne et le caractère, quoiqu'il ne fût pas fort frappé de ses raisons [b]. Ce ne fut donc qu'après avoir vu cette lettre publiée par M. Le

---

[a] Cet avertissement fut composé par l'abbé Renaudot, qui l'inséra dans l'édition des œuvres de Despréaux, publiée en 1713. Tous les anciens commentateurs l'ont conservé, depuis Brossette jusqu'à Saint-Marc.

[b] Pierre-Daniel Huet, évêque d'Avranches, né à Caen en 1630, mort à Paris en 1721. Admis à partager l'honneur d'élever le Dauphin, fils de Louis XIV, il dirigea l'exécution des commentaires qui portent le nom du prince auquel ils étoient destinés. L'étude avoit pour lui tant d'attrait que, pour s'y livrer entièrement, il se démit de son évêché. Parmi ses nombreux ouvrages on distingue l'*Origine des romans*, la *Foiblesse de l'esprit humain*, la *Situation du paradis terrestre*, l'*Histoire du commerce des anciens*, une *Lettre au duc de Montausier*, enfin la *Démonstration évangélique*, etc. Son érudition étoit plus vaste que profonde, et son goût n'étoit

Clerc [a], que M. Despréaux ne put résister aux instances de ses amis, et de plusieurs personnes distinguées par leur dignité, autant que par leur zèle pour la religion, qui le pressèrent de mettre par écrit ce qu'ils lui avoient ouï dire sur ce sujet, lorsqu'ils lui eurent représenté que c'étoit un grand scandale, qu'un homme fort décrié sur la religion s'appuyât de l'autorité d'un savant évêque, pour soutenir une critique qui paroissoit plutôt contre Moïse que contre Longin.

pas sûr. Dans le recueil intitulé *Huetiana*, il critique ces vers si touchants de Virgile :

Qualis populeâ mœrens philomela sub umbrâ
Amissos queritur fetus, ...
Géorgiques, liv. IV.

et il regrette que les **douze derniers chants** du poëme de *la Pucelle* de Chapelain n'aient pas été imprimés.

[a] Jean Leclerc, né à Genève en 1657, mort en 1736 à Amsterdam. Dès l'âge de vingt-six ans, il se fixa dans cette dernière ville, où il fut nommé professeur de philosophie, de belles-lettres et d'hébreu, place qu'il conserva toute sa vie. La multitude de ses productions atteste qu'il étoit un écrivain plus laborieux que jaloux d'être exact. Il y attaque en général les preuves du christianisme. Le plus connu de ses ouvrages est un journal commencé sous le nom de *Bibliothèque universelle et historique*, continué sous celui de *Bibliothèque choisie*, terminé sous le titre de *Bibliothèque ancienne et moderne*, formant en tout quatre-vingt deux volumes dans lesquels on rencontre des analyses satisfaisantes.

M. Despréaux se rendit enfin, et ce fut en déclarant qu'il ne vouloit point attaquer M. l'évêque d'Avranches, mais M. Le Clerc; ce qui est religieusement observé dans cette dixième réflexion. M. d'Avranches étoit informé de tout ce détail, et il avoit témoigné en être content, comme en effet il avoit sujet de l'être.

Après cela, depuis la mort de M. Despréaux, cette lettre a été publiée dans un recueil de plusieurs piéces, avec une longue préface de M. l'abbé de T...[a], qui les a ramassées et publiées, à ce qu'il assure, « sans la permission de ceux à qui « appartenoit ce trésor. » On ne veut pas entrer dans le détail de ce fait: le public sait assez ce qui en est, et ces sortes de vols faits aux auteurs vivants ne trompent plus personne.

Mais supposant que M. l'abbé de T... qui parle dans la préface en est l'auteur, il ne trouvera pas

[a] Jean-Marie de La Marque de Tilladet, né au château de Tilladet vers 1650, mort à Paris en 1715. Après avoir fait plusieurs campagnes, il quitta le service, entra chez les pères de l'Oratoire à Paris, y reçut la prêtrise, et y enseigna la philosophie et la théologie. Appelé en 1701 à l'académie des Inscriptions et Belles-Lettres, il y paya son tribut par un assez grand nombre de dissertations. Il n'a fait imprimer sous son nom que le recueil suivant: *Dissertations sur diverses matières de religion et de philologie, contenues en plusieurs lettres écrites par des savants*, Paris, 1712, deux vol. in-12.

mauvais qu'on l'avertisse qu'il n'a pas été bien informé sur plusieurs faits qu'elle contient. On ne parlera que de celui qui regarde M. Despréaux, duquel il est assez étonnant qu'il attaque la mémoire, n'ayant jamais reçu de lui que des honnêtetés et des marques d'amitié.

« M. Despréaux, dit-il, fit une sortie sur M. l'é-
« vêque d'Avranches avec beaucoup de hauteur et
« de confiance. Ce prélat se trouva obligé, pour sa
« justification, de lui répondre, et de faire voir
« que sa remarque étoit très juste, et que celle de
« son adversaire n'étoit pas soutenable. Cet écrit
« fut adressé par l'auteur à M. le duc de Montau-
« sier, en l'année 1683, parceque ce fut chez lui
« que fut connue d'abord l'insulte qui lui avoit été
« faite par M. Despréaux; et ce fut aussi chez ce
« seigneur qu'on lut cet écrit en bonne compagnie,
« où les rieurs, suivant ce qui m'en est revenu, ne
« se trouvèrent pas favorables à un homme, dont
« la principale attention sembloit être de mettre
« les rieurs de son côté. »

On ne contestera pas que cette lettre ne soit adressée à feu M. le duc de Montausier, ni qu'elle lui ait été lue. Il faut cependant qu'elle ait été lue à petit bruit, puisque ceux qui étoient les plus familiers avec ce seigneur, et qui le voyoient tous les jours, ne l'en ont jamais ouï parler, et qu'on n'en a eu connoissance que plus de vingt ans après, par l'impression qui en a été faite en Hollande [a]. On comprend encore moins quels pouvoient être les *rieurs* qui ne furent pas favorables à M. Despréaux, dans un point de critique aussi sérieux que celui-là. Car si l'on appelle ainsi les approbateurs de la pensée contraire à la sienne, ils étoient en si petit nombre, qu'on n'en peut pas nommer un seul de ceux qui de ce temps-là étoient à la cour en quelque réputation d'esprit ou de capacité dans les belles-lettres. Plusieurs personnes se souviennent encore que feu M. l'évêque de Meaux, feu M. l'abbé de Saint-Luc, M. de Court, M. de Labroüe, à présent évêque de Mirepoix, et plusieurs autres se déclarèrent hautement contre cette pensée, dès le temps que parut la *Démonstration évangélique*. On sait certainement, et non pas par des *ouï-dire*, que M. de Meaux et M. l'abbé de Saint-Luc en disoient beaucoup plus que n'en a dit M. Despréaux. Si on vouloit parler des personnes aussi distinguées par leur esprit que par leur naissance, outre le grand prince de Condé et les deux princes de Conti, ses neveux, il seroit aisé d'en nommer plusieurs qui n'approuvoient pas moins cette critique de M. Des-

[a] Leclerc fit imprimer cette lettre sous ce titre : *Examen du sentiment de Longin sur ce passage de la Genèse* : « *Et Dieu « dit: Que la lumière soit faite, et la lumière fut faite,* » par M. Huet, ancien évêque d'Avranches. (*Bibliothèque choisie*, tome X, art. III, pp. 211—260, 1706.)

préaux que ses autres ouvrages. Pour les hommes de lettres, ils ont été si peu persuadés que sa censure n'étoit pas soutenable, qu'il n'avoit paru encore aucun ouvrage sérieux pour soutenir l'avis contraire, sinon les additions de M. Le Clerc à la lettre qu'il a publiée sans la participation de l'auteur. Car Grotius [a] et ceux qui ont le mieux écrit de la vérité de la religion chrétienne, les plus savants commentateurs des livres de Moïse, et ceux qui ont traduit ou commenté Longin ont pensé et

[a] Hugues Grotius, né à Delft en 1683, accompagna, dès l'âge de quinze ans, le grand pensionnaire Barneveld dans son ambassade en France. Henri IV le décora d'une chaîne d'or, et dit, en le montrant à sa cour : « Voilà le « miracle de la Hollande. » Il avoit à peine 18 ans, lorsque les états-généraux le nommèrent leur historien. Poursuivi par les ennemis de Barneveld, il fut condamné pour la vie à la prison; mais il parvint à s'échapper en 1621, et se réfugia à Paris, où Louis XIII le prit sous sa protection. Dix ans après, il retourna dans sa patrie, et ne put y demeurer que fort peu de temps. Il revint en France en 1635, revêtu du caractère d'ambassadeur par la reine Christine de Suède. En 1645 il demanda son rappel, et mourut la même année, entièrement dégoûté de la vie des cours. C'est un des hommes les plus étonnants sous le rapport de l'érudition et des travaux littéraires de tout genre. Théologie, jurisprudence, histoire, critique, poésie, etc., rien ne lui fut étranger. Ses œuvres pourroient former dix vol. in-fol. Le livre intitulé *Droit de la guerre et de la paix* est son premier titre à l'immortalité.

parlé comme M. Despréaux. Tollius [a], qu'on n'accusera pas d'avoir été trop scrupuleux, a réfuté par une note ce qui se trouve sur ce sujet dans la démonstration évangélique; et les Anglois, dans leur dernière édition de Longin [b], ont adopté cette note. Le public n'en a pas jugé autrement depuis tant d'années, et une autorité telle que celle de M. Le Clerc ne le fera pas apparemment changer d'avis. Quand on est loué par des hommes de ce caractère, on doit penser à cette parole de Phocion, lorsqu'il entendit certains applaudissements : « N'ai-je point dit quelque chose mal-à-propos? »

Les raisons solides de M. Despréaux feront assez voir que quoique M. Le Clerc se croie si habile dans

---

[a] Jacques Tollius, né à Inga, près d'Utrecht, fit paroître en 1694 une édition grecque du *Traité du Sublime*, la plus complète que l'on ait eue jusqu'alors. Outre la traduction de Despréaux avec ses notes et celles de Dacier, elle contient les remarques de Robortel, de Portus, de Gabriel de Pétra, de Langbaine, de Tannegui-Lefèvre. L'éditeur y a joint les siennes, ainsi qu'une nouvelle traduction latine. On voit, dans sa préface, qu'il avoit eu des relations avec Despréaux à Paris. Il mourut en 1696.

[b] Le travail de Tollius laissoit à desirer, sur-tout pour les jeunes étudiants, une plus grande pureté dans le texte, plus de précision dans la manière de traduire, un choix plus sévère dans les notes. Jean Hudson, né dans le Cumberland, vers 1662, publia en 1710, à Oxford, sans se nommer, une édition du *Traité du Sublime*, dans laquelle

la critique, qu'il en a osé donner des règles, il n'a pas été plus heureux dans celle qu'il a voulu faire de Longin que dans presque toutes les autres.

C'est aux lecteurs à juger de cette dixième réflexion de M. Despréaux, qui a un préjugé fort avantageux en sa faveur, puisqu'elle appuie l'opinion communément reçue parmi les savants, jusqu'à ce que M. d'Avranches l'eut combattue. Le caractère épiscopal ne donne aucune autorité à la sienne, puisqu'il n'en étoit pas revêtu lorsqu'il la publia [a]. D'autres grands prélats, à qui M. Despréaux a communiqué sa réflexion, ont été entièrement de son avis; et ils lui ont donné de grandes louanges d'avoir soutenu l'honneur et la dignité de l'Écriture sainte contre un homme qui, sans l'aveu de M. d'Avranches, abusoit de son autorité. Enfin, comme il étoit permis à M. Despréaux d'être d'un avis contraire, on ne croit pas que cela fasse plus de tort à sa mémoire, que d'avoir pensé et jugé tout autrement que lui de l'utilité des romans.

il avoit revu le texte avec soin. Il fit usage de la version latine de Tollius, mais en élaguant les expressions superflues, en réduisant les notes auxquelles il en joignit de fort utiles, qui étoient de sa composition. Il mourut en 1719.

[a] La *Démonstration évangélique*, où Huet publia son opinion, parut en 1679. Ce savant fut nommé en 1685 à l'évêché de Soissons, qu'il permuta pour celui d'Avranches, en 1689.

RÉFLEXION X,

ou

RÉFUTATION

D'UNE DISSERTATION DE M. LE CLERC

CONTRE LONGIN.

Ainsi le législateur des juifs, qui n'étoit pas un homme ordinaire, ayant fort bien conçu la puissance et la grandeur de Dieu, l'a exprimée dans toute sa dignité au commencement de ses lois, par ces paroles : *Dieu dit : Que la lumière se fasse, et la lumière se fit; que la terre se fasse, et la terre fut faite.* (*Paroles de Longin*, chap. VI.)

Lorsque je fis imprimer pour la première fois, il y a environ trente-six ans [a], la traduction que j'avois faite du Traité du Sublime de Longin, je crus qu'il seroit bon, pour empêcher qu'on ne se méprît sur ce mot de SUBLIME, de mettre dans ma préface ces mots qui y sont encore, et qui, par la suite du temps, ne s'y sont trouvés que trop nécessaires : « Il faut savoir que par sublime Longin

[a] Despréaux donna sa traduction de Longin en 1674 : ce fut donc en 1710 qu'il composa la Xe *Réflexion critique*, ainsi que les deux réflexions suivantes.

« n'entend pas ce que les orateurs appellent le style
« sublime, mais cet extraordinaire et ce merveilleux
« qui fait qu'un ouvrage enlève, ravit, transporte.
« Le style sublime veut toujours de grands mots,
« mais le sublime se peut trouver dans une seule
« pensée, dans une seule figure, dans un seul tour
« de paroles. Une chose peut être dans le style su-
« blime et n'être pourtant pas sublime. Par exem-
« ple : Le souverain arbitre de la nature d'une seule
« parole forma la lumière. Voilà qui est dans le
« style sublime; cela n'est pas néanmoins sublime,
« parcequ'il n'y a rien là de fort merveilleux, et
« qu'on ne pût aisément trouver. Mais Dieu dit :
« QUE LA LUMIÈRE SE FASSE, ET LA LUMIÈRE SE FIT :
« ce tour extraordinaire d'expression, qui marque
« si bien l'obéissance de la créature aux ordres du
« créateur, est véritablement sublime, et a quelque
« chose de divin. Il faut donc entendre par sublime,
« dans Longin, l'extraordinaire, le surprenant, et,
« comme je l'ai traduit, le merveilleux dans le dis-
« cours. »

Cette précaution prise si à propos fut approuvée
de tout le monde, mais principalement des hommes vraiment remplis de l'amour de l'Écriture
sainte; et je ne croyois pas que je dusse avoir jamais besoin d'en faire l'apologie. A quelque temps
de là ma surprise ne fut pas médiocre, lorsqu'on
me montra, dans un livre qui avoit pour titre

DÉMONSTRATION ÉVANGÉLIQUE, composé par le célèbre M. Huet, alors sous-précepteur de Monseigneur le Dauphin, un endroit où non seulement il n'étoit pas de mon avis, mais où il soutenoit hautement que Longin s'étoit trompé lorsqu'il s'étoit persuadé qu'il y avoit du sublime dans ces paroles, DIEU DIT, etc. [a]. J'avoue que j'eus de la peine à digérer qu'on traitât avec cette hauteur le plus fameux et le plus savant critique de l'anti-

[a] Voici les paroles de Huet : « Longin, prince des cri-
« tiques, dans l'excellent livre qu'il a fait touchant le Su-
« blime, donne un très bel éloge à Moïse; car il dit qu'il a
« connu et exprimé la puissance de Dieu selon sa dignité,
« ayant écrit au commencement de ses lois que Dieu dit :
« *Que la lumière soit faite, et elle fut faite; que la terre soit*
« *faite, et elle fut faite.* Néanmoins ce que Longin rapporte
« ici de Moïse, comme une expression sublime et figurée,
« pour prouver l'élévation de son discours, me semble très
« simple. Il est vrai que Moïse rapporte une chose qui est
« grande; mais il l'exprime d'une façon qui ne l'est nulle-
« ment. Et c'est ce qui me persuade que Longin n'avoit pas
« pris ces paroles dans l'original; car s'il eût puisé à la source,
« et qu'il eût lu les livres mêmes de Moïse, il eût trouvé par-
« tout une grande simplicité; et je crois que Moïse l'a affec-
« tée, à cause de la dignité de la matière, qui se fait assez
« sentir, étant rapportée nuement, sans avoir besoin d'être
« relevée par des ornements recherchés. Quoique l'on con-
« noisse bien d'ailleurs, et par ses cantiques, et par le livre
« de Job, dont je crois qu'il est l'auteur, qu'il étoit fort en-
« tendu dans le sublime. » (*Démonstration évangélique.*)

quité. De sorte qu'en une nouvelle édition qui se fit quelques mois après de mes ouvrages, je ne pus m'empêcher d'ajouter[a] dans ma préface ces mots : « J'ai rapporté ces paroles de la Genèse, comme « l'expression la plus propre à mettre ma pensée « en jour ; et je m'en suis servi d'autant plus volon- « tiers, que cette expression est citée avec éloge par « Longin même, qui, au milieu des ténèbres du « paganisme, n'a pas laissé de reconnoître le divin « qu'il y avoit dans ces paroles de l'Écriture. Mais « que dirons-nous d'un des plus savants hommes « de notre siècle[b], qui, éclairé des lumières de « l'évangile [c], ne s'est pas aperçu de la beauté de « cet endroit; qui a osé, dis-je, avancer[d] dans un « livre qu'il a fait pour démontrer la religion chré- « tienne, que Longin s'étoit trompé lorsqu'il avoit « cru que ces paroles étoient sublimes? »

Comme ce reproche étoit un peu fort, et, je l'avoue même, un peu trop fort, je m'attendois à voir bientôt paroître une réplique très vive de la part de M. Huet, nommé environ dans ce temps-

[a] Despréaux transcrit les expressions de sa préface, publiée en 1683; mais avec les légers changements qu'il y fit dans l'édition de 1701.

[b] « d'un savant de ce siècle, » (*édition de* 1683.)

[c] « qui, quoique éclairé des lumières de l'évangile, » (*édition de* 1683.)

[d] « a osé, dis-je, avancer, » (*édition de* 1683.)

là à l'évêché d'Avranches; et je me préparois à y répondre le moins mal et le plus modestement qu'il me seroit possible. Mais, soit que ce savant prélat eût changé d'avis, soit qu'il dédaignât d'entrer en lice avec un aussi vulgaire antagoniste que moi, il se tint dans le silence [a]. Notre démêlé parut éteint, et je n'entendis parler de rien jusqu'en 1709, qu'un de mes amis me fit voir dans un dixième tome [b] de la Bibliothèque choisie de M. Le Clerc, fameux protestant de Genève, réfugié en Hollande, un chapitre de plus de vingt-cinq pages, où ce protestant nous réfute très impérieusement Longin et moi, et nous traite tous deux d'aveugles et de petits esprits, d'avoir cru qu'il y avoit là quelque sublimité. L'occasion qu'il prend pour nous faire après coup cette insulte, c'est une prétendue lettre [c] du savant M. Huet, aujour-

[a] Pour que Despréaux eût, pendant vingt-six ans, ignoré l'existence de la lettre de Huet, il falloit que celui-ci, comme le dit l'abbé Renaudot, en eût fait la lecture *à petit bruit* chez le duc de Montausier. La manière dont le savant s'y exprime sur le satirique annonce assez combien il le redoutoit.

[b] Ce tome est de l'année 1706.

[c] Le silence de Huet à l'égard de Le Clerc ne permettoit pas de douter qu'il ne fût l'auteur de la lettre que ce journaliste avoit publiée; mais Despréaux feignit de la croire supposée, afin d'être moins gêné dans sa défense.

D'ailleurs la copie de cette lettre que l'abbé de Tilladet

d'hui ancien évêque d'Avranches, qui lui est, dit-il, tombée entre les mains, et que, pour mieux nous

peu de temps après la mort de Despréaux, fit imprimer sans doute de l'aveu de l'ancien évêque d'Avranches, offre quelques additions qui sont loin d'être des adoucissements. On en jugera par les mots imprimés en italique dans les passages suivants.

Après avoir rapporté ce qui le concerne dans la préface de Despréaux, le sous-précepteur du Dauphin écrit au duc de Montausier: « Je fus surpris de ce discours, Monsei-
« gneur; car nous avons pris des routes si différentes dans
« le pays des lettres, M. Despréaux et moi, que je ne croyois
« pas le rencontrer jamais dans mon chemin, et que je
« pensois être hors des atteintes de sa redoutable *et dange-*
« *reuse* critique. Je ne croyois pas non plus que tout ce qu'a
« dit Longin fussent mots d'évangile; qu'on ne pût le contre-
« dire sans audace; qu'on fût obligé de croire comme un
« article de foi que ces paroles de Moïse sont sublimes, et
« que de n'en demeurer pas d'accord, ce fût douter que les
« livres de Moïse soient l'ouvrage du Saint-Esprit; enfin je
« ne me serois pas attendu à voir Longin canonisé, et moi
« presque excommunié.... Cependant quelque bizarre que
« soit cette censure, il pouvoit l'exprimer d'une manière
« moins farouche et plus honnête; *mais il faut donner quel-*
« *que chose à son naturel.* »

Huet termine ainsi sa lettre: « Puis donc que cette cen-
« sure n'est soutenue que de l'air décisif *et fier* dont elle est
« avancée, il me semble que j'ai droit de demander à
« mon tour ce que nous dirons d'un homme, qui, bien
« qu'éclairé des lumières de l'évangile, a osé faire passer
« Moïse pour un mauvais rhétoricien, qui a soutenu qu'il

foudroyer, il transcrit tout entière; y joignant néanmoins, afin de la mieux faire valoir, plusieurs remarques de sa façon, presque aussi longues que la lettre même [a]; de sorte que ce sont comme deux espèces de dissertations ramassées ensemble, dont il fait un seul ouvrage.

Bien que ces deux dissertations soient écrites avec assez d'amertume et d'aigreur, je fus médiocrement ému en les lisant, parceque les raisons m'en parurent extrêmement foibles; que M. Le

« avoit employé des figures inutiles dans son histoire, et
« qu'il avoit déguisé par des ornements superflus une ma-
« tière excellemment belle et riche d'elle-même, etc., etc. »

« Du reste, Monseigneur, je vous demande un jugement.
« Vos lumières vives et pénétrantes, et le grand usage que
« vous avez des saintes lettres, vous feront voir clair dans
« cette question. Quelque encens que M. Despréaux vous
« ait donné dans la dernière édition de ses ouvrages [a],
« pour tâcher de fléchir l'indignation, si digne de votre
« vertu, que vous avez publiquement témoignée contre ses
« satires, ni les louanges intéressées, ni le souvenir du
« passé, ne vous sauroient empêcher de tenir la balance
« droite, et de garder entre lui et moi cette rectitude que
» vous observez si religieusement en toutes choses. »

[a] Voici la réponse de Le Clerc à ce reproche: « De cin-
« quante pages, mes remarques n'en tiennent qu'environ
« quatorze. » (*Bibliothèque choisie*, tome XXVI, première partie, art. 3.)

[a] A la fin de l'épitre VII, édition de 1783.

Clerc, dans ce long verbiage qu'il étale, n'entame pas, pour ainsi dire, la question ; et que tout ce qu'il y avance ne vient que d'une équivoque sur le mot de sublime, qu'il confond avec le style sublime, et qu'il croit entièrement opposé au style simple. J'étois en quelque sorte résolu de n'y rien répondre ; cependant mes libraires depuis quelque temps, à force d'importunités, m'ayant enfin fait consentir à une nouvelle édition de mes ouvrages, il m'a semblé que cette édition seroit défectueuse si je n'y donnois quelque signe de vie sur les attaques d'un si célèbre adversaire. Je me suis donc enfin déterminé à y répondre ; et il m'a paru que le meilleur parti que je pouvois prendre, c'étoit d'ajouter aux neuf réflexions que j'ai déja faites sur Longin, et où je crois avoir assez bien confondu M. Perrault, une dixième réflexion, où je répondrois aux deux dissertations nouvellement publiées contre moi. C'est ce que je vais exécuter ici.

Mais comme ce n'est point M. Huet qui a fait imprimer lui-même la lettre qu'on lui attribue, et que cet illustre prélat ne m'en a point parlé dans l'académie françoise, où j'ai l'honneur d'être son confrère, et où je le vois quelquefois, M. Le Clerc permettra que je ne me propose d'adversaire que M. Le Clerc, et que par là je m'épargne le chagrin d'avoir à écrire contre un aussi grand prélat que

M. Huet [a], dont, en qualité de chrétien, je respecte fort la dignité, et dont, en qualité d'homme de lettres, j'honore extrêmement le mérite et le grand savoir. Ainsi c'est au seul M. Le Clerc que je vais parler; et il trouvera bon que je le fasse en ces termes :

Vous croyez donc, Monsieur, et vous le croyez de bonne foi, qu'il n'y a point de sublime dans ces paroles de la Genèse : Dieu dit : « QUE LA LUMIÈRE SE FASSE, ET LA LUMIÈRE SE FIT [b]. A cela je pour-

[a] Huet fut reçu le 13 août 1674 à l'académie françoise, à la place de Gomberville.

[b] « *Dixit Deus : Fiat lux, et facta est lux.* L'original porte : « *Dixit Deus : sit lux, et fuit lux*; ce qui est bien plus vif. « *Dieu dit : Que la lumière soit, et la lumière fut.*

« Où étoit-elle un moment auparavant ? Comment a-t-
« elle pu naître du sein même des ténèbres ? Avec la lu-
« mière, toutes les couleurs, dont elle est la mère, embel-
« lirent la nature. Le monde, plongé jusqu'alors dans
« l'obscurité, parut sortir une seconde fois du néant. Il n'y
« eut rien qui ne fût orné, en devenant éclairé.

« Voilà, dit Rollin, ce que produisit une simple parole,
« dont la majesté s'est fait sentir même aux infidèles, qui
« ont admiré que Moïse eût fait parler Dieu en maître; et
« qu'au lieu d'employer des expressions qu'un petit esprit
« auroit trouvées magnifiques, il se soit contenté de celles-
« ci : *Dieu dit : Que la lumière soit, et la lumière fut.*

« Rien en effet n'est plus noble ni plus élevé que cette
« manière de penser. Pour créer la lumière (et il en est
« ainsi de l'univers), Dieu n'a eu qu'à parler; c'est encore

rois vous répondre en général, sans entrer dans une plus grande discussion, que le sublime n'est pas proprement une chose qui se prouve et qui se démontre; mais que c'est un merveilleux qui saisit, qui frappe et qui se fait sentir. Ainsi personne ne pouvant entendre prononcer un peu majestueusement ces paroles, QUE LA LUMIÈRE SE FASSE, etc. sans que cela excite en lui une certaine élévation d'ame qui lui fait plaisir, il n'est plus question de savoir s'il y a du sublime dans ces paroles, puisqu'il y en a indubitablement. S'il se trouve quelque homme bizarre qui n'y en trouve point, il ne faut pas chercher des raisons pour lui montrer qu'il y en a; mais se borner à le plaindre de son peu de conception et de son peu de goût, qui l'empêche de sentir ce que tout le monde sent d'abord. C'est là, Monsieur, ce que je pourrois me contenter de vous dire; et je suis persuadé que tout ce qu'il y a

« trop dire, il n'a eu qu'à vouloir. La voix de Dieu est sa
« volonté. Il parle en commandant, et il commande par
« ses décrets.

« La vulgate diminue quelque chose de la vivacité de
« l'expression : *Dieu dit: Que la lumière se fasse, et la lu-*
« *mière fut faite;* car le mot de *faire*, qui, parmi les hommes,
« a différents degrés, et suppose une succession de temps,
« semble en quelque sorte retarder l'ouvrage de Dieu, qui
« fut fait dans le moment même qu'il le voulut, et eut tout
« d'un coup toute sa perfection. » (*Traité des études*, in-8°,
1805, tome II, page 493.)

de gens sensés avoueroient que par ce peu de mots je vous aurois répondu tout ce qu'il falloit vous répondre.

Mais puisque l'honnêteté nous oblige de ne pas refuser nos lumières à notre prochain, pour le tirer d'une erreur où il est tombé, je veux bien descendre dans un plus grand détail, et ne point épargner le peu de connoissances que je puis avoir du sublime pour vous tirer de l'aveuglement où vous vous êtes jeté vous-même, par trop de confiance en votre grande et hautaine érudition.

Avant que d'aller plus loin, souffrez, Monsieur, que je vous demande comment il peut se faire, qu'un aussi habile homme que vous, voulant écrire contre un endroit de ma préface aussi considérable que l'est celui que vous attaquez, ne se soit pas donné la peine de lire cet endroit, auquel il ne paroît pas même que vous ayez fait aucune attention; car, si vous l'aviez lu, si vous l'aviez examiné un peu de près, me diriez-vous, comme vous faites, pour montrer que ces paroles, Dieu dit, etc. n'ont rien de sublime, qu'elles ne sont point dans le style sublime, sur ce qu'il n'y a point de grands mots, et qu'elles sont énoncées avec une très grande simplicité? N'avois-je pas prévenu votre objection, en assurant, comme je l'assure dans cette même préface, que par sublime, en cet endroit, Longin n'entend pas ce que nous appelons

le style sublime, mais cet extraordinaire et ce merveilleux qui se trouve souvent dans les paroles les plus simples, et dont la simplicité même fait quelquefois la sublimité? Ce que vous avez si peu compris, que même à quelques pages de là, bien loin de convenir qu'il y a du sublime dans les paroles que Moïse fait prononcer à Dieu au commencement de la Genèse, vous prétendez que si Moïse avoit mis là du sublime, il auroit péché contre toutes les règles de l'art, qui veut qu'un commencement soit simple et sans affectation : ce qui est très véritable, mais ce qui ne dit nullement qu'il ne doit point y avoir de sublime, le sublime n'étant point opposé au simple, et n'y ayant rien quelquefois de plus sublime que le simple même, ainsi que je vous l'ai déja fait voir, et dont, si vous doutez encore, je m'en vais vous convaincre par quatre ou cinq exemples, auxquels je vous défie de répondre. Je ne les chercherai pas loin. Longin m'en fournit lui-même d'abord un admirable, dans le chapitre d'où j'ai tiré cette dixième réflexion. Car y traitant du sublime qui vient de la grandeur de la pensée, après avoir établi qu'il n'y a proprement que les grands hommes à qui il échappe de dire des choses grandes et extraordinaires : « Voyez, par exem-
« ple, ajoute-t-il, ce que répondit Alexandre, quand
« Darius lui fit offrir la moitié de l'Asie, avec sa
« fille en mariage. Pour moi, lui disoit Parménion,

« si j'étois Alexandre, j'accepterois ces offres. Et
« moi aussi, répliqua ce prince, si j'étois Parmé-
« nion. » Sont-ce là de grandes paroles? Peut-on
rien dire de plus naturel, de plus simple et de
moins affecté que ce mot? Alexandre ouvre-t-il une
grande bouche pour les dire[a]? Et cependant ne
faut-il pas tomber d'accord que toute la grandeur
de l'ame d'Alexandre s'y fait voir? Il faut à cet
exemple en joindre un autre de même nature, que
j'ai allégué dans la préface de ma dernière édition
de Longin; et je le vais rapporter dans les mêmes
termes qu'il y est énoncé [b], afin que l'on voie
mieux que je n'ai point parlé en l'air, quand j'ai
dit que M. Le Clerc, voulant combattre ma préface, ne s'est pas donné la peine de la lire. Voici
en effet mes paroles : Dans la tragédie d'Horace (1)
du fameux Pierre Corneille, une femme qui avoit

[a] MM. Didot et Daunou font rapporter le pronom (*le*)
à *ce mot*, qui est dans la phrase précédente ; en conséquence
ils le mettent au singulier. Suivant l'édition de 1713, ce
pronom est mis au pluriel, parcequ'il se rapporte à *grandes paroles*, qui sont dans une phrase plus éloignée. Nous
avons cru devoir suivre cette dernière irrégularité, ou plutôt cette inadvertance, à l'exemple de Brossette, de Saint-
Marc, des éditeurs de 1722, 1735, 1740, etc.

[b] Cet exemple se trouve en effet dans la préface de la
traduction du *Traité du Sublime*, édition de 1701, à quelques petites différences de style près.

(1) Acte III, scène VI. (*Despréaux.*)

été présente au combat des trois Horaces contre les trois Curiaces, mais qui s'étoit retirée trop tôt, et qui n'en avoit pas vu la fin, vient mal-à-propos annoncer au vieil Horace, leur père, que deux de ses fils ont été tués, et que le troisième, ne se voyant plus en état de résister, s'est enfui. Alors ce vieux Romain, possédé de l'amour de sa patrie, sans s'amuser à pleurer la perte de ses deux fils morts si glorieusement, ne s'afflige que de la fuite honteuse du dernier, qui a, dit-il, par une si lâche action, imprimé un opprobre éternel au nom d'Horace; et leur sœur, qui étoit là présente, lui ayant dit :

Que vouliez-vous qu'il fît contre trois?

il répond brusquement :

Qu'il mourût.

Voilà des termes fort simples. Cependant il n'y a personne qui ne sente la grandeur qu'il y a dans ces trois syllabes, QU'IL MOURUT ; sentiment d'autant plus sublime qu'il est simple et naturel, et que par là on voit que ce héros parle du fond du cœur, et dans les transports d'une colère vraiment romaine [a]. La chose effectivement auroit perdu

[a] Voltaire pense qu'il n'y a rien dans l'antiquité de comparable au fameux *qu'il mourût*. « Tout l'auditoire fut « si transporté, dit l'illustre commentateur de Corneille, « qu'on n'entendit jamais le vers foible qui suit, etc. » La Harpe, à l'occasion de cette dernière remarque, oppose son opinion personnelle à l'opinion commune. « Je n'ap-

de sa force, si, au lieu de dire, QU'IL MOURUT, il avoit dit, « Qu'il suivît l'exemple de ses deux frè-

« pelle foible, répond-il, que ce qui est au-dessous de ce
« qu'on doit sentir ou exprimer. Or, je demande si après ce
« cri de patriotisme romain *qu'il mourût*, on pouvoit dire
« autre chose que ce que dit le vieil Horace.... Devoit-il
« s'arrêter sur le mot *qu'il mourût*? Il est beau pour un Ro-
« main; mais il est dur pour un père, et Horace est à-la-
« fois l'un et l'autre.... Quelle est donc l'idée qui doit suivre
« naturellement cet arrêt terrible d'un vieux républicain,
« *qu'il mourût*? C'est assurément la possibilité consolante
« que, même en combattant contre trois, en se résolvant à
« la mort, il y échappe cependant; et après tout, est-il sans
« exemple qu'un seul homme en ait vaincu trois? Pourquoi
« donc Horace n'embrasseroit-il pas cette idée, au moins
« un instant? C'est Rome qui a prononcé *qu'il mourût;* c'est
« la nature qui, ne renonçant jamais à l'espérance, ajoute
« tout de suite :

Ou qu'un beau désespoir alors le secourût.

« Je veux bien que Rome soit ici plus sublime que la na-
« ture; cela doit être. Mais la nature n'est pas *foible*, quand
« elle dit ce qu'elle doit dire. Telles sont les raisons qui
« m'autorisent à penser que non seulement ce vers n'est
« pas répréhensible, mais même qu'il est assez heureux de
« l'avoir trouvé. » (*Cours de littérature*, tome IV, page 254.)
Ces réflexions judicieuses ont fait d'autant plus d'honneur
à La Harpe, qu'on les croyoit neuves. Il n'est pas néanmoins le premier à qui elles se soient présentées. Saint-
Marc en donne la substance dans son commentaire, t. IV,
page 95; mais ceux qui le lisent par devoir sont à peu près
les seuls qui le sachent.

« res, » ou « qu'il sacrifiât sa vie à l'intérêt et à la « gloire de son pays. » Ainsi c'est la simplicité même de ce mot qui en fait voir la grandeur. N'avois-je pas, Monsieur, en faisant cette remarque, battu en ruine votre objection, même avant que vous l'eussiez faite? Et ne prouvois-je pas visiblement que le sublime se trouve quelquefois dans la manière de parler la plus simple? Vous me répondrez peut-être que cet exemple est singulier, et qu'on n'en peut pas montrer beaucoup de pareils. En voici pourtant encore un que je trouve, à l'ouverture du livre, dans la Médée (1) du même Corneille, où cette fameuse enchanteresse, se vantant que, seule et abandonnée comme elle est de tout le monde, elle trouvera pourtant bien moyen de se venger de tous ses ennemis, Nérine, sa confidente, lui dit:

Perdez l'aveugle erreur dont vous êtes séduite,
Pour voir en quel état le sort vous a réduite :
Votre pays vous hait, votre époux est sans foi.
Contre tant d'ennemis que vous reste-t-il?[a]

(1) Acte Ier, scène IV. (*Despréaux.*) * C'est la Ve scène, *édition de 1817, in-8°.*

[a] Dans l'édition de 1817, le premier de ces quatre vers se lit ainsi :

Forcez l'aveuglement dont vous êtes séduite,

Et le dernier est de cette manière :

Dans un si grand revers que vous reste-t-il?

RÉFLEXION X.

A quoi Médée répond :

Moi ;

Moi, dis-je, et c'est assez. [a]

Peut-on nier qu'il n'y ait du sublime, et du sublime le plus relevé, dans ce monosyllabe, MOI ? Qu'est-

[a] « Des gens difficiles ont prétendu, dit La Harpe, que
« ce dernier hémistiche affoiblissoit la beauté du *moi*; c'est
« se tromper étrangement. Bien loin de diminuer le su-
« blime, il l'achéve : car le premier *moi* pouvoit n'être
« qu'un élan d'audace désespérée ; mais le second est de ré-
« flexion. Elle y a pensé, et elle insiste :

Moi, dis-je, et c'est assez.

« Le premier étonne, le second fait trembler, quand on
« songe que c'est Médée qui le prononce. » (*Cours de littérature*, tome Ier, page 104.) Saint-Marc a le mérite d'avoir également à ce sujet pris la défense de Corneille, bien des années avant l'auteur du *Lycée*, tome IV, page 98.

Voltaire étoit de ces *gens difficiles* auxquels répond La Harpe, sans les nommer. Il ne condamnoit pas seulement le second *moi*, comme énervant le premier ; il ne trouvoit même pas de sublime dans celui-ci, parcequ'au lieu d'exprimer la grandeur du courage, il ne signifie, suivant lui, que le pouvoir de la magie. « Puisque Médée dispose des élé-
« ments, il n'est pas étonnant, dit-il, qu'elle puisse seule et
« sans autre secours se venger de tous ses ennemis. » (*OEuvres de P. Corneille*, 1817, tome II, page 223.) Cette objection est très spécieuse ; mais la magicienne, qui inspiroit une si grande horreur, ne devoit-elle pas craindre qu'on ne prévint ses enchantements ? Nérine, sa confidente, étoit dans cette appréhension bien naturelle, sans pouvoir la lui faire partager.

ce donc qui frappe dans ce passage, sinon la fierté audacieuse de cette magicienne, et la confiance qu'elle a dans son art? Vous voyez, Monsieur, que ce n'est point le style sublime, ni par conséquent les grands mots, qui font toujours le sublime dans le discours, et que ni Longin ni moi ne l'avons jamais prétendu. Ce qui est si vrai, par rapport à lui, qu'en son Traité du Sublime, parmi beaucoup de passages qu'il rapporte pour montrer ce que c'est qu'il entend par sublime, il ne s'en trouve pas plus de cinq ou six où les grands mots fassent partie du sublime. Au contraire, il y en a un nombre considérable où tout est composé de paroles fort simples et fort ordinaires; comme, par exemple, cet endroit de Démosthène, si estimé et si admiré de tout le monde, où cet orateur gourmande ainsi les Athéniens : « Ne voulez-vous ja-
« mais faire autre chose qu'aller par la ville vous
« demander les uns aux autres : Que dit-on de nou-
« veau? Et que peut-on vous apprendre de plus
« nouveau que ce que vous voyez? Un homme de
« Macédoine se rend maître des Athéniens, et fait
« la loi à toute la Grèce. Philippe est-il mort? dira
« l'un. Non, répondra l'autre, il n'est que malade.
« Eh! que vous importe, messieurs, qu'il vive ou
« qu'il meure? quand le ciel vous en auroit déli-
« vrés, vous vous feriez bientôt vous-mêmes un
« autre Philippe. » Y a-t-il rien de plus simple, de

plus naturel et de moins enflé que ces demandes et ces interrogations? Cependant qui est-ce qui n'en sent point le sublime? Vous, peut-être, Monsieur; parceque vous n'y voyez point de grands mots, ni de ces AMBITIOSA ORNAMENTA en quoi vous le faites consister, et en quoi il consiste si peu, qu'il n'y a rien même qui rende le discours plus froid et plus languissant que les grands mots mis hors de leur place. Ne dites donc plus, comme vous faites en plusieurs endroits de votre dissertation, que la preuve qu'il n'y a point de sublime dans le style de la Bible, c'est que tout y est dit sans exagération et avec beaucoup de simplicité, puisque c'est cette simplicité même qui en fait la sublimité. Les grands mots, selon les habiles connoisseurs, font en effet si peu l'essence entière du sublime, qu'il y a même dans les bons écrivains des endroits sublimes dont la grandeur vient de la petitesse énergique des paroles, comme on le peut voir dans ce passage d'Hérodote, qui est cité par Longin : « Cléomène étant devenu furieux, il [a] prit un « couteau dont il se hacha la chair en petits mor- « ceaux; et s'étant ainsi déchiqueté lui-même, il « mourut: » car on ne peut guère assembler de mots plus bas et plus petits que ceux-ci, « se hacher « la chair en morceaux, et se déchiqueter soi-

[a] Le pronom personnel *il* est ici plus que superflu.

« même. » On y sent toutefois une certaine force énergique qui, marquant l'horreur de la chose qui y est énoncée, a je ne sais quoi de sublime.

Mais voilà assez d'exemples cités, pour vous montrer que le simple et le sublime dans le discours ne sont nullement opposés. Examinons maintenant les paroles qui font le sujet de notre contestation; et pour en mieux juger, considérons-les jointes et liées avec celles qui les précèdent. Les voici : « Au commencement, dit Moïse, Dieu créa « le ciel et la terre. La terre étoit informe et toute « nue. Les ténèbres couvroient la face de l'abyme, « et l'esprit de Dieu étoit porté sur les eaux. » Peut-on rien voir, dites-vous, de plus simple que ce début? Il est fort simple, je l'avoue, à la réserve pourtant de ces mots, « et l'esprit de Dieu étoit « porté sur les eaux, » qui ont quelque chose de magnifique, et dont l'obscurité élégante et majestueuse nous fait concevoir beaucoup de choses au-delà de ce qu'elles semblent dire ; mais ce n'est pas de quoi il s'agit ici. Passons aux paroles suivantes, puisque ce sont celles dont il est question. Moïse ayant ainsi expliqué dans une narration également courte, simple et noble, les merveilles de la création, songe aussitôt à faire connoître aux hommes l'auteur de ces merveilles. Pour cela donc, ce grand prophète n'ignorant pas que le meilleur moyen de faire connoître les personnages qu'on introduit, c'est de les faire agir, il [a] met d'abord Dieu en action, et le fait parler. Et que lui fait-il dire? Une chose ordinaire, peut-être? Non, mais ce qui s'est jamais dit de plus grand, ce qui se peut dire de plus grand, et ce qu'il n'y a jamais eu que Dieu seul qui ait pu dire : QUE LA LUMIÈRE SE FASSE. Puis tout-à-coup, pour montrer qu'afin qu'une chose soit faite, il suffit que Dieu veuille qu'elle se fasse, il ajoute avec une rapidité qui donne à ses paroles mêmes une ame et une vie, ET LA LUMIÈRE SE FIT, montrant par là qu'au moment que Dieu parle, tout s'agite, tout s'émeut, tout obéit. Vous me répondrez peut-être ce que vous me répondez dans la prétendue lettre de M. Huet, que vous ne voyez pas ce qu'il y a de si sublime dans cette manière de parler, QUE LA LUMIÈRE SE FASSE, etc., puisqu'elle est, dites-vous, très familière et très commune dans la langue hébraïque, qui la rebat à chaque bout de champ. En effet, ajoutez-vous, si je disois, « Quand je sortis, je dis à mes gens, « suivez-moi, et ils me suivirent; je priai mon ami « de me prêter son cheval, et il me le prêta : » pourroit-on soutenir que j'ai dit là quelque chose de sublime? Non, sans doute, parceque cela seroit dit dans une occasion très frivole, à propos de choses très petites. Mais est-il possible, Monsieur, qu'a-

---

[a] Autre exemple du pronom personnel *il* plus qu'inutile.

vec tout le savoir que vous avez, vous soyez encore à apprendre ce que n'ignore pas le moindre apprentif rhétoricien, que pour bien juger du beau, du sublime, du merveilleux dans le discours, il ne faut pas simplement regarder la chose qu'on dit, mais la personne qui la dit, la manière dont on la dit, et l'occasion où on la dit; enfin qu'il faut regarder, NON QUID SIT, SED QUO LOCO SIT? Qui est-ce en effet qui peut nier qu'une chose dite en un endroit paroîtra basse et petite, et que la même chose dite en un autre endroit deviendra grande, noble, sublime et plus que sublime? Qu'un homme, par exemple, qui montre à danser, dise à un jeune garçon qu'il instruit: Allez par là, revenez, détournez, arrêtez, cela est très puéril et paroît même ridicule à raconter. Mais que le Soleil, voyant son fils Phaéton qui s'égare dans les cieux sur un char qu'il a eu la folle témérité de vouloir conduire, crie de loin à ce fils à-peu-près les mêmes ou de semblables paroles, cela devient très noble et très sublime, comme on le peut reconnoître dans ces vers d'Euripide rapportés par Longin :

> Le père cependant, plein d'un trouble funeste,
> Le voit rouler de loin sur la plaine céleste;
> Lui montre encor sa route, et du plus haut des cieux
> Le suit autant qu'il peut de la voix et des yeux :
> Va par-là, lui dit-il, reviens, détourne, arrête.

RÉFLEXION X.

Je pourrois vous citer encore cent autres exemples pareils, et il s'en présente à moi de tous côtés. Je ne saurois pourtant, à mon avis, vous en alléguer un plus convaincant ni plus démonstratif que celui même sur lequel nous sommes en dispute. En effet, qu'un maître dise à son valet : « Apportez-« moi mon manteau ; » puis qu'on ajoute, « Et son « valet lui apporta son manteau ; » cela est très petit, je ne dis pas seulement en langue hébraïque, où vous prétendez que ces manières de parler sont ordinaires, mais encore en toute langue. Au contraire, que dans une occasion aussi grande qu'est la création du monde, Dieu dise : QUE LA LUMIÈRE SE FASSE ; puis qu'on ajoute, ET LA LUMIÈRE FUT FAITE ; cela est non seulement sublime, mais d'autant plus sublime que les termes en étant fort simples et pris du langage ordinaire, ils nous font comprendre admirablement, et mieux que tous les plus grands mots, qu'il ne coûte pas plus à Dieu de faire la lumière, le ciel et la terre, qu'à un maître de dire à son valet, « Apportez-moi mon man-« teau. » D'où vient donc que cela ne vous frappe point ? Je vais vous le dire. C'est que n'y voyant point de grands mots ni d'ornements pompeux, et prévenu comme vous l'êtes que le style simple n'est point susceptible de sublime, vous croyez qu'il ne peut y avoir là de vraie sublimité.

Mais c'est assez vous pousser sur cette méprise,

qu'il n'est pas possible, à l'heure qu'il est, que vous ne reconnoissiez. Venons maintenant à vos autres preuves : car tout-à-coup retournant à la charge comme maître passé en l'art oratoire, pour mieux nous confondre Longin et moi, et nous accabler sans ressource, vous vous mettez en devoir de nous apprendre à l'un et à l'autre ce que c'est que sublime. Il y en a, dites-vous, quatre sortes; le sublime des termes, le sublime du tour de l'expression, le sublime des pensées et le sublime des choses. Je pourrois aisément vous embarrasser sur cette division et sur les définitions qu'ensuite vous nous donnez de vos quatre sublimes, cette division et ces définitions n'étant pas si correctes ni si exactes que vous vous le figurez. Je veux bien néanmoins aujourd'hui, pour ne point perdre de temps, les admettre toutes sans aucune restriction. Permettez-moi seulement de vous dire qu'après celle du sublime des choses, vous avancez la proposition du monde la moins soutenable et la plus grossière; car après avoir supposé, comme vous le supposez très solidement, et comme il n'y a personne qui n'en convienne avec vous, que les grandes choses sont grandes en elles-mêmes et par elles-mêmes, et qu'elles se font admirer indépendamment de l'art oratoire; tout d'un coup, prenant le change, vous soutenez que pour être mises en œuvre dans un discours elles n'ont besoin d'aucun génie ni d'aucune adresse, et qu'un homme, quelque ignorant et quelque grossier qu'il soit, ce sont vos termes, s'il rapporte une grande chose sans en rien dérober à la connoissance de l'auditeur, pourra avec justice être estimé éloquent et sublime. Il est vrai que vous ajoutez, « non pas de ce sublime dont parle ici « Longin. » Je ne sais pas ce que vous voulez dire par ces mots, que vous nous expliquerez quand il vous plaira.

Quoi qu'il en soit, il s'ensuit de votre raisonnement que pour être bon historien (ô la belle découverte!) il ne faut point d'autre talent que celui que Démétrius Phaléréus [a] attribue au peintre

---

[a] Démétrius de Phalère, après s'être adonné à la philosophie, se livra aux affaires publiques vers les dernières années du règne d'Alexandre. Ayant suivi le parti de Phocion, il fut condamné à mourir comme ce grand homme; mais il se réfugia auprès de Cassandre, roi de Macédoine, qui le mit à la tête du gouvernement d'Athènes. Suivant Athénée, il s'abandonna à tous les excès du luxe et de la mollesse. Cicéron et Plutarque donnent au contraire les plus grands éloges à son administration, qui dura dix ans. Lorsque Démétrius-Poliorcètes, fils d'Antigone, s'empara d'Athènes, où il rétablit la démocratie, il eut beaucoup de peine à le soustraire à la fureur du peuple. Des trois cent soixante statues érigées à Démétrius de Phalère, une seule fut dérobée aux insultes. S'étant retiré en Égypte, le roi Ptolémée, fils de Lagus, l'admit à sa familiarité; mais après

Nicias, qui étoit de choisir toujours de grands sujets. Cependant ne paroît-il pas au contraire que pour bien raconter une grande chose, il faut beaucoup plus d'esprit et de talent que pour en raconter une médiocre? En effet, Monsieur, de quelque bonne foi que soit votre homme ignorant et grossier, trouvera-t-il pour cela aisément des paroles dignes de son sujet? Saura-t-il même les construire? Je dis construire; car cela n'est pas si aisé qu'on s'imagine.

Cet homme enfin, fût-il bon grammairien, saura-t-il pour cela, racontant un fait merveilleux, jeter dans son discours toute la netteté, la délicatesse, la majesté, et, ce qui est encore plus considérable, toute la simplicité nécessaire à une bonne narration? Saura-t-il choisir les grandes circonstances? Saura-t-il rejeter les superflues? En décrivant le passage de la mer Rouge, ne s'amusera-t-il

la mort de ce prince, il éprouva de nouveau l'inconstance de la fortune. Le caractère de son éloquence étoit la douceur. On y reconnoissoit, dit Cicéron, un disciple de Théophraste. De ses nombreux ouvrages aucun n'est parvenu jusqu'à nous. Le traité *de l'Élocution* n'est pas de lui, au jugement des critiques les plus éclairés, quoiqu'il porte son nom. Le peintre Nicias, dont parle Despréaux, vivoit trop long-temps après Démétrius de Phalère, pour que celui-ci ait pu en faire mention. C'est même un des faits que l'on cite, pour démontrer que ce traité est d'un autre Démétrius, postérieur de plusieurs siècles à l'orateur d'Athènes.

point, comme le poëte dont je parle dans mon Art poétique, à peindre le petit enfant

> Qui va, saute [a], revient,
> Et, joyeux, à sa mère offre un cailloux qu'il tient.

En un mot, saura-t-il, comme Moïse, dire tout ce qu'il faut, et ne dire que ce qu'il faut? Je vois que cette objection vous embarrasse. Avec tout cela néanmoins, répondrez-vous, on ne me persuadera jamais que Moïse, en écrivant la Bible, ait songé à tous ces agréments et à toutes ces petites finesses de l'école : car c'est ainsi que vous appelez toutes les grandes figures de l'art oratoire. Assurément Moïse n'y a point pensé; mais l'esprit divin qui l'inspiroit y a pensé pour lui, et les y a mises en œuvre, avec d'autant plus d'art qu'on ne s'aperçoit point qu'il y ait aucun art: car on n'y remarque point de faux ornements, et rien ne s'y sent de l'enflure et de la vaine pompe des déclamateurs, plus opposée quelquefois au vrai sublime que la bassesse même des mots les plus abjects; mais tout y est plein de sens, de raison et de majesté. De sorte que le livre de Moïse est en même temps le plus éloquent, le plus sublime et le plus simple de tous les livres. Il faut convenir pourtant

---

[a] Dans l'édition de 1713, on lit: « Saute *et* revient. » L'*et* est une faute évidente, qui a été copiée par Brossette, par les éditeurs de 1722, 1735, 1740.

que ce fut cette simplicité, quoique si admirable, jointe à quelques mots latins un peu barbares de la Vulgate, qui dégoûtèrent saint Augustin, avant sa conversion, de la lecture de ce divin livre; dont néanmoins depuis, l'ayant regardé de plus près, et avec des yeux plus éclairés, il fit le plus grand objet de son admiration et sa perpétuelle lecture [a].

[a] Saint Augustin, né à Tagaste, petite ville de Numidie, l'an 354 de l'ère vulgaire, nous a donné l'histoire de sa vie dans le livre de ses *Confessions*. Il acheva ses études à Carthage. Après y avoir professé l'éloquence, il se rendit à Rome, puis à Milan où saint Ambroise, qui en occupoit le siège, lui fit goûter sa doctrine. Ce fut là que revenant de ses préventions contre la simplicité de l'Écriture sainte, il en sentit tout le pouvoir, et qu'il embrassa la vie chrétienne dans sa pureté. L'église, par une fête particulière, a consacré l'époque de sa conversion. A l'âge de trente-trois ans, il reçut le baptême, et retourna quelque temps après en Afrique. Il y vivoit depuis trois années, lorsqu'il entra dans l'état ecclésiastique, sur les vives instances du peuple d'Hippone dont il devint l'évêque en 395. Son zèle actif et doux, en lui conciliant les cœurs, parvenoit souvent à éteindre les schismes. Son ouvrage le plus justement célèbre est la *Cité de Dieu*. Il y enseigne combien l'idolâtrie, éclairée par la philosophie la plus saine, est impuissante pour procurer le bonheur, même dans cette vie; et c'est d'après sa propre expérience qu'il se propose de le démontrer. Il mourut en 430, avec la douleur de voir sa patrie abandonnée à la férocité de Genseric, roi des Vandales.

Mais c'est assez nous arrêter sur la considération de votre nouvel orateur. Reprenons le fil de notre discours, et voyons où vous en voulez venir par la supposition de vos quatre sublimes. Auquel de ces quatre genres, dites-vous, prétend-on attribuer le sublime que Longin a cru voir dans le passage de la Genèse? Est-ce au sublime des mots? Mais sur quoi fonder cette prétention, puisqu'il n'y a pas dans ce passage un seul grand mot? Sera-ce au sublime de l'expression? L'expression en est très ordinaire, et d'un usage très commun et très familier, sur-tout dans la langue hébraïque, qui la répète sans cesse. Le donnera-t-on au sublime des pensées? Mais bien loin d'y avoir là aucune sublimité de pensée, il n'y a pas même de pensée. On ne peut, concluez-vous, l'attribuer qu'au sublime des choses, auquel Longin ne trouvera pas son compte, puisque l'art ni le discours n'ont aucune part à ce sublime. Voilà donc, par votre belle et savante démonstration, les premières paroles de Dieu dans la Genèse entièrement dépossédées du sublime que tous les hommes jusqu'ici avoient

---

On l'a surnommé le *docteur de la grace*. Son style a une chaleur pénétrante; mais, comme l'observe Érasme, il fut quelquefois réduit à l'accommoder au faux goût de ceux qui l'écoutoient. Ses œuvres, qui forment un corps complet de théologie, sont rassemblées en onze vol. in-fol., 1679, auxquels on a joint un appendice in-fol., 1703.

cru y voir; et le commencement de la Bible reconnu froid, sec et sans nulle grandeur. Regardez pourtant comme les manières de juger sont différentes ; puisque, si l'on me fait les mêmes interrogations que vous vous faites à vous-même, et si l'on me demande quel genre de sublime se trouve dans le passage dont nous disputons, je ne répondrai pas qu'il y en a un des quatre que vous rapportez, je dirai que tous les quatre y sont dans leur plus haut degré de perfection.

En effet, pour en venir à la preuve, et pour commencer par le premier genre, bien qu'il n'y ait pas dans le passage de la Genèse des mots grands ni ampoulés, les termes que le prophète y emploie, quoique simples, étant nobles, majestueux, convenables au sujet, *ils* ne laissent pas d'être sublimes, et si sublimes que vous n'en sauriez suppléer d'autres que le discours n'en soit considérablement affoibli ; comme si, par exemple, au lieu de ces mots, DIEU DIT : QUE LA LUMIÈRE SE FASSE ; ET LA LUMIÈRE SE FIT, vous mettiez : « Le souverain « maître de toutes choses commanda à la lumière « de se former ; et en même temps ce merveilleux « ouvrage qu'on appelle lumière se trouva formé : » Quelle petitesse ne sentira-t-on point dans ces grands mots, vis-à-vis de ceux-ci, DIEU DIT : QUE LA LUMIÈRE SE FASSE, etc ? A l'égard du second genre, je veux dire du sublime du tour de l'expression, où peut-on voir un tour d'expression plus sublime que celui de ces paroles : DIEU DIT : QUE LA LUMIÈRE SE FASSE ; ET LA LUMIÈRE SE FIT ; dont la douceur majestueuse, même dans les traductions grecques, latines et françoises, frappe si agréablement l'oreille de tout homme qui a quelque délicatesse et quelque goût? Quel effet donc ne feroient-elles point si elles étoient prononcées dans leur langue originale par une bouche qui les pût prononcer, et écoutées par des oreilles qui les sussent entendre? Pour ce qui est de ce que vous avancez au sujet du sublime des pensées, que bien loin qu'il y ait dans le passage qu'admire Longin aucune sublimité de pensée, il n'y a pas même de pensée ; il faut que votre bon sens vous ait abandonné quand vous avez parlé de cette manière. Quoi! Monsieur, le dessein que Dieu prend immédiatement après avoir créé le ciel et la terre, car c'est Dieu qui parle en cet endroit; la pensée, dis-je, qu'il conçoit de faire la lumière ne vous paroît pas une pensée! Et qu'est-ce donc que pensée, si ce n'en est là une des plus sublimes qui pouvoient, si en parlant de Dieu il est permis de se servir de ces termes, qui pouvoient, dis-je, venir à Dieu lui-même? pensée qui étoit d'autant plus nécessaire, que, si elle ne fût venue à Dieu, l'ouvrage de la création restoit imparfait, et la terre demeuroit informe et vide, TERRA AUTEM ERAT INANIS ET VACUA. Confessez donc, Monsieur, que les trois premiers genres de votre sublime sont excellemment renfermés dans le passage de Moïse. Pour le sublime des choses, je ne vous en dis rien, puisque vous reconnoissez vous-même qu'il s'agit dans ce passage de la plus grande chose qui puisse être faite, et qui ait jamais été faite. Je ne sais si je me trompe, mais il me semble que j'ai assez exactement répondu à toutes vos objections tirées des quatre sublimes.

N'attendez pas, Monsieur, que je réponde ici avec la même exactitude à tous les vagues raisonnements et à toutes les vaines déclamations que vous me faites dans la suite de votre long discours, et principalement dans le dernier article de la lettre attribuée à M. l'évêque d'Avranches, où, vous expliquant d'une manière embarrassée, vous donnez lieu aux lecteurs de penser que vous êtes persuadé que Moïse et tous les prophètes, en publiant les louanges de Dieu, au lieu de relever sa grandeur, l'ont, ce sont vos propres termes, en quelque sorte avili et déshonoré: tout cela faute d'avoir assez bien démêlé une équivoque très grossière, et dont, pour être parfaitement éclairci, il ne faut que se ressouvenir d'un principe avoué de tout le monde, qui est qu'une chose sublime aux yeux des hommes n'est pas pour cela sublime aux yeux de Dieu, devant lequel il n'y a de vraiment sublime que Dieu lui-même; qu'ainsi toutes ces manières figurées que les prophètes et les écrivains sacrés emploient pour l'exalter, lorsqu'ils lui donnent un visage, des yeux, des oreilles, lorsqu'ils le font marcher, courir, s'asseoir, lorsqu'ils le représentent porté sur l'aile des vents, lorsqu'ils lui donnent à lui-même des ailes, lorsqu'ils lui prêtent leurs expressions, leurs actions, leurs passions et mille autres choses semblables; toutes ces choses sont fort petites devant Dieu, qui les souffre néanmoins et les agrée, parcequ'il sait bien que la foiblesse humaine ne le sauroit louer autrement. En même temps il faut reconnoître que ces mêmes choses présentées aux yeux des hommes avec des figures et des paroles telles que celles de Moïse et des autres prophètes, non seulement ne sont pas basses, mais encore qu'elles deviennent nobles, grandes, merveilleuses et dignes en quelque façon de la majesté divine. D'où il s'ensuit que vos réflexions sur la petitesse de nos idées devant Dieu sont ici très mal placées, et que votre critique sur les paroles de la Genèse est fort peu raisonnable, puisque c'est de ce sublime, présenté aux yeux des hommes, que Longin a voulu et dû parler, lorsqu'il a dit que Moïse a parfaitement conçu la puissance de Dieu au commencement de ses lois, et qu'il l'a exprimée dans toute sa dignité par ces paroles, DIEU DIT, etc.

Croyez-moi donc, Monsieur, ouvrez les yeux. Ne vous opiniâtrez pas davantage à défendre contre

Moïse, contre Longin et contre toute la terre, une cause aussi odieuse que la vôtre, et qui ne sauroit se soutenir que par des équivoques et par de fausses subtilités. Lisez l'Écriture sainte avec un peu moins de confiance en vos propres lumières, et défaites-vous de cette hauteur calviniste et socinienne, qui vous fait croire qu'il y va de votre honneur d'empêcher qu'on n'admire trop légèrement le début d'un livre dont vous êtes obligé d'avouer vous-même qu'on doit adorer tous les mots et toutes les syllabes ; et qu'on peut bien ne pas assez admirer, mais qu'on ne sauroit trop admirer. Je ne vous en dirai pas davantage. Aussi bien il est temps de finir cette dixième réflexion, déja même un peu trop longue, et que je ne croyois pas devoir pousser si loin.

Avant que de la terminer néanmoins, il me semble que je ne dois pas laisser sans réplique une objection assez raisonnable que vous me faites au commencement de votre dissertation, et que j'ai laissée à part pour y répondre à la fin de mon discours. Vous me demandez dans cette objection d'où vient que, dans ma traduction du passage de la Genèse cité par Longin, je n'ai point exprimé ce monosyllabe τί, QUOI ? puisqu'il est dans le texte de Longin, où il n'y a pas seulement : DIEU DIT : QUE LA LUMIÈRE SE FASSE ; mais, DIEU DIT : QUOI ? QUE LA LUMIÈRE SE FASSE. A cela je réponds, en premier lieu, que sûrement ce monosyllabe n'est point de Moïse, et appartient entièrement à Longin, qui, pour préparer la grandeur de la chose que Dieu va exprimer, après ces paroles, DIEU DIT, se fait à soi-même cette interrogation, QUOI? puis ajoute tout d'un coup, QUE LA LUMIÈRE SE FASSE. Je dis en second lieu que je n'ai point exprimé ce QUOI? parcequ'à mon avis il n'auroit point eu de grace en françois, et que non seulement il auroit un peu gâté les paroles de l'Écriture, mais qu'il auroit pu donner occasion à quelques savants, comme vous, de prétendre mal-à-propos, comme cela est effectivement arrivé, que Longin n'avoit pas lu le passage de la Genèse dans ce qu'on appelle la Bible des Septante, mais dans quelque autre version où le texte étoit corrompu. Je n'ai pas eu le même scrupule pour ces autres paroles que le même Longin insère encore dans le texte, lorsqu'à ces termes, QUE LA LUMIÈRE SE FASSE, il ajoute, QUE LA TERRE SE FASSE; LA TERRE FUT FAITE; parceque cela ne gâte rien, et qu'il est dit par une surabondance d'admiration que tout le monde sent. Ce qu'il y a de vrai pourtant, c'est que, dans les règles, je devois avoir fait il y a long-temps cette note que je fais aujourd'hui, qui manque, je l'avoue, à ma traduction. Mais enfin la voilà faite [a].

[a] Le Clerc ne tarda pas à faire paroître une *réponse à l'avertissement* (de l'abbé Renaudot), que nous avons donné

page 281, et des *remarques sur la réflexion* X. La *réponse*, qu'il affirme avoir reçue de Paris, est un amas d'injures contre Despréaux. On lui refuse le talent de la critique; on ne lui accorde que celui de la versification; enfin on ne reconnoît en lui qu' « un esprit sombre et sec, plaisantant « d'une manière chagrine, stérile;.... qu'une humeur noire, « envieuse, outrageuse;.... qu'une érudition mince et su- « perficielle.... » (*Bibliothèque choisie*, tome XXVI, part. I, art. 2, pages 64—82, 1713). Dans ses *remarques*, Le Clerc n'imite pas le ton du libelliste anonyme. Il se plaint de ce que Despréaux n'a pas répondu directement à Huet, et de ce qu'il attaque les opinions religieuses d'un protestant, lorsqu'il s'agit d'une discussion purement littéraire. Quant au fond de la question, il se borne à répéter que le passage de la Genèse n'est pas éloquent, parceque l'historien sacré n'a pas prétendu le rendre tel; raisonnement auquel a si bien répondu le traducteur de Longin, que l'on est dispensé d'y rien ajouter.

La lettre de Huet au duc de Montausier, la réponse à l'avertissement de l'abbé Renaudot, les remarques de Le Clerc sur la dixième réflexion critique sont insérées dans plusieurs éditions des œuvres de notre poëte. Brossette ayant envoyé la sienne à Jean-Baptiste Rousseau, ce dernier lui répondit : « Je ne sais comment tous ceux qui s'in- « téressent à la mémoire de M. Despréaux pourront digérer « l'immortalité qu'on y assure aux sottises écrites contre « lui, en les associant à ses propres écrits. Ils jugeront sans « doute qu'il auroit été bien plus naturel, si on vouloit « faire cet honneur à M. Huet, d'y insérer sa dissertation « contre M. Perrault.... » (*Lettre écrite de Vienne*, le 26 novembre 1716.) Rousseau donne ensuite le nom de celui qu'il regarde comme l'auteur de la *réponse à l'avertissement*; mais on a eu soin de le supprimer. Il affirme que ce n'est point Huet, à qui Brossette l'attribuoit dans sa correspondance.

Saint-Marc joint aux trois pièces énoncées ci-dessus une *explication et justification du sentiment de Longin, etc.*, par Claude Capperonnier, professeur de grec au collège de France [a]. Ce savant, à qui l'on doit une édition de Quintilien, ne croit pas qu'il y ait des termes à-la-fois simples et sublimes; il n'hésite point à prononcer que Despréaux n'a pas mieux saisi l'état de la question que Huet et Le Clerc, le premier en trouvant dans le passage de Moïse un sublime d'expression, et les deux autres, en refusant d'y voir un sublime de pensée; suivant lui, Longin a seul raison, parcequ'il n'a entendu parler en cet endroit que de ce dernier genre. Voilà des assertions plus tranchantes que décisives: le sublime n'est pas dans l'expression; mais quand elle répond à la grandeur de la pensée, elle en a la sublimité. Pourquoi le passage de la Genèse transporte-t-il d'admiration? C'est qu'il étoit impossible de donner à une grande pensée un tour plus énergique et plus précis; et cependant les termes qu'emploie l'historien sont très simples.

[a] Claude Capperonnier, né à Montdidier en 1671, mort en 1744.

RÉFLEXION XI.

Néanmoins Aristote et Théophraste [a], afin d'excuser l'audace de ces figures, pensent qu'il est bon d'y apporter ces adoucissements : *Pour ainsi dire, Si j'ose me servir de ces termes, pour m'expliquer plus hardiment*, etc. (*Paroles de Longin*, chap. XXVI.)

Le conseil de ces deux philosophes est excellent, mais il n'a d'usage que dans la prose; car ces ex-

---

[a] Ce philosophe, né à Érèse, ville de Lesbos, étoit fils d'un foulon. Il passa de l'école de Platon dans celle d'Aristote. Ce dernier, charmé des graces de son élocution, lui changea le nom de *Tyrtame* en celui d'*Euphraste*, c'est-à-dire, dont le langage est doux; et ce nom ne répondant pas encore à l'idée qu'il avoit de son talent, il l'appela *Théophraste*, c'est-à-dire, dont le langage est divin. Aristote craignant d'éprouver le même sort que Socrate, fut obligé de sortir d'Athènes; il confia l'enseignement du lycée et tous ses écrits à Théophraste. C'est aux précautions de l'élève que nous devons la connoissance des ouvrages du maître. Après la prise d'Athènes, ils furent transportés à Rome par Sylla.

La célébrité de Théophraste fut si grande qu'il compta jusqu'à deux mille disciples. Sa prudence et son aménité lui concilièrent également l'affection du peuple et la faveur des rois. Les fruits de ses immenses travaux sont perdus la plupart; parmi ceux qui nous restent, on distingue ce qui

cuses sont rarement souffertes dans la poésie, où elles auroient quelque chose de sec et de languissant, parceque la poésie porte son excuse avec soi. De sorte qu'à mon avis, pour bien juger si une figure dans les vers n'est point trop hardie, il est bon de la mettre en prose avec quelqu'un de ces adoucissements; puisqu'en effet si, à la faveur de cet adoucissement, elle n'a plus rien qui choque, elle ne doit point choquer dans les vers destitués même de cet adoucissement.

M. de La Motte, mon confrère à l'académie françoise [a], n'a donc pas raison en son Traité de

est relatif à l'histoire des pierres, des plantes, etc., et surtout le livre si connu, intitulé *les Caractères*; livre auquel on a fait d'importantes additions, depuis la traduction que La Bruyère en a donnée. Théophraste passe généralement pour avoir parcouru une très longue carrière; mais on varie sur l'âge auquel il est mort.

[a] Houdart de La Motte, né le 17 janvier 1672, crut qu'avec beaucoup d'esprit on pouvoit être le rival d'Homère, d'Anacréon, de Virgile, de Molière, de Racine, de La Fontaine, de Quinault et de Jean-Baptiste Rousseau. Il s'essaya dans tous les genres où ces grands hommes excellèrent; il y dicta des préceptes, excepté sur l'opéra, précisément parceque ses succès à cet égard étoient peu contestés. Si ses vers sont froids et sans coloris, sa prose est vraiment séduisante; mais elle doit inspirer aux lecteurs une défiance extrême, car il y tend des pièges continuels à leur goût.

Le Traité auquel répond Despréaux est le *Discours sur la*

l'ode, lorsqu'il accuse l'illustre M. Racine de s'être exprimé avec trop de hardiesse dans sa tragédie de Phèdre, où le gouverneur d'Hippolyte, faisant la peinture du monstre effroyable que Neptune avoit envoyé pour effrayer les chevaux de ce jeune et malheureux prince, se sert de cette hyperbole:

Le flot qui l'apporta recule épouvanté;

puisqu'il n'y a personne qui ne soit obligé de tomber d'accord que cette hyperbole passeroit même

poésie en général, et sur l'ode en particulier. Quoique La Motte fût l'élève et l'intime ami de Fontenelle, le critique sévère lui témoignoit de l'intérêt. On voit même, par une lettre adressée le 12 mars 1706 à Brossette, qu'il évite de s'expliquer sur ses odes. Aussi le ton de cette XIe *réflexion* est-il bien différent de celui qu'il emploie avec Charles Perrault. Lorsqu'il l'écrivit, La Motte étoit depuis bien peu de temps son confrère à l'académie françoise. Ce dernier y entra le 8 février 1710, à la place de Thomas Corneille, et son discours de réception annonce qu'il étoit déja aveugle.

Quelques années après la mort de Despréaux, il publia des ouvrages que celui-ci auroit eu beaucoup de peine à lui pardonner, tels qu'un *Discours sur Homère*, une *Imitation de l'Iliade* en vers, des *Réflexions sur la critique*, dans lesquelles il combat avec toute l'aménité de son caractère la savante madame Dacier, qui étoit peu disposée à mettre autant de modération dans la défense d'une meilleure cause. Il mourut le 26 décembre 1731. Sa tragédie d'Inès-de-Castro, dénuée de poésie, est d'un effet prodigieux au théâtre.

dans la prose, à la faveur d'un POUR AINSI DIRE, ou d'un SI J'OSE AINSI PARLER.

D'ailleurs Longin, ensuite du passage que je viens de rapporter ici, ajoute des paroles qui justifient encore mieux que tout ce que j'ai dit le vers dont il est question. Les voici : « L'excuse, selon « le sentiment de ces deux célèbres philosophes, « est un remède infaillible contre les trop grandes « hardiesses du discours ; et je suis bien de leur « avis : mais je soutiens pourtant toujours ce que « j'ai déja avancé, que le remède le plus naturel « contre l'abondance et l'audace des métaphores, « c'est de ne les employer que bien à propos, je « veux dire dans le sublime et dans les grandes « passions. » En effet, si ce que dit là Longin est vrai, M. Racine a entièrement cause gagnée : pouvoit-il employer la hardiesse de sa métaphore dans une circonstance plus considérable et plus sublime que dans l'effroyable arrivée de ce monstre, ni au milieu d'une passion plus vive que celle qu'il donne à cet infortuné gouverneur d'Hippolyte, qu'il représente plein d'une horreur et d'une consternation que, par son récit, il communique en quelque sorte aux spectateurs mêmes, de sorte que, par l'émotion qu'il leur cause, il ne les laisse pas en état de songer à le chicaner sur l'audace de sa figure ? Aussi a-t-on remarqué que toutes les fois qu'on joue la tragédie de Phèdre, bien loin qu'on paroisse choqué de ce vers,

Le flot qui l'apporta recule épouvanté,

on y fait une espèce d'acclamation; marque incontestable qu'il y a là du vrai sublime, au moins si l'on doit croire ce qu'atteste Longin en plusieurs endroits, et sur-tout à la fin de son cinquième chapitre, par ces paroles : « Car lorsqu'en un grand « nombre de personnes différentes de profession et « d'âge, et qui n'ont aucun rapport ni d'humeurs « ni d'inclinations, tout le monde vient à être « frappé également de quelque endroit d'un dis- « cours, ce jugement et cette approbation uniforme « de tant d'esprits si discordants d'ailleurs est une « preuve certaine et indubitable qu'il y a là du « merveilleux et du grand. »

M. de La Motte néanmoins paroît fort éloigné de ces sentiments, puisqu'oubliant les acclamations que je suis sûr qu'il a plusieurs fois lui-même, aussi bien que moi, entendu faire dans les représentations de Phèdre, au vers qu'il attaque, il ose avancer qu'on ne peut souffrir ce vers, alléguant pour une des raisons qui empêchent qu'on ne l'approuve, la raison même qui le fait le plus approuver, je veux dire l'accablement de douleur où est Théramène. On est choqué, dit-il, de voir un homme accablé de douleur comme est Théramène, si attentif à sa description, et si recherché dans ses termes. M. de La Motte nous expliquera, quand il le jugera à propos, ce que veulent dire ces mots, « si attentif à sa description, et si recherché dans « ses termes; » puisqu'il n'y a en effet dans le vers de M. Racine aucun terme qui ne soit fort commun et fort usité [a]. Que s'il a voulu par là simplement accuser d'affectation et de trop de hardiesse la figure par laquelle Théramène donne un sentiment de frayeur au flot même qui a jeté sur le rivage le monstre envoyé par Neptune, son objection est encore bien moins raisonnable, puisqu'il n'y a point de figure plus ordinaire dans la poésie, que de personnifier les choses inanimées, et de leur donner du sentiment, de la vie et des passions. M. de La Motte me répondra peut-être que cela est vrai quand c'est le poëte qui parle,

[a] « Ce vers de Racine, dit La Motte,

Le flot qui l'apporta, recule épouvanté,

« est excessif dans la bouche de Théramène. On est choqué
« de voir un homme accablé de douleur, si recherché dans
« ses termes, et si attentif à sa description. Mais ce même
« vers seroit beau dans une ode, parceque c'est le poëte qui
« y parle, qu'il y fait profession de peindre, qu'on ne lui
« suppose point de passion violente qui partage son atten-
« tion, et qu'on sent bien enfin, quand il se sert d'une ex-
« pression outrée, qu'il le fait à dessein, pour suppléer par
« l'exagération de l'image à l'absence de la chose même. »
(*OEuvres de M. Houdart de La Motte*, tome I, p. 27, 1754.)

parcequ'il est supposé épris de fureur, mais qu'il n'en est pas de même des personnages qu'on fait parler. J'avoue que ces personnages ne sont pas d'ordinaire supposés épris de fureur; mais ils peuvent l'être d'une autre passion, telle que celle de Théramène, qui ne leur fera pas dire des choses moins fortes et moins exagérées que celles que pourroit dire un poëte en fureur. Ainsi Énée, dans l'accablement de douleur où il est au second livre de l'Énéide [a], lorsqu'il raconte la misérable fin de sa patrie, ne cède pas en audace d'expression à Virgile même; jusque-là que [b] *se* comparant à

[a] Tel est le texte de l'édition de 1713, que nous avons sous les yeux. Brossette, Saint-Marc et les autres éditeurs, sans en excepter M. Daunou, prétendent que cette édition porte: « dans l'accablement de douleur où il est au com-« mencement du second livre de l'Énéide,.... » erreur évidente qu'ils rectifient, ou par une note, ou en substituant les mots *à la fin* à ceux-ci *au commencement*. La Motte relève également, dans sa réplique à la réflexion XIe de Despréaux, l'erreur échappée à ce dernier. Un pareil concours de témoignages semble ne laisser aucun doute sur l'existence de cette méprise dans l'édition de 1713, imprimée après la mort de l'auteur. Nous devons seulement présumer que l'on a eu la précaution de la corriger dans beaucoup d'exemplaires; car elle n'existe point dans ceux que nous avons consultés.

[b] Dans l'édition de 1713, que nous suivons, il y a ici une faute d'impression ou une inadvertance de l'auteur : il ne s'agit pas d'Énée dans la comparaison de Virgile, mais

un grand arbre que des laboureurs s'efforcent d'abattre à coups de cognée, il ne se contente pas de prêter de la colère à cet arbre, mais il lui fait faire des menaces à ces laboureurs. « L'arbre indigné, « dit-il, les menace en branlant sa tête chevelue : »

Illa usque minatur,
Et tremefacta comam concusso vertice nutat [a].

Je pourrois rapporter ici un nombre infini d'exemples, et dire encore mille choses de semblable force sur ce sujet; mais en voilà assez, ce me semble, pour dessiller les yeux de M. de La Motte, et pour le faire ressouvenir que lorsqu'un endroit d'un discours frappe tout le monde, il ne faut pas chercher des raisons, ou plutôt de vaines subtilités, pour s'empêcher d'en être frappé, mais faire si bien que nous trouvions nous-mêmes les raisons pourquoi il nous frappe. Je n'en dirai pas davantage pour cette fois [b]. Cependant, afin

---

d'Ilion, patrie du héros. Brossette a fait un changement à ces mots « jusque-là que *se* comparant à un grand ar- « bre, etc. » : il a mis « jusque-là que *la* comparant à un « grand arbre, etc. »

[a] Énéide, liv. II, vers 628—629.

[b] La Motte fit une *réponse à la onzième réflexion de M. Despréaux sur Longin*. Sa politesse dans la discussion est d'un si bon exemple, que nous ne craignons pas d'étendre un peu notre citation. « Je ferois gloire de me rendre, dit-il, « s'il m'avoit convaincu; mais comme les esprits supérieurs, « quelque chose qu'ils avancent, prétendent payer de rai-

qu'on puisse mieux prononcer sur tout ce que j'ai avancé ici en faveur de M. Racine, je crois qu'il

« son et non pas d'autorité, je fais la justice à M. Despréaux
« de penser que, s'il vivoit encore, il trouveroit fort bon
« que je défendisse mon opinion, dût-elle se trouver la
« meilleure.

« Je me justifierai donc le mieux qu'il me sera possible ;
« et pour le faire avec tout le respect que je dois à la mé-
« moire de M. Despréaux, je suppose que je lui parle à lui-
« même, comme j'y aurois été obligé un jour qu'il m'alloit
« communiquer sa réflexion, si quelques visites imprévues
« ne l'en avoient empêché.

« Ce que la haute estime que j'avois pour lui, ce que l'a-
« mitié dont il m'honoroit, m'auroient inspiré d'égards en
« cette occasion, je vais le joindre, s'il se peut, à l'exacti-
« tude et à la fermeté qui m'eussent manqué sur-le-champ
« et en sa présence.

« J'aurois peine à trouver des modèles dans les disputes
« des gens de lettres. Ce n'est guère l'honnêteté qui les as-
« saisonne ; on attaque d'ordinaire par les railleries, et l'on
« se défend souvent par les injures : ainsi les manières font
« perdre le fruit des choses, et les auteurs s'avilissent eux-
« mêmes plus qu'ils n'instruisent les autres. Quelle honte
« que, dans ce genre d'écrire, ce soit être nouveau que
« d'être raisonnable ! »

Après avoir répondu avec une adresse infinie aux objections de Despréaux, La Motte combat ainsi la dernière :
« Quant à l'exemple particulier d'Énée, quoiqu'on puisse
« dire qu'il n'est pas dans le cas de Théramène, et qu'après
« sept ans passés depuis les malheurs qu'il raconte, il peut
« conserver assez de sang-froid pour orner son récit de

ne sera pas mauvais, avant que de finir cette onzième réflexion, de rapporter l'endroit tout entier du récit dont il s'agit. Le voici :

> Cependant sur le dos de la plaine liquide
> S'élève à gros bouillons une montagne humide ;
> L'onde approche, se brise, et vomit à nos yeux,
> Parmi des flots d'écume, un monstre furieux.
> Son front large est armé de cornes menaçantes,
> Tout son corps est couvert d'écailles jaunissantes ;
> Indomptable taureau, dragon impétueux,
> Sa croupe se recourbe en replis tortueux ;

« comparaisons, j'avoue encore qu'il m'y paroît excessive-
« ment poëte ; et c'est un défaut que j'ai senti dans tout le
« second et tout le troisième livre de l'Énéide, où Énée
« n'est ni moins fleuri ni moins audacieux que Virgile.
« Peut-être que Virgile a bien aperçu lui-même ce défaut
« de convenance ; mais ayant à mettre deux livres entiers
« dans la bouche de son héros, il n'a pu se résoudre à les
« dépouiller des ornements de la grande poésie. » (*tome* V, *pages* 85 et 93.)

Voici une anecdote relative au passage latin, cité par Despréaux. En 1776, Delille étant allé voir Voltaire à Ferney, lui lut sa traduction du second livre de l'Énéide. L'auteur de la Henriade épargna les premières comparaisons qui se trouvent dans le récit d'Énée ; mais à celle où le Troyen compare sa patrie tombant du sommet de la puissance, à un arbre antique succombant sous des coups redoublés, il arrêta le lecteur, et lui dit avec impatience : « Monsieur, est-il convenable qu'Énée emploie des compa-
« raisons qui ne seroient bien placées que dans la bouche
« du poëte ? » Le traducteur lui répondit qu'Énée, comme

Ses longs mugissements font trembler le rivage.
Le ciel avec horreur voit ce monstre sauvage;
La terre s'en émeut, l'air en est infecté,
LE FLOT QUI L'APPORTA RECULE ÉPOUVANTÉ, etc. (1).

les Orientaux, aimoit à parler par figures. Il ajouta que le chantre de Henri IV faisoit dire à son héros, parlant de la mort de Joyeuse :

> Telle une tendre fleur, qu'un matin voit éclore
> Des baisers du Zéphir et des pleurs de l'Aurore,
> Brille un moment aux yeux, et tombe avant le temps
> Sous le tranchant du fer, ou sous l'effort des vents.
>
> (*Henriade*, chant III, vers 215—218.)

(1) . . . . Refluitque exterritus amnis.
(*Énéide*, liv. VIII, vers 240.) (*Despréaux*.)
* Delille traduit ainsi ce vers, que Virgile met dans la bouche d'Évandre :

> Et le fleuve écumant recule épouvanté.

On formeroit des volumes de tout ce qui a été écrit pour et contre le récit admirable de la mort d'Hippolyte, ce modèle du style descriptif.

L'abbé d'Olivet répondit à la réplique de La Motte [a]; mais il étoit meilleur juge en grammaire qu'en poésie. Ses raisonnements, puisés dans la physique et dans la religion des anciens, avoient si peu de solidité qu'il les supprima dans la suite, lorsque l'abbé Desfontaines, son antagoniste, lui en eut fait sentir la foiblesse, en répondant lui-même d'une manière plus juste aux objections subtiles de La Motte [b].

---

[a] *Remarques de grammaire sur Racine*, 1738, page 98.

[b] *Racine vengé, ou examen des remarques grammaticales de M. l'abbé d'Olivet sur les œuvres de Racine*, in-12, 1739, page 90.

Saint-Marc ne se borne pas à improuver le langage de Théramène, comme trop pompeux pour la situation; il blâme en lui-même ce langage, dans lequel il ne voit le plus souvent que de l'enflure. Il reproche au gouverneur d'Hippolyte de *niaiser*, de se livrer aux *inutilités du jargon poétique*. Ces expressions seules indiquent assez ce qu'il faut penser des quarante pages qu'il emploie à *l'examen du récit*, etc.

Louis Racine devoit figurer parmi les défenseurs de son père: après avoir fort bien développé la *Réflexion* XIe de Despréaux, il ajoute qu'il a toujours été surpris de voir au nombre des critiques du récit de Théramène « M. de Fé- « nélon [a], qui, dit-il, ne fit pas sans doute attention que, « par les mêmes raisons dont il l'attaquoit, on pourroit at- « taquer plusieurs endroits de son Télémaque, en soutenant « qu'on y trouve plutôt la brillante imagination de l'auteur « que l'imitation de la nature [b]. »

Luneau de Boisjermain, ou quelqu'un de ses collaborateurs, regarde le récit dont il s'agit comme une beauté entièrement déplacée [c].

Geoffroy se borne à dire: « L'art dramatique a besoin « de beaucoup de concessions, etc. [d] »; et il ne craint pas d'assurer qu'aucun poëte n'a su mieux justifier les hardiesses du morceau de Racine que le grammairien d'Olivet [e]. Pour l'honneur de son goût, ne doit-on pas croire qu'il n'avoit pas lu la dissertation de ce dernier?

Marmontel desireroit que l'auteur eût retranché les huit

---

[a] *Réflexions sur la grammaire, la rhétorique, la poétique et l'histoire*, par Fénélon.
[b] Œuvres de Louis Racine, tome VI, page 174, in-8°, 1808.
[c] *Commentaires sur les œuvres de Jean Racine.*
[d] Œuvres de Jean Racine avec des commentaires, tome IV, page 616.
[e] Tome IV, page 571.

vers où il dépeint le monstre et l'horreur qu'il inspire. Il lui reproche de n'avoir pas, en les composant, interrogé le cœur humain dont il avoit une si profonde connoissance; et il se fonde sur des motifs qui nous paroissent manquer de justesse. On peut voir ces motifs dans la *Poétique françoise*, où il les consigna d'abord [a], et dans les *Éléments de littérature*, où il les a reproduits sans y rien changer [b]. Il ne s'explique pas sur le reste du récit.

La Harpe démontre, aussi bien qu'il est possible, que le poëte accorde ce qu'il faut aux premiers mouvements de la nature; que, ces mouvements passés, la douleur de Thésée doit être avide de détails, et que celle de Théramène peut être éloquente. Il voudroit cependant supprimer, dans tout le morceau, huit vers qui sont des longueurs à ses yeux; les voici :

>Ses superbes coursiers, qu'on voyoit autrefois
>Pleins d'une ardeur si noble obéir à sa voix,
>L'œil morne maintenant et la tête baissée,
>Sembloient se conformer à sa triste pensée.
>. . . . .
>Son front large est armé de cornes menaçantes;
>Tout son corps est couvert d'écailles jaunissantes;
>. . . . .
>La terre s'en émeut, l'air en est infecté;
>Le flot qui l'apporta recule épouvanté.

Ce dernier vers n'offre à l'habile commentateur que *de l'esprit poétique*, qu'il admireroit dans l'épopée. « C'est la « seule fois, dit-il, où le poëte ait trahi Racine, et l'ait « montré derrière le personnage [c]. » J'avoue que je ne puis admettre son opinion : ce vers ne me semble avoir rien

---

[a] Chapitre XI, tome II, page 30, in-8°, 1763.

[b] *Éléments de littérature*, au mot *narration*, tome III, page 341, in-8°, 1818.

[c] Œuvres complètes de Jean Racine, avec le commentaire de M. de La Harpe, tome IV, page 299.

de *trop ingénieux* pour la situation de Théramène. Il exprime l'image la plus hardie sans doute, mais en même temps la plus naturelle. Une des illusions les plus ordinaires à l'homme, c'est de faire partager son effroi à tous les objets qui l'environnent. Si la critique avoit ici quelque prise, ne seroit-ce pas plutôt sur des vers d'une perfection si achevée, qu'ils décèlent la main patiente de l'artiste?

Voltaire, dans un aperçu rapide et lumineux, applaudit à la gradation des sentiments de Thésée et de Théramène: on entrevoit pourtant qu'il n'approuve pas tous les détails du récit, mais il finit par ces mots si vrais : « Quel est le « spectateur qui voudroit ne le pas entendre, ne pas jouir « du plaisir douloureux d'écouter les circonstances de la « mort d'Hippolyte? Qui voudroit même qu'on en retran- « chât quatre vers [a]? »

[a] *Dictionnaire philosophique*, au mot *amplification*, tome I*er*, page 269, in-8°, 1819.

RÉFLEXION XII.

Car tout ce qui est véritablement sublime a cela de propre, quand on l'écoute, qu'il élève l'ame et lui fait concevoir une plus haute opinion d'elle-même, la remplissant de joie et de je ne sais quel noble orgueil, comme si c'étoit elle qui eût produit les choses qu'elle vient simplement d'entendre. (*Paroles de Longin*, chap. V.)

Voilà une très belle description du sublime, et d'autant plus belle qu'elle est elle-même très sublime. Mais ce n'est qu'une description; et il ne paroît pas que Longin ait songé dans tout son traité à en donner une définition exacte. La raison est qu'il écrivoit après Cécilius, qui, comme il le dit lui-même, avoit employé tout son livre à définir et à montrer ce que c'est que sublime. Mais le livre de Cécilius étant perdu, je crois qu'on ne trouvera pas mauvais qu'au défaut de Longin j'en hasarde ici une de ma façon, qui au moins en donne une imparfaite idée. Voici donc comme je crois qu'on le peut définir. « Le sublime est une
« certaine force de discours propre à élever et à
« ravir l'ame, et qui provient ou de la grandeur de
« la pensée et de la noblesse du sentiment, ou de
« la magnificence des paroles, ou du tour harmo-
« nieux, vif et animé de l'expression; c'est-à-dire,

« d'une de ces choses regardées séparément, ou, ce « qui fait le parfait sublime, de ces trois choses « jointes ensemble [a]. »

Il semble que, dans les règles, je devrois donner des exemples de chacune de ces trois choses; mais il y en a un si grand nombre de rapportés dans le traité de Longin et dans ma dixième Réflexion, que

[a] « Cette définition, dit La Harpe, quoique assez longue « pour s'appeler une description, ne m'en paroît pas meil- « leure. Je ne saurois me représenter le sublime comme « *une certaine force de discours*, ni comme *un tour harmo- « nieux, vif et animé*. Il y a tant de choses où tout cela se « trouve, sans qu'on y trouve le sublime! Ce que je vois de « plus clair ici, c'est la distinction des trois genres de su- « blime, empruntée des trois premiers articles de la divi- « sion de Longin, celui de pensée, celui de sentiment ou de « passion, celui des figures ou des images; mais une divi- « sion n'est pas une définition. » (*Cours de littérature*, t. I, page 107.) Au rapport du critique, il semble que Des- préaux fasse consister le sublime dans *une certaine force de discours*, comme s'il n'y avoit pas joint *propre à élever et à ravir l'ame*; ce qui complète la définition qu'il a voulu en donner, et que La Harpe regardoit lui-même comme im- possible. Suivant ce dernier, « s'il y a un caractère distinctif « auquel on puisse le reconnoître, c'est que le sublime, soit « de pensée, soit de sentiment, soit d'image, est tel en lui- « même, que l'imagination, l'esprit, l'ame, ne conçoivent « rien au-delà. Appliquez ce principe à tous les exemples, « et il se trouvera vrai. Ce qui est beau, ce qui est grand, « ce qui est fort, admet le plus ou le moins: il n'y en a pas « dans le sublime. » (*Cours de littérature*, tome I, page 96.)

je crois que je ferai mieux d'y renvoyer le lecteur, afin qu'il choisisse lui-même ceux qui lui plairont davantage. Je ne crois pas cependant que je puisse me dispenser d'en proposer quelqu'un où toutes ces trois choses se trouvent parfaitement ramassées; car il n'y en a pas un fort grand nombre. M. Racine pourtant m'en offre un admirable dans la première scène de son Athalie, où Abner, l'un des principaux officiers de la cour de Juda, représente à Joad le grand-prêtre la fureur où est Athalie contre lui et contre tous les lévites, ajoutant qu'il ne croit pas que cette orgueilleuse princesse diffère encore long-temps à venir ATTAQUER DIEU JUSQU'EN SON SANCTUAIRE. A quoi ce grand prêtre, sans s'émouvoir, répond:

Celui qui met un frein à la fureur des flots
Sait aussi des méchants arrêter les complots.
Soumis avec respect à sa volonté sainte,
Je crains Dieu, cher Abner, et n'ai point d'autre crainte(1).

En effet tout ce qu'il peut y avoir de sublime paroît rassemblé dans ces quatre vers; la grandeur de

---

(1) . . . . . . Non me tua fervida terrent
Dicta, ferox : Di me terrent et Jupiter hostis.*
(*Énéide*, liv. XII, vers 894.) (*Brossette.*)

* Racine n'a pas dû se proposer l'imitation de ces vers de Virgile : Turnus, prêt à combattre Énée, se défie de l'appui des dieux; Joad, menacé par Athalie, met son espoir dans la protection de l'Éternel.

RÉFLEXION XII.

la pensée, la noblesse du sentiment, la magnificence des paroles, et l'harmonie de l'expression, si heureusement terminée par ce dernier vers :

Je crains Dieu, cher Abner, etc.

D'où je conclus que c'est avec très peu de fondement que les admirateurs outrés de M. Corneille veulent insinuer que M. Racine lui est beaucoup inférieur pour le sublime; puisque, sans apporter ici quantité d'autres preuves que je pourrois donner du contraire, il ne me paroît pas que toute cette grandeur de vertu romaine tant vantée, que ce premier a si bien exprimée dans plusieurs de ses pièces, et qui a fait son excessive réputation, soit au-dessus de l'intrépidité plus qu'héroïque et de la parfaite confiance en Dieu de ce véritablement pieux, grand, sage et courageux Israélite [a].

[a] Ce témoignage éclatant que Despréaux, jusqu'à la fin de ses jours, rendit au génie d'un ami mort long-temps avant lui, indique assez le degré de confiance qu'il convient d'accorder à l'anecdote suivante, transmise par d'Alembert :

« Plusieurs hommes de lettres, encore vivants, ont entendu raconter à feu Boindin [a], qu'étant allé dans sa

[a] Boindin, né en 1676, mort en 1751, étoit procureur du roi au bureau des finances. Il fit, en société avec La Motte, la comédie des *Trois garçons* et celle du *Port de mer*, qui est restée au théâtre. Le *Bal d'Auteuil* et le *Petit-Maître de robe* sont de lui seul. C'étoit un homme dur, naturellement contradicteur, et faisant profession d'athéisme. Ses opinions étoient si connues, qu'on l'enterra sans aucune cérémonie à trois heures du matin, et

« jeunesse avec La Motte rendre hommage à Despréaux,
« dans sa maison d'Auteuil, il prit la liberté de demander
« à ce grand poëte quels avoient été les véritables *hom-*
« *mes de génie* du siécle de Louis XIV. *Je n'en connois que*
« *trois,* répondit brusquement et naïvement Despréaux :
« *Corneille, Molière..... et moi. Vous ne comptez pas Racine ?*
« lui objectèrent les jeunes littérateurs. *Racine,* répondit
« Despréaux, *n'étoit qu'un très bel esprit,* à qui j'avois ap-
« pris à faire des vers difficilement. Des gens de lettres qui
« ont connu La Motte, assurent lui avoir entendu raconter
« cette même conversation. » (*Éloge de Segrais,* note 5.)

Il semble qu'on ait eu le projet de désunir Despréaux et
Racine, en attribuant au premier, sur les talents du second, des discours que démentent ses écrits. Après avoir
fait à sa fille la critique de *Bajazet,* madame de Sévigné [a]
s'écrie : « Vive donc notre vieil ami Corneille ! Pardonnons-
« lui de méchants vers en faveur des divines et sublimes
« beautés qui nous transportent : ce sont des traits de maî-
« tre qui sont inimitables. *Despréaux en dit encore plus que*
« *moi ;* et en un mot, c'est le bon goût, tenez-vous-y [b]. »
Quoique Racine n'eût point fait alors ses meilleures pièces,
tout annonce que madame de Sévigné n'avoit pas entendu
Despréaux en dire encore plus qu'elle, et qu'à cet égard on
lui en avoit imposé. Étrangère à l'esprit de cabale, mais
entraînée par une ancienne et juste admiration pour le père
du théâtre, elle prêtoit une oreille facile à ce qui pouvoit
atténuer la gloire de son jeune rival.

que Bougainville, secrétaire de l'académie des Inscriptions et Belles-lettres,
ne prononça point son éloge, suivant l'usage, à la séance publique qui suivit
sa mort.

[a] Marie de Rabutin-Chantal, marquise de Sévigné, née le 5 février 1627,
et non en 1626, comme le répètent tous les dictionnaires.

[b] Lettre du 16 mars 1672.

TRAITÉ
DU SUBLIME,
OU
DU MERVEILLEUX DANS LE DISCOURS,

TRADUIT DU GREC DE LONGIN.

PRÉFACE
DU TRADUCTEUR.

Ce petit traité, dont je donne la traduction au public [a], est une pièce échappée du naufrage de plusieurs autres livres que Longin avoit composés [b]. Encore n'est-elle pas venue à nous tout entière: car, bien que le volume ne soit pas fort gros, il y a plusieurs endroits défectueux; et nous avons perdu le Traité des Passions, dont l'auteur avoit fait un livre à part, qui étoit comme une suite naturelle de celui-ci. Néanmoins, tout défiguré qu'il est, il nous en reste encore assez pour nous faire concevoir

[a] Despréaux publia la traduction de ce traité en 1674.
[b] Longin ne descendoit pas de Plutarque, comme on l'a dit. On ne connoît ni le lieu ni l'année de sa naissance. D'après l'opinion la plus vraisemblable, il étoit de Syrie; quant au temps où il naquit, ce dut être vers le commencement du troisième siècle. Suivant les uns, il ouvrit une école de philosophie dans la ville d'Athènes, et même il y est né; d'autres disent qu'il y enseigna la grammaire, dans l'acception étendue où l'on prenoit alors ce terme. Ce fut après y avoir vécu long-temps, et publié ses nombreux ouvrages, qu'il fut appelé par la reine Zénobie.

une fort grande idée de son auteur, et pour nous donner un véritable regret de la perte de ses autres ouvrages. Le nombre n'en étoit pas médiocre. Suidas en compte jusqu'à neuf, dont il ne nous reste plus que des titres assez confus [a]. C'étoient tous ouvrages de critique. Et certainement on ne sauroit assez plaindre la perte de ces excellents originaux, qui, à en juger par celui-ci, devoient être autant de chefs-d'œuvre de bon sens, d'érudition et d'éloquence. Je dis d'éloquence, parceque Longin ne s'est pas contenté, comme Aristote et Hermogène [b],

[a] Suidas, écrivain grec, qui passe pour avoir vécu au douzième siècle, sous l'empire d'Alexis Comnènes, a composé un lexique où ne se trouve pas uniquement l'interprétation des mots. Il y donne les vies d'un grand nombre de savants et de princes : ce sont des extraits auxquels ne préside pas toujours assez de choix.

Parmi les ouvrages de Longin dont ce lexique fait mention, trois sont relatifs aux poëmes d'Homère, un quatrième a pour objet un discours de Démosthène. Indépendamment des écrits mentionnés par Suidas, beaucoup d'autres sont attribués au célèbre rhéteur; mais les titres sont à-peu-près la seule chose qui existe de lui. Voici ce que l'on possède : quelques fragments de *scholies sur Éphestion*, quelques endroits d'une rhétorique, la préface d'un traité des *Fins*, un passage d'un livre de l'*Ame*, une portion de *Lettre à Porphyre*.

[b] Hermogène, rhéteur grec, né à Tarse, en Cilicie, vi-

de nous donner des préceptes tout secs et dépouillés d'ornements. Il n'a pas voulu tomber dans le défaut qu'il reproche à Cécilius, qui avoit, dit-il, écrit du sublime en style bas. En traitant des beautés de l'élocution, il a employé toutes les finesses de l'élocution. Souvent il fait la figure qu'il enseigne; et, en parlant du sublime, il est lui-même très sublime. Cependant il fait cela si à propos et avec tant d'art, qu'on ne sauroit l'accuser en pas un endroit de sortir du style didactique. C'est ce qui a donné à son livre cette haute réputation qu'il s'est acquise parmi les savants, qui l'ont tous regardé comme un des plus précieux restes de l'antiquité sur les matières de rhétorique. Casaubon [a] l'ap-

voit au deuxième siècle de l'ère vulgaire. Il offre l'exemple d'un esprit très précoce, mais de la plus courte durée. A quinze ans il improvisoit des discours avec une facilité si étonnante que l'empereur Marc-Aurèle eut la curiosité de l'entendre. Depuis l'âge de dix-sept ans jusqu'à celui de vingt-cinq, où il devint stupide, il publia divers ouvrages sur la rhétorique, qui lui ont fait assigner par quelques auteurs le premier rang en ce genre après Aristote. Pendant sa longue carrière, son talent éteint si tôt ne jeta plus la moindre lueur.

[a] *Exercitat.* I *adv. Baronium.* Isaac Casaubon, né à Genève en 1559, fut à Paris professeur de grec et bibliothécaire du roi. Après la mort de Henri IV, qui l'avoit fait

pelle un livre d'or, voulant marquer par là le poids de ce petit ouvrage, qui, malgré sa petitesse, peut être mis en balance avec les plus gros volumes [a].

venir de Montpellier, il se fixa en Angleterre, où Jacques Ier l'accueillit, et il mourut à Londres en 1614. Les protestants lui reprochoient d'incliner pour le papisme. Commentateur infatigable, il s'est exercé sur Aristote, Apulée, Athénée, Denys d'Halicarnasse, Diogène Laërce, Perse, Pline le jeune, Polybe, Strabon, Suétone, Théocrite, Théophraste, etc. La nomenclature seule de ses livres rempliroit plusieurs pages. Son immense érudition est souvent dirigée par une heureuse sagacité, qui lui fait rétablir, interpréter des passages altérés ou très obscurs.

Méric Casaubon, mort en 1671, avoit des connoissances très variées, sans être aussi profondes que celles de son père. Il a laissé de nombreux ouvrages, et s'est signalé par une fidélité inviolable envers la maison de Stuart.

[a] Longin est-il le véritable auteur du *Traité du Sublime?* Voilà une question sur laquelle Despréaux n'élève aucun doute, et qu'il est néanmoins permis de proposer. L'antiquité, qui nomme ce rhéteur *Cassius Longinus* et *Longinus Cassius*, paroît avoir ignoré que ce traité fût une de ses productions. Suidas n'en dit absolument rien. D'ailleurs le titre du manuscrit de Paris, le plus ancien que l'on connoisse, et celui du Vatican, offrent en caractères bien distincts les mots grecs qui signifient *de Denys ou de Longin;* le manuscrit de Florence ne porte aucun de ces noms, mais simplement les expressions grecques qui veulent dire *Du Sublime, par un anonyme.* En omettant la conjonction *ou*, les premiers éditeurs ont fait croire que les deux noms

Aussi jamais homme, de son temps même, n'a été plus estimé que Longin. Le philosophe propres *Dionysius* et *Longinus*, dont l'alliance est extraordinaire, s'appliquoient à un seul homme. A ces motifs de suspendre son jugement, les critiques les plus modernes ajoutent d'autres considérations. Ils observent qu'au siècle d'Aurélien on n'écrivoit pas avec autant de noblesse et de pureté; que Cécilius, contre qui le traité est une attaque directe, étoit contemporain de Denys d'Halicarnasse; qu'il n'est pas vraisemblable que Longin ait cru nécessaire de combattre le livre d'un mauvais rhéteur qui vivoit deux cents ans avant lui; qu'enfin l'auteur, quel qu'il soit, ne cite aucun écrivain postérieur au siècle d'Auguste, sinon comme modèle du beau, au moins comme exemple de faux goût.

D'après ces différentes considérations, les mêmes critiques ne peuvent croire que le *Traité du Sublime* sorte de la plume de Longin; mais ils ne s'accordent pas sur l'auteur auquel on doit l'attribuer. M. Amati le donne à Denys d'Halicarnasse. M. Weiske [a], ne reconnoissant pas en ce dernier la verve et l'éclat dont ce traité est rempli, aime mieux le donner à Denys de Pergame, qui florissoit à cette époque, et dont Strabon vante le talent.

« Maintenant, dit M. Boissonnade, que les manuscrits,
« lus avec plus d'attention, nous ont jetés dans une com-
« plète incertitude sur le véritable nom de l'auteur, on
« pourra disputer pour Denys ou pour Longin, sans ja-
« mais arriver à un résultat positif, à moins que d'autres
« manuscrits ou quelques témoignages ne viennent éclairer

---

[a] M. Weiske a donné une bonne édition du Traité du Sublime, avec la version latine de Morus, etc. Leipsick, 1809.

Porphyre, qui avoit été son disciple, parle de lui comme d'un prodige [a]. Si on l'en croit, son jugement étoit la règle du bon sens, ses décisions en matière d'ouvrages passoient pour des arrêts souverains, et rien n'étoit bon ou mauvais qu'autant que Longin l'avoit approuvé ou blâmé. Eunapius, dans la Vie des Sophistes, passe encore plus avant [b]. Pour exprimer l'es-

« et fixer la question. D'ici là les éditeurs qui réimprime-
« ront le Traité du Sublime devront, en bonne et saine
« critique, mettre dans leur titre *par Denys ou par Longin*.
« Au reste, bien que cette incertitude diminue les droits de
« Longin à l'admiration de la postérité, comme critique
« et comme écrivain, sa vie politique, sur laquelle aucun
« nuage ne s'élève, suffira pour consacrer sa mémoire. »
(*Biographie universelle*, tome XXIV, article *Longin*.)

[a] De l'école de Longin, tenue dans la ville d'Athènes, Porphyre passa dans celle de Plotin, ouverte à Rome. Après la mort de celui-ci, il enseigna lui-même un grand nombre de disciples. C'est dans la vie de son dernier maître qu'il parle souvent de Longin. Son esprit ardent s'étendoit à tout. Le plus célèbre de ses ouvrages est celui qu'il fit contre les chrétiens; mais on ne le connoît que par ce que les Pères en disent. Ce philosophe grec, né à Tyr en 223 de l'ère vulgaire, mourut en 305, sous le règne de Dioclétien.

[b] Eunape, né à Sardes, dans le quatrième siècle de l'ère vulgaire, fut élevé dans la religion païenne. Sous ce titre, *Vies des philosophes et des sophistes*, il écrivit l'histoire abrégée des éclectiques, des médecins, des orateurs qui

Longin, il se laisse emporter à des hyperboles extravagantes, et ne sauroit se résoudre à parler en style raisonnable d'un mérite aussi extraordinaire que celui de cet auteur. Mais Longin ne fut pas simplement un critique habile, ce fut un ministre d'état considérable; et il suffit, pour faire son éloge, de dire qu'il fut considéré de Zénobie, cette fameuse reine des Palmyréniens, qui osa bien se déclarer reine de l'Orient après la mort de son mari Odenat[a]. Elle avoit appelé d'abord Longin auprès d'elle pour s'instruire dans la langue grecque; mais de son maître en grec elle en fit

étoient à-peu-près ses contemporains. Le style en est affecté; les opinions en sont passionnées. Il avoit composé une histoire de son temps, dont Suidas nous a conservé des morceaux.

[a] L'empereur Gallien récompensa les services qu'Odenat avoit rendus aux Romains par ses victoires sur les Perses, en le créant Auguste, titre dont il partagea les honneurs avec Zénobie. Quelque temps après, en 267, le nouvel Auguste, au milieu d'une fête, périt de la main de son neveu; et comme il favorisoit un fils né d'un premier mariage, au préjudice des enfants de sa seconde épouse, on a soupçonné que celle-ci n'étoit pas étrangère à la conspiration. Quoi qu'il en soit, en succédant à son mari, dont Longin composa le panégyrique, elle exerça toute l'autorité impériale, mais sans être reconnue par Gallien.

un de ses principaux ministr

encouragea cette reine à sou

reine de l'Orient, qui lui rehaussa le cœ

dans l'adversité, et qui lui fournit les paroles
altières qu'elle écrivit à Aurélian, quand cet
empereur la somma de se rendre. Il en coûta
la vie à notre auteur; mais sa mort fut également glorieuse pour lui et honteuse pour Aurélian, dont on peut dire qu'elle a pour jamais
flétri la mémoire. Comme cette mort est un
des plus fameux incidents de l'histoire de ce
temps-là, le lecteur ne sera peut-être pas fâché
que je lui rapporte ici ce que Flavius Vopiscus
en a écrit [a]. Cet auteur raconte que l'armée
de Zénobie et de ses alliés ayant été mise en
fuite près de la ville d'Émesse [b], Aurélian

[a] Vopiscus, historien latin, né à Syracuse au troisième
siècle de l'ère vulgaire, se rendit à Rome au commencement
du quatrième. Il y composa l'histoire d'Aurélien et de
quelques autres empereurs. C'est l'un des moins médiocres
auteurs dont les écrits sont réunis sous le titre d'*Histoire
Auguste*. Despréaux écrit *Aurélian*, suivant l'ancien usage.

[b] Les éditions de 1674, 1683, 1694, 1701 donnent ce
mot avec deux s. Tous les autres éditeurs suivent cet
exemple, à l'exception de ceux de 1713, qui écrivent
Émèse. Cela paroît plus convenable, le nom latin étant
Emesa ou *Emisa*; c'est aujourd'hui *Hems*, ville de la Turquie asiatique, dans la Sourie.

alla mettre le siège devant Palmyre, où cette princesse s'étoit retirée. Il y trouva plus de résistance qu'il ne s'étoit imaginé, et qu'il n'en devoit attendre vraisemblablement de la résolution d'une femme. Ennuyé de la longueur du siège, il essaya de l'avoir par composition. Il écrivit donc une lettre à Zénobie, dans laquelle il lui offroit la vie et un lieu de retraite, pourvu qu'elle se rendît dans un certain temps. Zénobie, ajoute Vopiscus, répondit à cette lettre avec une fierté plus grande que l'état de ses affaires ne le lui permettoit. Elle croyoit par là donner de la terreur à Aurélian. Voici sa réponse :

Zénobie, reine de l'Orient, à l'empereur Aurélian.

« Personne jusques ici n'a fait une demande
« pareille à la tienne. C'est la vertu, Aurélian,
« qui doit tout faire dans la guerre. Tu me
« commandes de me remettre entre tes mains,
« comme si tu ne savois pas que Cléopâtre aima
« mieux mourir avec le titre de reine, que de
« vivre dans toute autre dignité. Nous atten-
« dons le secours des Perses; les Sarrasins ar-
« ment pour nous; les Arméniens se sont dé-
« clarés en notre faveur. Une troupe de voleurs

« dans la Syrie a défait ton armée : juge ce que
« tu dois attendre quand toutes ces forces se-
« ront jointes. Tu rabattras de cet orgueil
« avec lequel, comme maître absolu de toutes
« choses, tu m'ordonnes de me rendre. »

Cette lettre, ajoute Vopiscus, donna encore plus de colère que de honte à Aurélian. La ville de Palmyre [a] fut prise peu de jours après, et Zénobie arrêtée comme elle s'enfuyoit chez les Perses. Toute l'armée demandoit sa mort, mais Aurélian ne voulut pas déshonorer sa victoire par la mort d'une femme. Il réserva donc Zénobie pour le triomphe [b], et se contenta de

[a] Palmyre, dans l'ancienne Syrie : on en rapporte l'origine à Salomon; elle se nomme à présent Faïd, et se trouve aux confins de l'Arabie déserte. Vers le milieu du dix-huitième siècle, les ruines de cette ville célèbre furent gravées à Londres avec beaucoup de soin. « Palmyre, dit
« Barthélemy, est habitée aujourd'hui par un petit nombre
« de familles arabes, dont les huttes, construites sans goût
« et sans ornements, sont dispersées au milieu d'un amas
« confus de colonnes et de fragments de marbre et de gra-
« nit : contraste singulier, où l'on voit d'un côté ce que
« l'ignorance et la pauvreté peuvent offrir de plus humi-
« liant, et de l'autre ce que l'opulence et l'art ont jamais
« produit de plus magnifique. » (*Les Ruines de Palmyre.* OEuvres diverses, tome Ier, an VI, page 207.)

[b] Elle y parut attachée avec des chaînes d'or, que sou-

faire mourir ceux qui l'avoient assistée de leurs conseils. Entre ceux-là, continue cet historien, le philosophe Longin fut extrêmement regretté. Il avoit été appelé auprès de cette princesse pour lui enseigner le grec. Aurélian le fit mourir pour avoir écrit la lettre précédente; car, bien qu'elle fût écrite en langue syriaque, on le soupçonnoit d'en être l'auteur. L'historien Zosime [a] témoigne que ce fut Zénobie elle-même qui l'en accusa. « Zénobie, dit-il, se « voyant arrêtée, rejeta toute sa faute sur ses « ministres, qui avoient, dit-elle, abusé de la « foiblesse de son esprit. Elle nomma entre « autres Longin, celui dont nous avons encore « plusieurs écrits si utiles. Aurélian ordonna « qu'on l'envoyât au supplice. Ce grand per-« sonnage, poursuit Zosime, souffrit la mort « avec une constance admirable, jusqu'à con-

tenoient des esclaves, et couverte de tant de perles et de riches vêtements, qu'elle étoit forcée de s'arrêter. Pour adoucir cet outrage, le vainqueur lui donna une terre magnifique à Tivoli, près du palais *Adrien*, où elle passa le reste de ses jours. On ignore ce que devinrent ses fils.

[a] Zosime, vers le commencement du cinquième siècle, composa en grec une histoire des empereurs, depuis Auguste jusqu'au temps où il vivoit. Il n'y laisse échapper aucune occasion de se déchaîner contre les chrétiens.

« soler en mourant ceux que son malheur tou-
« choit de pitié et d'indignation. »

Par là on peut voir que Longin n'étoit pas seulement un habile rhéteur, comme Quintilien et comme Hermogène, mais un philosophe digne d'être mis en parallèle avec les Socrate et avec les Caton. Son livre n'a rien qui démente ce que je dis. Le caractère d'honnête homme y paroît par-tout ; et ses sentiments ont je ne sais quoi qui marque non seulement un esprit sublime, mais une ame fort élevée au-dessus du commun. Je n'ai donc point de regret d'avoir employé quelques unes de mes veilles à débrouiller un si excellent ouvrage, que je puis dire n'avoir été entendu jusqu'ici que d'un très petit nombre de savants. Muret [a] fut le premier qui entreprit de le traduire en

[a] Muret, né dans le Limousin en 1526, est un des modernes dont les vers et les discours latins offrent le plus d'élégance. Il a commenté Térence, Horace, Cicéron, Salluste, Tacite, etc. C'est dans ses notes sur Catulle qu'il promet une traduction du *Traité du Sublime*. Le premier livre des *Amours* de Ronsard fut l'objet de ses remarques savantes : il partageoit pour ce poëte l'admiration des contemporains. Menacé d'un procès criminel à Toulouse, il quitta la France, et mourut en 1585 à Rome, où il remplissoit les chaires de droit, de philosophie et d'éloquence.

latin, à la sollicitation de Manuce [a]; mais il n'acheva pas cet ouvrage, soit parceque les difficultés l'en rebutèrent, ou que la mort le surprit auparavant. Gabriel de Pétra, à quelque temps de là, fut plus courageux; et c'est à lui qu'on doit la traduction latine que nous en avons [b]. Il y en a encore deux autres; mais elles sont si informes et si grossières que ce seroit faire trop d'honneur à leurs auteurs que

[a] Paul Manuce, né à Venise en 1512, mort à Rome en 1574, étoit fils d'Alde Manuce, le chef de ces imprimeurs renommés, qui ont été en Italie ce que les Estienne furent depuis en France. Les ouvrages de sa composition le mettent au rang des bons critiques de son siècle.
La seconde édition du texte grec du *Traité du Sublime* est sortie de ses presses, Venise, 1555, in-4°; édition rare et recherchée, que l'on regarde comme originale, ayant été faite d'après un manuscrit du cardinal Bessarion. Paul Manuce espéroit que les savants lui seroient redevables de la publicité d'un livre aussi précieux; mais il fut trompé dans son attente: il étoit déja prévenu par François Robortel, dont l'édition, imprimée à Bâle, 1554, in-4°, a peu de valeur malgré sa rareté.
[b] Gabriel de Pétra, professeur de grec à Lausanne, fit imprimer sa traduction latine du *Traité du Sublime* à Genève, 1612, in-8°, avec le texte que François Portus avoit publié dans cette ville; texte suivi par les éditeurs jusqu'en 1674, époque où Tollius fit paroître la meilleure édition que l'on eût encore possédée.

de les nommer (1). Et même celle de Pétra, qui est infiniment la meilleure, n'est pas fort achevée; car, outre que souvent il parle grec en latin, il y a plusieurs endroits où l'on peut dire qu'il n'a pas fort bien entendu son auteur. Ce n'est pas que je veuille accuser un si savant homme d'ignorance, ni établir ma réputation sur les ruines de la sienne. Je sais ce que c'est que de débrouiller le premier un auteur; et j'avoue d'ailleurs que son ouvrage m'a beaucoup servi, aussi bien que les petites notes de Langbaine [a] et de M. Le Febvre [b]; mais je

(1) Dominicus Pizimentius et Petrus Paganus. (*Brossette.*) * Tannegui Le Febvre, Hudson et Pearce s'expriment de la même manière que Despréaux à l'égard de ces deux traducteurs, sur lesquels on ne sait rien de positif. Il parut à Bologne un volume in-4° assez remarquable : le texte grec, les trois versions latines de Gabriel de Pétra, de Pizimentius, de Paganus, tout y est imprimé sur quatre colonnes en regard. L'éditeur y a joint des dissertations préliminaires.

[a] Langbaine, anglois, né en 1608, mort en 1658, fut réduit à être domestique à l'université d'Oxford. Son mérite naissant ne tarda pas à le mettre au-dessus de cet état. En 1636 il fit réimprimer le texte grec du *Traité du Sublime* avec la traduction latine de Gabriel de Pétra, et il y joignit des notes fort courtes, mais dont le suffrage de Despréaux prouve assez l'utilité. Plusieurs de ses ouvrages sont consacrés à la défense de l'infortuné Charles Ier.

suis bien aise d'excuser, par les fautes de la traduction latine, celles qui pourront m'être échappées dans la françoise. J'ai pourtant fait tous mes efforts pour la rendre aussi exacte qu'elle pouvoit l'être. A dire vrai, je n'y ai pas trouvé de petites difficultés. Il est aisé à un traducteur latin de se tirer d'affaire aux endroits mêmes qu'il n'entend pas. Il n'a qu'à traduire le grec mot pour mot, et à débiter des paroles

[*b*] Tannegui Le Febvre, né à Caen l'an 1615, père de la célèbre madame Dacier, mourut en 1672 à Saumur, où il occupoit une chaire de troisième. Plus familier avec les langues anciennes qu'avec sa propre langue, il écrivoit beaucoup mieux en latin qu'en françois. Si ses traductions manquent absolument d'élégance, elles ont de la fidélité, et les notes en sont bonnes. Il est éditeur d'Anacréon, de Sapho, de Lucien, d'Élien, de Térence, d'Horace, de Virgile, de Phèdre, etc.; et il a composé les *Vies des poètes grecs*. Il dédia son Lucrèce à Pellisson, son bienfaiteur, alors enveloppé dans la disgrace du surintendant Fouquet, et renfermé dans les cachots de la Bastille, séjour où le dévouement le plus noble pouvoit seul choisir un Mécène. Son édition du *Traité du Sublime*, imprimée à Saumur en 1663, est excellente; les éclaircissements qui l'accompagnent lui font d'autant plus d'honneur qu'il étoit privé du secours des manuscrits. De tous ses ouvrages c'étoit celui qu'il estimoit le plus. Il y joignit la traduction latine de Gabriel de Pétra, sur laquelle son jugement est conforme à celui de Despréaux.

qu'on peut au moins soupçonner d'être intelligibles. En effet le lecteur, qui bien souvent n'y conçoit rien, s'en prend plutôt à soi-même qu'à l'ignorance du traducteur. Il n'en est pas ainsi des traductions en langue vulgaire. Tout ce que le lecteur n'entend point s'appelle un galimatias, dont le traducteur tout seul est responsable. On lui impute jusqu'aux fautes de son auteur; et il faut en bien des endroits qu'il les rectifie, sans néanmoins qu'il ose s'en écarter.

Quelque petit donc que soit le volume de Longin, je ne croirois pas avoir fait un médiocre présent au public, si je lui en avois donné une bonne traduction en notre langue. Je n'y ai point épargné mes soins ni mes peines. Qu'on ne s'attende pas pourtant de trouver ici une version timide et scrupuleuse des paroles de Longin. Bien que je me sois efforcé de ne me point écarter en pas un endroit des règles de la véritable traduction, je me suis pourtant donné une honnête liberté, sur-tout dans les passages qu'il rapporte. J'ai songé qu'il ne s'agissoit pas simplement ici de traduire Longin, mais de donner au public un traité du sublime qui pût être utile. Avec tout cela néanmoins il se trouvera peut-être des gens qui non seulement n'approuveront pas ma traduction, mais qui n'épargneront pas même l'original. Je m'attends bien qu'il y en aura plusieurs qui déclineront la juridiction de Longin, qui condamneront ce qu'il approuve, et qui loueront ce qu'il blâme. C'est le traitement qu'il doit attendre de la plupart des juges de notre siècle. Ces hommes accoutumés aux débauches et aux excès des poëtes modernes, et qui, n'admirant que ce qu'ils n'entendent point, ne pensent pas qu'un auteur se soit élevé s'ils ne l'ont entièrement perdu de vue; ces petits esprits, dis-je, ne seront pas sans doute fort frappés des hardiesses judicieuses des Homère, des Platon et des Démosthène. Ils chercheront souvent le sublime dans le sublime, et peut-être se moqueront-ils des exclamations que Longin fait quelquefois sur des passages qui, bien que très sublimes, ne laissent pas que d'être simples et naturels, et qui saisissent plutôt l'ame qu'ils n'éclatent aux yeux. Quelque assurance pourtant que ces messieurs aient de la netteté de leurs lumières, je les prie de considérer que ce n'est pas ici l'ouvrage d'un apprenti que je leur offre, mais le chef-d'œuvre d'un des plus savants critiques de l'antiquité. Que s'ils ne voient pas la beauté de ces passages, cela peut aussitôt venir de la foiblesse de leur vue que du peu d'éclat dont ils brillent. Au pis aller, je leur conseille d'en accuser la traduction, puisqu'il n'est que trop vrai que je n'ai ni atteint ni pu atteindre à la perfection de ces excellents originaux; et je leur déclare par avance que s'il y a quelques défauts, ils ne sauroient venir que de moi.

Il ne reste plus, pour finir cette préface, que de dire ce que Longin entend par sublime; car, comme il écrit de cette matière après Cécilius, qui avoit presque employé tout son livre à montrer ce que c'est que sublime, il n'a pas cru devoir rebattre une chose qui n'avoit été déja que trop discutée par un autre. Il faut donc savoir que par sublime Longin n'entend pas ce que les orateurs appellent le style sublime, mais cet extraordinaire et ce merveilleux qui frappe dans le discours, et qui fait qu'un ouvrage enlève, ravit, transporte (1). Le

---

(1) M. Le Febvre et notre auteur sont les seuls de tous les interprètes et commentateurs de Longin qui croient que ce rhéteur a voulu traiter d'autre chose que de ce que les maîtres de l'éloquence appellent ordinairement le style

style sublime veut toujours de grands mots;
mais le sublime se peut trouver dans une seule

sublime..... (*Saint-Marc.*) * Après être convenu que le sublime, qui consiste dans un mot, dans un trait, dont l'effet est celui de l'éclair ou de la foudre, semble échapper à toute analyse, même à toute définition, La Harpe continue en ces termes : « Puisqu'il ne peut être ni défini ni analysé,
« qu'est-ce donc qu'a fait Longin dans son *Traité du Sublime?*
« C'est qu'il n'a pas voulu traiter de celui-là; mais de ce que
« les rhéteurs appellent le style sublime, par opposition
« au style simple et au style tempéré, qui tient le milieu
« entre les deux; le style qui convient aux grands sujets,
« aux sujets élevés, à la poésie épique, dramatique, lyrique; à l'éloquence judiciaire, délibérative ou démonstrative, quand le sujet est susceptible de grandeur, d'élévation, de force, de pathétique. C'est ce que l'examen même
« du traité de Longin peut prouver avec évidence : ce
« n'est pourtant pas l'opinion de Boileau; mais il a été réfuté sur cet article par de savants philologues, entre
« autres par Gibert [a], dans le *Journal des Savants.* Ce qui a
« pu l'induire en erreur, c'est qu'en effet il y a quelques
« endroits de Longin qui peuvent s'appliquer à l'espèce de
« sublime dont je viens de parler, et quelques exemples

[a] Balthasar Gibert, né en 1662 à Aix, étoit l'un des professeurs les plus profonds de l'université, qui le nomma cinq fois recteur. Son principal ouvrage est le *Jugement des savants sur les auteurs qui ont traité de la rhétorique*, etc., 3 vol. in-12. Ses opinions sur les affaires du jansénisme, en lui attirant la disgrace de la cour, troublèrent la fin de sa vie. Il se retira chez M. de Caylus, évêque d'Auxerre, et mourut en 1741, dans la maison de campagne de ce prélat.

« Des différents maîtres sous lesquels j'ai fait mes études, dit Saint-Marc,
« je n'ai trouvé que M. Gibert (*professeur de rhétorique au collège Mazarin*)

pensée, dans une seule figure, dans un seul tour de paroles. Une chose peut être dans le style sublime et n'être pourtant pas sublime, c'est-à-dire, n'avoir rien d'extraordinaire ni de surprenant. Par exemple : *Le souverain arbitre de la nature d'une seule parole forma la lumière :* voilà qui est dans le style sublime ; cela n'est pas néanmoins sublime, parcequ'il n'y a rien là de fort merveilleux, et qu'on ne pût aisément trouver. Mais, *Dieu dit : Que la lumière se fasse ; et la lumière se fit :* ce tour extraordi-

---

« qui s'y rapportent ; mais la suite et l'ensemble du traité
« font voir que ces exemples ne sont cités que comme ap-
« partenants au style sublime, dans lequel ils entrent na-
« turellement. » (*Cours de littér.*, tome Ier, pages 93—99.)

Saint-Marc a délayé cette même opinion, dans une *Dissertation sur l'objet du Traité de Longin*, tome V, p. 84—126.

Le modeste et judicieux Rollin ne s'élève point contre le sentiment de Despréaux ; mais il est facile de voir qu'il ne le partage pas, et qu'il évite, en le rapportant, « d'entrer dans l'examen de cette remarque, qui, suivant ses expressions, souffre plusieurs difficultés. » (*Traité des Études*, tome II, 1805, *du genre sublime*, page 87.)

« qui prit soin de nous faire remarquer ce qu'il y avoit de bon et de mau-
« vais dans les auteurs qu'il nous expliquoit ; et de nous avertir non seule-
« ment de ce qui péchoit contre les règles de la rhétorique, mais encore
« de tout ce qu'il croyoit que le bon sens et le goût devoient réprouver. »
(*Tome IV, page* 202.)

naire d'expression, qui marque si bien l'obéissance de la créature aux ordres du créateur, est véritablement sublime, et a quelque chose de divin [a]. Il faut donc entendre par sublime, dans Longin, l'extraordinaire, le surprenant, et, comme je l'ai traduit, le merveilleux dans le discours [b].

[a] *Voyez* sur ce passage la Xe *Réflexion critique*.

[b] Telle étoit la fin de cette préface dans l'édition de 1674 ; ce que l'auteur ajoute fut inséré dans celle de 1683.

L'édition de 1675, que Brossette et Saint-Marc paroissent n'avoir pas consultée, fournit une annonce de Despréaux en faveur d'une traduction qui jouit encore d'une grande estime. La préface de cette édition, la seule où se trouve une recommandation honorable pour le mérite dans l'indigence, finit en ces termes : « Au reste, je suis bien aise « d'avertir ici le lecteur amoureux des matières de rhéto- « rique que dans peu il doit paroître une nouvelle tra- « duction du chef-d'œuvre de l'art, je veux dire de la Rhé- « torique d'Aristote. Elle est de M. Cassandre ; c'est l'ou- « vrage de plusieurs années ; je l'ai vue, et je puis répondre « au lecteur que jamais il n'y a eu de traduction ni plus « claire, ni plus exacte, ni plus fidèle. C'est un ouvrage « d'une extrême utilité ; et, pour moi, j'avoue franchement « que sa lecture m'a plus profité que tout ce que j'ai jamais « lu en ma vie. »

Cette annonce n'a été recueillie par aucun éditeur de Despréaux. Il lui parut d'autant plus utile de la faire que Cassandre avoit d'abord publié sa traduction en 1654. Cette traduction laissoit alors beaucoup à desirer ; le traducteur

J'ai rapporté ces paroles de la Genèse, comme l'expression la plus propre à mettre ma pensée en [a] jour, et je m'en suis servi d'autant plus volontiers que cette expression est citée avec éloge par Longin même, qui, au milieu des ténèbres du paganisme, n'a pas laissé de reconnoître le divin qu'il y avoit dans ces paroles de l'Écriture. Mais que dirons-nous d'un des plus savants hommes de notre siècle [b], qui, éclairé des lumières de l'Évangile [c], ne s'est pas aperçu de la beauté de cet endroit; qui [d] a osé, dis-je, avancer, dans un livre qu'il a fait

le sentit si bien qu'il la retoucha pendant vingt ans; aussi fut-elle regardée comme absolument nouvelle lorsqu'elle reparut en 1675.

[a] Les éditions de 1683, 1694, 1701, faites sous les yeux de l'auteur, celle de 1713, faite conformément à ses intentions, disent, « mettre ma pensée en jour. » Toutes les éditions postérieures que nous avons pu nous procurer disent « mettre en son jour. » Saint-Marc fait entendre que cette dernière leçon est celle de 1713; mais elle ne se trouve point dans les exemplaires que nous avons consultés.

[b] L'édition de 1683 porte « d'un savant de ce siècle » (*Huet*).

[c] « qui, quoique éclairé des lumières. » (*éditions de 1683, 1694.*)

[d] Ce *qui* ne se trouve pas dans les éditions antérieures à celle de 1713.

pour démontrer (1) la religion chrétienne, que Longin s'étoit trompé lorsqu'il avoit cru que ces paroles étoient sublimes? J'ai la satisfaction au moins que des personnes (2) non moins considérables par leur piété que par leur profonde érudition [a], qui nous ont donné depuis peu la traduction du livre de la Genèse, n'ont pas été de l'avis de ce savant homme [b]; et dans leur préface (3), entre plusieurs preuves excellentes qu'ils ont apportées pour faire voir que c'est l'Esprit saint qui a dicté ce livre, ont allégué le passage de Longin, pour montrer combien les chrétiens doivent être persuadés d'une vérité si claire, et qu'un païen même a sentie par les seules lumières de la raison.

Au reste, dans le temps qu'on travailloit à cette dernière édition [c] de mon livre, M. Da-

---

(1) *Demonstratio evangelica*, propos. IV, cap. II, n. 53, pag. 54. Ce livre fut imprimé en 1678, in-fol. (*Brossette.*)

(2) MM. de Port-Royal et sur-tout M. Le Maître de Sacy. (*Brossette.*)

[a] « que par leur grand savoir, » (*édition de* 1683.)

[b] « de l'avis de ce savant; » (*édition de* 1683.)

(3) Seconde partie, paragraphe 3, où il est traité de la simplicité sublime de l'Écriture sainte. On y cite avec éloge M. Despréaux, traducteur de Longin. (*Brossette.*)

[c] Il s'agit de l'édition de 1683.

cier, celui qui nous a depuis peu donné les odes d'Horace en françois, m'a communiqué de petites notes très savantes qu'il a faites sur Longin, où il a cherché de nouveaux sens inconnus jusqu'ici aux interprètes. J'en ai suivi quelques unes; mais, comme dans celles où je ne suis pas de son sentiment je puis m'être trompé, il est bon d'en faire les lecteurs juges. C'est dans cette vue que je les ai mises à la suite de mes remarques, M. Dacier n'étant pas seulement un homme de très grande érudition et d'une critique très fine, mais d'une politesse d'autant plus estimable qu'elle accompagne rarement un grand savoir [a]. Il a été disciple

[a] Lorsque le traducteur de Longin s'exprimoit ainsi, Dacier étoit sur le point d'épouser mademoiselle Le Febvre. Sans doute le jeune érudit n'avoit pas encore le ton d'autorité qu'il prit dans la suite, et qui blessoit Despréaux. « C'est un homme, disoit-il, qui fuit les graces, et les graces « le fuient pareillement. » Racine et son ami s'amusoient de la manière dont quelquefois il explique Horace, et sur-tout de la confiance qu'il manifeste dans la préface qui précède la traduction des satires. « Ils ne tarissoient « point, dit Monchesnai, sur ses interprétations singulières, « qu'ils appeloient les *Révélations de M. Dacier*. » Non moins confiante dans ses propres opinions, madame Dacier ne pouvoit que fortifier en lui l'intolérance littéraire. Despréaux néanmoins lui donnoit la préférence, et prétendoit

du célèbre M. Le Febvre, père de cette savante fille à qui nous devons la première traduction qui ait encore paru d'Anacréon [a] en françois,

qu'*elle étoit le père*[a] dans les productions d'esprit faites en commun par le couple savant; plaisanterie que l'abbé Paul Tallemant a mise en vers détestables[b]. Ennuyé de leurs *rodomontades grammaticales*, le satirique un jour exhala son impatience en ces mots: « Vous avez beau faire et beau « dire, je n'appelle gens d'esprit que ceux qui ont de belles « pensées, et non pas ceux qui entendent les belles pensées « d'autrui. » (*Bolœana*, nombre XVI.) Enfin comme le mari et la femme étoient aussi économes de louanges envers les autres, qu'ils en étoient prodigues pour eux-mêmes, il ne pouvoit s'empêcher de leur donner en riant ce conseil: « Hé! « par charité, ne prenez pas tout pour vous; souffrez que « les autres aient du mérite; allez, croyez-moi, le Parnasse « est assez grand, il y a de la place pour tout le monde: « *Est locus unicuique suus.* » (*Bolœana*, nombre CV.)

[a] En voici l'intitulé: *Les Poésies d'Anacréon et de Sapho, traduites de grec en françois, avec des remarques, par mademoiselle Le Febvre*, Paris, 1681, in-12. Elle est accompagnée du texte original. Despréaux a cru ne devoir compter ni la traduction en vers publiée en 1556 par Remi Belleau, l'un des sept poëtes de la *Pléiade françoise*, ni celle qui fut donnée, partie en vers, partie en prose, par le sieur Dufour, médecin, Paris, 1660.

[a] Louis Racine attribue ce mot à son père. (*Mémoires*, 1808, p. 162.)
[b] Despréaux conserva, tant qu'il vécut, d'assez fréquentes relations avec les deux époux: il fut, comme ami et comme poëte, très mécontent de ce qu'on lui attribuoit les vers de l'abbé Tallemant sur eux. (*Voyez* sa lettre à Brossette, du 12 mars 1707.)

et qui travaille maintenant à nous faire voir Aristophane [a], Sophocle et Euripide en la même langue [b].

J'ai laissé dans toutes mes autres éditions cette préface telle qu'elle étoit lorsque je la fis imprimer pour la première fois, il y a plus de vingt ans, et je n'y ai rien ajouté; mais aujourd'hui, comme j'en revoyois les épreuves, et que je les allois renvoyer à l'imprimeur, il m'a paru qu'il ne seroit peut-être pas mauvais, pour mieux faire connoître ce que Longin entend par ce mot de *sublime*, de joindre encore ici au passage que j'ai rapporté de la Bible quelque autre exemple pris d'ailleurs. En voici un qui s'est présenté assez heureusement à ma mémoire. Il est tiré de l'*Horace* de M. de Corneille [c]. Dans cette tragédie, dont les trois pre-

[a] L'édition de 1683 ne fait pas mention d'Aristophane : mademoiselle Le Febvre ne publia que l'année suivante deux comédies de ce poëte, *Plutus* et *les Nuées*.

[b] Ici se termine cette préface dans les éditions de 1683 et 1694. Ce qui suit appartient à l'édition de 1701, et l'on n'y a rien changé dans celle de 1713.

[c] Il y a *M. de Corneille* dans les éditions de 1701 et 1713; c'est ainsi que Despréaux le nomme ailleurs. On peut le voir dans la lettre adressée à Charles Perrault, en 1700. Les éditions postérieures à 1713 que nous avons examinées portent ici *M. Corneille*.

miers actes sont, à mon avis, le chef-d'œuvre de cet illustre écrivain [a], une femme qui avoit été présente au combat des trois Horaces, mais qui s'étoit retirée un peu trop tôt, et n'en avoit pas vu la fin, vient mal-à-propos annoncer au vieil Horace leur père que deux de ses fils ont été tués, et que le troisième, ne se voyant plus en état de résister, s'est enfui. Alors ce vieux Romain, possédé de l'amour de sa patrie, sans s'amuser à pleurer la perte de ses deux fils, morts si glorieusement, ne s'afflige que de la fuite honteuse du dernier, qui a, dit-il, par

---

[a] La Harpe adopte ce jugement, et le développe en parlant de cette pièce. « Le sujet des *Horaces* [a], dit-il, qu'en-
« treprit Corneille après celui du *Cid*, étoit bien moins
« heureux et bien plus difficile à manier. Il ne s'agit que
« d'un combat, d'un événement très simple, qu'à la vérité
« le nom de Rome a rendu fameux, mais dont il semble
« impossible de tirer une fable dramatique. C'est aussi de
« tous les ouvrages de Corneille celui où il a dû le plus à
« son seul génie. Ni les anciens ni les modernes ne lui ont
« rien fourni : tout est de création. Les trois premiers actes,
« pris séparément, sont peut-être, malgré les défauts qui
« s'y mêlent, ce qu'il a fait de plus sublime, et en même
« temps c'est là qu'il a mis le plus d'art, etc., etc. » (*Cours de littérature*, tome IV, page 241.)

[a] *Horace* est le titre que Corneille donne à sa tragédie; *les Horaces* sont le titre que l'usage a fait prévaloir.

une si lâche action, imprimé un opprobre éternel au nom d'Horace. Et leur sœur, qui étoit là présente, lui ayant dit,

Que vouliez-vous qu'il fît contre trois ?

il répond brusquement,

Qu'il mourût.

Voilà de fort petites paroles; cependant il n'y a personne qui ne sente la grandeur héroïque qui est renfermée dans ce mot, *Qu'il mourût*, qui est d'autant plus sublime, qu'il est simple et naturel, et que par là on voit que c'est du fond du cœur que parle ce vieux héros, et dans les transports d'une colère vraiment romaine. De fait, la chose auroit beaucoup perdu de sa force, si, au lieu de *Qu'il mourût*, il avoit dit, *Qu'il suivît l'exemple de ses deux frères;* ou *Qu'il sacrifiât sa vie à l'intérêt et à la gloire de son pays.* Ainsi c'est la simplicité même de ce mot qui en fait la grandeur. Ce sont là de ces choses que Longin appelle sublimes, et qu'il auroit beaucoup plus admirées dans Corneille, s'il avoit vécu du temps de Corneille, que ces grands mots dont Ptolomée [a] remplit sa bouche au

[a] Dans toutes les éditions il y a *Ptolomée*; l'usage actuel n'admet guère que *Ptolémée*. Despréaux n'a voulu parler

commencement de *La Mort de Pompée*, pour exagérer les vaines circonstances d'une déroute qu'il n'a point vue [a].

ici que des expressions ampoulées du roi d'Égypte, pour les opposer à des mots sublimes de la plus grande simplicité. Il « fut le premier, dit Voltaire, qui fit connoître « combien ce commencement est défectueux. » Après avoir développé avec une excessive rigueur l'opinion du critique, le commentateur de Corneille ajoute avec équité : « Ces « défauts dans le détail n'empêchent pas que le fond de « cette première scène ne soit une des plus belles exposi-« tions qu'on ait vues sur aucun théâtre, etc. » (*OEuvres de P. Corneille*, tome IV, page 182.)

[a] Les additions que Saint-Marc a jointes à cette préface de Despréaux forment cent quatre-vingts pages, dans lesquelles il a rassemblé ce que plusieurs écrivains ont pensé sur le sublime. On y trouve un extrait, 1° du *Discours de La Motte sur la poésie en général*, etc.; 2° du *Traité du Sublime*, composé dès 1708 par Silvain, avocat, qui le fit imprimer en 1732; 3° des *Réflexions sur l'ode*, par Raimond de Saint-Mard, 1734; 4° des *Réflexions sur la nature et la source du sublime*, par le père Castel, jésuite, 1733. (*Mémoires de Trévoux*).

Rollin, dans son *Traité des études*, démontre, avec sa modestie et sa politesse ordinaires, l'inexactitude de la définition du *sublime* donnée par La Motte. Celle que donne Silvain est exprimée avec la diffusion qui règne dans tout son ouvrage, et n'offre de satisfaisant que ce qu'il emprunte à Longin. Quoique cet avocat ait adressé son livre à Despréaux, il n'y combat pas moins son opinion sur le but que s'est proposé le rhéteur grec. Les réflexions de

Raimond de Saint-Mard sont très superficielles, et le style en est plein d'afféterie; c'étoit pourtant cet auteur qui reprochoit à Fontenelle d'être le corrupteur du goût. Quant aux réflexions du père Castel, elles sont d'un esprit vif et bizarre, peu capable de lier ses idées. La lecture des écrits de ce jésuite confirme assez ce qu'en dit Jean-Jacques Rousseau : « Le père Castel étoit fou, mais bon-homme au « demeurant, etc. » (*Confessions*, liv. VII.)

Voici comment Saint-Marc définit à son tour le sublime : « L'expression courte et vive de tout ce qu'il y a dans une « ame de plus grand, de plus magnifique et de plus su- « perbe. » Cette définition se rapproche plus que toutes les autres de celle de La Harpe, que nous avons rapportée page 341, note *a*. Elle ne laisse pas, suivant ce dernier, d'avoir du vague et des inutilités, puisque *magnifique* en cet endroit ne peut signifier que *grand*. D'ailleurs elle omet le pathétique, genre de sublime qu'il ne faut pas oublier, puisqu'il est celui que les hommes sentent le plus vivement.

TRAITÉ DU SUBLIME,

OU

DU MERVEILLEUX DANS LE DISCOURS,

TRADUIT DU GREC DE LONGIN [a].

CHAPITRE PREMIER,

Servant de préface à tout l'ouvrage [b].

Vous savez bien, mon cher Térentianus, que

---

[a] Nous respecterons l'ordre établi par Despréaux, en plaçant au bas des pages ses notes marginales, et en renvoyant à la fin de sa traduction les remarques où il discute les difficultés du texte grec. *Voyez* sa préface, p. 367, sur le développement qu'il donne au titre de l'ouvrage.

[b] « On pourra demander, dit La Harpe, comment l'ob-
« jet de ce traité peut donner matière au doute et à la dis-
« cussion, puisqu'il semble que l'auteur a dû commencer
« par déterminer d'une manière précise ce dont il alloit
« parler. Le commencement de l'ouvrage va répondre à
« cette question. Il suffit d'avertir auparavant qu'il existoit
« du temps de Longin un *Traité du Sublime* d'un autre
« rhéteur nommé Cécilius; traité qui a été entièrement
« perdu, et qui ne nous est connu que par ce qu'en dit
« Longin. » (*Cours de littérature*, tome Ier, page 100.)

lorsque [a] nous lûmes ensemble le petit traité que Cécilius a fait du sublime, nous trouvâmes que la bassesse de son style répondoit assez mal à la dignité de son sujet; que les principaux points de cette matière n'y étoient pas touchés, et qu'en un mot cet ouvrage ne pouvoit pas apporter un grand profit aux lecteurs, qui est néanmoins le but où doit tendre tout homme qui veut écrire. D'ailleurs, quand on traite d'un art, il y a deux choses à quoi il se faut toujours étudier. La première est de bien faire entendre son sujet; la seconde, que je tiens au fond la principale, consiste à montrer comment et par quels moyens ce que nous enseignons se peut acquérir. Cécilius s'est fort attaché à l'une de ces deux choses: car il s'efforce de montrer par une infinité de paroles ce que c'est que le grand et le sublime, comme si c'étoit un point fort ignoré; mais il ne dit rien des moyens qui peuvent porter l'esprit à ce grand et à ce sublime. Il passe cela, je ne sais pourquoi, comme une chose absolument inutile [b]. Après tout, cet auteur peut-être n'est-il

[a] Les éditions de 1674, 1675, 1683 portent : « quand « nous lûmes ensemble.... »

[b] Voici le commencement du *Traité du Sublime* tel que La Harpe l'a traduit :

« Vous savez, mon cher Térentianus, qu'en examinant « ensemble le livre de Cécilius sur le sublime, nous avons « trouvé que son style étoit au-dessous de son sujet; qu'il

pas tant à reprendre pour ses fautes, qu'à louer pour son travail et pour le dessein qu'il a eu de bien faire. Toutefois, puisque vous voulez que j'écrive aussi du sublime, voyons, pour l'amour de vous, si nous n'avons point fait sur cette matière quelque observation raisonnable, et dont les orateurs puissent tirer quelque sorte d'utilité.

Mais c'est à la charge, mon cher Térentianus, que nous reverrons ensemble exactement mon ouvrage, et que vous m'en direz votre sentiment avec cette sincérité que nous devons naturellement à nos amis; car, comme un sage(1) dit fort bien, Si

« n'en touchoit pas les points principaux; qu'enfin il n'at-
« teignoit pas le but que doit avoir tout ouvrage, celui
« d'être utile à ses lecteurs. Dans tout traité sur l'art, il y
« a deux objets à se proposer : de faire connoître d'abord
« la chose dont on parle, c'est le premier article; le second
« pour l'ordre, mais le premier pour l'importance, c'est de
« faire voir les moyens de réussir dans la chose dont on
« traite. Cécilius s'est étendu fort au long sur le premier,
« comme s'il eût été inconnu avant lui, et n'a rien dit du
« second. Il a expliqué ce que c'étoit que le sublime, et a
« négligé de nous apprendre comment on peut y parvenir. »
(*Cours de littérature*, tome Ier, page 100.) Cette traduction, pour le sens, diffère en un seul endroit de celle de Despréaux. L'auteur du *Lycée* suit Péarce, qui croit que Longin n'a point voulu dire que le style de Cécilius avoit de la bassesse, mais qu'il étoit au-dessous du sujet.

(1) **Pythagore.** (*Despréaux, édit.* de 1674.) * *Voy.* les *Hist. diverses d'Élien*, liv. XII, chap. LIX, 1772, page 402.

nous avons quelque voie pour nous rendre semblables aux dieux, c'est de faire du bien [a] et de dire la vérité.

Au reste, comme c'est à vous que j'écris, c'est-à-dire à un homme instruit de toutes les belles connoissances, je ne m'arrêterai point sur beaucoup de choses qu'il m'eût fallu établir avant que d'entrer en matière, pour montrer que le sublime est en effet ce qui forme l'excellence et la souveraine perfection du discours, que c'est par lui que les grands poëtes et les écrivains les plus fameux ont remporté le prix, et rempli toute la postérité du bruit de leur gloire.

Car il ne persuade pas proprement, mais il ravit, il transporte, et produit en nous une certaine admiration mêlée d'étonnement et de surprise (1), qui est tout autre chose que de plaire seulement, ou de persuader. Nous pouvons dire à l'égard de la persuasion, que, pour l'ordinaire, elle n'a sur nous qu'autant de puissance que nous voulons. Il n'en est pas ainsi du sublime. Il donne au discours une certaine vigueur noble, une force invincible

[a] Les éditions antérieures à celle de 1683 portent: « c'est de faire plaisir, etc. »

(1) .... « Il semble que la justesse demandoit que le second « (de ces termes) fût mis le premier. La surprise précède « l'étonnement, qui n'en est que la continuation.... » (Saint-Marc.)

qui enléve l'ame de quiconque nous écoute. Il ne suffit pas d'un endroit ou deux dans un ouvrage pour vous faire remarquer la finesse de l'*invention*, la beauté de l'*économie* et de la *disposition;* c'est avec peine que cette justesse se fait remarquer par toute la suite même du discours. Mais quand le sublime vient à éclater [a] où il faut, il renverse tout, comme un foudre, et présente d'abord toutes les forces de l'orateur ramassées ensemble. Mais ce que je dis ici, et tout ce que je pourrois dire de semblable, seroit inutile pour vous, qui savez ces choses par expérience, et qui m'en feriez, au besoin, à moi-même des leçons.

CHAPITRE II.

S'il y a un art particulier du sublime; et des trois vices qui lui sont opposés.

Il faut voir d'abord s'il y a un art particulier du sublime; car il se trouve des gens qui s'imaginent que c'est une erreur de le vouloir réduire en art et d'en donner des préceptes. Le sublime, disent-ils,

---

[a] Les éditions antérieures à celle de 1683 portent : « quand le sublime vient à paroître ». Saint-Marc semble regretter le changement de ce dernier mot; rien ne prouve mieux combien il incline à blâmer le traducteur.

naît avec nous, et ne s'apprend point. Le seul art pour y parvenir, c'est d'y être né; et même, à ce qu'ils prétendent, il y a des ouvrages que la nature doit produire toute seule : la contrainte des préceptes ne fait que les affoiblir, et leur donner une certaine sécheresse qui les rend maigres et décharnés. Mais je soutiens qu'à bien prendre les choses on verra clairement tout le contraire.

Et, à dire vrai, quoique la nature ne se montre jamais plus libre que dans les discours sublimes et pathétiques, il est pourtant aisé de reconnoître (1) qu'elle ne se laisse pas conduire au hasard, et qu'elle n'est pas absolument ennemie de l'art et des règles. J'avoue que dans toutes nos productions il la faut toujours supposer comme la base, le principe et le premier fondement. Mais aussi il [a] est certain que notre esprit a besoin d'une méthode pour lui enseigner à ne dire que ce qu'il faut, et à le dire en son lieu; et que cette méthode peut beaucoup contribuer [b] à nous acquérir la parfaite habitude du sublime : car comme les vais-

---

(1) Il faut ajouter: « qu'elle ne se laisse pas conduire au « hasard, » ces paroles ayant été oubliées dans l'impression. (*Despréaux, remarques de l'édition de* 1674.) * Cette omission a été réparée dans l'édition de 1683, et ce membre de phrase se trouve dans toutes les éditions postérieures.

[a] « Mais aussi est-il certain.... » (*édition de* 1674.)

[b] « contribuer pour acquérir.... » (*édit. de* 1674 *et* 1675.)

seaux sont en danger de périr lorsqu'on les abandonne à leur seule légèreté, et qu'on ne sait pas leur donner la charge et le poids qu'ils doivent avoir, il en est ainsi du sublime, si on l'abandonne à la seule impétuosité d'une nature ignorante et téméraire. Notre esprit (1) assez souvent n'a pas moins besoin de bride que d'éperon. Démosthène dit en quelque endroit que le plus grand bien qui puisse nous arriver dans la vie, c'est d'*être heureux*; mais qu'il y en a encore un autre qui n'est pas moindre, et sans lequel ce premier ne sauroit subsister, qui est de *savoir se conduire avec prudence*. Nous en pouvons dire autant à l'égard du discours. La nature est ce qu'il y a de plus nécessaire pour arriver au grand : cependant si l'art [a] ne prend soin de la conduire, c'est une aveugle qui ne sait où elle va.... (2).

Telles sont ces pensées : LES TORRENTS ENTORTILLÉS DE FLAMME [b], VOMIR CONTRE LE CIEL,

(1) C'est du *sublime* que Longin dit ce que M. Despréaux lui fait dire de *notre esprit*, etc., etc. (*Saint-Marc.*)

[a] Dans les éditions antérieures à celle de 1701, on lit : « toutefois si l'art.... »

(2) L'auteur avoit parlé du style enflé, et citoit à propos de cela les sottises d'un poëte tragique, dont voici quelques restes. *Voy.* les remarques. (*Desp.*) * A la fin du *Traité*.

[b] « Les torrents de flamme entortillés, » (*éditions de* 1674, 1675, 1683.)

FAIRE DE BORÉE SON JOUEUR DE FLUTE, et toutes les autres façons de parler dont cette pièce est pleine; car elles ne sont pas grandes et tragiques, mais enflées et extravagantes. Toutes ces phrases ainsi embarrassées de vaines imaginations troublent et gâtent plus un discours, qu'elles ne servent à l'élever; de sorte qu'à les regarder de près et au grand jour, ce qui paroissoit d'abord si terrible devient tout-à-coup sot et ridicule (1). Que si c'est un défaut insupportable dans la tragédie, qui est naturellement pompeuse et magnifique, que de s'enfler mal-à-propos (2), à plus forte raison doit-il être condamné dans le discours ordinaire. De là vient qu'on s'est raillé de Gorgias [a], pour avoir appelé

---

(1) Il n'y a rien dans le grec qui réponde au premier de ces mots, etc.... Il n'y a point d'opposition entre *terrible* et *sot*, etc.... (*Saint-Marc.*)

(2) Si l'enflure pouvoit jamais être *à propos* dans un ouvrage sérieux, elle cesseroit d'être enflure, etc. (*Saint-Marc.*) * Despréaux le savoit mieux que personne; l'enflure est toujours un défaut. D'après Saint-Marc lui-même, Longin la tolère dans les tragiques grecs, et n'en blâme que l'excès, ce qui justifie l'expression du traducteur.

[a] Gorgias fut surnommé le Prince des sophistes, dans un temps où cette dernière dénomination se prenoit en bonne part. Il se fixa dans la ville d'Athènes, où il étoit venu demander du secours contre les Syracusains, qui assiégeoient Léonte sa patrie. En présence des Grecs rassemblés aux jeux olympiques, il prononça une harangue par

Xercès LE JUPITER DES PERSES, et les vautours DES SÉPULCRES ANIMÉS. On n'a pas été plus indulgent pour Callisthène [a], qui, en certains endroits de

laquelle il les exhortoit à vivre dans la concorde, et à réunir leurs efforts contre les Perses. C'est dans ce discours que se trouvoient sans doute les expressions citées par Longin. « Gorgias acquit une fortune égale à sa réputation, « dit Barthélemy; mais la révolution qu'il fit dans les es- « prits ne fut qu'une ivresse passagère. Écrivain froid, « tendant au sublime par des efforts qui l'en éloignent, la « magnificence de ses expressions ne sert bien souvent qu'à « manifester la stérilité de ses idées. Cependant il étendit « les bornes de l'art, et ses défauts mêmes ont servi de le- « çon. » (*Voyage du jeune Anacharsis*, ch. LVIII.) L'auteur de l'*Histoire critique de l'éloquence chez les Grecs*, Belin de Ballu, trouve ce jugement un peu trop sévère. Il se défie de ce que Platon et Aristote ont pu dire d'un rhéteur qui leur enlevoit des disciples. On n'a rien conservé de Gorgias, qui vécut plus de cent ans. L'*Éloge d'Hélène*, l'*Apologie de Palamède*, ne sont pas de lui, suivant le même auteur qui les attribue à un autre Gorgias dont Cicéron parle avec mépris.

[a] Callisthène, né à Olynthe en Thrace, environ 365 ans avant l'ère vulgaire, étoit petit-neveu d'Aristote. Il ne fut pas, comme on le croit en général, victime d'un amour pur et constant pour la vérité, puisqu'un fragment conservé par Strabon atteste qu'il avoit voulu prouver qu'Alexandre étoit un dieu. L'orgueil excessif qui lui faisoit dire: « Je n'ai point accompagné ce prince pour acquérir « de la gloire, mais pour rendre son nom à jamais illustre, » voilà ce qui le perdit. Blessés de ses prétentions exclusives,

ses écrits, ne s'élève pas proprement, mais se guinde si haut qu'on le perd de vue. De tous ceux-là pourtant je n'en vois point de si enflé que Clitarque [a]. Cet auteur n'a que du vent et de l'écorce ; il ressemble à un homme qui, pour me servir des termes de Sophocle, « ouvre une grande

les sophistes qui entouroient le conquérant macédonien s'efforcèrent de le prévenir contre un rival qui les dédaignoit. Callisthène, tombé dans la disgrace de son héros, lui refusa les honneurs de l'adoration ; il paroît même avoir porté le ressentiment jusqu'à conspirer contre lui. On n'est pas d'accord sur le genre de supplice qu'il subit.

« Si nous pouvons juger de ses helléniques ou de son « histoire de la Grèce par quelques fragments qui nous « en restent, dit le baron de Sainte-Croix, le style de Cal-« listhène étoit clair et naturel. Les reproches que Cicéron « et Longin lui ont faits me paroissent donc regarder ses « Persiques et son histoire d'Alexandre, où son goût a été « gâté par la vanité. » (*Examen critique des anciens historiens d'Alexandre-le-Grand*, 1804, page 35.) *Voyez*, sur le style de Callisthène, la lettre de Despréaux à Brossette, du 9 octobre 1708, tome IV, page 626.

[a] On ignore si Clitarque suivit dans ses expéditions Alexandre, dont il écrivit l'histoire. C'est lui qui, parlant d'un insecte semblable à une abeille, disoit : « Il paît sur « les montagnes et s'élance dans le creux des chênes. » Cet écrivain étoit encore plus décrié sous le rapport de l'exactitude que sous celui du goût. Diodore de Sicile et Quinte-Curce paroissent y avoir puisé beaucoup de faits. On ne pense pas qu'il soit l'auteur d'un glossaire que les anciens citent souvent.

« bouche pour souffler dans une petite flûte [a]. »
Il faut faire le même jugement d'Amphicrate, d'Hégésias [b] et de Matris. Ceux-ci quelquefois, s'imaginant qu'ils sont épris d'un enthousiasme et d'une fureur divine, au lieu de tonner, comme ils pensent, ne font que niaiser et badiner comme des enfants.

Et certainement, en matière d'éloquence, il n'y a rien de plus difficile à éviter que l'enflure; car, comme en toutes choses naturellement nous cherchons le grand, et que nous craignons sur-tout d'être accusés de sécheresse ou de peu de force, il arrive, je ne sais comment, que la plupart tombent dans ce vice, fondés sur cette maxime commune :

Dans un noble projet on tombe noblement.

Cependant il est certain que l'enflure n'est pas

[a] A ces expressions Saint-Marc substitue celles-ci, qui présentent un sens plus juste : « enfle ses joues avec excès « pour souffler dans une petite flûte. »

[b] Hégésias de Magnésie introduisit dans la Grèce tous les vices de l'éloquence asiatique. Son histoire d'Alexandre étoit remplie d'ornements froids et puérils. Le temple de Diane à Éphèse ayant été incendié le jour de la naissance de ce prince, c'est Hégésias, et non Timée, comme le rapporte Cicéron, qui disoit que cela n'étoit pas étonnant, parceque la déesse assistoit aux couches d'Olympias.

Amphicrate et Matris sont moins connus : le premier est

moins vicieuse dans le discours que dans les corps. Elle n'a que de faux dehors et une apparence trompeuse; mais au-dedans elle est creuse et vide, et fait quelquefois un effet tout contraire au grand; car, comme on dit fort bien, « il n'y a rien de plus « sec qu'un hydropique [a]. »

Au reste le défaut du style enflé, c'est de vouloir aller au-delà du grand. Il en est tout au contraire du puéril, car il n'y a rien de si bas, de si petit, ni de si opposé à la noblesse du discours.

Qu'est-ce donc que puérilité [b]? Ce n'est visi-

---

un sophiste d'Athènes, dont Athénée vante un ouvrage sur les hommes illustres; le second est probablement Matris le Thébain, auteur d'un éloge d'Hercule.

[a] Cette comparaison est de Quintilien. Voici comment La Harpe a traduit le passage qu'on vient de lire: « L'en- « flure est ce qu'il y a de plus difficile à éviter; on y tombe « sans s'en apercevoir, en cherchant le sublime et en vou- « lant éviter la foiblesse et la sécheresse. On se fonde sur « cet apophthegme dangereux,

« Dans un noble projet on tombe noblement;

« mais on s'abuse. L'enflure n'est pas moins vicieuse dans « le discours que dans le corps; elle a de l'apparence, mais « elle est creuse en-dedans, et, comme on dit, il n'y a rien « de si sec qu'un hydropique. » (*Cours de littérature*, tome I, page 132.)

[b] La Harpe traduit de la manière suivante la fin du chapitre: « Le style froid et puéril est l'abus des figures qu'on « apprend dans les écoles; c'est le défaut de ceux qui veu-

blement autre chose qu'une pensée d'écolier, qui, pour être trop recherchée, devient froide. C'est le vice où tombent ceux qui veulent toujours dire quelque chose d'extraordinaire et de brillant, mais sur-tout ceux qui cherchent avec tant de soin le *plaisant* [a] et l'agréable; parcequ'à la fin, pour s'attacher trop au style figuré, ils tombent dans une sotte affectation.

Il y a encore un troisième défaut opposé au grand, qui regarde le pathétique. Théodore l'appelle une fureur hors de saison, lorsqu'on s'échauffe mal-à-propos, ou qu'on s'emporte avec excès quand le sujet ne permet que de s'échauffer

« lent toujours dire quelque chose d'extraordinaire et de
« brillant, qui veulent sur-tout être agréables, gracieux,
« et qui, à force de s'éloigner du naturel, tombent dans
« une ridicule affectation. La fausse chaleur, qu'un rhé-
« teur nommé Théodore appeloit fort bien la fureur hors
« de saison, consiste à s'emporter hors de propos, à s'é-
« chauffer par projet, quand il faudroit être tranquille. De
« tels écrivains ressemblent à des gens ivres; ils cherchent
« à exprimer des passions qu'ils n'éprouvent point, et il
« n'y a rien de plus froid, de plus ridicule, que d'être ému
« tout seul, quand on n'émeut personne. »

[a] Saint-Marc ne critique pas seulement l'ancienne acception dans laquelle le mot *plaisant* est pris, mais il prétend qu'il est superflu; et de plus il blâme la construction de la phrase suivante. Nous rapportons quelquefois les remarques de ce genre, pour donner une idée de son commentaire.

médiocrement [*a*]. En effet on voit très souvent des orateurs qui, comme s'ils étoient ivres, se laissent emporter à des passions qui ne conviennent point à leur sujet, mais qui leur sont propres, et qu'ils ont apportées de l'école; si bien que, comme on n'est point touché de ce qu'ils disent, ils se rendent à la fin odieux et insupportables; c'est ce qui arrive nécessairement à ceux qui s'emportent et se débattent mal-à-propos devant des gens qui ne sont point du tout émus. Mais nous parlerons en un autre endroit de ce qui concerne les passions.

CHAPITRE III.

Du style froid.

Pour ce qui est de ce froid ou puéril dont nous parlions, Timée en est tout plein [*b*]. Cet auteur

[*a*] Dans les éditions antérieures à celle de 1683 on lit: « En effet quelques uns, ainsi que s'ils étoient ivres, ne « disent point les choses de l'air dont elles doivent être « dites; mais ils sont entraînés de leur propre impétuosité, « et tombent sans cesse en des emportements d'écolier et « de déclamateur, si bien que, etc. »

[*b*] « Méchant et jaloux, Timée calomnia sans pudeur les « hommes les plus célèbres, dit Sainte-Croix, et perça de « ses traits tous les historiens qui l'avoient devancé.... Au « sujet de quelques expressions qui lui déplaisent, cet his-

est assez habile homme d'ailleurs; il ne manque pas quelquefois par le grand et le sublime: il sait beaucoup, et dit même les choses d'assez bon sens; si ce n'est qu'il est enclin naturellement à reprendre les vices des autres, quoique aveugle pour ses propres défauts, et si curieux au reste d'étaler de nouvelles pensées, que cela le fait tomber assez souvent dans la dernière puérilité. Je me contenterai d'en donner ici un ou deux exemples, parceque Cécilius en a déja rapporté un assez grand nombre. En voulant louer Alexandre-le-Grand, « Il a, dit-il, « conquis toute l'Asie en moins de temps qu'Iso- « crate n'en a employé à composer son panégy- « rique. » Voilà, sans mentir, une comparaison admirable d'Alexandre-le-Grand avec un rhéteur. Par cette raison, Timée, il s'ensuivra que les Lacédémoniens le doivent céder à Isocrate, puisqu'ils furent trente ans à prendre la ville de Méssène, et

« torien se permet les injures les plus grossières contre Ho-
« mère et contre Aristote.... La douceur de Théophraste et
« l'infortune de Callisthène ne purent leur mériter le moin-
« dre ménagement de la part du satirique Timée, dont la
« mauvaise foi égaloit la licence. Il faut néanmoins être
« juste à son égard, quoiqu'il ne l'ait pas été envers les
« autres: il avoit du savoir et de l'exactitude; et il porta
« même la précision chronologique jusqu'au scrupule. »
(*Examen critique des anciens historiens d'Alexandre-le-Grand*, page 15.)

que celui-ci n'en mit que dix à faire son panégyrique (1).

Mais à propos des Athéniens qui étoient prisonniers de guerre dans la Sicile, de quelle exclamation penseriez-vous qu'il se serve? Il dit « que c'étoit une « punition du ciel, à cause de leur impiété envers « le dieu Hermès, autrement Mercure [a], et pour « avoir mutilé ses statues; vu principalement [b]

(1) Le grec dit « qu'Isocrate l'emporte de beaucoup en « valeur sur les Lacédémoniens. » Par ces paroles, Longin impute formellement à Timée le dessein de comparer la valeur d'Isocrate à la valeur d'Alexandre. Ce manque de justesse et d'équité, qui ne peut être que l'effet d'une distraction, a fait dire à M. Bayle (*Dict.*, art. de Timée) qu'il ne reconnoissoit plus ici Longin, et qu'il ne savoit ce qu'il avoit fait de son goût. Quelques autres critiques, entre autres Costar, dans son *Apologie de Voiture*, n'ont pas fait difficulté de le traiter plus durement que M. Bayle. En effet, il est visible que ce n'est point la valeur d'Isocrate que Timée compare à celle d'Alexandre. Il ne les met en parallèle que par rapport à la facilité de l'exécution de ce qu'ils avoient entrepris, etc., etc. (*Saint-Marc.*) * Ce dernier ne se borne pas à cette remarque; il veut justifier la comparaison du conquérant avec le rhéteur.

[a] Dans les éditions de 1674, 1675, 1683, 1694, on trouve cette petite note marginale de Despréaux: « Her- « mès, en grec, veut dire Mercure. » Elle a été supprimée dans les éditions de 1701, 1713. Brossette et les autres éditeurs n'en font aucune mention.

[b] « Parcequ'il y avoit un des chefs.... » (*éditions antérieures* à celle de 1683.)

« qu'il y avoit un des chefs de l'armée ennemie qui
« tiroit son nom d'Hermès de père en fils, savoir
« Hermocrate, fils d'Hermon. » Sans mentir, mon
cher Térentianus, je m'étonne qu'il n'ait dit aussi
de Denys le Tyran, que les dieux permirent qu'il
fût chassé de son royaume par Dion et par Héra-
clide, à cause de son peu de respect à l'égard de
Dios et d'Héraclès, c'est-à-dire, de Jupiter et d'Hercule (1).

Mais pourquoi m'arrêter après Timée? Ces héros
de l'antiquité, je veux dire Xénophon et Platon,
sortis de l'école de Socrate, s'oublient bien quelquefois eux-mêmes jusqu'à laisser échapper dans
leurs écrits des choses basses et puériles. Par
exemple, ce premier, dans le livre qu'il a écrit de
la république des Lacédémoniens : « On ne les
« entend, dit-il, non plus parler que si c'étoient
« des pierres. Ils ne tournent non plus les yeux
« que s'ils étoient de bronze. Enfin [a] vous diriez
« qu'ils ont plus de pudeur que ces parties de l'œil
« que nous appelons en grec du nom de vierge. »
C'étoit à Amphicrate, et non pas à Xénophon,
d'appeler les prunelles des vierges pleines de pudeur. Quelle pensée, bon Dieu! parceque le mot

---

(1) Ζεύς, Διός Jupiter; Ἡρακλῆς Hercule. (*Desp.*, 1674).

[a] « Enfin, ils ont plus de pudeur.... » (*éditions antérieures à celle de 1683.*)

de CORÉ (1), qui signifie en grec la prunelle de l'œil, signifie une vierge, de vouloir que toutes les prunelles universellement soient des vierges pleines de modestie, vu qu'il n'y a peut-être point d'endroit sur nous où l'impudence éclate plus que dans les yeux! Et c'est pourquoi Homère, pour exprimer un impudent: « Homme chargé de vin, « dit-il, qui as l'impudence d'un chien dans les « yeux [a]. Cependant Timée n'a pu voir une si froide pensée dans Xénophon, sans la revendiquer comme un vol qui lui avoit été fait par cet auteur. Voici donc comme il l'emploie dans la vie d'Agathocle: « N'est-ce pas une chose étrange qu'il ait « ravi sa propre cousine qui venoit d'être mariée « à un autre, qu'il l'ait, dis-je, ravie le lendemain « même de ses noces? car qui est-ce qui eût voulu

---

(1) Plusieurs critiques se sont élevés ici contre Longin, comme ayant cité de mémoire, ou suivi de mauvaises copies des ouvrages de Xénophon, écrivain, à leur avis, trop sensé pour se laisser aller à de pareilles puérilités. Le mot qui fait la misérable équivoque si justement censurée par Longin ne se trouve ni dans les livres imprimés, ni dans les manuscrits de Xénophon. (*Saint-Marc.*)

[a] « Ivrogne, dit-il, avec tes yeux de chien. » (*édit. de* 1674, 1675, 1683, 1694.) Brossette et Saint-Marc ne sont pas exacts, en disant que c'est la première manière avant l'édition de 1683; il falloit dire avant l'édition de 1701. C'est Achille qui se sert contre Agamemnon de l'expression citée par Longin. (*Iliade*, liv. I, vers 225.)

« faire cela, s'il eût eu des vierges aux yeux, et non
« pas des prunelles impudiques? » Mais que dirons-
nous de Platon, quoique divin d'ailleurs, qui, voulant parler de ces tablettes de bois de cyprès où l'on
devoit écrire les actes publics, use de cette pensée :
« Ayant écrit toutes ces choses, ils poseront dans
« les temples ces monuments de cyprès [a]? » Et
ailleurs, à propos des murs : « Pour ce qui est des
« murs, dit-il, Mégillus, je suis de l'avis de Sparte(1),
« de les laisser dormir à terre, et de ne les point
« faire lever [b]. » Il y a quelque chose d'aussi ridicule dans Hérodote, quand il appelle les belles
femmes *le mal des yeux*. Ceci néanmoins semble en
quelque façon pardonnable à l'endroit où il est,
parceque ce sont des barbares qui le disent dans le
vin et dans la débauche [c]; mais ces personnes
n'excusent pas la bassesse de la chose, et il ne
falloit pas, pour rapporter un méchant mot [d],

---

[a] Ces expressions de Platon se trouvent dans le Ve liv. de *ses Lois*.

(1) Il n'y avoit point de murailles à Sparte. (*Desp.*, 1674.)

[b] « De les laisser dormir, et de ne les point faire lever
« tandis qu'ils sont couchés par terre. » (*éditions de* 1674,
1675.)

[c] « Dans le vin et la débauche; » (*édit. de* 1674 et 1675.)

[d] « Mais comme ces personnes ne sont pas de fort
« grande considération, il ne falloit pas, pour en rapporter
« un méchant mot, etc. » (*édit. de* 1683.) Le texte de la

se mettre au hasard de déplaire à toute la postérité [a].

CHAPITRE IV.

De l'origine du style froid.

Toutes ces affectations cependant, si basses et si puériles, ne viennent que d'une seule cause, c'est à savoir de ce qu'on cherche trop la nouveauté dans les pensées, qui est la manie sur-tout des écrivains d'aujourd'hui. Car du même endroit que vient le bien, assez souvent vient aussi le mal. Ainsi voyons-nous que ce qui contribue le plus en de certaines occasions à embellir nos ouvrages ; ce qui fait, dis-je, la beauté, la grandeur, les graces de l'élocution, cela même, en d'autres rencontres, est quelquefois cause du contraire, comme on le peut aisément reconnoître dans les hyperboles et

phrase entière se lit, tel que nous l'offrons, dans l'édition de 1694, et non dans celle de 1683, comme le disent Brossette et Saint-Marc.

[a] Larcher pense que dans le cas où l'expression que l'historien met dans la bouche des ambassadeurs persans les caractériseroit, elle « deviendroit par là même nécessaire. » (*Histoire d'Hérodote*, liv. V, tome IV, page 197.) Longin ne méconnoissoit pas ce principe; mais il le trouvoit susceptible d'exceptions.

dans ces autres figures qu'on appelle pluriels [a]. En effet, nous montrerons dans la suite combien il est dangereux de s'en servir. Il faut donc voir maintenant comment nous pourrons éviter ces vices qui se glissent quelquefois dans le sublime. Or, nous en viendrons à bout sans doute, si nous acquérons d'abord une connoissance nette et distincte du véritable sublime, et si nous apprenons à en bien juger; ce [b] qui n'est pas une chose peu difficile, puisqu'enfin de savoir bien juger du fort et du foible d'un discours, ce ne peut être que l'effet d'un long usage, et le dernier fruit, pour ainsi

[a] Voici la traduction donnée par Saint-Marc : « comme « on le peut aisément reconnoitre dans les *changements*, « dans les *hyperboles* et dans les *nombres* mis les uns pour « les autres. » Il la motive de la manière suivante : « Il fal- « loit ajouter ici ces mots *dans les changements*. Tollius avoit « averti de l'omission de M. Despréaux. Il est parlé de cette « espèce de *figure* dans le chapitre XIX.... Longin se con- « tente d'indiquer la troisième chose dont il parle par ce « seul terme *les pluriels*. C'est ce qui ne s'entend pas en fran- « çois; et l'alongement de M. Despréaux n'est pas plus in- « telligible. Puisqu'il étoit nécessaire de suppléer, le mieux « étoit de dire la chose même, et c'est ce que j'ai fait. Il est « parlé de ces *nombres mis les uns pour les autres* dans le « chap. XX, et des *hyperboles* dans le XXI. »

[b] Le mot *ce* ne se trouve dans aucune des éditions antérieures à celle de 1713. Il y a simplement : « qui n'est pas « une chose peu difficile. »

dire, d'une étude consommée (1). Mais, par avance, voici peut-être un chemin pour y parvenir [a].

CHAPITRE V.

Des moyens en général pour connoître le sublime.

Il faut savoir, mon cher Térentianus, que, dans la vie ordinaire, on ne peut point dire qu'une chose ait rien de grand, quand le mépris qu'on fait de cette chose tient lui-même du grand. Telles sont les richesses, les dignités, les honneurs, les empires et tous ces autres biens en apparence qui n'ont

(1) Il eût été plus tôt fait et plus conforme à l'original de dire : « puisque bien juger des discours est le dernier fruit « d'une longue expérience. » (*Saint-Marc.*)

[a] « Dès le commencement de son traité, Longin parle « des vices de style les plus opposés au sublime, et j'ai cru, « dans cette analyse, dit La Harpe, devoir suivre une « marche toute contraire, parcequ'il me semble qu'en tout « genre il faut d'abord établir ce qu'on doit faire, avant « de dire ce qu'il faut éviter. Il en marque trois principaux : « l'enflure, les ornements recherchés, qu'il appelle le style « froid et puéril, et la fausse chaleur. Ce sont précisément « les trois vices dominants de ce siècle. Et combien d'écri- « vains, qui ont la prétention d'être *grands*, d'être *chauds*, « se trouveroient froids au tribunal de Longin, c'est-à-dire, « à celui du bon sens, qui n'a pas changé depuis lui ! » (*Cours de littérature*, tome Ier.)

qu'un certain faste au-dehors, et qui ne passeront jamais pour de véritables biens dans l'esprit d'un sage, puisqu'au contraire ce n'est pas un petit avantage que de les pouvoir mépriser. D'où vient aussi qu'on admire beaucoup moins ceux qui les possèdent, que ceux qui, les pouvant posséder, les rejettent par une pure grandeur d'ame.

Nous devons faire le même jugement à l'égard des ouvrages des poëtes et des orateurs. Je veux dire qu'il faut bien se donner de garde d'y prendre pour sublime une certaine apparence de grandeur, bâtie ordinairement sur de grands mots assemblés au hasard, et qui n'est, à la bien examiner, qu'une vaine enflure de paroles, plus digne en effet de mépris que d'admiration; car tout ce qui est véritablement sublime a cela de propre quand on l'écoute, qu'il élève l'ame, et lui fait concevoir une plus haute opinion d'elle-même, la remplissant de joie et de je ne sais quel noble orgueil, comme si c'étoit elle qui eût produit les choses qu'elle vient simplement d'entendre [a].

Quand donc un homme de bon sens et habile en ces matières nous récitera quelque endroit d'un ouvrage, si, après avoir ouï cet endroit plusieurs

---

[a] On ne sauroit mieux décrire les effets du sublime. A la lecture de ce passage, le grand Condé s'écria: « Voilà le « sublime, voilà son véritable caractère. »

fois, nous ne sentons point qu'il nous élève l'ame, et nous laisse dans l'esprit une idée qui soit même au-dessus de ce que nous venons d'entendre; mais si au contraire, en le regardant avec attention, nous trouvons qu'il tombe et ne se soutienne pas, il n'y a point là de grand [a], puisqu'enfin ce n'est qu'un son de paroles qui frappe simplement l'oreille, et dont il ne demeure rien dans l'esprit. La marque infaillible du sublime, c'est quand nous sentons qu'un discours nous laisse beaucoup à penser, qu'il [b] fait d'abord un effet sur nous au-

[a] « .... entendra réciter un ouvrage; si, après l'avoir ouï « plusieurs fois, il ne sent point qu'il lui élève l'ame, et lui « laisse dans l'esprit une idée qui soit même au-dessus de « ses paroles; mais si au contraire, en le regardant avec « attention, il trouve qu'il tombe, et ne se soutienne pas, « il n'y a point là de grand, etc.... » (*Éditions de* 1674, 1675.) Despréaux a refait ce passage de la manière suivante, dans l'édition de 1683 : « .... nous récitera quelque « ouvrage, si, après avoir ouï cet ouvrage plusieurs fois, « nous ne sentons point qu'il nous élève l'ame, et nous « laisse dans l'esprit une idée qui soit même au-dessus de « ses paroles; mais si au contraire, en le regardant avec « attention, nous trouvons.... » Ce passage est absolument le même dans l'édition de 1694. C'est en 1701, et non en 1683, comme le disent Brossette et Saint-Marc, que le traducteur fit sa dernière correction.

[b] On lit dans l'édition de 1674: « .... fait d'abord un « effet.... » et dans celle de 1675 : « .... *qu'il* fait d'abord un « effet.... »

CHAPITRE V.

quel il est bien difficile, pour ne pas dire impossible, de résister, et qu'ensuite le souvenir nous en dure et ne s'efface qu'avec peine [a]. En un mot, figurez-vous qu'une chose est véritablement sublime, quand vous voyez qu'elle plaît universellement et dans toutes ses parties; car lorsqu'en un grand nombre de personnes différentes de profession et d'âge, et qui n'ont aucun rapport ni d'humeurs ni d'inclinations, tout le monde vient à être frappé également de quelque endroit d'un discours, ce jugement et cette approbation uniforme de tant d'esprits, si discordants d'ailleurs, est une preuve certaine et indubitable qu'il y a là du merveilleux et du grand.

[a] La Harpe rend ainsi cet endroit: « Cela est grand, « qui laisse à l'esprit beaucoup à penser, qui fait sur nous « une impression que nous ne pouvons pas repousser, et « dont nous gardons un souvenir profond et ineffaçable. » (*Cours de littérature*, tome Ier.) Il remarque ensuite que Longin emploie indifféremment les mots de grand, de sublime, et plusieurs autres qui sont analogues, pour exprimer la même idée. A ses yeux, c'est une nouvelle preuve en faveur du sens dans lequel, à l'exemple de plusieurs critiques, il pense que le rhéteur grec a pris le mot dont il intitule son traité.

CHAPITRE VI.

Des cinq sources du grand.

Il y a, pour ainsi dire, cinq sources principales du sublime; mais ces cinq sources présupposent comme pour fondement commun une faculté de bien parler, sans quoi tout le reste n'est rien [a].

Cela posé, la première et la plus considérable est une certaine élévation d'esprit qui nous fait penser heureusement les choses, comme nous l'avons déja montré dans nos commentaires sur Xénophon.

La seconde consiste dans le pathétique; j'entends par pathétique cet enthousiasme [b] et cette véhémence naturelle qui touche et qui émeut. Au reste, à l'égard de ces deux premières, elles doivent pres-

---

[a] Longin suppose, pour fondement de tout, le talent de l'éloquence, sans lequel il n'y a rien. « Il en résulte, dit « La Harpe, que ce dont il traite ici n'est que la perfection « de ce talent, dont la nécessité lui paroît indispensable. » (*Cours de littérature*, tome Ier.)

[b] Quelques éditeurs, d'après Brossette, ont supprimé la conjonction *et*; nous l'avons rétablie parcequ'elle se trouve dans toutes les éditions, depuis 1674 jusqu'en 1713.

que tout à la nature, et [*a*] il faut qu'elles naissent en nous; au lieu que les autres dépendent de l'art en partie [*b*].

La troisième n'est autre chose que les figures tournées d'une certaine manière. Or les figures sont de deux sortes : les figures de pensée, et les figures de diction [*c*].

Nous mettons pour la quatrième la noblesse de l'expression, qui a deux parties : le choix des mots, et la diction élégante et figurée [*d*].

Pour la cinquième, qui est celle, à proprement parler, qui produit le grand et qui renferme en soi toutes les autres, c'est la composition et l'arrangement des paroles dans toute leur magnificence et leur dignité [*e*].

[*a*] MM. Didot et Daunou suppriment l'*et;* nous le conservons par respect pour la fidélité du texte.

[*b*] Longin traite de la première et de la seconde source du sublime, depuis le chapitre VII jusqu'au chapitre XIII. « Pour ce qui regarde, dit La Harpe, les deux premières « sources du sublime, l'élévation des pensées et l'energie « des sentiments et des passions, il avoue très judicieuse- « ment que ce sont plutôt des dons de la nature que des « acquisitions de l'art. » (*Cours de littérature*, tome Ier.)

[*c*] Il est parlé des figures depuis le chapitre XIV inclusivement jusqu'au XXIVe.

[*d*] Ces objets sont traités depuis le chapitre XXV inclusivement jusqu'au XXXIe.

[*e*] Il en est parlé dans les XXXIIe et XXXIIIe chapitres

Examinons maintenant ce qu'il y a de remarquable dans chacune de ces espèces en particulier ; mais nous avertirons en passant que Cécilius en a oublié quelques unes, et entre autres le pathétique: et certainement s'il l'a fait pour avoir cru que le sublime et le pathétique naturellement n'alloient jamais l'un sans l'autre, et ne faisoient qu'un, il se trompe, puisqu'il y a des passions qui n'ont rien de grand, et qui ont même quelque chose de bas, comme l'affliction, la peur, la tristesse; et qu'au contraire il se rencontre quantité de choses grandes et sublimes où il n'entre point de passion. Tel est entre autres ce que dit Homère avec tant de hardiesse en parlant des Aloïdes (1):

Pour détrôner les dieux, leur vaste ambition
Entreprit d'entasser Osse sur Pélion (2).

Ce qui suit est encore bien plus fort;

Ils l'eussent fait sans doute, etc. [a].

(1) C'étoient des géants, qui croissoient tous les ans d'une coudée en largeur et d'une aune en longueur. Ils n'avoient pas encore quinze ans lorsqu'ils se mirent en état d'escalader le ciel. Ils se tuèrent l'un l'autre, par l'adresse de Diane. (*Odyssée*, livre XI, vers 310.) (*Despréaux.*) * Dans les éditions antérieures à celles de 1713, on lit que ces deux géants croissoient d'une coudée *tous les jours*, au lieu de *tous les ans*. Cette dernière expression est conforme au texte d'Homère. Suivant ce poëte, Otus et Éphialte périrent sous les flèches d'Apollon. La tradition que Despréaux a suivie pour les circonstances de leur

CHAPITRE VI.

Et dans la prose, les panégyriques et tous ces discours qui ne se font que pour l'ostentation ont

mort n'est pas la même; mais elle est également connue, quoique Saint-Marc dise ne l'avoir jamais trouvée ailleurs.

(2) Toutes les éditions portent, dans le second vers, *Osse* au lieu d'*Ossa*. Je ne puis me persuader que ce ne soit pas une faute d'impression, qui s'est perpétuée depuis la première édition du Sublime; et je ne saurois croire que M. Despréaux ait pris à tâche de conserver cette faute, pour contredire Desmarets, qui la lui reprocha dès 1674, en ces termes : « Il faut dire *Ossa* et non *Osse*, comme on « dit le mont *OEta*, le mont *Ida*, le mont *Sina*, et non « *OEte*, *Ide* et *Sine*. » (*Défense du poëme héroïque*, p. 119.) (*Saint-Marc.*) * Madame Dacier remarque, d'après Strabon, que les géants, dans l'Odyssée, entreprirent d'entasser l'Ossa sur l'Olympe, le Pélion sur l'Ossa, parceque de ces trois montagnes, qui sont dans l'ancienne Macédoine, l'Olympe est la plus grande et le Pélion la plus petite. Despréaux ne s'est pas conformé à l'ordre suivi par Homère, mais à celui que Virgile indique dans ses Géorgiques, liv. Ier, vers 281—283 :

> Ter sunt conati imponere Pelio Ossam
> Scilicet, atque Ossæ frondosum involvere Olympum;
> Ter Pater exstructos disjecit fulmine montes.
>
> Trois fois, roulant des monts arrachés des campagnes,
> Leur audace entassa montagnes sur montagnes,
> Ossa sur Pélion, Olympe sur Ossa;
> Trois fois, le foudre en main, le Dieu les renversa.
> (*Delille.*)

[a] Longin ne cite que le commencement du vers grec qui répond à cet hémistiche. La suite veut dire : « s'ils « eussent atteint la jeunesse; » ils périrent « avant qu'un

par-tout du grand et du sublime, bien qu'il n'y entre point de passion pour l'ordinaire. De sorte que, même entre les orateurs [a], ceux-là communément sont les moins propres pour le panégyrique, qui sont les plus pathétiques; et, au contraire, ceux qui réussissent le mieux dans le panégyrique s'entendent assez mal à toucher les passions.

Que si Cécilius s'est imaginé que le pathétique en général ne contribuoit point au grand, et qu'il étoit par conséquent inutile d'en parler, il ne s'abuse pas moins; car j'ose dire qu'il n'y a peut-être rien qui relève davantage un discours qu'un beau mouvement et une passion poussée à propos. En effet, c'est comme une espèce d'enthousiasme et de fureur noble qui anime l'oraison, et qui lui donne un feu et une vigueur toute divine [b].

« tendre duvet eût fleuri sous leur tempe et bruni leur
« menton..... » (*Traduction de Bitaubé.*)

[a] « De sorte qu'entre les orateurs même,.... » (*éditions antérieures à celle de* 1701.)

[b] Voici comment ce passage est rendu par La Harpe, qui partage l'opinion de Longin sur Cécilius, à l'égard de l'oubli du pathétique : « Il s'est bien trompé, s'il a cru que
« l'un étoit étranger à l'autre. J'oserois affirmer avec con-
« fiance qu'il n'y a rien de si grand dans l'éloquence qu'une
« passion fortement exprimée et maniée à propos; c'est
« alors que le discours monte jusqu'à l'enthousiasme, et
« ressemble à l'inspiration. » (*Cours de littérature*, t. Ier.)

HOMERE

Traité du sublime. Chap. VII.

J. J. Blaise, Libraire, Quai des Augustins.

CHAPITRE VII.

De la sublimité dans les pensées.

Bien que des cinq parties dont j'ai parlé, la première et la plus considérable, je veux dire cette élévation d'esprit naturelle, soit plutôt un présent du ciel qu'une qualité qui se puisse acquérir, nous devons, autant qu'il nous est possible, nourrir notre esprit au grand, et le tenir toujours plein et enflé[a], pour ainsi dire, d'une certaine fierté noble et généreuse[b].

Que si on demande comme il s'y faut prendre, j'ai déja écrit ailleurs que cette élévation d'esprit étoit une image de la grandeur d'ame [c]; et c'est

[a] « et enflé,.... » Cette addition fut mise dans l'édition de 1683; mais Despréaux ne fit pas attention que le mot *enflé* se prend toujours en mauvaise part.

[b] La Harpe s'exprime ainsi sur cette disposition au grand qu'il faut tenir de la nature : « On peut cependant « la fortifier et la nourrir par l'habitude de ne remplir son « ame que de sentiments honnêtes et nobles. »

[c] « Comment faut-il s'y prendre, dira-t-on? J'ai déja dit « ailleurs que le sublime est l'écho de la grandeur d'ame. » Telle est la manière de traduire de Saint-Marc; en s'attachant à la lettre de son auteur, il devient bizarre. La Harpe traduit ainsi : « .... le sublime est, pour ainsi dire, le son que « rend une grande ame. » Après avoir reproduit l'original

pourquoi nous admirons quelquefois la seule pensée d'un homme, encore qu'il ne parle point, à cause de cette grandeur de courage que nous voyons : par exemple, le silence d'Ajax aux enfers, dans l'Odyssée (1); car ce silence a je ne sais quoi de plus grand que tout ce qu'il auroit pu dire.

La première qualité donc qu'il faut supposer en un véritable orateur, c'est qu'il n'ait point l'esprit rampant. En effet, il n'est pas possible qu'un homme qui n'a toute sa vie que des sentiments et des inclinations basses et serviles puisse jamais rien produire qui soit fort [a] merveilleux ni digne de la postérité. Il n'y a vraisemblablement que ceux qui ont de hautes et de solides pensées qui puissent faire des discours élevés [b]; et c'est particulière-

---

avec autant de bonheur que de fidélité, il ajoute : « J'avoue « que, de tout ce qui a été dit sur ce sujet, ce trait me paroît « le plus heureux. »

(1) C'est dans l'onzième livre de l'Odyssée, vers 551, où Ulysse fait des soumissions à Ajax; mais Ajax ne daigne pas lui répondre. (*Despréaux.*) * Les vers d'Homère ne sont indiqués par le traducteur que dans l'édition de 1713; auparavant il se contentoit de donner le nom du poëme et du livre.

[a] Brossette a omis le mot *fort*, qui ne se trouve pas non plus dans les éditions de 1735 et 1740.

[b] « Il n'est pas possible qu'un esprit toujours rabaissé « vers de petits objets produise quelque chose qui soit digne « d'admiration et fait pour la postérité. » (*La Harpe.*)

ment aux grands hommes qu'il échappe de dire des choses extraordinaires. Voyez, par exemple, ce que répondit Alexandre quand Darius lui offrit la moitié de l'Asie avec sa fille en mariage. « Pour « moi, lui disoit Parménion, si j'étois Alexandre, « j'accepterois ces offres. Et moi aussi, répliqua ce « prince, si j'étois Parménion. » N'est-il pas vrai qu'il falloit être Alexandre pour faire cette réponse?

Et c'est en cette partie qu'a principalement excellé Homère, dont les pensées sont toutes sublimes [a], comme on le peut voir dans la description de la déesse Discorde, qui a, dit-il,

La tête dans les cieux et les pieds sur la terre (1).

Car on peut dire que cette grandeur qu'il lui donne est moins la mesure de la Discorde que de la capacité et de l'élévation de l'esprit d'Homère. Hésiode a mis un vers bien différent de celui-ci dans son

[a] « C'est dans l'Iliade, dit La Harpe, que Longin choisit
« le plus volontiers ses exemples des grandes idées et des
« grandes images; car il paroît les considérer comme pro-
« venant de la même source, la faculté de concevoir for-
« tement. On n'est pas étonné de cette préférence, quand
« on connoît Homère, de tous les poëtes le plus riche en
« ce genre, ... etc. »

(1) Iliade, liv. IV, vers 443. (*Despréaux.*) * *Voyez* sur ce vers la IVe *Réflexion critique*, page 196.

Bouclier, s'il est vrai que ce poëme soit de lui, quand il dit, à propos de la déesse des ténèbres:

Une puante humeur lui couloit des narines (1).

En effet, il ne rend pas proprement cette déesse terrible, mais odieuse et dégoûtante. Au contraire, voyez quelle majesté Homère donne aux dieux:

Autant qu'un homme assis aux rivages des mers (2)
Voit, d'un roc élevé [a], d'espace dans les airs,
Autant des immortels les coursiers intrépides
En franchissent d'un saut, etc.

Il mesure l'étendue de leur saut à celle de l'univers. Qui est-ce donc qui ne s'écrieroit avec raison,

---

(1) Vers 267. (*Desp.*, 1713.) * *Le Bouclier d'Hercule* est un poëme de peu d'étendue, que l'on dispute à Hésiode, et dans lequel se trouvent des morceaux d'un style élevé. Le vers que Longin reproche à ce poëte « fait voir, dit La « Harpe, qu'il y a des choses également basses dans toutes « les langues, quoique l'usage apprenne qu'il y a beaucoup « de mots ignobles dans un idiome, qui ne le sont pas « dans un autre. »

(2) Iliade, livre V, vers 770. (*Despréaux.*)

[a] Voit, du haut d'une tour, etc....
  (*éditions antérieures à* 1683.)

Desmarets de Saint-Sorlin avoit critiqué cet hémistiche dans sa *Défense du poëme héroïque*, page 120. « Pour« quoi, disoit-il, en parlant du traducteur, mettre dans ses « vers *du haut d'une tour*, puisque cela n'est pas dans son « texte grec, et qu'il y a seulement, *assis sur un lieu élevé,* « *regardant vers la mer;* et que cela se contrarie et est suen voyant la magnificence de cette hyperbole, que si les chevaux des dieux voúloient faire un second saut, ils ne trouveroient pas assez d'espace dans le monde? Ces peintures aussi qu'il fait du combat des dieux ont quelque chose de fort grand, quand il dit :

Le ciel en retentit, et l'Olympe en trembla (1).

Et ailleurs :

L'enfer s'émeut au bruit de Neptune en furie (2).
Pluton sort de son trône, il pâlit, il s'écrie :
Il a peur que ce dieu, dans cet affreux séjour,
D'un coup de son trident ne fasse entrer le jour;
Et, par le centre ouvert de la terre ébranlée,
Ne fasse voir du Styx la rive désolée;
Ne découvre aux vivants cet empire odieux,
Abhorré des mortels, et craint même des dieux [a].

« perflu, de dire, *du haut d'une tour*, après avoir dit, *assis
« au rivage des mers?*» Desmarets accompagnoit sa remarque des deux mauvais vers suivants, que Saint-Marc préfère à ceux de Despréaux :

Autant que peut un homme, en regardant la mer,
Sur un rocher assis, voir d'espace dans l'air.

(1) Iliade, liv. XXI, vers 388. (*Despréaux.*)
(2) Iliade, livre XX, vers 61. (*Despréaux.*)
[a] « Que de choses, dit Desmarets, qui ne sont point
« dans le texte grec, par incapacité de serrer le sens! Il y a
« seulement :

« Pluton, roi des enfers, de peur en fut atteint;
« De son trône il s'élance, il crie, il tremble, il craint
« Que, du coup de Neptune, une large ouverture

Voyez-vous, mon cher Térentianus, la terre ouverte jusqu'en son centre, l'enfer prêt à paroître,

« Ne découvre l'horreur de sa demeure obscure,
« Des mortels redoutée, et qu'abhorrent les dieux. »
(*Défense du Poëme héroïque*, page 120.)

Saint-Marc applaudit à la critique de Desmarets, et relève l'avantage que sa traduction a sur celle de Despréaux, au moins sous le rapport de la concision. Le seul mérite, en effet, de cette espèce de parodie est d'offrir le même nombre de vers que l'original.

Rollin, dans son *Traité des études* (tome Ier, page 542, in-8º, 1805), cite les beaux vers de Despréaux, qu'il trouve néanmoins bien inférieurs au grec; mais il n'examine que celui-ci, qui est l'objet d'une censure générale:

Pluton sort de son trône, il pâlit, il s'écrie;....

Sa remarque est ainsi conçue: « Le mot de *sortir*, qui
« conviendroit à Pluton s'il descendoit tranquillement de
« son trône, est ici froid et languissant. Ce dieu ne *pâlit*
« qu'après être sorti de son trône. La pâleur vient-elle si
« lentement, et n'est-elle pas le premier et le plus sensible
« effet de la crainte? »

L'analyse rigoureuse à laquelle La Harpe soumet le passage entier prouve seulement l'extrême difficulté de traduire en vers françois les poëtes de l'antiquité. « Il faut
« bien en convenir, dit-il, Boileau lui-même, quoique les
« différents morceaux qu'il a traduits en vers soient la
« partie la plus estimable de son ouvrage, affoiblit un peu
« Homère en le traduisant. C'est pourtant sa version que
« je vais mettre sous vos yeux. Qui oseroit se flatter d'en
« faire une meilleure? »

Pour qu'on puisse mieux comparer le traducteur avec le

et toute la machine du monde sur le point d'être détruite et renversée, pour montrer que dans ce combat le ciel, les enfers, les choses mortelles et immortelles, tout enfin combattoit avec les dieux,

poëte original, il rend le texte grec de la manière la plus fidéle. Voici sa traduction : « Pluton lui-même, le roi des « enfers, s'épouvante dans ses demeures souterraines; il « s'élance de son trône, et jette un cri, tremblant que Nep- « tune, dont les coups ébranlent la terre, ne vienne enfin « à la briser, et que les régions des morts, hideuses, in- « fectes, dont les dieux mêmes ont horreur, ne se décou- « vrent aux yeux des mortels et des immortels. »

Après avoir fait sentir que dans un grand tableau rien ne doit être inutile, que tout doit être à sa place; que celui d'Homère est parfait, que chaque circonstance y augmente l'intérêt, il passe aux vers de Despréaux. Il rend justice à l'élégance du premier; mais, dans le second, le mot *sort de son trône* lui paroît bien foible, en comparaison du mot grec, qui est le mot propre, *il s'élance*. « Celui-ci, dit-il, « peint le mouvement brusque de la terreur, l'autre ne « peint rien : c'est tout que cette différence. Et si l'on ajoute « que dans le grec ces mots, *il s'élance de son trône et jette* « *un cri*, coupent le vers par le milieu, et forment une sus- « pension imitative, au lieu de cet hémistiche uniforme *il* « *pâlit, il s'écrie*, ne pardonnera-t-on pas à ceux qui peu- « vent jouir de ces beautés originales, d'être un peu diffi- « ciles sur les traductions qui les affoiblissent? Au reste, le « poëte françois se relève bien dans les deux vers suivants :

« Il a peur que ce dieu, dans cet affreux séjour,
« D'un coup de son trident ne fasse entrer le jour.

« Ce dernier vers est admirable. Il n'est pas dans Homère;

et qu'il n'y avoit rien dans la nature qui ne fût en danger? Mais il faut prendre toutes ces pensées

« il est imité de Virgile [a], et c'est là ce que Boileau appe-
« loit avec raison joûter contre son auteur. C'est dommage
« que dans ce qui suit il ne se soutienne pas au même ni-
« veau.

« Et par le centre ouvert de la terre ébranlée,

« est un remplissage de mots; rien n'est plus contraire au
« style sublime.

« Ne fasse voir du Styx la rive désolée.

« *Ne fasse voir, ne fasse entrer*, en trois vers : c'est une négli-
« gence dans un morceau important; mais *fasse voir du Styx*
« *la rive désolée*, forme-t-il une image aussi forte que *briser*
« *la terre en la frappant?* Et cet hémistiche nombreux, *la*
« *rive désolée*, rend-il à l'imagination *les régions hideuses*,
« *infectes?* C'est là que le redoublement des épithètes pitto-

_____

[a] Virgile avoit lui-même imité Homère, dans les vers suivants, dont la traduction, ou plutôt la paraphrase, par Delille, peut être un objet de comparaison avec celle de Despréaux :

Non secus ac si quâ penitùs vi terra dehiscens
Infernas reseret sedes, et regna recludat
Pallida, dis invisa, superque immane barathrum
Cernatur, trepidentque immisso lumine manes.
(*Énéide*, liv. VIII, vers 243—246.)

Tel, si d'un choc soudain l'horrible violence
Du globe tout-à-coup rompoit la voûte immense,
Et dans ses profondeurs découvroit à nos yeux
Le Styx craint des mortels, abhorré par les dieux,
De ce royaume affreux, désolé, lamentable,
L'œil verroit jusqu'au fond l'abîme redoutable;
Et dans l'ombre éternelle envoyant ses clartés,
Le jour éblouiroit les morts épouvantés.

CHAPITRE VII.

dans un sens allégorique; autrement elles ont je ne sais quoi d'affreux, d'impie et de peu convenable à la majesté des dieux. Et pour moi, lorsque je vois dans Homère les plaies, les ligues, les supplices, les larmes, les emprisonnements des dieux, et tous ces autres accidents où ils tombent sans cesse, il me semble qu'il s'est efforcé, autant qu'il a pu, de faire des dieux de ces hommes qui furent au siège de Troie; et qu'au contraire, des dieux mêmes il en a fait des hommes [a]. Encore les fait-il de pire condition; car à l'égard de nous, quand nous sommes malheureux, au moins avons-nous la mort, qui est comme un port assuré pour sortir de nos misères; au lieu qu'en représentant les dieux de cette sorte, il ne les rend pas proprement immortels, mais éternellement misérables.

Il a donc bien mieux réussi lorsqu'il nous a peint un dieu tel qu'il est dans toute sa majesté et sa grandeur, et sans mélange des choses terrestres, comme dans cet endroit qui a été remarqué par plusieurs avant moi [b], où il dit en parlant de

« resques est d'un effet sûr, et Homère et Virgile en sont
« pleins. Les deux derniers vers sont beaux et harmonieux;
« mais en total, il me semble que le tableau d'Homère ne
« se trouve pas tout entier dans le traducteur. » (*Cours de littérature*, tome Ier, page 116.)

[a] « il en fait des hommes. » (*édit. antérieures à* 1701.)
[b] « par plusieurs devant moi, » (*édit. de* 1674, 1675.)

Neptune :

> Neptune ainsi marchant dans ces vastes campagnes, (1)
> Fait trembler sous ses pieds et forêts et montagnes.

Et dans un autre endroit :

> Il attelle son char, et, montant fièrement, (2)
> Lui fait fendre les flots de l'humide élément.
> Dès qu'on le voit marcher sur ces liquides plaines,
> D'aise on entend sauter les pesantes baleines [a].
> L'eau frémit sous le dieu qui lui donne la loi,
> Et semble avec plaisir reconnoître son roi.
> Cependant le char vole, etc.

Ainsi le législateur des Juifs, qui n'étoit pas un homme ordinaire, ayant fort bien conçu la grandeur et la puissance de Dieu, l'a exprimée dans toute sa dignité au commencement de ses lois, par ces paroles : DIEU DIT : QUE LA LUMIÈRE SE FASSE, ET LA LUMIÈRE SE FIT ; QUE LA TERRE SE FASSE, LA TERRE FUT FAITE [b].

---

(1) Iliade, liv. XIII, vers 18. (*Despréaux.*)

(2) Iliade, liv. V, vers 26. (*Despréaux.*)

[a] « Le poëte françois, dit Rollin, a bien su dans ce vers « faire sentir l'agilité du saut et la pesanteur du poisson « monstrueux ; deux choses tout-à-fait contraires, heureu-« sement exprimées par le son des mots et par la cadence « du vers, qui s'élève avec légèreté, et s'abaisse pesamment. » (*Traité des études*, in-8°, 1805, tome Ier, page 538.)

[b] Ces paroles se trouvent ainsi dans toutes les éditions depuis celle de 1674 jusqu'à celle de 1713 inclusivement. C'est mal-à-propos que différents éditeurs ont mis : « Que

CHAPITRE VII.

Je pense, mon cher Térentianus, que vous ne serez pas fâché que je vous rapporte encore ici un passage de notre poëte, quand il parle des hommes,

« la terre se fasse, *et* la terre fut faite. » *Voyez*, sur la sublimité de ce passage de la Genèse, la Xe *Réflexion critique*, page 289. Ce passage suggère à M. Boissonnade l'observation suivante : « Nous demanderons à M. Amati [a] s'il croit
« sérieusement que les livres juifs fussent, au temps de
« Denys, assez connus, assez répandus pour qu'un rhéteur
« grec y allât puiser des exemples. Mais Longin, au siècle
« d'Aurélien, a pu citer Moïse; il vivoit dans un temps où
« les philosophes païens, fréquemment aux prises avec les
« docteurs du christianisme, étoient forcés de lire et d'étu-
« dier les livres de cette religion nouvelle, dont les progrès
« devenoient, de jour en jour, plus alarmants pour eux.
« On pourra objecter que ce passage a été interpolé : mais
« il l'auroit été sans doute par un chrétien ; et un chrétien
« n'eût-il donné à Moïse que le foible éloge de n'être pas un
« homme ordinaire? Il n'eût pas non plus désigné la Ge-
« nèse par le titre inexact des lois de Moïse. Le Clerc a
« pensé que le passage a été ajouté après coup, mais par
« Longin lui même, qui, s'étant attaché vers la fin de sa
« vie à la reine de Palmyre, voulut, pour lui être agréable,
« citer un passage de Moïse; car Zénobie étoit juive, s'il
« faut admettre le témoignage de quelques Pères, qui
« pourroient bien n'avoir pas été très éclairés, et que l'on
« a même accusés d'avoir en ceci manqué de sincérité. »
(*Biographie universelle*, article *Longin*.)

[a] M. Amati croit que le *Traité du Sublime* est de Denys d'Halicarnasse. *Voyez* la note *a*, page 350.

afin de vous faire voir combien Homère est héroïque lui-même en peignant le caractère d'un héros. Une épaisse obscurité avoit couvert tout d'un coup l'armée des Grecs, et les empêchoit de combattre. En cet endroit, Ajax, ne sachant plus quelle résolution prendre, s'écrie :

> Grand dieu, chasse la nuit qui nous couvre les yeux, (1)
> Et combats contre nous à la clarté des cieux.

Voilà les véritables sentiments d'un guerrier tel qu'Ajax. Il ne demande pas la vie, un héros n'étoit pas capable de cette bassesse ; mais comme il ne voit point d'occasion de signaler son courage au milieu de l'obscurité, il se fâche de ne point combattre ; il demande donc en hâte que le jour paroisse, pour faire au moins une fin digne de son grand cœur, quand il devroit avoir à combattre Jupiter même. En effet Homère, en cet endroit, est comme un vent favorable qui seconde l'ardeur des combattants ; car il ne se remue pas avec moins de violence que s'il étoit épris aussi de fureur.

> Tel que Mars en courroux au milieu des batailles (2),

---

(1) Iliade, liv. XVII, vers 645. (*Despréaux.*) * Le grec dit : « et fais-nous périr même si tu veux, pourvu que ce « soit au grand jour. » Cette version est celle de La Harpe.

(2) Iliade, liv. XV, vers 605. (*Despréaux.*) * C'est pour peindre Hector qu'Homère emploie ces comparaisons.

CHAPITRE VII.

Ou comme on voit un feu, jetant partout l'horreur [a],
Au travers des foréts promener sa fureur :
De colère il écume, etc.

Mais je vous prie de remarquer, pour plusieurs raisons, combien il est affoibli dans son Odyssée, où il fait voir en effet que c'est le propre d'un grand esprit, lorsqu'il commence à vieillir et à décliner, de se plaire aux contes et aux fables : car, qu'il ait composé l'Odyssée depuis l'Iliade, j'en pourrois donner plusieurs preuves. Et premièrement il est certain qu'il y a quantité de choses dans l'Odyssée qui ne sont que la suite des malheurs qu'on lit dans l'Iliade, et qu'il a transportées dans ce dernier ouvrage comme autant d'épisodes [b] de la guerre de Troie. Ajoutez que les accidents qui arrivent dans l'Iliade sont déplorés souvent par les héros de l'Odyssée, comme des malheurs connus et arrivés il y a déja long-temps; et c'est pourquoi l'Odyssée n'est, à proprement parler, que l'épilogue de l'Iliade.

Là gît le grand Ajax et l'invincible Achille (1);

[a] Les éditions antérieures à 1701 donnent ce vers de la manière suivante :

Ou comme on voit un feu, dans la nuit et l'horreur, etc.

[b] « comme autant d'effets de la guerre de Troie. » (*édit.* de 1674, 1675.)

(1) Ce sont les paroles de Nestor dans l'Odyssée, liv. III, vers 109. (*Despréaux.*)

Là de ses ans Patrocle a vu borner le cours ;
Là mon fils, mon cher fils, a terminé ses jours.

De là vient, à mon avis, que comme Homère a composé son Iliade durant que son esprit étoit en sa plus grande vigueur, tout le corps de son ouvrage est dramatique et plein d'action, au lieu que la meilleure partie de l'Odyssée se passe en narrations, qui est le génie de la vieillesse : tellement qu'on le peut comparer dans ce dernier ouvrage au soleil quand il se couche, qui a toujours sa même grandeur, mais qui n'a plus tant d'ardeur ni [a] de force. En effet, il ne parle plus du même ton ; on n'y voit plus ce sublime de l'Iliade qui marche par-tout d'un pas égal, sans que jamais il s'arrête ni se repose. On n'y remarque point cette foule de mouvements et de passions entassées les unes sur les autres. Il n'a plus cette même force, et, s'il faut ainsi parler, cette même volubilité de discours si propre pour l'action, et mêlée de tant d'images naïves des choses. Nous pouvons dire que c'est le reflux de son esprit, qui, comme un grand océan, se retire et déserte ses rivages [b]. A

[a] L'édition de M. Daunou porte : « ni *tant* de force. » On y rencontre assez souvent des corrections de ce genre.

[b] La Harpe partage entièrement l'opinion de Longin, et rend ainsi ce morceau remarquable : « L'Odyssée est le « déclin d'un beau génie, qui, en vieillissant, commence « à aimer les contes. L'Iliade, ouvrage de la jeunesse, est

CHAPITRE VII.

tout propos il s'égare dans des imaginations et des fables incroyables. Je n'ai pas oublié pourtant les descriptions de tempêtes qu'il fait, les aventures qui arrivèrent à Ulysse chez Polyphème, et quelques autres endroits qui sont sans doute fort beaux. Mais cette vieillesse dans Homère, après tout, c'est la vieillesse d'Homère; joint qu'en tous ces endroits-là il y a beaucoup plus de fable et de narration que d'action.

Je me suis étendu là-dessus, comme j'ai déjà dit, afin de vous faire voir que les génies naturellement les plus élevés tombent quelquefois dans la badinerie, quand la force de leur esprit vient à s'éteindre. Dans ce rang on doit mettre ce qu'il dit du sac où Éole enferma les vents, et des compagnons d'Ulysse changés par Circé en pourceaux, que Zoïle appelle de petits cochons larmoyants. Il

« toute pleine de vigueur et d'action : l'Odyssée est pres-
« que tout entière en récits, ce qui est le goût de la vieil-
« lesse. Homère, dans ce dernier ouvrage, est comparable
« au soleil couchant, qui est encore grand aux yeux, mais
« qui ne fait plus sentir sa chaleur. Ce n'est plus ce feu qui
« anime toute l'Iliade, cette hauteur de génie qui ne s'a-
« baisse jamais, cette activité qui ne se repose point, ce
« torrent de passions qui vous entraîne, cette foule de fic-
« tions heureuses et vraies. Mais comme l'Océan, même au
« moment du reflux, et lorsqu'il abandonne ses rivages,
« est encore l'Océan, cette vieillesse dont je parle est encore
« la vieillesse d'Homère. » (*Cours de littérature*, tome Ier.)

en est de même des colombes qui nourrirent Jupiter comme un pigeon [a]; de la disette d'Ulysse, qui fut dix jours sans manger après son naufrage, et de toutes ces absurdités qu'il conte du meurtre des amants de Pénélope; car tout ce qu'on peut dire à l'avantage de ces fictions, c'est que ce sont d'assez beaux songes, et, si vous voulez, des songes de Jupiter même. Ce qui m'a encore obligé à parler de l'Odyssée, c'est pour vous montrer que les grands poëtes et les écrivains célèbres, quand leur esprit manque de vigueur pour le pathétique, s'amusent ordinairement à peindre les mœurs. C'est ce que fait Homère, quand il décrit la vie que menoient les amants de Pénélope dans la maison d'Ulysse. En effet, toute cette description est proprement une espèce de comédie, où les différents caractères des hommes sont peints.

[a] On lit dans l'édition de 1674 le mot *pigeonneau*, qui disparut dans celle de 1675. C'est un des nombreux changements omis par tous les commentateurs.

CHAPITRE VIII.

De la sublimité qui se tire des circonstances.

Voyons si nous n'avons point encore quelque autre moyen par où nous puissions rendre un discours sublime. Je dis donc que, comme naturellement rien n'arrive au monde qui ne soit toujours accompagné de certaines circonstances, ce sera un secret infaillible pour arriver au grand, si nous savons faire à propos le choix des plus considérables, et si, en les liant bien ensemble, nous en formons comme un corps; car d'un côté ce choix, et de l'autre cet amas de circonstances choisies, attachent fortement l'esprit.

Ainsi, quand Sapho [a] veut exprimer les fu-

[a] Sapho florissoit dans le septième siècle avant l'ère vulgaire. Après la mort de son époux, elle consacra son loisir aux lettres, dont elle voulut inspirer le goût aux femmes de Lesbos. Le savant Barthélemy, qui met tant de réserve et d'indulgence dans ses opinions, fait parler dans les termes suivants un citoyen de Mytilène, patrie de cette femme célèbre : « Nous ne connoissons pas assez les détails
« de sa vie pour en juger. A parler exactement, on ne
« pourroit rien conclure en sa faveur de la justice qu'elle
« rend à la vertu, et de celle que nous rendons à ses talents.
« Quand je lis quelques uns de ses ouvrages, je n'ose pas

reurs de l'amour, elle ramasse de tous côtés les accidents qui suivent et qui accompagnent en effet cette passion. Mais où son adresse paroît principalement, c'est à choisir de tous ces accidents ceux qui marquent davantage l'excès et la violence de l'amour, et à bien lier tout cela ensemble.

> Heureux qui près de toi pour toi seule soupire,
> Qui jouit du plaisir de t'entendre parler,
> Qui te voit quelquefois doucement lui sourire !
> Les dieux dans son bonheur peuvent-ils l'égaler ?
>
> Je sens de veine en veine une subtile flamme
> Courir par tout mon corps sitôt que je te vois ;
> Et, dans les doux transports où s'égare mon ame,
> Je ne saurois trouver de langue ni de voix.
>
> Un nuage confus se répand sur ma vue ;
> Je n'entends plus ; je tombe en de douces langueurs [a]:

« l'absoudre ; mais elle eut du mérite et des ennemis, je « n'ose pas la condamner. » (*Voyage d'Anacharsis*, tom. II, page 63.) Sapho avoit composé des hymnes, des odes, des élégies et quantité d'autres ouvrages, la plupart sur des rhythmes introduits par elle-même ; il nous en reste deux odes, trois épigrammes et quelques fragments. La Grèce lui décerna le nom glorieux de *dixième muse*.

[a] Ces vers, malgré tout leur mérite, n'ont point désarmé la critique. Elle blâme le célèbre traducteur de n'avoir pas, dans la première strophe, conservé la rapidité de l'original, aussi bien que l'a fait Catulle en s'adressant à Lesbie ; d'avoir détruit le mouvement de la seconde strophe par l'hémistiche *sitôt que je te vois*, placé à la fin du

CHAPITRE VIII.

Et pâle, sans haleine, interdite, éperdue,
Un frisson me saisit, je tremble, je me meurs.

Mais quand on n'a plus rien il faut tout hasarder, etc. [a]

N'admirez-vous point comment elle ramasse toutes ces choses, l'ame, le corps, l'ouïe, la langue,

second vers; d'avoir employé dans une pièce aussi courte les mots *doucement, doux transports, douces langueurs*; et d'avoir, par ces deux dernières expressions, dépeint plutôt les effets d'une passion tendre que les tourments d'un amour convulsif. L'abbé Arnaud, dans un style fort animé, que le goût avoue presque toujours, est l'un de ceux qui se sont le plus élevés contre l'emploi des épithètes *doux* et *douces*, tome III, page 34. Péarce avoit fait cette dernière remarque, sans la développer avec la même étendue.

[a] Voici la même pièce, telle qu'on la trouve dans le *Voyage du jeune Anacharsis*, tome II, page 68 :

> Heureux celui qui près de toi soupire,
> Qui sur lui seul attire ces beaux yeux,
> Ce doux accent, et ce tendre sourire!
>   Il est égal aux dieux.
>
> De veine en veine une subtile flamme
> Court dans mon sein, sitôt que je te vois ;
> Et dans le trouble où s'égare mon ame,
>   Je demeure sans voix.
>
> Je n'entends plus; un voile est sur ma vue;
> Je rêve, et tombe en de douces langueurs ;
> Et sans haleine, interdite, éperdue,
>   Je tremble, je me meurs.

« En lisant, dit Barthélemy, cette traduction libre, que
« je dois à l'amitié de M. l'abbé Delille, on s'apercevra aisé-
« ment qu'il a cru devoir profiter de celle de Boileau, et

la vue, la couleur, comme si c'étoient autant de personnes différentes et prêtes à expirer? Voyez de combien de mouvements contraires elle est agitée. Elle gèle, elle brûle, elle est folle, elle est sage (1); ou elle est entièrement hors d'elle-même, ou elle va mourir. En un mot, on diroit qu'elle n'est pas éprise d'une simple passion, mais que son ame est un rendez-vous de toutes les passions; et c'est en effet ce qui arrive à ceux qui aiment. Vous voyez

« qu'il ne s'est proposé autre chose que de donner une idée
« de l'espèce de rhythme que Sapho avoit inventé, ou du
« moins fréquemment employé. Dans la plupart de ses ou-
« vrages, chaque strophe étoit composée de trois vers hen-
« décasyllabes, c'est-à-dire, de onze syllabes, et se termi-
« noit par un vers de cinq syllabes. »

(1) Elle gèle, elle brûle, elle est folle, elle est sage.

Ces mots forment un vers. C'est pour cela que M. Patru, à qui M. Despréaux faisoit revoir tous ses ouvrages, voulut qu'il changeât cet endroit. M. Despréaux, pour se défendre, dit qu'il étoit impossible qu'il n'échappât quelquefois des vers dans la prose; mais M. Patru soutint, avec raison, que c'étoit une faute que l'on devoit éviter, ajoutant qu'il étoit bien assuré qu'on ne trouveroit aucun vers dans ses plaidoyers imprimés. « Je parie, dit M. Despréaux, que j'y « en trouverai quelqu'un, si je cherche bien; » et prenant en même temps le volume des œuvres de M. Patru, il tomba, à l'ouverture du livre, sur ces mots qui font un vers :

Onzième plaidoyer pour un jeune Allemand.

(*Brossette.*)

CHAPITRE VIII.

donc bien, comme j'ai déja dit, que ce qui fait la principale beauté de son discours, ce sont toutes ces grandes circonstances marquées à propos et ramassées avec choix [a]. Ainsi, quand Homère veut faire la description d'une tempête, il a soin d'exprimer tout ce qui peut arriver de plus affreux dans une tempête. Car, par exemple, l'auteur (1) du poëme des Arimaspiens (2) pense dire des choses fort étonnantes, quand il s'écrie:

O prodige étonnant! ô fureur incroyable!
Des hommes insensés, sur de frêles vaisseaux,

[a] Blair, si judicieux en général, n'envisage pas dans sa véritable étendue le sujet que traite Longin: aussi lui reproche-t-il de s'en être fréquemment écarté. Le professeur anglais n'est pas le seul, comme on l'a vu, qui se soit mépris à cet égard; mais on s'étonne de lire dans ses *Leçons de rhétorique et de belles-lettres*, 1821, tome Ier, page 61, que l'ode de Sapho n'est qu'un modèle d'élégance. Est-il possible de porter plus loin l'éloquence de la passion? Les feux de l'amour ont-ils jamais été peints avec plus d'énergie?

(1) Aristée. (*Despréaux.*) * Note de l'édition de 1713. Longin ne nomme point l'auteur du poëme des Arimaspes, apparemment parceque Denys d'Halicarnasse dit que l'on prétendoit à tort qu'il étoit d'Aristéas. Ce poëte étoit de Proconnèse ou Préconnèse, île de la Propontide; et quelques écrivains l'ont dit plus ancien qu'Homère. Suidas le place du temps de Cyrus. (*Saint-Marc.*) * L'île de Proconnèse est aujourd'hui celle de Marmara.

(2) C'étoient des peuples de Scythie. (*Despréaux.*) * Ce

S'en vont loin de la terre habiter sur les eaux,
Et, suivant sur la mer une route incertaine,
Courent chercher bien loin le travail et la peine.
Ils ne goûtent jamais de *paisible* repos.
Ils ont les yeux au ciel et l'esprit sur les flots;
Et, les bras étendus, les entrailles émues,
Ils font souvent aux dieux des prières perdues.

Cependant il n'y a personne, comme je pense, qui ne voie bien que ce discours est en effet plus fardé et plus fleuri que grand et sublime. Voyons donc comment fait Homère, et considérons cet endroit entre plusieurs autres:

Comme l'on voit les flots, soulevés par l'orage (1),
Fondre sur un vaisseau qui s'oppose à leur rage;
Le vent avec fureur dans les voiles frémit;
La mer blanchit d'écume, et l'air au loin gémit:
Le matelot troublé, que son art abandonne,
Croit voir dans chaque flot la mort qui l'environne.

Aratus [a] a tâché d'enchérir sur ce dernier vers, en disant:

Un bois mince et léger les défend de la mort.

---

sont maintenant les Samoïèdes, peuples septentrionaux de la Grande-Tartarie.

(1) Iliade, liv. XV, vers 624. (*Despréaux.*) * Cette comparaison est l'une de celles qu'Homère emploie pour peindre l'effroi qu'Hector jette parmi les Grecs.

[a] Aratus, né à Solès en Cilicie, dans le troisième siècle avant l'ère vulgaire, vécut long-temps à la cour de Ptolémée-Philadelphe. Le vers critiqué par Longin est extrait

CHAPITRE VIII. 429

Mais en fardant ainsi cette pensée, il l'a rendue basse et fleurie, de terrible qu'elle étoit. Et puis, renfermant tout le péril dans ces mots,

Un bois mince et léger les défend de la mort,

il l'éloigne et le diminue plutôt qu'il ne l'augmente. Mais Homère ne met pas pour une seule fois devant les yeux le danger où se trouvent les matelots; il les représente, comme en un tableau, sur le point d'être submergés [a] à tous les flots qui s'élèvent, et imprime jusque dans ses mots et ses syllabes l'image du péril. Archiloque [b] ne s'est point servi d'autre artifice dans la description de son naufrage, non plus que Démosthène dans cet en-

---

des *Phénomènes*, poëme sur l'astronomie, qui annonce peu d'imagination, et que, dans sa première jeunesse, Cicéron mit en vers latins. C'est sur cette version, dont Grotius a rempli de son mieux les nombreuses lacunes, que Pingré a traduit et publié les *Phénomènes* d'Aratus, à la suite des *Astronomiques* de Manilius.

[a] « submergés à tous les flots qui s'élèvent, » voilà une locution bien négligée, sur-tout à côté des beaux vers qu'on vient de lire.

[b] Archiloque, né à Paros dans le septième siècle avant l'ère vulgaire, est connu par l'horrible abus qu'il fit de son talent poétique, en s'abandonnant à tous les excès de la fureur. Il périt par un assassinat, qui fut la suite de ses outrages. Ses poésies n'annoncent pas moins de licence que de méchanceté; il en reste quelques fragments.

droit où il décrit le trouble des Athéniens à la nouvelle de la prise d'Élatée, quand il dit : « Il étoit « déja fort tard, etc. : » car ils n'ont fait tous deux que trier, pour ainsi dire, et ramasser soigneusement les grandes circonstances, prenant garde à ne point insérer dans leurs discours des particularités basses et superflues, ou qui sentissent l'école. En effet, de trop s'arrêter aux petites choses, cela gâte tout, et c'est *comme* du moellon ou des platras qu'on auroit arrangés et *comme* entassés les uns sur les autres pour élever un bâtiment [a].

CHAPITRE IX.

De l'amplification.

Entre les moyens dont nous avons parlé, qui contribuent au sublime, il faut aussi donner rang à ce qu'ils [b] appellent amplification; car quand la nature des sujets qu'on traite, ou des causes qu'on plaide, demande des périodes plus étendues

---

[a] Cette phrase est négligée, mais elle n'est pas inintelligible, comme Saint-Marc le prétend. Despréaux, Dacier et Boivin ne font aucune remarque sur le sens que le texte grec offre en cet endroit. Langbaine, Le Febvre, Tollius, Péarce, etc., s'accordent à dire qu'il est altéré.

[b] Saint-Marc, qui fait d'assez fréquents changements dans la traduction de Despréaux, a substitué « ce qu'on ap-

et composées de plus de membres, on peut s'élever par degrés, de telle sorte qu'un mot enchérisse toujours sur l'autre; et cette adresse peut beaucoup servir, ou pour traiter quelque lieu d'un discours, ou pour exagérer, ou pour confirmer, ou pour mettre en jour un fait, ou pour manier une passion. En effet, l'amplification se peut diviser en un nombre infini d'espèces; mais l'orateur doit savoir que pas une de ces espèces n'est parfaite de soi, s'il n'y a du grand et du sublime, si ce n'est lorsqu'on cherche à émouvoir la pitié, ou que l'on veut ravaler le prix de quelque chose. Par-tout ailleurs, si vous ôtez à l'amplification ce qu'il [a] y a de grand, vous lui arrachez, pour ainsi dire, l'ame du corps. En un mot, dès que cet appui vient à lui manquer, elle languit, et n'a plus ni force ni mouvement. Maintenant, pour plus grande netteté, disons en peu de mots la différence qu'il y a de cette partie à celle dont nous avons parlé dans le chapitre précédent, et qui, comme j'ai dit, n'est autre chose qu'un amas de circonstances choisies que l'on réunit ensemble; et voyons par où l'amplification en général diffère du grand et du sublime.

« pelle » à « ce qu'ils appellent. » Il doit cette correction à Capperonnier, et il la motive sur ce que les mots *qu'ils* ne se rapportent à rien.

[a] Dans les éditions antérieures à 1713, on lit : « ce « qu'elle a de grand. »

CHAPITRE X.

Ce que c'est qu'amplification.

Je ne saurois approuver la définition que lui (1) donnent les maîtres de l'art: L'amplification, disent-ils, est un discours qui augmente et qui [a] agrandit les choses. Car cette définition peut convenir tout de même au sublime, au pathétique, et aux figures, puisqu'elles (2) donnent toutes au discours je ne sais quel caractère de grandeur. Il y a pourtant bien de la différence; et premièrement le sublime consiste dans la hauteur et l'élévation, au lieu que l'amplification consiste aussi dans la multitude des paroles. C'est pourquoi le sublime se trouve quelquefois dans une simple

---

(1) On ne dit point « donner la définition à quelque « chose, » mais « donner la définition de quelque chose. » (*Saint-Marc.*) * La seconde locution est plus exacte; mais la première n'est pas vicieuse.

[a] « qui augmente et agrandit les choses. » (*Éditions antérieures à celle de* 1701.)

(2) .... il falloit dire: « car ces choses donnent aussi cer- « taine grandeur au discours. » (*Saint-Marc.*) * C'est par inadvertance que Despréaux fait rapporter les mots *elles* et *toutes* seulement aux figures, puisqu'ils se rapportent aussi au sublime et au pathétique.

pensée; mais l'amplification ne subsiste que dans la pompe et [a] dans l'abondance. L'amplification donc, pour en donner ici une idée générale, « est « un accroissement de paroles que l'on peut tirer « de toutes les circonstances particulières des cho- « ses, et de tous les lieux de l'oraison, qui remplit « le discours et le fortifie, en appuyant sur ce « qu'on a déja dit. » Ainsi elle diffère de la preuve, en ce qu'on emploie celle-ci pour prouver la question, au lieu que l'amplification ne sert qu'à étendre et à exagérer..... (1).

La même différence, à mon avis, est entre Démosthène et Cicéron pour le grand et le sublime, autant que nous autres Grecs pouvons juger des ouvrages d'un auteur latin. En effet, Démosthène est grand en ce qu'il est serré et concis, et Cicéron, au contraire, en ce qu'il est diffus et étendu. On peut comparer ce premier, à cause de la violence, de la rapidité, de la force et de la véhémence avec laquelle il ravage, pour ainsi dire, et emporte tout, à une tempête et à un foudre. Pour Cicéron [b], on

---

[a] « Dans la pompe et l'abondance. » (*Éditions antérieures à* 1694.)

(1) *Voyez* les remarques. (*Despréaux.*)* A la fin du traité.

[b] « A mon sens, il ressemble à un grand embrasement « qui se répand par-tout, et s'élève en l'air, avec un feu « dont la violence dure et ne s'éteint point; qui fait de dif- « férents effets, selon les différents endroits où il se trouve,

peut dire, à mon avis, que, comme un grand embrasement, il dévore et consume tout ce qu'il rencontre, avec un feu qui ne s'éteint point, qu'il répand diversement dans ses ouvrages, et qui, à mesure qu'il s'avance, prend toujours de nouvelles forces [a]. Mais vous pouvez mieux juger de cela que moi. Au reste, le sublime de Démosthène vaut sans doute bien mieux dans les exagérations fortes et dans [b] les violentes passions, quand il faut, pour ainsi dire, étonner l'auditeur. Au contraire, l'abondance est meilleure lorsqu'on veut, si j'ose me servir de ces termes, répandre une rosée agréable dans les esprits, et certainement un discours diffus est bien plus propre pour les lieux communs, les péroraisons, les digressions, et généralement pour tous ces discours qui se font dans le genre démonstratif. Il en est de même pour les histoires, les

« mais qui se nourrit néanmoins et s'entretient toujours
« dans la diversité des choses où il s'attache. » (*Éditions antérieures à celle de* 1683.)

[a] La Harpe, qui, dans les passages qu'il cite de Longin, n'en rapporte en général que la substance, dit en parlant de Cicéron : « Il est grand dans son abondance, comme
« Démosthène dans sa précision. Je comparerois celui-ci à
« la foudre qui écrase, à la tempête qui ravage; l'autre à
« un vaste incendie qui consume tout, et prend sans cesse
« de nouvelles forces. » (*Cours de littérature*, tome Ier.)

[b] « Dans les exagérations fortes et les violentes pas-
« sions, » (*éditions antérieures à celle de* 1694.)

traités de physique, et plusieurs autres semblables matières.

CHAPITRE XI.

De l'imitation.

Pour retourner à notre discours, Platon (1), dont le style ne laisse pas d'être fort élevé, bien qu'il coule sans être rapide et sans faire de bruit, nous a donné une idée de ce style, que vous ne pouvez ignorer, si vous avez lu les livres de sa République. « Ces hommes malheureux, dit-il quel-
« que part, qui ne savent ce que c'est que de sagesse
« ni de vertu, et qui sont continuellement plongés
« dans les festins et dans la débauche, vont tou-
« jours de pis en pis, et errent enfin toute leur vie.
« La vérité n'a point pour eux d'attraits ni de char-
« mes; ils n'ont jamais levé les yeux pour la regar-

---

(1) Cet *alinéa* ne peut jamais convenir au titre sous lequel il est placé: c'est la fin du chapitre précédent. La division des chapitres et leurs titres ne sont point de Longin. M. Boivin a pris soin d'en avertir. Ce n'est pas ici le seul endroit où l'on a mal divisé. Les lecteurs peuvent remarquer que dans plusieurs chapitres les matières empiètent les unes sur les autres; ce qui contribue beaucoup à rendre Longin moins clair dans cette traduction, etc., etc. (*Saint--Marc.*)

« der; en un mot, ils n'ont jamais goûté de pur ni
« de solide plaisir. Ils sont comme des bêtes qui
« regardent toujours en bas, et qui sont courbées
« vers la terre. Ils ne songent qu'à manger et à re-
« paître, qu'à satisfaire leurs passions brutales (1);
« et, dans l'ardeur de les rassasier, ils regimbent,
« ils égratignent, ils se battent à coups d'ongles et
« de cornes de fer, et périssent à la fin par leur
« gourmandise insatiable (2). »

Au reste, ce philosophe nous a encore enseigné un autre chemin, si nous ne voulons point le négliger, qui nous peut conduire au sublime. Quel est ce chemin? C'est l'imitation et l'émulation des poëtes et des écrivains illustres qui ont vécu [a]

(1) Jusqu'ici M. Despréaux, quoiqu'en alongeant trop, a rendu d'une manière assez fidèle le sens du passage de Platon, tel qu'il est rapporté par Longin; car il est un peu différent dans les œuvres mêmes du philosophe. Notre rhéteur le plus souvent cite de mémoire ou par extrait, etc. (*Saint-Marc.*) * Ce commentateur ajoute que Platon emprunte évidemment sa figure des béliers et des chevaux, qui sont considérés comme des animaux nobles. « Il n'en « est pas de même, dit-il, des chats, qui fournissent à « M. Despréaux ces deux expressions métaphoriques, *ils* « *égratignent, à coups d'ongles.* »

(2) Dialogue IX, page 585, édit. de H. Étienne. (*Despréaux.*)

[a] La préposition *devant* se trouve dans toutes les éditions, depuis celle de 1674 jusqu'à celle de 1713. Brossette y a substitué *avant*, et quelques éditeurs l'ont imité.

devant nous ; car c'est le but que nous devons toujours nous mettre devant les yeux.

Et certainement il s'en voit beaucoup que l'esprit d'autrui ravit hors d'eux-mêmes, comme on dit qu'une sainte fureur saisit la prêtresse d'Apollon sur le sacré trépied; car on tient qu'il y a une ouverture en terre d'où sort un souffle, une vapeur toute céleste qui la remplit sur-le-champ d'une vertu divine, et lui fait prononcer des oracles. De même ces grandes beautés que nous remarquons dans les ouvrages des anciens sont comme autant de sources sacrées, d'où il s'élève des vapeurs heureuses qui se répandent dans l'ame de leurs imitateurs, et animent les esprits même naturellement les moins échauffés; si bien que dans ce moment ils sont comme ravis et emportés de l'enthousiasme d'autrui : ainsi voyons-nous qu'Hérodote, et devant [a] lui Stésichore [b] et Archiloque ont été grands imitateurs d'Homère. Platon néanmoins est

---

[a] Brossette substitue encore ici *avant* au mot *devant*.

[b] Stésichore, l'un des plus anciens poëtes lyriques de la Grèce, naquit à Himère, ville de Sicile. Ses concitoyens ayant invoqué contre leurs ennemis le secours de Phalaris, tyran d'Agrigente, pour les détourner de cette résolution, il leur récita l'apologue du cheval qui se venge du cerf avec l'aide de l'homme. Aristote rapporte cette fable, chap. XX du liv. II de sa Rhétorique, et La Fontaine l'a mise en vers.

celui de tous qui l'a le plus imité; car il a puisé dans ce poëte comme dans une vive source, dont il a détourné un nombre infini de ruisseaux; et j'en donnerois des exemples, si Ammonius [a] n'en avoit déja rapporté plusieurs.

Au reste, on ne doit point regarder cela comme un larcin, mais comme une belle idée qu'il a eue, et qu'il s'est formée sur les mœurs, l'invention et les ouvrages d'autrui. En effet, jamais, à mon avis, il n'eût mêlé tant de si grandes choses[b] dans ses traités de philosophie, passant, comme il fait, du simple discours à des expressions et à des matières poétiques, s'il ne fût venu, pour ainsi dire, comme un nouvel athlète, disputer de toute sa force le prix à Homère, c'est-à-dire à celui qui avoit déja reçu les applaudissements de tout le monde [c];

[a] L'antiquité offre plusieurs Ammonius, que l'on confond, parceque l'histoire en est enveloppée d'une grande obscurité.

[b] Dans toutes les éditions, depuis celle de 1683 jusqu'à celle de 1713 inclusivement, on lit: « il n'eût mêlé tant « de si grandes choses.... » Brossette dit: « il n'eût mêlé « de si grandes choses.... »; et plusieurs autres éditeurs ont supprimé, comme lui, le mot *tant*.

[c] « En effet jamais, à mon avis, il ne dit de si grandes « choses dans ses traités de philosophie, que quand, du « simple discours passant à des expressions et à des matières « poétiques, il vient, s'il faut ainsi dire, comme un nouvel « athlète, disputer de toute sa force le prix à Homère, c'est-

car, bien qu'il ne le fasse peut-être qu'avec un peu trop d'ardeur, et, comme on dit, les armes à la main, cela ne laisse pas néanmoins de lui servir beaucoup, puisqu'enfin, selon Hésiode,

La noble jalousie est utile aux mortels (1).

Et n'est-ce pas en effet quelque chose de bien glorieux et bien digne d'une ame noble, que de combattre pour l'honneur et le prix de la victoire avec ceux qui nous ont précédés, puisque dans ces sortes de combats on peut même être vaincu sans honte?

CHAPITRE XII.

De la manière d'imiter.

Toutes les fois donc que nous voulons travailler à un ouvrage qui demande du grand et du sublime, il est bon de faire cette réflexion: Comment est-ce qu'Homère auroit dit cela? Qu'auroient fait Platon, Démosthène, ou Thucydide même, s'il est question d'histoire, pour écrire ceci en style sublime? Car ces grands hommes que nous nous

« à-dire à celui qui étoit déja l'admiration de tous les siècles. » (*Éditions de* 1674, 1675.)

(1) *Opera et dies*, vers 25. (*Despréaux.*)

proposons à imiter, se présentent de la sorte à notre imagination, nous servent comme de flambeau [a], et nous élèvent l'ame presque aussi haut que l'idée que nous avons conçue de leur génie, sur-tout si nous nous imprimons bien ceci en nous-mêmes : Que penseroient Homère ou Démosthène de ce que je dis, s'ils m'écoutoient ? et [b] quel jugement feroient-ils de moi ? En effet, nous ne croirons pas avoir un médiocre prix à disputer [c], si nous pouvons nous figurer que nous allons, mais sérieusement, rendre compte de nos écrits devant un si célèbre tribunal, et sur un théâtre où nous avons de tels héros pour juges et pour témoins. Mais un motif encore plus puissant pour nous exciter, c'est de songer au jugement que toute la postérité fera de nos écrits; car si un homme, dans la défiance de ce jugement, a peur, pour ainsi dire, d'avoir dit quelque chose qui vive plus que lui [d], son esprit ne sauroit jamais rien

---

[a] Toutes les éditions portent *flambeau* au singulier; Brossette le met au pluriel, et plusieurs éditeurs l'imitent.

[b] Brossette et quelques éditeurs oublient cet *et*.

[c] « En effet, ce sera un grand avantage pour nous, » (*éditions de* 1674, 1675.)

[d] « Dans la crainte de ce jugement, ne se soucie pas « qu'aucun de ses ouvrages vive plus que lui, son esprit ne « sauroit rien produire.... » (*Éditions de* 1674, 1675.) **Le** changement que Despréaux fit, en 1694, dans cette phrase,

produire que des avortons aveugles et imparfaits, et il ne se donnera jamais la peine d'achever des ouvrages qu'il ne fait point pour passer jusqu'à la dernière postérité.

CHAPITRE XIII.

Des images.

Ces images, que d'autres appellent peintures ou fictions, sont aussi d'un grand artifice pour donner du poids, de la magnificence et de la force au discours. Ce mot d'image se prend en général pour toute pensée propre à produire une expression, et qui fait une peinture à l'esprit de quelque manière que ce soit; mais il se prend encore, dans un sens plus particulier et plus resserré, pour ces discours que l'on fait lorsque, par un enthousiasme et un mouvement extraordinaire de l'ame, il semble que

sembloit devoir offrir non seulement une amélioration de style, mais un sens différent. On voit néanmoins, par ses remarques, qu'il persiste dans sa première interprétation, qui n'est pas très satisfaisante. Celle que donne Dacier paroît préférable; elle est d'ailleurs confirmée par d'autres traducteurs, sur-tout par le judicieux Pearce, qui a cru pouvoir corriger une altération dans le texte grec.

nous voyons les choses dont nous parlons, et [a] quand nous les mettons devant les yeux de ceux qui écoutent.

Au reste, vous devez savoir que les images, dans la rhétorique, ont tout un autre usage que parmi les poëtes. En effet, le but qu'on s'y propose dans la poésie, c'est l'étonnement et la surprise; au lieu que, dans la prose, c'est de bien peindre les choses et de les faire voir clairement. Il y a pourtant cela de commun, qu'on tend à émouvoir en l'une et en l'autre rencontre.

> Mère cruelle, arrête, éloigne de mes yeux (1)
> Ces filles de l'enfer, ces spectres odieux.
> Ils viennent: je les vois: mon supplice s'apprête.
> Quels horribles [b] serpents leur sifflent sur la tête [c]!

Et ailleurs:

> Où fuirai-je? Elle vient. Je la vois. Je suis mort (2).

---

[a] « Et que nous les mettons.... » (*éditions antérieures à celle de* 1701.)

(1) Paroles d'Euripide dans son Oreste, vers 255. (*Desp.*)

[b] *Mille* horribles serpents leur sifflent sur la tête.
(*Éditions antérieures à celle de* 1694.)

[c] Dans la dernière scène d'Andromaque, Racine fait dire à Oreste:

> Hé bien! filles d'enfer, vos mains sont-elles prêtes?
> Pour qui sont ces serpents qui sifflent sur vos têtes?

Ce dernier vers, dont l'harmonie imitative est citée comme un modèle, me paroît l'emporter sur celui de Despréaux.

(2) Euripide, Iphigénie en Tauride, vers 290. (*Despréaux.*)
C'est le vers 291.

CHAPITRE XIII.

Le poëte en cet endroit ne voyoit pas les Furies[a]; cependant il en fait une image si naïve, qu'il les fait presque voir aux auditeurs. Et véritablement je ne saurois pas bien dire si Euripide est aussi heureux à exprimer les autres passions ; mais pour ce qui regarde l'amour et la fureur, c'est à quoi il s'est étudié particulièrement, et il y a fort bien réussi. Et même, en d'autres rencontres, il ne manque pas quelquefois de hardiesse à peindre les choses; car, bien que son esprit de lui-même ne soit pas porté au grand, il corrige son naturel, et le force d'être tragique et relevé, principalement dans les grands sujets ; de sorte qu'on lui peut appliquer ces vers du poëte :

> A l'aspect du péril, au combat il s'anime (1) :
> Et, le poil hérissé, les yeux étincelants,
> De sa queue il se bat les côtés et les flancs (2) :

[a] Saint-Marc pense que Despréaux, en suivant une fausse correction de Manuce, dit le contraire de ce que Longin veut dire. M. Prévost de Genève rend ainsi cette phrase de Longin : « Ici le poëte a vu lui-même les furies, « et cette image l'a frappé; il a forcé ses auditeurs à la voir « presque comme lui. » (*Théâtre des Grecs*, tome IV, p. 352, 1786.) Il motive le sens qu'il adopte sur ce que la négation a moins de force, et sur le reproche que le rhéteur grec fait dans le même chapitre aux orateurs de son temps, en ces termes : « Comme les tragiques, ils voient les furies. »

(1) Iliade, livre XX, vers 170. (*Despréaux.*) * C'est le vers 169. Achille, prêt à combattre Énée, est comparé à un lion.

(2) M. Despréaux n'a pas pris garde que, dans son der-

comme on le peut remarquer dans cet endroit où le Soleil parle ainsi à Phaéton, en lui mettant entre les mains les rênes de ses chevaux (1):

> Prends garde qu'une ardeur trop funeste à ta vie
> Ne t'emporte au-dessus de l'aride Libye;
> Là jamais d'aucune eau le sillon arrosé
> Ne rafraîchit mon char dans sa course embrasé.

Et dans ces vers suivants:

> Aussitôt devant toi s'offriront sept étoiles:
> Dresse par là ta course, et suis le droit chemin.
> Phaéton à ces mots prend les rênes en main:
> De ses chevaux ailés il bat les flancs agiles.
> Les coursiers du Soleil à sa voix sont dociles.
> Ils vont: le char s'éloigne, et, plus prompt qu'un éclair,
> Pénètre en un moment les vastes champs de l'air.
> Le père cependant, plein d'un trouble funeste,
> Le voit rouler de loin sur la plaine céleste;
> Lui montre encor sa route, et du plus haut des cieux
> Le suit, autant qu'il peut, de la voix et des yeux.
> Va par là, lui dit-il: reviens, détourne: arrête [a].

nier vers, *les côtés et les flancs* sont une pure tautologie. (*Saint-Marc.*) * Le lion d'Homère, suivant ce commentateur, se bat les flancs et les reins.

(1) Euripide, dans son Phaéton, tragédie perdue. (*Despréaux.*)

[a] « On s'aperçoit bien, dit La Harpe, que ce n'est plus « contre Homère qu'il (*Despréaux*) lutte; autant il étoit « au-dessous de celui-ci, autant il est au-dessus d'Euripide. » (*Cours de littérature*, tome Ier.)

CHAPITRE XIII.

Ne diriez-vous pas que l'ame du poëte monte sur le char avec Phaéton, qu'elle partage tous ses périls, et qu'elle vole dans l'air avec les chevaux? car, s'il ne les suivoit dans les cieux, s'il n'assistoit à tout ce qui s'y passe, pourroit-il peindre la chose comme il fait? Il en est de même de cet endroit de sa Cassandre (1) qui commence par

Mais, ô braves Troyens, etc.

Eschyle a quelquefois aussi des hardiesses et des imaginations tout-à-fait nobles et héroïques, comme on le peut voir dans sa tragédie intitulée LES SEPT DEVANT THÈBES, où un courrier, venant apporter à Étéocle la nouvelle de ces sept chefs qui avoient tous impitoyablement juré, pour ainsi dire, leur propre mort, s'explique ainsi:

Sur un bouclier noir sept chefs impitoyables (2)
Épouvantent les dieux de serments effroyables :
Près d'un taureau mourant qu'ils viennent d'égorger,
Tous, la main dans le sang, jurent de se venger.
Ils en jurent la Peur, le dieu Mars et Bellone [a].

(1) Piéce perdue. (*Despréaux.*)
(2) Vers 42. (*Despréaux.*)
[a] La Harpe fait sur ces vers les observations suivantes:
« On a dit avec raison qu'il ne falloit pas rimer fréquem-
« ment par des épithètes; d'abord pour éviter l'uniformité,
« et ensuite parceque cette ressource est trop facile. Là-
« dessus, ceux qui veulent toujours enchérir sur la raison

Au reste, bien que ce poëte, pour vouloir trop s'élever, tombe assez souvent dans des pensées rudes, grossières et mal polies, Euripide néanmoins [a], par une noble émulation, s'expose quelquefois aux mêmes périls. Par exemple, dans Eschyle, le palais de Lycurgue est ému, et entre en fureur à la vue de Bacchus:

Le palais en fureur mugit à son aspect (1).

« et la vérité ont pris le parti de trouver mauvais tous les
« vers qui finissent par des épithètes; erreur d'autant plus
« ridicule, que souvent elles peuvent faire un très bel effet,
« quand elles sont harmonieuses, énergiques et adaptées
« aux circonstances. Ici elles sont très bien placées; mais ce
« qu'il y a de plus beau dans ces vers, c'est cet hémistiche
« pittoresque:

« Tous, la main dans le sang,....

« le traducteur l'emporte sur l'original, qui a mis un vers
« entier pour ce tableau, que la suspension de l'hémistiche
« rend plus frappant en françois, parcequ'elle force de s'y
« arrêter: c'est un des secrets de notre versification.

« J'observerai encore que les deux morceaux qu'on vient
« d'entendre, l'un d'Euripide, l'autre d'Eschyle, n'ont rien
« qui soit proprement sublime; mais que l'un est remar-
« quable par la vivacité, et l'autre par la force des images;
« et tous deux par conséquent appartiennent à ce style
« élevé qui est l'objet dont il s'agit. » (*Cours de littérature*,
tome Ier, page 122.)

[a] « Toutefois Euripide, » (*éditions de* 1674, 1675.)

(1) Lycurgue, tragédie perdue. (*Despréaux.*)

CHAPITRE XIII.

Euripide emploie cette même pensée d'une autre manière, en l'adoucissant néanmoins :

La montagne à leurs cris répond en mugissant.

Sophocle n'est pas moins excellent à peindre les choses, comme on [a] le peut voir dans la description qu'il nous a laissée d'OEdipe mourant, et s'ensevelissant lui-même au milieu d'une tempête prodigieuse; et dans cet autre endroit où il dépeint l'apparition d'Achille sur son tombeau, dans le moment que les Grecs alloient lever l'ancre. Je doute néanmoins, pour cette apparition, que jamais personne en ait fait une description plus vive que Simonide [b]: mais nous n'aurions jamais fait si nous voulions étaler ici tous les exemples que nous pourrions rapporter à ce propos.

Pour retourner à ce que nous disions, les images,

---

[a] Toutes les éditions portent: « comme on le peut « voir. » M. Daunou met : « comme on peut le voir. » On a suivi son exemple dans un commentaire récent.

[b] Simonide, de l'île de Céos, naquit l'an 558 avant l'ère vulgaire. Il obtint l'estime des rois, des sages et des grands hommes de son temps. Les louanges des dieux, les victoires des Grecs sur les Perses, etc., furent l'objet de ses chants. L'élégie étoit son triomphe; son style étoit plein de douceur et d'harmonie. Il donna des conseils très utiles à Hiéron, qui fit le bonheur de la Sicile; mais sa gloire fut ternie par l'avarice. On a de ce poëte quelques fragments précieux.

dans la poésie, sont pleines ordinairement d'accidents fabuleux, et qui passent toute sorte de croyance [a]; au lieu que, dans la rhétorique, le beau des images, c'est de représenter la chose comme elle s'est passée, et telle qu'elle est dans la vérité; car une invention poétique et fabuleuse, dans une oraison, traîne nécessairement avec soi des digressions grossières et hors de propos, et tombe dans une extrême absurdité. C'est pourtant ce que cherchent aujourd'hui nos orateurs. Ils voient quelquefois les Furies, ces grands orateurs [b], aussi-bien que les poëtes tragiques; et les bonnes gens ne prennent pas garde que [c], lorsqu'Oreste

[a] On lit *créance* dans les éditions antérieures à celle de 1701. Vaugelas ne confond point ce mot avec celui de *croyance*. De son temps, en général, on les écrivoit différemment, mais on les prononçoit de la même manière. (*Remarque DXXIX*.) Dans sa note sur cette remarque, Patru nous dit: « Peu de personnes écrivent présentement « croyance. » Agrippine donne un conseil à Britannicus en ces termes:

Seigneur, à vos soupçons donnez moins de créance.
Acte III, scène V.

Il paroît que, vers le commencement du siècle dernier, on écrivoit ces mots d'une manière différente, comme on l'avoit fait auparavant.

[b] M. Prévost de Genève s'autorise de ce passage dans sa manière de traduire un morceau de Longin. Nous avons rapporté le sens qu'il lui donne, page 443, note *a*.

[c] « Que, quand Oreste dit.... » (*éditions antérieures à celle de* 1694.)

dit dans Euripide:

> Toi qui dans les enfers me veux précipiter (1),
> Déesse, cesse enfin de me persécuter,

il ne s'imagine voir toutes ces choses que parcequ'il n'est pas dans son bon sens. Quel est donc l'effet des images dans la rhétorique? C'est qu'outre plusieurs autres propriétés, elles ont cela, qu'elles animent et échauffent le discours; si bien qu'étant mêlées avec art dans les preuves elles ne persuadent pas seulement, mais elles domptent, pour ainsi dire, elles soumettent l'auditeur. « Si un « homme, dit un orateur (2), a entendu un grand « bruit devant le palais, et qu'un autre [a] à même « temps vienne annoncer que les prisons sont ou- « vertes, et que les prisonniers de guerre se sau- « vent, il n'y a point de vieillard si chargé d'an- « nées, ni de jeune homme si indifférent, qui ne

---

(1) Oreste, tragédie, vers 264. (*Despréaux.*)

(2) Au lieu de *dit un orateur*, il falloit à la lettre *dit l'orateur.* C'est ainsi que Longin désigne ordinairement Démosthène; et le passage qu'il cite en cet endroit est de la harangue contre Timocrate, vers la fin. (*Saint-Marc.*)

[a] « et qu'un autre à même temps.... » telle est la leçon qui se trouve dans toutes les éditions de Despréaux, depuis celle de 1674 jusqu'à celle de 1713 inclusivement. Elle a été maintenue par les autres éditeurs, si ce n'est dans ces derniers temps, où MM. Didot, Crapelet, Daunou, etc., l'ont remplacée par celle-ci: *En même temps.*

« coure de toute sa force au secours. Que si quel-
« qu'un, sur ces entrefaites, leur montre l'auteur
« de ce désordre, c'est fait de ce malheureux; il
« faut qu'il périsse sur-le-champ, et [a] on ne lui
« donne pas le temps de parler. »

Hypéride s'est servi de cet artifice dans l'oraison où il rend compte de l'ordonnance qu'il fit faire après la défaite de Chéronée, qu'on donneroit la liberté aux esclaves. « Ce n'est point, dit-il, un « orateur qui a fait passer cette loi, c'est la bataille, « c'est la défaite de Chéronée. » Au même temps qu'il prouve la chose par raison, il fait une image; et par cette proposition qu'il avance, il fait plus que persuader et que prouver : car, comme en toutes choses on s'arrête naturellement à ce qui brille et éclate davantage, l'esprit de l'auditeur est aisément entraîné par cette image qu'on lui présente au milieu d'un raisonnement, et qui, lui frappant l'imagination, l'empêche d'examiner de si près la force des preuves, à cause de ce grand éclat dont elle couvre et environne le discours. Au reste, il n'est pas extraordinaire que cela fasse cet effet en nous, puisqu'il est certain que de deux corps mêlés ensemble, celui qui a le plus de force attire toujours à soi la vertu et la puissance de l'autre. Mais c'est assez parlé [b] de cette sublimité

[a] « et l'on ne lui donne.... » (*éditions de* 1674, 1675.)
[b] « Mais c'est assez parlé.... » Cette leçon est celle de

qui consiste dans les pensées, et qui vient, comme j'ai dit, ou de la grandeur d'ame, ou de l'imitation, ou de l'imagination (1).

CHAPITRE XIV.

Des figures, et premièrement de l'apostrophe.

Il faut maintenant parler des figures, pour suivre l'ordre que nous nous sommes prescrit; car, comme j'ai dit, elles ne font pas une des moindres parties du sublime, lorsqu'on leur donne le tour qu'elles doivent avoir. Mais ce seroit un ouvrage de trop longue haleine, pour ne pas dire infini, si nous voulions faire ici une exacte recherche de toutes les figures qui peuvent avoir place dans le discours. C'est pourquoi nous nous contenterons

Despréaux, dans toutes ses éditions. Les éditeurs l'ont suivie, à l'exception de MM. Didot, Daunou, etc., qui « mettent: Mais c'est assez parler.... »

(1) M. Pearce croit qu'il manque ici quelques mots dans le texte, et je suis de son avis. La récapitulation n'est pas complète. Je voudrois donc y suppléer à l'exemple de cet habile traducteur, et faire dire à Longin: « J'en ai dit « assez touchant le sublime des pensées, lequel tire son « origine ou de l'élévation de l'ame, ou du choix et de l'en- « tassement des circonstances, ou de l'amplification, ou de « l'imitation, ou des images. » (*Saint-Marc.*)

29.

d'en parcourir quelques unes des principales, je veux dire celles qui contribuent le plus au sublime, seulement afin de faire voir que nous n'avançons rien que de vrai. Démosthène veut justifier sa conduite, et prouver aux Athéniens qu'ils n'ont point failli en livrant bataille à Philippe. Quel étoit l'air naturel d'énoncer la chose (1)? « Vous n'avez point « failli, pouvoit-il dire, messieurs, en combattant « au péril de vos vies pour la liberté et le salut de « toute la Grèce; et vous en avez des exemples « qu'on ne sauroit démentir: car on ne peut pas « dire que ces grands hommes aient failli, qui ont « combattu pour la même cause dans les plaines « de Marathon, à Salamine et devant Platée. » Mais il en use bien d'une autre sorte; et tout d'un coup, comme s'il étoit inspiré d'un dieu et possédé de l'esprit d'Apollon même, il s'écrie, en jurant par ces vaillants défenseurs de la Grèce: « Non, mes- « sieurs, non, vous n'avez point failli, j'en jure « par les mânes de ces grands hommes qui ont « combattu pour la même cause dans les plaines « de Marathon (2). » Par cette seule forme de serment, que j'appellerai ici apostrophe, il déifie ces anciens citoyens dont il parle, et montre en effet

(1) *L'air d'énoncer* est une expression bizarre et peu claire. On rendroit le grec en disant : « Mais comment de- « voit-il naturellement s'y prendre? » (*Saint-Marc.*)

(2) De Coronâ, page 343, édit. Basil. (*Despréaux.*)

qu'il faut regarder tous ceux qui meurent de la sorte comme autant de dieux par le nom desquels on doit jurer; il inspire à ses juges l'esprit et les sentiments de ces illustres morts; et changeant l'air naturel de la preuve en cette grande et pathétique manière d'affirmer par des serments si extraordinaires, si nouveaux et si dignes de foi, il fait entrer dans l'ame de ses auditeurs comme une espèce de contre-poison et d'antidote qui en chasse toutes les mauvaises impressions; il leur élève le courage par des louanges; en un mot, il leur fait concevoir qu'ils ne doivent pas moins s'estimer de la bataille qu'ils ont perdue contre Philippe, que des victoires qu'ils ont remportées à Marathon et à Salamine; et, par tous ces différents moyens renfermés dans une seule figure, il les entraîne dans son parti. Il y en a pourtant qui prétendent que l'original de ce serment se trouve dans Eupolis [a], quand il dit:

On ne me verra plus affligé de leur joie;
J'en jure mon combat aux champs de Marathon.

[a] Eupolis florissoit vers l'an 430 avant l'ère vulgaire. Imitateur de Cratinus, il appartient comme lui à la vieille comédie; « mais il a, suivant l'abbé Barthélemi, plus d'é- « lévation et d'aménité [a]. » Il fournit au théâtre d'Athènes dix-sept pièces, et obtint, à peu près pour la moitié, les honneurs du triomphe: il nous en reste quelques frag-

[a] *Voyage du jeune Anacharsis*, 1799, tome VI, page 47.

Mais il n'y a pas grande finesse à jurer simplement. Il faut voir où, comment, en quelle occasion et pourquoi on le fait. Or, dans le passage de ce poëte, il n'y a rien autre chose qu'un simple serment; car il parle là aux Athéniens heureux [a], et dans un temps où ils n'avoient pas besoin de consolation. Ajoutez que dans ce serment il ne jure pas, comme Démosthène, par des hommes qu'il rende immortels [b], et ne songe point à faire naître dans l'ame des Athéniens des sentiments dignes de la vertu de leurs ancêtres; vu qu'au lieu de jurer par le nom de ceux qui avoient combattu, il s'amuse à jurer par une chose inanimée, telle qu'est un combat. Au contraire, dans Démosthène, ce serment est fait directement pour rendre le courage aux Athéniens vaincus, et pour empêcher qu'ils ne regardassent dorénavant comme un mal-

ments. On rapporte qu'Eupolis périt dans un combat naval, et que les Athéniens, touchés de sa perte, firent une loi pour interdire aux poëtes la carrière des armes.

[a] Toutes les éditions de Despréaux, depuis celle de 1674 jusqu'à celle de 1713 inclusivement, portent: « Car « il parle *là* aux Athéniens heureux. » Les autres éditeurs, à l'exception de celui de 1740, mettent: « Car il parle aux « Athéniens heureux. »

[b] « Ajoutez que par ce serment il ne traite pas, comme « Démosthène, ces grands hommes d'immortels, » (*éditions de* 1674, 1675.)

heur la bataille de Chéronée [a]. De sorte que, comme j'ai déja dit, dans cette seule figure, il leur prouve, par raison, qu'ils n'ont point failli, il leur en fournit un exemple, il le leur confirme par des serments, il fait leur éloge, et [b] il les exhorte à la guerre contre Philippe.

Mais comme on pouvoit répondre à notre orateur : Il s'agit de la bataille que nous avons perdue contre Philippe durant que vous maniiez [c] les affaires de la république, et vous jurez par les vic-

[a] « Ce serment *est fait....,* et pour empêcher qu'ils ne « *regardassent....* » Comment cette phrase n'a-t-elle pas été corrigée ?

[b] Brossette prétend que ce dernier membre de phrase fut ajouté en 1683; cela n'est pas exact: on le trouve dans les éditions de 1674 et 1675.

[c] Dans les éditions antérieures à 1701, on lit: « Que « vous *maniez....* » Dans celles de 1701 et 1713, on a mis un accent circonflexe sur l'*i* du mot *maniez,* pour se conformer au conseil de Vaugelas, qui, trouvant que le double *i* est d'une prononciation trop dure, le remplace par cet accent. L'académie françoise n'approuve point cet expédient; elle veut que, dans les verbes dont l'infinitif se termine en *ier,* on mette un second *i* aux deux premières personnes plurielles de l'imparfait, pour ne pas les confondre avec celles du présent [a]. Brossette et la plupart des éditeurs suivent cette décision. Saint-Marc est du petit nombre de ceux qui conservent l'orthographe de Despréaux.

[a] Observations sur les remarques de Vaugelas; in-4°, 1704, p. 124.

toires que nos ancêtres ont remportées : afin donc de marcher sûrement, il a soin de régler ses paroles, et n'emploie que celles qui lui sont avantageuses, faisant voir que, même dans les plus grands emportements, il faut être sobre et retenu. En parlant donc de ces victoires de leurs ancêtres, il dit : « Ceux qui ont combattu par terre à Marathon, et « par mer à Salamine; ceux qui ont donné bataille « près d'Artémise [a] et de Platée. » Il se garde bien de dire : « Ceux qui ont vaincu [b]. » Il a soin de taire l'événement qui avoit été aussi heureux en toutes ces batailles, que funeste à Chéronée, et prévient même l'auditeur en poursuivant ainsi : « Tous ceux, ô Eschine, qui sont péris [c] en ces

[a] Comme Despréaux se sert du mot *bataille* pour Artémise et pour Platée, Saint-Marc en conclut qu'il ignore que la première action s'engagea sur mer; il ne paroît pas du moins que cette étrange remarque soit fondée sur un autre motif.

[b] « En disant donc que leurs ancêtres avoient combattu « par terre à Marathon et par mer à Salamine, avoient « donné bataille près d'Artémise et de Platée, il se garde « bien de dire qu'ils en fussent sortis victorieux. » (*éditions de* 1674 *et* 1675.)

[c] Aujourd'hui l'on diroit, « Qui ont péri en ces ren- « contres, » parcequ'il s'agit moins de l'état des guerriers morts, que de la manière dont ils ont perdu la vie; mais cette distinction est récente. Condillac est, je crois, un des premiers qui l'aient établie.

« rencontres ont été enterrés aux dépens de la ré-
« publique, et non pas seulement ceux dont la
« fortune a secondé la valeur. »

CHAPITRE XV.

Que les figures ont besoin du sublime pour les soutenir.

Il ne faut pas oublier ici une réflexion que j'ai faite, et que je vais vous expliquer en peu de mots. C'est que si les figures naturellement soutiennent le sublime, le sublime de son côté soutient merveilleusement les figures. Mais où et comment? C'est ce qu'il faut dire.

En premier lieu, il est certain qu'un discours où les figures sont employées toutes seules est de soi-même suspect d'adresse, d'artifice et de tromperie, principalement lorsqu'on parle devant un juge souverain, et sur-tout si ce juge est un grand seigneur, comme un tyran, un roi, ou un général d'armée; car il conçoit en lui-même une certaine indignation contre l'orateur, et ne sauroit souffrir qu'un chétif rhétoricien entreprenne de le tromper, comme un enfant, par de grossières finesses. Il est même à craindre quelquefois [a] que, prenant

[a] « Et même il est à craindre quelquefois.... » (*éditions de* 1674, 1675, 1683.)

tout cet artifice pour une espèce de mépris, il ne s'effarouche entièrement; et bien qu'il retienne sa colère et se laisse un peu amollir aux charmes du discours, il a toujours une forte répugnance à croire ce qu'on lui dit. C'est pourquoi il n'y a point de figure plus excellente que celle qui est tout-à-fait cachée, et lorsqu'on ne reconnoît point que c'est une figure. Or il n'y a point de secours ni de remède plus merveilleux pour l'empêcher de paroître, que le sublime et le pathétique, parceque l'art, ainsi renfermé au milieu de quelque chose de grand et d'éclatant, a tout ce qui lui manquoit, et n'est plus suspect d'aucune tromperie[a]. Je ne

[a] « A propos des figures, dit La Harpe, il donne (Longin) un précepte bien sage, et qui peut servir à les bien employer et à les bien juger. » Voici comment le critique françois fait parler le rhéteur grec : « Il est naturel aux « hommes de se défier de toute espèce d'artifice, et comme « les figures en sont un, la meilleure de toutes est celle qui « est si bien cachée qu'on ne l'aperçoit pas. Il faut donc que « la force de la pensée ou du sentiment soit telle, qu'elle « couvre la figure et ne permette pas d'y songer. » Après avoir offert ainsi la substance de l'original, l'auteur du *Cours de littérature* y ajoute les réflexions suivantes : « Cela « est d'un grand sens; et ce qui a tant décrié ces sortes « d'ornements, qu'on appelle figures de rhétorique, ce n'est « pas qu'ils ne soient fort bons en eux-mêmes, c'est le mal« heureux abus qu'on en a fait. Il falloit se souvenir que les « figures doivent toujours être en proportion avec les sen-

vous en saurois donner un meilleur exemple que celui que j'ai déja rapporté : « J'en jure par les « mânes de ces grands hommes, etc. » Comment est-ce que l'orateur a caché la figure dont il se sert? N'est-il pas aisé de reconnoître que c'est par l'éclat même de sa pensée? Car comme les moindres lumières s'évanouissent quand le soleil vient à éclairer, de même toutes ces subtilités de rhétorique disparoissent à la vue de cette grandeur qui les environne de tous côtés. La même chose à peu près arrive dans la peinture. En effet, que l'on colore plusieurs choses également tracées sur un même plan, et qu'on y mette le jour et les ombres[a], il est certain que ce qui se présentera d'abord à la vue ce sera le lumineux, à cause de son grand éclat, qui fait qu'il semble sortir hors du tableau, et s'approcher en quelque façon de nous.

« timents ou les idées, sans quoi elles ne peuvent ressem-
« bler à la nature, puisqu'il n'est nullement naturel qu'un
« homme qui n'est pas vivement animé se serve de figures
« vives dont il n'a nul besoin. Il est reconnu que c'est la
« passion, la sensibilité qui a inventé toutes les figures du
« discours, pour s'exprimer avec plus de force. Aussi, quand
« cet accord existe, l'effet en est sûr, parcequ'alors, comme
« dit Longin, la figure est si naturelle qu'on ne songe pas
« même qu'il y en a une. »

[a] « En effet, qu'on tire plusieurs lignes parallèles sur
« un même plan, avec les jours et les ombres; » (*éditions de* 1674, 1675, 1683, 1694.)

Ainsi le sublime et le pathétique, soit par une affinité naturelle qu'ils ont avec les mouvements de notre ame, soit à cause de leur brillant, paroissent davantage, et semblent toucher de plus près notre esprit que les figures dont ils cachent l'art, et qu'ils mettent comme à couvert.

CHAPITRE XVI.

Des interrogations.

Que dirai-je des demandes et des interrogations? car qui peut nier que ces sortes de figures ne donnent beaucoup plus de mouvement, d'action et de force au discours? « Ne voulez-vous jamais faire autre « chose, dit Démosthène (1) aux Athéniens, qu'aller « par la ville vous demander les uns aux autres : « Que dit-on de nouveau? Hé! que peut-on vous « apprendre de plus nouveau que ce que vous voyez? « Un homme de Macédoine se rend maître des Athé- « niens, et fait la loi à toute la Grèce. Philippe est-il « mort? dira l'un. Non, répondra l'autre, il n'est « que malade. Hé! que vous importe, messieurs, « qu'il vive ou qu'il meure? Quand le ciel vous en « auroit délivrés, vous vous feriez bientôt vous-

(1) Première Philippique, page 15, édition de Bâle. (*Despréaux.*)

« mêmes un autre Philippe. » Et ailleurs : « Em-
« barquons-nous pour la Macédoine. Mais où abor-
« derons-nous, dira quelqu'un, malgré Philippe ?
« La guerre même, messieurs, nous découvrira par
« où Philippe est facile à vaincre. » S'il eût dit la
chose simplement, son discours n'eût point répondu à la majesté de l'affaire dont il parloit; au
lieu que, par cette divine et violente manière de se
faire des interrogations et de se répondre sur-le-
champ à soi-même, comme si c'étoit une autre personne, non seulement il rend ce qu'il dit plus grand
et plus fort, mais plus plausible et plus vraisemblable [a]. Le pathétique ne fait jamais plus d'effet
que lorsqu'il semble que l'orateur ne le recherche
pas, mais que c'est l'occasion qui le fait naître. Or
il n'y a rien qui imite mieux la passion que ces sortes
d'interrogations et de réponses; car ceux qu'on interroge sentent naturellement une certaine émotion,
qui fait que sur-le-champ ils se précipitent de répondre et de dire ce qu'ils savent de vrai, avant
même qu'on ait achevé de les interroger [b]. Si bien
que par cette figure l'auditeur est adroitement

[a] « Car le pathétique ne fait.... » (*éditions antérieures à celle de* 1701.)

[b] « car ceux qu'on interroge sur une chose dont ils sa-
« vent la vérité sentent naturellement une certaine émo-
« tion, qui fait que sur-le-champ ils se précipitent de ré-
« pondre. » (*éditions antérieures à celle de* 1683.)

trompé, et prend les discours les plus médités pour des choses dites sur l'heure et dans la chaleur (1).

Il n'y a rien encore qui donne plus de mouvement au discours que d'en ôter les liaisons [a]. En effet, un discours que rien ne lie et n'embarrasse marche et coule de soi-même; et il s'en faut peu qu'il n'aille quelquefois plus vite que la pensée même de l'orateur. « Ayant approché leurs boucliers les uns des « autres, dit Xénophon (2), ils reculoient, ils com- « battoient, ils tuoient, ils mouroient ensemble. » Il en est de même de ces paroles d'Euryloque à Ulysse, dans Homère:

Nous avons, par ton ordre, à pas précipités (3),
Parcouru de ces bois les sentiers écartés :
Nous avons, dans le fond d'une sombre vallée,
Découvert de Circé la maison reculée.

Car ces périodes ainsi coupées, et prononcées néanmoins avec précipitation, sont les marques d'une vive douleur, qui l'empêche en même temps et le force de parler. C'est ainsi qu'Homère sait ôter où il faut les liaisons du discours.

(1) *Voyez* les remarques. (*Despréaux.*) * A la fin du traité.

[a] Cette phrase suppléée par le traducteur pourroit annoncer un autre chapitre. Tollius, Hudson, Pearce, etc., commencent ici une nouvelle section.

(2) Xénoph., hist. gr., liv. IV, pag. 519, édit. de Leunclav. (*Despréaux.*)

(3) Odyssée, liv. X, vers 251. (*Despréaux.*)

CHAPITRE XVII.

Du mélange des figures.

Il n'y a encore rien de plus fort pour émouvoir que de ramasser ensemble plusieurs figures ; car deux ou trois figures ainsi mêlées, entrant par ce moyen dans une espèce de société, se communiquent les unes aux autres de la force, des graces et de l'ornement, comme on le peut voir dans ce passage de l'oraison de Démosthène contre Midias, où en même temps il ôte les liaisons de son discours, et mêle ensemble les figures de répétition et de description. « Car tout « homme, dit cet orateur, qui en outrage un autre, « fait beaucoup de choses du geste, des yeux, de « la voix, que celui qui a été outragé ne sauroit « peindre dans un récit (1). » Et de peur que dans la suite son discours ne vînt à se relâcher, sachant bien que l'ordre appartient à un esprit rassis, et qu'au contraire le désordre est la marque de la passion, qui n'est en effet elle-même qu'un trouble et une émotion de l'ame, il poursuit dans la même

---

(1) Contre Midias, page 395, édit. de Bâle. (*Despréaux.*)
* Démosthène, remplissant les fonctions d'inspecteur des spectacles, avoit reçu de Midias un soufflet en plein théâtre. Plutarque rapporte ce fait dans la vie de l'orateur grec.

diversité de figures. « Tantôt il le frappe comme
« ennemi, tantôt pour lui faire insulte, tantôt avec
« les poings, tantôt au visage (1). » Par cette violence
de paroles ainsi entassées les unes sur les autres,
l'orateur ne touche et ne remue pas moins puissamment ses juges que s'ils le voyoient frapper en
leur présence. Il revient à la charge et poursuit
comme une tempête : « Ces affronts émeuvent, ces
« affronts transportent un homme de cœur et qui
« n'est point accoutumé aux injures. On ne sauroit
« exprimer par des paroles l'énormité d'une telle
« action (2). » Par ce changement continuel il conserve par-tout le caractère de ces figures turbulentes ;
tellement que dans son ordre il y a un désordre et
au contraire dans son désordre il y a un ordre merveilleux. Pour preuve de ce que je dis [a], mettez par
plaisir les conjonctions à ce passage, comme font
les disciples d'Isocrate : « Et certainement il ne faut
« pas oublier que celui qui en outrage un autre fait
« beaucoup de choses, premièrement par le geste,
« ensuite par les yeux, et enfin par la voix même,
« etc. » Car, en égalant et aplanissant ainsi toutes
choses par le moyen des liaisons, vous verrez que
d'un pathétique fort et violent vous tomberez dans

---

(1) Contre Midias, page 395, édit. de Bâle. (*Despréaux.*)

(2) *Ibid.* (*Despréaux.*)

[a] Au lieu de ce membre de phrase, on lit ces mots,
« Qu'ainsi ne soit, » dans les éditions antérieures à 1701.

une petite afféterie de langage qui n'aura ni pointe ni aiguillon ; et que toute la force de votre discours s'éteindra aussitôt d'elle-même. Et comme il est certain que si on lioit le corps d'un homme qui court, on lui feroit perdre toute sa force; de même, si vous allez embarrasser une passion de ces liaisons et de ces particules inutiles, elle les souffre avec peine; vous lui ôtez la liberté de sa course, et cette impétuosité qui la faisoit marcher avec la même violence qu'un trait lancé par une machine.

CHAPITRE XVIII.

Des hyperbates.

Il faut donner rang aux hyperbates. L'hyperbate n'est autre chose que la transposition des pensées ou des paroles dans l'ordre et la suite d'un discours ; et cette figure porte avec soi le caractère véritable d'une passion forte et violente. En effet, voyez tous ceux qui sont émus de colère, de frayeur, de dépit, de jalousie, ou de quelque autre passion que ce soit, car il y en a tant que l'on n'en sait pas le nombre ; leur esprit est dans une agitation continuelle ; à peine ont-ils formé un dessein qu'ils en conçoivent aussitôt un autre; et, au milieu de celui-ci, s'en proposant encore de nouveaux où il n'y a ni raisons ni rapports, ils reviennent souvent à leur première résolution. La passion en eux est comme un vent léger et inconstant qui les entraîne et les fait tourner sans cesse de côté et d'autre; si bien que, dans ce flux et reflux perpétuel de sentiments opposés, ils changent à tous moments de pensée et de langage, et ne gardent ni ordre ni suite dans leurs discours.

Les habiles écrivains, pour imiter ces mouvements de la nature, se servent des hyperbates; et, à dire vrai, l'art n'est jamais dans un plus haut degré de perfection que lorsqu'il ressemble si fort à la nature qu'on le prend pour la nature même; et au contraire la nature ne réussit jamais mieux que quand l'art est caché.

Nous voyons un bel exemple de cette transposition dans Hérodote, où Denys Phocéen parle ainsi aux Ioniens: « En effet, nos affaires sont ré-
« duites à la dernière extrémité, Messieurs. Il faut
« nécessairement que nous soyons libres ou esclaves,
« et esclaves misérables. Si donc vous voulez éviter
« les malheurs qui vous menacent, il faut, sans diffé-
« rer, embrasser le travail et la fatigue, et acheter
« votre liberté par la défaite de vos ennemis (1). »

(1) Hérodote, liv. VI, page 338, édition de Francfort. (*Despréaux.*) * Nous donnons la traduction de ce passage par Larcher, parcequ'elle confirme la remarque de Dacier : « Nos affaires, Ioniens, sont dans un état de crise. Il n'y « a point de milieu pour nous entre la liberté et l'esclavage,

CHAPITRE XVIII.

S'il eût voulu suivre l'ordre naturel, voici comme il eût parlé: « Messieurs, il est maintenant temps d'em-
« brasser le travail et la fatigue; car enfin nos affai-
« res sont réduites à la dernière extrémité, etc. » Premièrement donc, il transpose [a] ce mot MESSIEURS, et ne l'insère qu'immédiatement après leur avoir jeté la frayeur dans l'ame, comme si la grandeur du péril lui avoit fait oublier la civilité qu'on doit à ceux à qui l'on parle en commençant un discours. Ensuite il renverse l'ordre des pensées; car avant que de les exhorter au travail, qui est pourtant son but, il leur donne la raison qui les y doit porter: « En effet, nos affaires sont réduites à la dernière
« extrémité; » afin qu'il ne semble pas que ce soit un discours étudié qu'il leur apporte, mais que c'est la passion qui le force à [b] parler sur-le-champ. Thucydide a aussi des hyperbates fort remarquables, et s'entend admirablement à transposer les

---

« et même l'esclavage le plus dur, celui où gémissent les
« esclaves fugitifs. Maintenant donc, si vous voulez sup-
« porter les travaux et la fatigue, les commencements vous
« paroîtront pénibles; mais, lorsque vous aurez vaincu vos
« ennemis, vous pourrez jouir tranquillement de la li-
« berté. » (*Histoire d'Hérodote*, tome IV, page 96, 1786.)

[a] « Il transporte ce mot MESSIEURS, » (*édit. antérieures à celle de* 1694.)

[b] « qui le force de parler. » Cette leçon ne se trouve que dans l'édition de 1674; Despréaux la changea en 1675.

choses qui semblent unies du lien le plus naturel, et qu'on diroit ne pouvoir être séparées.

Démosthène est en cela bien plus retenu que lui. En effet, pour Thucydide, jamais personne ne les a répandues avec plus de profusion, et on peut dire qu'il en soûle les lecteurs [a]: car, dans la passion qu'il a de faire paroître que tout ce qu'il dit est dit sur-le-champ, il traîne sans cesse l'auditeur par les dangereux détours de ses longues transpositions (1). Assez souvent donc il suspend sa première pensée

[a] Le mot *soûle*, quoique l'auteur l'emploie au figuré, n'étoit point assez noble, même au temps où il écrivoit, pour trouver sa place dans la traduction d'un traité du sublime. Ce passage se lisoit d'abord de la manière suivante : « Pour Démosthène, qui est d'ailleurs bien plus re-« tenu que Thucydide, il ne l'est pas en cela, et jamais « personne n'a plus aimé les hyperbates; car dans la pas-« sion qu'il a.... » (*éditions de 1674, 1675.*) Il ne s'agit pas d'un simple changement d'expressions, mais d'un sens différent.

(1) M. Despréaux, guidé par une courte note de M. Le Fèvre, qui n'en dit pas assez, réforma sa première traduction, et lui substitua, dans l'édition de 1683, ce qu'on lit ici dans son texte. Il est le seul des traducteurs de Longin qui lui fasse dire de Thucydide ce qu'ils lui font tous dire de Démosthène. Quelque témérité que ce soit à moi de n'être pas de l'avis de tant d'habiles gens, j'oserai cependant proposer un sentiment qui n'est ni le leur, ni celui de M. Despréaux. Ce que Longin dit ici regarde en partie Démosthène, en partie Thucydide.... (*Saint-Marc.*)

comme s'il affectoit tout exprès le désordre, et, entremêlant au milieu de son discours plusieurs choses différentes, qu'il va quelquefois chercher même hors de son sujet, il met la frayeur dans l'ame de l'auditeur, qui croit que tout ce discours va tomber, et l'intéresse malgré lui dans le péril où il pense voir l'orateur [a]. Puis tout d'un coup, et lorsqu'on ne s'y attendoit plus, disant à propos ce qu'il y avoit si long-temps qu'on cherchoit; par cette transposition également hardie [b] et dangereuse, il touche bien davantage que s'il eût gardé un ordre dans ses paroles [c]. Il y a tant d'exemples de ce que je dis, que je me dispenserai d'en rapporter.

[a] Saint-Marc pense que le commencement de cet alinéa concerne Thucydide, et que la suite, à partir de la phrase qu'on vient de lire, est relative à Démosthène. Mais il avoue que l'interprétation qu'il adopte exige, dans le texte grec, un changement qu'il n'ose pas hasarder.

[b] « également adroite et dangereuse, » (*éditions de* 1674, 1675.)

[c] « un ordre dans ses paroles, et il y a tant d'exemples « de ce que je dis, » (*éditions de* 1674, 1675.)

CHAPITRE XIX.

Du changement de nombre.

Il n'en faut pas moins dire de ce qu'on appelle diversité de cas, collections, renversements, gradations, et de toutes ces autres figures qui, étant comme vous savez, extrêmement fortes et véhémentes, peuvent beaucoup servir par conséquent à orner le discours, et contribuent en toutes manières au grand et au pathétique. Que dirai-je des changements de cas, de temps, de personnes, de nombre, et de genre? En effet, qui ne voit combien toutes ces choses sont propres à diversifier et à ranimer l'expression? Par exemple, pour ce qui regarde le changement de nombre, ces singuliers dont la terminaison est singulière, mais qui ont pourtant, à les bien prendre, la force et la vertu des pluriels:

> Aussitôt un grand peuple accourant sur le port,
> Ils firent de leurs cris retentir le *rivage* [a].

Et ces singuliers sont d'autant plus dignes de remarque, qu'il n'y a rien quelquefois de plus ma-

---

[a] Dans les éditions antérieures à celles de 1694, on trouve ainsi ce dernier vers:
Ils firent de leurs cris retentir les rivages.

CHAPITRE XIX.

gnifique que les pluriels; car la multitude qu'ils renferment leur donne du son et de l'emphase. Tels sont ces pluriels qui sortent de la bouche d'OEdipe, dans Sophocle:

> Hymen, funeste hymen, tu m'as donné la vie (1):
> Mais dans ces mêmes flancs où je fus enfermé
> Tu fais rentrer ce sang dont tu m'avois formé;
> Et par là tu produis et des fils et des pères,
> Des frères, des maris, des femmes, et des mères,
> Et tout ce que du sort la maligne fureur
> Fit jamais voir au jour et de honte et d'horreur.

Tous ces différents noms ne veulent dire qu'une seule personne, c'est à savoir OEdipe d'une part, et sa mère Jocaste de l'autre. Cependant, par le moyen de ce nombre ainsi répandu et multiplié en différents pluriels, il multiplie en quelque façon les infortunes d'OEdipe. C'est par un même pléonasme qu'un poëte a dit:

> On vit les Sarpédon et les Hector paroître.

Il en faut dire autant de ce passage de Platon, à propos des Athéniens, que j'ai rapporté ailleurs : « Ce ne sont point des Pélops, des Cadmus, des « Égyptus, des Danaüs, ni des hommes nés bar- « bares qui demeurent avec nous. Nous sommes

---

(1) OEdipe tyran, vers 1417. (*Despréaux.*) * Ces vers se trouvent dans la seconde scène du cinquième acte de l'OEdipe roi.

« tous Grecs, éloignés du commerce et de la
« fréquentation des nations étrangères, qui ha-
« bitons une même ville, etc. (1). »

En effet tous ces pluriels, ainsi ramassés ensemble, nous font concevoir une bien plus grande idée des choses; mais il faut prendre garde à ne faire cela que bien à propos et dans les endroits où il faut amplifier ou multiplier, ou exagérer, et dans la passion, c'est-à-dire quand le sujet est susceptible d'une de ces choses ou de plusieurs; car d'attacher par-tout ces cymbales [a] et ces sonnettes, cela sentiroit trop son sophiste.

(1) Platon, MENEXENUS, tome II, page 245, édition de H. Étienne. (*Despréaux.*)

[a] Saint-Marc ne suit pas toujours la traduction de Despréaux. Voici l'un des moindres changements qu'il s'y soit permis, et l'un des mieux motivés: « J'ai, dit-il, retranché
« *ces cymbales;* 1° parceque Longin ne parle que de son-
« nettes; 2° parceque les cymbales étant des instruments
« composés de deux pièces, dont on tenoit une dans chaque
« main, et que l'on frappoit l'une contre l'autre en cadence,
« elles n'ont aucun rapport aux sonnettes, et ne peuvent
« entrer en aucune façon dans l'allusion que les paroles
« de Longin renferment,.... »

CHAPITRE XX.

Des pluriels réduits en singuliers.

On peut aussi, tout au contraire, réduire les pluriels en singuliers; et cela a quelque chose de fort grand. « Tout le Péloponèse, dit Dé-« mosthène, étoit alors divisé en factions (1). » Il en est de même de ce passage d'Hérodote : « Phry-« nicus faisant représenter sa tragédie intitulée, « LA PRISE DE MILET, tout le théâtre se fondit en « larmes (2). » Car de ramasser ainsi plusieurs choses en une, cela donne plus de corps au discours. Au reste, je tiens que pour l'ordinaire c'est une même raison qui fait valoir ces deux différentes figures. En effet, soit qu'en changeant les singuliers en pluriels, d'une seule chose vous en fassiez plusieurs, soit qu'en ramassant des pluriels dans un seul nom singulier qui sonne agréablement à l'oreille, de plusieurs choses vous n'en

(1) *De coronâ*, pag. 315, édit. Basil. (*Despréaux.*)
(2) Hérodote, livre VI, page 341, édit. de Francfort. (*Despréaux.*)* Les différentes éditions, depuis celle de 1674 jusqu'à celle de 1713, portent : « tout le théâtre se fondit en « larmes. » On lit dans celles de MM. Didot, Daunou, etc.: « tout le peuple fondit en larmes. »

fassiez qu'une, ce changement imprévu marque la passion.

CHAPITRE XXI.

Du changement de temps.

Il en est de même du changement de temps, lorsqu'on parle d'une chose passée comme si elle se faisoit présentement, parcequ'alors ce n'est plus une narration que vous faites, c'est une action qui se passe à l'heure même. « Un soldat, dit « Xénophon, étant tombé sous le cheval de Cyrus, « et étant foulé aux pieds de ce cheval, il lui « donne un coup d'épée dans le ventre. Le cheval « blessé se démène et secoue son maître. Cyrus « tombe (1). » Cette figure est fort fréquente dans Thucydide.

(1) Institut. de Cyrus, liv. VII, page 178, édit. de Leuncl. (*Despréaux.*) * Cet ouvrage est plus connu sous le nom de *la Cyropédie*.

CHAPITRE XXII.

Du changement de personnes.

Le changement de personnes n'est pas moins pathétique; car il fait que l'auditeur assez souvent se croit voir lui-même au milieu du péril:

> Vous diriez, à les voir pleins d'une ardeur si belle(1),
> Qu'ils retrouvent toujours une vigueur nouvelle;
> Que rien ne les sauroit ni vaincre ni lasser,
> Et que leur long combat ne fait que commencer.

Et dans Aratus :

> Ne t'embarque jamais durant ce triste mois [a].

Cela se voit encore dans Hérodote. « A la sortie « de la ville d'Éléphantine, dit cet historien, du « côté qui va en montant, vous rencontrez d'abord « une colline, etc. (2). De là vous descendez dans « une plaine. Quand vous l'avez traversée, vous « pouvez vous embarquer tout de nouveau, et « en douze jours arriver à une grande ville qu'on

---

(1) Iliade, liv. XV, vers 697. (*Despréaux.*) * Il s'agit de l'ardeur qui anime les Troyens et les Grecs les uns contre les autres.

[a] *Voyez* sur Aratus la note a, page 428.

(2) Liv. II, page 100, édition de Francfort. (*Despréaux.*)

« appelle Méroé [a]. » Voyez-vous, mon cher Térentianus, comme il prend votre esprit avec lui, et le conduit dans tous ces différents pays, vous faisant plutôt voir qu'entendre? Toutes ces choses, ainsi pratiquées à propos, arrêtent l'auditeur, et lui tiennent l'esprit attaché sur l'action présente, principalement lorsqu'on ne s'adresse pas à plusieurs en général, mais à un seul en particulier:

> Tu ne saurois connoître, au fort de la mêlée,
> Quel parti suit le fils du courageux Tydée (1).

Car en réveillant ainsi l'auditeur par ces apostrophes, vous le rendez plus ému, plus attentif, et plus plein de la chose dont vous parlez.

[a] « De là vous descendrez dans une plaine. Quand vous « l'aurez traversée, vous pouvez vous embarquer tout de « nouveau, et en douze jours vous arriverez à une grande « ville qu'on appelle Méroé ». (*éditions antérieures à celle de* 1701.)

(1) Iliade, liv. V, vers 85. (*Despréaux.*) * Il est rare de trouver dans Boileau des vers aussi foiblement rimés que ceux-là. Quant à l'intrépidité de Diomède, voici ce que madame Dacier en dit dans une de ses notes: « Peut-on « peindre plus vivement un guerrier qui tantôt se mêle « au milieu des ennemis, et tantôt revient à ses bataillons « pour les mener encore à la charge? »

CHAPITRE XXIII.

Des transitions imprévues.

Il arrive aussi quelquefois qu'un écrivain, parlant de quelqu'un, tout d'un coup se met à sa place et joue son personnage. Et cette figure marque l'impétuosité de la passion.

> Mais Hector, qui les voit épars sur le rivage(1),
> Leur commande à grands cris de quitter le pillage,
> D'aller droit aux vaisseaux sur les Grecs se jeter :
> « Car quiconque mes yeux verront s'en écarter,
> « Aussitôt dans son sang je cours laver sa honte[a]. »

(1) Iliade, liv. XV, vers 346. (*Despréaux.*)

[a] Dans les éditions de 1674, 1675, 1683, ces vers se lisent de la manière suivante :

> Mais Hector, de ses cris remplissant le rivage,
> Commande à ses soldats de quitter le pillage,
> De courir aux vaisseaux : « Car j'atteste les dieux
> « Que quiconque osera s'écarter à mes yeux,
> « Moi-même dans son sang j'irai laver sa honte. »

Voici comment les quatre premiers vers furent changés en 1694 :

> Mais Hector, qui les voit épars sur le rivage,
> Leur commande à grands cris de quitter le pillage,
> De courir aux vaisseaux avec rapidité :
> « Car quiconque ces bords m'offriront écarté, etc. »

En 1701, le traducteur refit, comme on va le voir, les deux

Le poëte retient la narration pour soi, comme celle qui lui est propre, et met tout d'un coup, et sans

derniers vers de la seconde leçon et le cinquième de la première:

> D'aller droit aux vaisseaux sur les Grecs se jeter :
> « Car quiconque mes yeux verront s'en écarter,
> « Aussitôt dans son sang je cours laver sa honte. »

Brossette a trouvé sans doute que ces corrections n'étoient pas heureuses, puisqu'il s'est contenté de les placer dans les notes, en insérant dans le texte la première leçon sans aucun changement. Dumonteil suit son exemple; d'autres éditeurs, tels que ceux de 1735, 1768, conservent seulement le dernier vers.

Geoffroy blâme sans restriction la seconde et la troisième manière du traducteur. « Plus Boileau vieillissoit, dit-il, « moins il étoit capable de mieux faire [a]. » Je ne suis pas entièrement de cet avis: il me semble que les deux premiers vers sont changés avec assez de bonheur; qu'à la vérité les trois et quatrième vers de l'ancienne leçon sont bien supérieurs à ceux qui leur furent substitués en 1694 et 1701; qu'enfin si, dans le cinquième vers, le premier hémistiche, dont la dureté est peut-être affectée, comme étant l'expression de la colère, ne vaut pas celui qu'il remplace, le second hémistiche de ce même vers l'emporte sur celui auquel Despréaux l'a préféré. Nous osons croire que sa traduction gagneroit à être lue telle que nous la présentons ici :

> Mais Hector, qui les voit épars sur le rivage,
> Leur commande à grands cris de quitter le pillage,
> De courir aux vaisseaux : « Car j'atteste les dieux

[a] Œuvres de Jean Racine, avec des commentaires, par J. L. Geoffroy, tome V, page 42.

CHAPITRE XXIII.   479

en avertir, cette menace précipitée dans la bouche de ce guerrier bouillant et furieux. En effet, son discours auroit langui s'il y eût entremêlé : « Hector « dit alors de telles ou semblables paroles. » Au lieu que par cette transition imprévue il prévient le lecteur, et la transition est faite avant que le poëte même ait songé qu'il la faisoit [a]. Le véritable lieu donc où l'on doit user de cette figure, c'est quand le temps presse, et que l'occasion qui se présente ne permet pas de différer; lorsque sur-le-champ il faut passer d'une personne à une autre, comme dans Hécatée [b] : « Ce héraut ayant assez pesé la « conséquence de toutes ces choses, il commande « aux descendants des Héraclides de se retirer. Je « ne puis plus rien pour vous, non plus que si je

« Que quiconque osera s'écarter à mes yeux,
« Moi-même dans son sang je cours laver sa honte. »

On rencontreroit alors en trois vers les mots *courir* et *je cours;* mais ces mots ainsi répétés, loin d'être une négligence, appartiennent au style passionné.

[a] « et la transition est faite avant qu'on s'en soit aperçu. » (*éditions de* 1674, 1675.)

[b] Hécatée, d'une des plus illustres familles de Milet, ne put détourner les Ioniens du projet où ils étoient de se soustraire à la dépendance de Darius. Ce fut sans doute après leur défaite qu'il s'occupa de la composition d'une histoire, dont il reste des fragments. Il avoit employé le dialecte de son pays dans toute sa pureté, et fut le précurseur d'Hérodote, qui en a parlé plusieurs fois.

« n'étois plus au monde. Vous êtes perdus, et vous
« me forcerez bientôt moi-même d'aller chercher
« une retraite chez quelque autre peuple (1). » Démosthène, dans son oraison contre Aristogiton, a encore employé cette figure d'une manière différente de celle-ci, mais extrêmement forte et pathétique. « Et il ne se trouvera personne entre vous,
« dit cet orateur, qui ait du ressentiment et de
« l'indignation de voir un impudent, un infame
« violer insolemment les choses les plus saintes?
« un scélérat, dis-je, qui.... O le plus méchant de
« tous les hommes! rien n'aura pu arrêter ton au-
« dace effrénée? Je ne dis pas ces portes, je ne dis
« pas ces barreaux qu'un autre pouvoit rompre
« comme toi (2). » Il laisse là sa pensée imparfaite, la colère le tenant comme suspendu et partagé sur un mot, entre deux différentes personnes : « qui....
« O le plus méchant de tous les hommes! » Et ensuite, tournant tout d'un coup contre Aristogiton ce même discours qu'il sembloit avoir laissé là, il touche bien davantage, et fait une plus forte impression [a]. Il en est de même de cet emportement

(1) Livre perdu. (*Despréaux.*)
(2) Page 494, édition de Bâle. (*Despréaux.*)
[a] Les éditions de Despréaux, depuis 1674 jusqu'en 1713 inclusivement, portent : « fait une bien plus forte impres-
« sion. » Toutes les éditions postérieures que nous avons examinées, à l'exception de celle de Souchai, 1740, et de

de Pénélope dans Homère, quand elle voit entrer chez elle un héraut de la part de ses amants.

> De mes fâcheux amants ministre injurieux (1),
> Héraut, que cherches-tu? Qui t'amène en ces lieux?
> Y viens-tu, de la part de cette troupe avare,
> Ordonner qu'à l'instant le festin se prépare?
> Fasse le juste ciel, avançant leur trépas,
> Que ce repas pour eux soit le dernier repas!
> Lâches, qui, pleins d'orgueil et foibles de courage,
> Consumez de son fils le fertile héritage,
> Vos pères autrefois ne vous ont-ils point dit
> Quel homme étoit Ulysse [a]? etc.

CHAPITRE XXIV.

De la périphrase.

Il n'y a personne, comme je crois, qui puisse douter que la périphrase ne soit encore [b] d'un grand usage dans le sublime; car, comme dans la

---

Palissot, 1798, portent simplement : « fait une plus forte « impression. »

(1) Odyssée, liv. IV, vers 681. (*Despréaux.*)

[a] *Quel homme étoit Ulysse, etc.* Cette expression simple, employée également par madame Dacier, ne peut obtenir grace auprès de Saint-Marc. Elle est, suivant lui, « basse, « triviale, et toute propre à fournir à quelque plaisant du « bon ton l'occasion d'avoir de l'esprit, etc., etc. »

[b] Saint-Marc prétend que l'édition de 1701 porte le mot

musique le son principal [a] devient plus agréable à l'oreille lorsqu'il est accompagné des [b] différentes parties qui lui répondent, de même la périphrase, tournant [c] autour du mot propre, forme souvent, par rapport avec lui [d], une consonnance et une harmonie fort belle dans le discours, sur-tout lorsqu'elle n'a rien de discordant ou d'enflé, mais que toutes choses y sont dans un juste tempérament. Platon nous en fournit un bel exemple au commencement de son oraison funèbre. « Enfin, « dit-il, nous leur avons rendu les derniers devoirs ; « et maintenant ils achèvent ce fatal voyage, et ils « s'en vont tout [e] glorieux de la magnificence avec « laquelle toute la ville en général et leurs parents « en particulier les ont [f] conduits hors de ce mon-

aussi, au lieu du mot *encore*. Cela n'est pas exact : dans l'exemplaire que nous avons sous les yeux, on lit *encore*.

[a] *Voyez* à ce sujet la réponse de Despréaux à Brossette, du 7 janvier 1709, tome IV, page 630.

[b] « de ces différentes parties.... » (*éditions antérieures à celle de* 1701.)

[c] « à l'entour du mot propre, » (*éditions antérieures à celle de* 1713.)

[d] Locution qui ne seroit plus employée.

[e] « ils s'en vont *tous* glorieux.... » (*édit. ant. à celle de* 1701.) Suivant Vaugelas, « c'est une faute que presque « tout le monde fait de dire *tous*, au lieu de *tout*. »

[f] « les ont reconduits hors de ce monde. » (*édit. antér. à celle de* 1694.)

CHAPITRE XXIV.

« de [a]. » Premièrement il appelle la mort CE FATAL VOYAGE. Ensuite il parle des derniers devoirs qu'on avoit rendus [b] aux morts, comme d'une pompe publique que leur pays leur avoit préparée exprès pour les conduire hors de cette vie [c]. Dirons-nous que toutes ces choses ne contribuent que médiocrement à relever cette pensée? Avouons plutôt que, par le moyen de cette périphrase mélodieusement répandue dans le discours, d'une diction toute simple il a fait une espèce de concert et d'harmonie. De même Xénophon : « Vous regardez le travail « comme le seul guide qui vous peut conduire à « une vie heureuse et plaisante [d]. Au reste, votre « ame est ornée de la plus belle qualité que puissent « jamais posséder des hommes nés pour la guerre ; « c'est qu'il n'y a rien qui vous touche plus sensible- « ment que la louange (1). « Au lieu de dire, « Vous

[a] Menexenus, page 236, édition de H. Étienne. (*Despréaux.*).

[b] « des derniers devoirs qu'on avoit rendu.... » le participe y est sans s. (*éditions antérieures à celle de* 1701.)

[c] « Exprès, au sortir de cette vie. » (*éditions de* 1674, 1675.)

[d] Ce dernier mot est employé dans son ancienne acception.

(1) Inst. de Cyrus, liv. I, page 24, édit. de Leuncla. (*Despréaux.*) * Ce passage est extrait du discours que Cyrus tient aux jeunes Perses qu'il se dispose à mener au secours de Cyaxare, son oncle, roi des Mèdes.

« vous adonnez au travail, » il use de cette circonlocution : « Vous regardez le travail comme le seul « guide qui vous peut conduire à une vie heureuse. » Et, étendant ainsi toutes choses, il rend sa pensée plus grande; et relève beaucoup cet éloge. Cette périphrase d'Hérodote me semble encore inimitable : « La déesse Vénus, pour châtier l'insolence des Scy- « thes qui avoient pillé son temple, leur envoya [*a*] « une maladie qui les rendoit femmes (1). »

Au reste, il n'y a rien dont l'usage s'étende plus loin que la périphrase, pourvu qu'on ne la répande pas par-tout sans choix et sans mesure; car aussitôt elle languit, et a je ne sais quoi de niais et de grossier. Et c'est pourquoi Platon, qui est toujours figuré dans ses expressions, et quelquefois même un peu mal à propos, au jugement de quelques uns, a été raillé pour avoir dit [*b*] dans ses Lois (2) : « Il ne faut

---

[*a*] On lit, « envoya la maladie des femmes » dans les éditions antérieures à 1701. Celles de 1674, 1675, 1683 ont en marge le mot *hémorroïdes*, qui fut en 1694 remplacé par ces mots : *Voyez les remarques.* (A la fin du traité.)

(1) Les fit devenir impuissants. (*Despréaux.*) * Cette note, en 1701, remplaça les notes précédentes. On peut voir les divers sentiments auxquels ce passage a donné lieu, dans la traduction de l'*Histoire d'Hérodote*, par Larcher, 1786, tome Ier, page 361.

[*b*] Les éditions antérieures à celle de 1713 portent : « dans sa République. »

(2) Liv. V, pages 741 et 42, édit. de H. Étienne. (*Desp.*)

« point souffrir que les richesses d'or et d'argent
« prennent pied ni habitent dans une ville. » S'il eût
voulu, poursuivent-ils, interdire [a] la possession
du bétail, assurément qu'il auroit dit, par la même
raison, « les richesses de bœufs et de moutons. »

Mais ce que nous avons dit en général suffit pour
faire voir l'usage des figures à l'égard du grand et
du sublime; car il est certain qu'elles rendent toutes
le discours plus animé et plus pathétique; or le pathétique participe du sublime autant que le sublime (1) participe du beau et de l'agréable.

CHAPITRE XXV.

Du choix des mots.

Puisque la pensée et la phrase s'expliquent ordinairement l'une par l'autre, voyons si nous n'avons
point encore quelque chose à remarquer dans cette
partie du discours qui regarde l'expression. Or,

[a] Dans les éditions de 1674, 1675, il y a *interdire*, qui
est l'expression indiquée par le texte grec et par le sens
complet du passage. Les éditions de 1683, 1694, 1701,
1713, portent le mot *introduire*; faute évidente, échappée
à l'examen de Despréaux et rectifiée par Brossette. L'éditeur de 1740 est le seul qui l'ait reproduite.

(1) Le moral, selon l'ancien manuscrit. (*Despréaux.*)
* Note de l'édition de 1713. Les édit. antér. en ont peu.

que le choix des grands mots et des termes propres soit d'une merveilleuse vertu pour attacher et pour émouvoir, c'est ce que personne n'ignore, et sur quoi par conséquent il seroit inutile de s'arrêter. En effet il n'y a peut-être rien d'où les orateurs, et tous les écrivains en général qui s'étudient au sublime, tirent plus de grandeur, d'élégance, de netteté, de poids, de force et de vigueur pour leurs ouvrages, que du choix des paroles. C'est par elles que toutes ces beautés éclatent dans le discours comme dans un riche tableau; et elles donnent aux choses une espèce d'ame et de vie. Enfin les beaux mots sont, à vrai dire, la lumière propre et naturelle de nos pensées. Il faut prendre garde néanmoins à ne pas faire parade par-tout d'une vaine enflure de paroles; car d'exprimer une chose basse en termes grands et magnifiques, c'est tout de même que si vous appliquiez un grand masque de théâtre sur le visage d'un petit enfant, si ce n'est, à la vérité, dans la poésie (1)...... Cela se peut voir encore dans un passage de Théopompus, que Cécilius blâme, je ne sais pourquoi, et qui me semble au

(1) L'auteur, après avoir montré combien les grands mots sont impertinents dans le style simple, faisoit voir que les termes simples avoient place quelquefois dans le style noble. (*Voyez* les remarques.) (*Despréaux.*) * Ici la lacune est d'environ huit pages. Tollius, Hudson, Pearce, l'abbé Gori, ont fait un nouveau chapitre de ce qui suit.

contraire fort à louer pour sa justesse, et parcequ'il dit beaucoup. « Philippe, dit cet historien, boit « sans peine les affronts que la nécessité de ses affai- « res l'oblige de souffrir [a]. » En effet un discours tout simple exprimera quelquefois mieux la chose que toute la pompe et tout l'ornement, comme on le voit tous les jours dans les affaires de la vie. Ajoutez qu'une chose énoncée d'une façon ordinaire se fait aussi plus aisément croire. Ainsi, en parlant d'un homme qui, pour s'agrandir, souffre sans peine, et même avec plaisir, des indignités, ces termes : BOIRE DES [b] AFFRONTS me semblent signifier beaucoup. Il en est de même de cette expression d'Hérodote : « Cléomène étant devenu furieux, « il prit un couteau dont il se hacha la chair en « petits morceaux; et, s'étant ainsi déchiqueté lui- « même, il mourut (1). » Et ailleurs : « Pythès, de- « meurant toujours dans le vaisseau, ne cessa point « de combattre qu'il n'eût été haché en pièces (2). »

[a] Théopompe de Chio répandit le premier beaucoup d'anecdotes dans ses écrits. Enclin au blâme, il n'est digne de foi que lorsqu'il loue. Il continua l'histoire de Thucydide, et composa la vie de Philippe, qu'il peignit des plus noires couleurs.

[b] Dans les éditions antérieures à 1701, on lisoit : « boire les affronts. »

(1) Liv. VI, page 358, édit. de Francfort. (*Despréaux.*)
(2) Liv. VII, page 444. (*Despréaux.*)

Car ces expressions marquent un homme qui dit bonnement les choses et qui n'y entend point de finesse, et renferment néanmoins en elles un sens qui n'a rien de grossier ni de trivial.

CHAPITRE XXVI.

Des métaphores.

Pour ce qui est du nombre des métaphores, Cécilius semble être de l'avis de ceux qui n'en souffrent pas plus de deux ou trois [a] au plus pour exprimer une seule chose. Mais [b] Démosthène nous doit encore ici servir de règle. Cet orateur nous fait voir qu'il y a des occasions où l'on en peut employer plusieurs à-la-fois, quand les passions, comme un torrent rapide, les entraînent avec elles nécessairement et en foule. « Ces hommes malheu-« reux, dit-il quelque part, ces lâches flatteurs, ces « furies de la république ont cruellement déchiré « leur patrie. Ce sont eux qui, dans la débauche, « ont autrefois vendu à Philippe notre liberté, et « qui la vendent encore aujourd'hui à Alexandre ;

[a] Il y a dans l'édition de 1674 « tout au plus, » et dans celle de 1675 « au plus. »

[b] Ce *mais* est omis par Brossette et par quelques éditeurs, entre autres par ceux de 1722, 1735, 1768.

« qui, mesurant, dis-je, tout leur bonheur aux
« sales plaisirs de leur ventre, à leurs infames dé-
« bordements, ont renversé toutes les bornes de
« l'honneur, et détruit parmi nous cette règle, où
« les anciens Grecs faisoient consister toute leur
« félicité, de ne souffrir point de maître(1). » Par
cette foule de métaphores prononcées dans la colère, l'orateur ferme entièrement la bouche à ces
traîtres[a]. Néanmoins Aristote [b] et Théophraste,
pour excuser l'audace de ces figures, pensent qu'il
est bon d'y apporter ces adoucissements : « Pour
« ainsi dire, Pour parler ainsi, Si j'ose me servir de
« ces termes, Pour m'expliquer un peu plus hardi-
« ment. » En effet, ajoutent-ils, l'excuse est un remède contre les hardiesses du discours; et je suis
bien de leur avis. Mais je soutiens pourtant toujours ce que j'ai déja dit, que le remède le plus naturel contre l'abondance et la hardiesse soit des
métaphores, soit des autres figures, c'est de ne les
employer qu'à propos, je veux dire dans les grandes passions et dans le sublime; car comme le sublime et le pathétique, par leur violence et leur

---

(1) *De coronâ*, page 354, édit. de Bâle. (*Despréaux.*)

[a] « Par cette foule de métaphores, l'orateur décharge
« ouvertement sa colère contre ces traîtres. » (*éditions de*
1674, 1675.)

[b] *Voyez* la *Rhétorique d'Aristote*, traduite par Cassandre,
1733, liv. III, chap. VII, page 399.

impétuosité, emportent naturellement et entraînent tout avec eux, ils demandent nécessairement des expressions fortes, et ne laissent pas le temps à l'auditeur de s'amuser à chicaner le nombre des métaphores, parcequ'en ce moment il est épris d'une commune fureur avec celui qui parle.

Et même pour les lieux communs et les descriptions, il n'y a rien quelquefois qui exprime mieux les choses qu'une foule de métaphores continuées. C'est par elles que nous voyons dans Xénophon une description si pompeuse de l'édifice du corps humain. Platon néanmoins en a fait la peinture d'une manière encore plus divine (1). Ce dernier appelle la tête « une citadelle. » Il dit que le cou est « un isthme, qui a été mis entre elle et la poitrine; » que les vertèbres sont « comme des gonds sur les-« quels elle tourne; » que la volupté est « l'amorce « de tous les malheurs qui arrivent aux hommes; » que la langue est « le juge des saveurs; » que le cœur est « la source des veines, la fontaine du « sang, qui de là se porte avec rapidité dans toutes « les autres parties, et qu'il est disposé comme une « forteresse gardée de tous côtés [a]. » Il appelle

---

(1) Dans le Timée, pages 69 et suiv., édit. de H. Étienne. (*Despréaux.*) * Condillac est loin d'admirer cette peinture. (*De l'art d'écrire*, 1798, page 174.)

[a] « et qu'il est placé dans une forteresse gardée de tous « côtés. » (*éditions de* 1674, 1675.)

les pores « des rues étroites. » « Les dieux, pour-
« suit-il, voulant soutenir le battement du cœur,
« que la vue inopinée des choses terribles, ou le
« mouvement de la colère, qui est de feu, lui cau-
« sent ordinairement, ils [a] ont mis sous lui le pou-
« mon, dont la substance est molle et n'a point de
« sang; mais, ayant par-dedans de petits trous en
« forme d'éponge, il sert au cœur comme d'oreil-
« ler, afin que, quand la colère est enflammée, il
« ne soit point troublé dans ses fonctions. » Il
appelle la partie concupiscible « l'appartement de
« la femme, » et la partie irascible « l'appartement
« de l'homme. » Il dit que la rate est « la cuisine
« des intestins; et qu'étant pleine des ordures du
« foie, elle s'enfle et devient bouffie. » « Ensuite,
« continue-t-il, les dieux couvrirent toutes ces par-
« ties de chair, qui leur sert comme de rempart et
« de défense contre les injures du chaud et du froid,
« et contre tous les autres accidents. Et elle est,
« ajoute-t-il, comme une laine molle et ramassée
« qui entoure doucement le corps. » Il dit que le
sang est « la pâture de la chair. Et afin [b] que tou-
« tes les parties pussent recevoir l'aliment, ils y
« ont creusé, comme dans un jardin, plusieurs

[a] Ce pronom devient inutile; Despréaux donne plus
d'une fois lieu à une pareille remarque.

[b] « Et afin, poursuit-il, que toutes les parties ». (*édit.
antérieures à celle de* 1713.)

« canaux, afin que les ruisseaux des veines, sor-
« tant du cœur comme de leur source, pussent
« couler dans ces étroits conduits du corps hu-
« main. » Au reste, quand la mort arrive, il dit
« que les organes se dénouent comme les cordages
« d'un vaisseau, et qu'ils laissent aller l'ame en li-
« berté. » Il y en [a] a encore une infinité d'autres
ensuite, de la même force; mais ce que nous avons
dit suffit pour faire voir combien toutes ces figures
sont sublimes d'elles-mêmes; combien, dis-je, les
métaphores servent au grand, et de quel usage
elles peuvent être dans les endroits pathétiques et
dans les descriptions.

Or, que ces figures, ainsi que toutes les autres
élégances du discours, portent toujours les choses
dans l'excès [b], c'est ce que l'on remarque assez
sans que je le dise. Et c'est pourquoi Platon même
n'a pas été peu blâmé de ce que souvent, comme
par une fureur de discours, il se laisse emporter à
des métaphores dures et excessives, et à une vaine
pompe allégorique. « On ne concevra pas aisé-

---

[a] « .... La particule *en*...., dit Saint-Marc, ne peut se
« rapporter qu'au mot métaphores, lequel est à la troi-
« sième ligne de cet alinéa.... Le lecteur françois n'est pas
« dans l'habitude de se souvenir de si loin. »

[b] Saint-Marc reprend cet endroit, dont il donne la traduction littérale, suivant laquelle les tropes peuvent seulement conduire dans l'excès.

« ment, dit-il en un endroit, qu'il en doit [a] être
« de même d'une ville comme d'un vase où le vin
« qu'on verse, et qui est d'abord bouillant et fu-
« rieux, tout d'un coup entrant en société avec
« une autre divinité sobre qui le châtie, devient
« doux et bon à boire (1). » D'appeler l'eau une divinité sobre, et de se servir du terme de CHATIER
pour TEMPÉRER; en un mot, de s'étudier si fort à
ces petites finesses, cela sent, disent-ils [b], son
poëte, qui n'est pas lui-même trop sobre. Et c'est
peut-être ce qui a donné sujet à Cécilius de décider
si hardiment, dans ses commentaires sur Lysias,
que Lysias valoit mieux en tout que Platon, poussé
par deux sentiments aussi peu raisonnables l'un
que l'autre; car, bien qu'il aimât Lysias plus que
soi-même, il haïssoit encore plus Platon qu'il n'aimoit Lysias [c]; si bien que, porté de ces deux

[a] « On ne concevra pas.... qu'il en est d'une ville.... »
(*édit. de* 1674, 1675.) En faisant un léger changement
dans sa phrase, Despréaux y a laissé deux incorrections.
Il faudroit dire : « On ne concevra pas qu'il en doive être
« d'une ville comme d'un vase. »

(1) Des lois, liv. VI, page 773, édit. de H. Étienne. (*Des-préaux.*)

[b] Despréaux a voulu mettre : « cela sent, dit-on. »

[c] Lysias seconda puissamment Thrasybule dans sa
noble entreprise, pour délivrer Athènes de la tyrannie des
trente. Nous avons un grand nombre de harangues de cet
orateur, dont Quintilien compare l'éloquence plutôt à un

mouvements, et par un esprit de contradiction, il a avancé plusieurs choses de ces deux auteurs, qui ne sont pas des décisions si souveraines qu'il s'imagine. De fait, accusant Platon d'être tombé en plusieurs endroits, il parle de l'autre comme d'un auteur achevé et qui n'a point de défauts; ce qui, bien loin d'être vrai, n'a pas même une ombre de vraisemblance. Et en effet [a], où trouverons-nous un écrivain qui ne pèche jamais, et où il n'y ait rien à reprendre?

CHAPITRE XXVII.

Si l'on doit préférer le médiocre parfait au sublime qui a quelques défauts.

Peut-être ne sera-t-il pas hors de propos d'examiner ici cette question en général; savoir, lequel vaut mieux, soit dans la prose, soit dans la poésie,

ruisseau pur et limpide qu'à un fleuve majestueux. C'est chez son père Céphalus que Platon met en scène les interlocuteurs de ses dialogues *sur la république*. Lysias mourut à quatre-vingts ans, vers l'année 374 avant l'ère vulgaire; l'identité de nom lui a fait attribuer des actions et des ouvrages qui ne lui appartiennent pas.

[a] « Et d'ailleurs, où trouverons-nous.... » (*éditions de* 1674, 1675.)

d'un sublime qui a quelques défauts [a], ou d'une médiocrité parfaite et saine en toutes ses parties, qui ne tombe et ne se dément point; et ensuite lequel, à juger équitablement des choses, doit emporter le prix, de deux ouvrages dont l'un a un plus grand nombre de beautés, mais l'autre va plus au grand et au sublime; car ces questions étant naturelles à notre sujet, il faut nécessairement les résoudre. Premièrement donc je tiens pour moi qu'une grandeur au-dessus de l'ordinaire n'a point naturellement la pureté du médiocre. En effet, dans un discours si poli et si limé, il faut craindre la bassesse. Il en est de même du sublime que d'une richesse immense, où l'on ne peut pas prendre garde à tout de si près, et où il faut, malgré qu'on en ait, négliger quelque chose. Au contraire, il est presque impossible pour l'ordinaire qu'un esprit bas et médiocre fasse des fautes : car comme il ne se hasarde et ne s'élève jamais, il demeure toujours en sûreté; au lieu que le grand, de soi-même et par sa propre grandeur, est glissant et dangereux. Je n'ignore pas pourtant ce qu'on me peut objec-

[a] « Je citerai, dit La Harpe, cet article de Longin com-
« me une dernière preuve très péremptoire qu'il ne veut
« point parler des traits sublimes, dont l'idée ne suppose
« aucun défaut, mais des ouvrages dont le sujet et le ton
« appartiennent au genre sublime. » (*Cours de littérature*, tome Ier.)

ter d'ailleurs, que naturellement nous jugeons des ouvrages des hommes par ce qu'ils ont de pire, et que le souvenir des fautes qu'on y remarque dure toujours et ne s'efface jamais; au lieu que tout ce qui est beau passe vite, et s'écoule bientôt de notre esprit: mais bien que j'aie remarqué plusieurs fautes dans Homère et dans tous les plus célèbres auteurs, et que je sois peut-être l'homme du monde à qui elles plaisent le moins, j'estime, après tout, que ce sont des fautes dont ils ne se sont pas souciés, et qu'on ne peut appeler proprement fautes, mais qu'on doit simplement regarder comme des méprises et de petites négligences qui leur sont échappées, parceque leur esprit, qui ne s'étudioit qu'au grand, ne pouvoit pas s'arrêter aux petites choses. En un mot, je maintiens que le sublime, bien qu'il ne se soutienne pas également par-tout, quand ce ne seroit qu'à cause de sa grandeur, l'emporte sur tout le reste [a]. En effet Apollonius [b],

[a] « Ce peu de mots, dit La Harpe, suffit pour résoudre « la question proposée. Mais il y a des esprits faux qui, en « outrant un principe vrai, en font un principe d'erreur; « et il ne manque pas de gens qui ont voulu nous faire « croire qu'un seul endroit heureux pouvoit excuser toutes « les fautes d'un mauvais ouvrage. » (*Cours de littérature*, tome Ier.)

[b] Apollonius, né en Égypte, vivoit dans le troisième siècle avant l'ère vulgaire. Les désagréments qu'il éprouva

par exemple, celui [a] qui a composé le poëme des Argonautes, ne tombe jamais; et dans Théocrite, ôté quelques endroits où il sort un peu du caractère de l'églogue [b], il n'y a rien qui ne soit heureusement imaginé. Cependant aimeriez-vous mieux être Apollonius ou Théocrite qu'Homère? L'Érigone d'Ératosthène [c] est un poëme où il n'y a rien

de la part des poëtes ses confrères l'engagèrent à se retirer à Rhodes, où il professa la rhétorique. Il finit par retourner dans la capitale des Ptolémées, où la direction de la fameuse bibliothéque lui fut confiée. Il ne nous reste de lui qu'un poëme sur l'expédition des Argonautes, dans lequel il y a plus d'érudition que de talent; on y remarque pourtant les amours de Médée, qui ont servi de modèle à celles de Didon.

[a] « Qu'ainsi ne soit, Apollonius, celui qui.... » (*édit. antérieures à* 1701.)

[b] « ôté quelques ouvrages qui ne sont pas de lui, il n'y « a rien.... » (*édit. de* 1674, 1675.) Dans les éditions de 1768, de MM. Didot, Crapelet, Daunou, etc., on lit: « ôtez quelques endroits; » mais dans les éditions revues par Despréaux, il y a *ôté*, sans être à l'impératif. Hardion présume qu'ici l'original est altéré. *Mém. des Insc.*, t. V, p. 202.

[c] Ératosthène, né l'an 276 avant l'ère vulgaire, fut le prédécesseur d'Apollonius dans la place de bibliothécaire des rois d'Égypte. Il avoit été, ainsi que lui, disciple du poëte Callimaque. Ses connoissances étoient très variées; mais on le connoît principalement par les services qu'il a rendus à l'astronomie. Ses ouvrages sont perdus; les fragments qui en restent ont été recueillis dans un vol. in-8°, Oxford, 1672.

à reprendre. Direz-vous pour cela qu'Ératosthène est plus grand poëte qu'Archiloque, qui se brouille à la vérité, et manque d'ordre et d'économie en plusieurs endroits de ses écrits, mais qui ne tombe dans ce défaut qu'à cause de cet esprit divin dont il est entraîné, et qu'il ne sauroit régler comme il veut? et même, pour le lyrique, choisiriez-vous plutôt d'être Bacchylide [a] que Pindare? ou, pour la tragédie, Ion [b], ce poëte de Chio, que Sophocle? En effet, ceux-là ne font jamais de faux pas, et n'ont rien qui ne soit écrit avec beaucoup d'élégance et d'agrément. Il n'en est pas ainsi de Pindare et de Sophocle: car au milieu de leur plus grande violence, durant qu'ils tonnent et qu'ils foudroient, pour ainsi dire, souvent leur ardeur vient mal à propos à s'éteindre, et ils tombent

[a] Bacchylide de Céos, neveu de Simonide, florissoit environ 450 ans avant notre ère. A la cour d'Hiéron, ses beautés régulières et soutenues lui valurent des succès dont Pindare fut jaloux. L'empereur Julien aimoit à répéter une des maximes de Bacchylide: « La chasteté est le « plus bel ornement d'une vie illustre. »

[b] Ion vit couronner une de ses pièces. Il en ressentit tant de joie, qu'il fit présent à tous les habitants d'Athènes d'un de ces beaux vases de terre cuite fabriqués dans l'île de Chio, sa patrie. La belle Chrasilla lui ayant préféré Périclès, son rival, il répandit contre ce dernier tout le fiel de la satire. Les morceaux qu'Athénée a conservés de ce poëte respirent une morale très libre.

malheureusement. Et toutefois y a-t-il un homme de bon sens qui daignât comparer tous les ouvrages d'Ion ensemble au seul OEdipe de Sophocle ?

CHAPITRE XXVIII.

Comparaison d'Hypéride et de Démosthène.

Que si au reste l'on doit juger du mérite d'un ouvrage par le nombre plutôt que par la qualité et l'excellence de ses beautés, il s'ensuivra qu'Hypéride [a] doit être entièrement préféré à Démosthène. En effet, outre qu'il est plus harmonieux, il a bien plus de parties d'orateur, qu'il possède presque toutes en un degré éminent [b]; semblable

[a] Hypéride, contemporain et rival de Démosthène, fut chargé par la république d'Athènes des missions les plus importantes. Comme il avoit été l'un des adversaires les plus constants de la puissance macédonienne, Antipater le fit mettre à mort, l'an 322 avant l'ère chrétienne. Ce fut lui qui, par les traits de son éloquence, ne pouvant émouvoir l'aréopage en faveur de la belle Phryné, lui déchira sa robe, en s'écriant : « Athéniens, aurez-vous la cruauté « de faire périr tant de charmes ? »

[b] Saint-Marc, en déplaçant le mot *presque* dans ce dernier membre de phrase, offre un sens plus conforme à la pensée de Longin. Voici l'ordre dans lequel il présente les expressions de Despréaux : « qu'il possède toutes en un

à ces athlètes qui réussissent aux cinq sortes d'exercices, et qui, n'étant les premiers en pas un de ces exercices, passent en tous l'ordinaire et le commun. En effet, il a imité Démosthène en tout ce que Démosthène a de beau, excepté pourtant dans la composition et l'arrangement des paroles. Il joint à cela les douceurs et les graces de Lysias. Il sait adoucir où il faut la rudesse et la simplicité du discours, et ne dit pas toutes les choses d'un même air comme Démosthène [a]. Il excelle à peindre les mœurs. Son style a, dans sa naïveté, une certaine douceur agréable et fleurie. Il y a dans ses ouvrages un nombre infini de choses plaisamment dites. Sa manière de rire et de se moquer est fine, et a quelque chose de noble. Il a une facilité merveilleuse à manier l'ironie. Ses railleries ne sont point froides ni recherchées comme celles de ces faux imitateurs du style attique, mais vives et pressantes. Il est adroit à éluder les objections qu'on lui fait, et à les rendre ridicules en les amplifiant.

« degré presque éminent. » Les notes de Dacier et de Capperonnier lui indiquoient ce changement.

[a] Longin, peignant à grands traits, se contente de parler du ton général qui domine dans les discours de Démosthène; mais Cicéron, développant davantage ses idées, ne renferme pas dans un cercle aussi uniforme le génie de l'orateur grec. *Voyez* le traité qui a pour titre, *Orator*, cap. XXXI.

Il a beaucoup de plaisant et de comique, et est tout plein de jeux et de certaines pointes d'esprit qui frappent toujours où il vise. Au reste, il assaisonne toutes ces choses d'un tour et d'une grace inimitable. Il est né pour toucher et émouvoir la pitié. Il est étendu dans ses narrations fabuleuses. Il a une flexibilité admirable pour les digressions, il se détourne, il reprend haleine où il veut, comme on le peut voir dans ces fables qu'il conte de Latone. Il a fait une oraison funèbre qui est écrite avec tant de pompe et d'ornement, que je ne sais si pas un autre l'a jamais égalé en cela [a].

Au contraire, Démosthène ne s'entend pas fort bien à peindre les mœurs. Il n'est point étendu dans son style. Il a quelque chose de dur, et n'a ni pompe ni ostentation. En un mot, il n'a presque aucune des parties dont nous venons de parler. S'il s'efforce d'être plaisant, il se rend ridicule plutôt qu'il ne fait rire, et s'éloigne d'autant plus du plaisant qu'il tache d'en approcher [b]. Cependant, par-

[a] Cette oraison funèbre fut prononcée pour les citoyens morts dans la guerre de Lamia contre Antipater. Stobée nous en a conservé un fragment, dont la traduction se lit dans l'*Histoire de l'éloquence chez les Grecs*, tome Ier, p. 313. C'est à peu près tout ce qui nous reste de plus de cinquante discours composés par cet orateur.

[b] « et s'il s'étoit chargé de faire un petit discours en
« faveur d'Athénagène ou de Phryné, sans doute il n'auroit

ce qu'à mon avis toutes ces beautés qui sont en foule dans Hypéride n'ont rien de grand, qu'on y voit, pour ainsi dire, un orateur toujours à jeun, et une langueur d'esprit qui n'échauffe, qui ne remue point l'ame, personne n'a jamais été fort transporté de la lecture de ses ouvrages. Au lieu que Démosthène ayant ramassé en soi toutes les qualités d'un orateur véritablement né au sublime, et entièrement perfectionné par l'étude, ce ton de majesté et de grandeur, ces mouvements animés, cette fertilité, cette adresse, cette promptitude, et, ce qu'on doit sur-tout estimer en lui, cette force et cette véhémence dont jamais personne n'a su approcher; par toutes ces divines qualités que je regarde en effet comme autant de rares présents qu'il avoit reçus des dieux, et qu'il ne m'est pas permis d'appeler des qualités humaines, il a effacé tout ce qu'il y a eu d'orateurs célèbres dans tous les siècles, les laissant comme abattus et éblouis, pour ainsi dire, de ses tonnerres et de ses éclairs; car dans les parties où il excelle il est tellement élevé au-dessus d'eux, qu'il répare entièrement par là celles qui lui manquent;

« travaillé que pour la gloire d'Hypéride. » Telle est la traduction que Saint-Marc a cru devoir donner d'une phrase de Longin qui manquoit dans presque tous les imprimés. Pearce le premier l'a remise dans le texte, et Hudson la regarde comme une simple glose.

et certainement il est plus aisé d'envisager fixement et les yeux ouverts les foudres qui tombent du ciel, que de n'être point ému des violentes passions qui règnent en foule dans ses ouvrages.

CHAPITRE XXIX.

De Platon et de Lysias, et de l'excellence de l'esprit humain [a].

Pour ce qui est de Platon, comme j'ai dit, il y a bien de la différence; car il surpasse Lysias, non seulement par l'excellence, mais aussi par le nombre de ses beautés. Je dis plus, c'est que Platon n'est pas tant au-dessus de Lysias par un plus grand nombre de beautés, que Lysias est au-dessous de Platon par un plus grand nombre de fautes [b].

Qu'est-ce donc qui a porté ces esprits divins à

---

[a] Despréaux a jugé convenable d'ajouter au titre de ce chapitre les mots suivants : « et de l'excellence de l'esprit « humain. » *Voyez* sur la division du *Traité du sublime* les remarques de Boivin.

[b] « c'est que Platon est au-dessus de Lysias, moins « pour les qualités qui manquent à ce dernier, que pour « les fautes dont il est rempli. » (*éditions antérieures à* 1683.) Cicéron est pour Lysias un juge bien moins sévère que Longin, quoique Dacier prétende qu'ils s'accordent dans la manière d'en parler.

mépriser cette exacte et scrupuleuse délicatesse, pour ne chercher que le sublime dans leurs écrits? En voici une raison. C'est que la nature n'a point regardé l'homme comme un animal de basse et de vile condition; mais elle lui a donné la vie, et l'a fait venir au monde comme dans une grande assemblée, pour être spectateur de toutes les choses qui s'y passent; elle l'a, dis-je, introduit dans cette lice comme un courageux athlète qui ne doit respirer que la gloire. C'est pourquoi elle a engendré d'abord en nos ames une passion invincible pour tout ce qui nous paroît de plus grand et de plus divin. Aussi voyons-nous que le monde entier ne suffit pas à la vaste étendue de l'esprit de l'homme. Nos pensées vont souvent plus loin que les cieux, et pénètrent au-delà de ces bornes qui environnent et qui terminent toutes choses.

Et certainement si quelqu'un fait un peu de réflexion sur un homme dont la vie n'ait rien eu dans tout son cours que de grand et d'illustre, il peut connoître par là à quoi nous sommes nés. Ainsi nous n'admirons pas naturellement de petits ruisseaux, bien que l'eau en soit claire et transparente, et utile même pour notre usage; mais nous sommes véritablement surpris quand nous regardons le Danube, le Nil, le Rhin, et l'Océan sur-tout. Nous ne sommes pas fort étonnés de voir une petite flamme, que nous avons allumée, conserver long-temps sa lumière pure; mais nous sommes frappés d'admiration quand nous contemplons [a] ces feux qui s'allument quelquefois dans le ciel, bien que pour l'ordinaire ils s'évanouissent en naissant; et nous ne trouvons rien de plus étonnant dans la nature que ces fournaises du mont Etna, qui quelquefois jette du profond de ses abymes,

Des pierres, des rochers, et des fleuves de flammes (1).

De tout cela il faut conclure que ce qui est utile, et même nécessaire aux hommes, souvent n'a rien de merveilleux, comme étant aisé à acquérir, mais que tout ce qui est extraordinaire est admirable et surprenant.

[a] Tollius traduit ainsi : « Quand nous contemplons ces « deux grandes lumières du ciel, quoiqu'elles s'obscurcis- « sent quelquefois par des éclipses. » Brossette et Saint-Marc adoptent cette version, qui est moins satisfaisante que celle de Despréaux.

(1) Pind. Pyth. I, p. 254, édit. de Benoist. (*Desp.*) * v. 42.
« De tous les traducteurs de Longin, dit Saint-Marc,
« Despréaux est le seul qui fût poëte de profession, et le
« seul aussi qui se soit avisé de voir ici des vers de Pindare.
« Langbaine cite trois passages auxquels les paroles de Lon-
« gin semblent faire allusion; mais, bien que composées
« de mots qui se trouvent dans tous les trois, elles ne sont
« les termes de pas un. Ces passages sont, l'un de Platon
« (dans *le Phèdre*), l'autre d'Eschyle (dans *le Prométhée*), et
« le troisième de Pindare. »

CHAPITRE XXX.

Que les fautes dans le sublime se peuvent excuser.

A l'égard donc des grands orateurs en qui le sublime et le merveilleux se rencontre joint avec l'utile et le nécessaire, il faut avouer qu'encore que ceux dont nous parlions n'aient point été exempts de fautes, ils avoient néanmoins quelque chose de surnaturel et de divin. En effet, d'exceller dans toutes les autres parties, cela n'a rien qui passe la portée de l'homme, mais le sublime nous élève presque aussi haut que Dieu. Tout ce qu'on gagne à ne point faire de fautes, c'est qu'on ne peut être repris ; mais le grand se fait admirer. Que vous dirai-je enfin? un seul de ces beaux traits et de ces pensées sublimes qui sont dans les ouvrages de ces excellents auteurs peut payer tous leurs défauts[a]. Je dis bien plus, c'est que si quelqu'un ramassoit ensemble toutes les fautes qui sont dans Homère, dans Démosthène, dans Platon, et dans tous ces autres célèbres héros, elles ne feroient pas la moindre ni la millième partie des bonnes choses qu'ils

[a] Il seroit plus régulier de dire : « Un seul de ces beaux « traits, une seule de ces pensées sublimes,.... peut rache- « ter.... »

ont dites [a]. C'est pourquoi l'envie n'a pas empêché qu'on ne leur ait donné le prix dans tous les siècles; et personne jusqu'ici n'a été en état de leur enlever ce prix, qu'ils conservent encore aujourd'hui, et que vraisemblablement ils conserveront toujours,

> Tant qu'on verra les eaux dans les plaines courir,
> Et les bois dépouillés au printemps refleurir (1).

On me dira peut-être qu'un colosse (2) qui a quelques défauts n'est pas plus à estimer qu'une petite statue achevée, comme, par exemple, le soldat de Polyclète (3). A cela je réponds que, dans les ouvrages de l'art, c'est le travail et l'achèvement que l'on considère; au lieu que, dans les ouvrages de la nature, c'est le sublime et le prodigieux: or discourir, c'est une opération naturelle à l'homme. Ajoutez que dans une statue on ne cherche que le

---

[a] Cette phrase est négligée, mais elle n'est pas inintelligible, comme le prétend Saint-Marc. Le sens du mot *moindre* est déterminé par le mot *millième*, qui suit immédiatement.

(1) Épitaphe pour Midias, page 534, IIe vol. d'Homère, édit. des Elzév. (*Despréaux.*)

(2) Il faut ici *le colosse* et non *un colosse*. Le nom est dans le grec sans article; et Longin veut parler du célèbre colosse de Rhodes. (*Saint-Marc.*)

(3) Le Doryphore, petite statue. (*Despréaux.*) * Dans un enfant armé d'une pique, l'artiste avoit représenté la vigueur. *Voyez* Pline le naturaliste, liv. XXXIV, chap. VIII.

rapport et la ressemblance; mais, dans le discours, on veut, comme j'ai dit, le surnaturel et le divin. Cependant[a], pour ne nous point éloigner de ce que nous avons établi d'abord, comme c'est le devoir de l'art d'empêcher que l'on ne tombe, et qu'il est bien difficile qu'une haute élévation à la longue se soutienne et garde toujours un ton égal, il faut que l'art vienne au secours de la nature, parcequ'en effet c'est leur parfaite alliance qui fait la souveraine perfection. Voilà ce que nous avons cru être obligés de dire sur les questions qui se sont présentées. Nous laissons pourtant à chacun son jugement libre et entier.

CHAPITRE XXXI.

Des paraboles, des comparaisons, et des hyperboles.

Pour retourner à notre discours, les paraboles et les comparaisons approchent fort des métaphores, et ne diffèrent d'elles qu'en un seul point.... (1). Telle est cette hyperbole: « Supposé que votre es-

---

[a] « Toutefois, pour ne nous point éloigner.... » (*édit. antérieures à celle de* 1701.)

(1) Cet endroit est fort défectueux, et ce que l'auteur avoit dit de ces figures manque tout entier. (*Despréaux.*)
* « La lacune, dit Saint-Marc, est d'environ quatre pages. »

« prit soit dans votre tête, et que vous ne le fouliez
« pas sous vos talons (1). » C'est pourquoi il faut
bien prendre garde jusqu'où toutes ces figures peuvent être poussées, parcequ'assez souvent, pour vouloir porter trop haut une hyperbole, on la détruit. C'est comme une corde d'arc, qui, pour être trop tendue, se relâche : et cela fait quelquefois un effet tout contraire à ce que nous cherchons.

Ainsi Isocrate, dans son Panégyrique (2), par une sotte ambition de ne vouloir rien dire qu'avec emphase, est tombé, je ne sais comment, dans une faute de petit écolier. Son dessein, dans ce panégyrique, c'est de faire voir que les Athéniens ont rendu plus de services à la Grèce que ceux de Lacédémone, et voici par où il débute : « Puisque le
« discours a naturellement la vertu de rendre les
« choses grandes petites, et les petites grandes; qu'il
« sait donner les graces de la nouveauté aux choses
« les plus vieilles, et qu'il fait paroître vieilles celles

---

(1) Démosthène ou Hégésippe, *de Haloneso*, page 34, édit. de Bâle. (*Despréaux.*) * Hégésippe partagea les opinions de Démosthène, et seconda ses vues contre la faction macédonienne. Il avoit assez de talent pour que l'on ait attribué quelques uns de ses discours à son ami; mais les anciens critiques lui restituent celui sur *Halonèse* et celui sur *l'alliance avec Alexandre*. La vivacité de son esprit perce dans plusieurs reparties conservées par Plutarque.

(2) Page 42, édit. de H. Étienne. (*Despréaux.*)

« qui sont nouvellement faites (1). » Est-ce ainsi, dira quelqu'un, ô Isocrate, que vous allez changer toutes choses à l'égard des Lacédémoniens et des Athéniens ? En faisant de cette sorte l'éloge du discours, il fait proprement un exorde pour exhorter ses auditeurs à ne rien croire de ce qu'il leur va dire [a].

(1) Le passage est dans Isocrate fort différent pour les termes de ce qu'il est dans Longin, qui cite toujours de mémoire. (*Saint-Marc.*)

[a] Isocrate, né à Athènes l'an 436 avant l'ère vulgaire, ne monta jamais à la tribune à cause de sa timidité et de la foiblesse de sa voix. Pour s'en consoler, il ouvrit une école d'éloquence, où il acquit de grandes richesses. Il eut jusqu'à cent disciples à-la-fois, parmi lesquels on compte Démosthène et Hypéride. Ses écrits sont peu nombreux, si l'on considère qu'il vécut à peu près un siècle: on en trouve la raison dans le soin extrême avec lequel il les retouchoit. Le *Panégyrique d'Athènes* est son chef-d'œuvre; il y engage les Grecs à rétablir la concorde parmi eux, et à déclarer la guerre aux barbares, c'est-à-dire aux Perses. On prétend qu'il employa dix années à le perfectionner. La plupart des sujets qu'il a traités sont imaginaires, et n'avoient d'autre but que d'exercer à écrire ceux qui écoutoient ses leçons. Avant lui on allioit les sciences à la rhétorique; le premier il se renferma dans les bornes de l'éloquence proprement dite, et ne confondit point les genres. Ne pouvant atteindre à la force et à la véhémence, il voulut s'en dédommager par les graces et l'harmonie; mais sa diction, toujours pure et cadencée, fatigue à la longue par sa marche uniforme. Aussi bon citoyen que bon rhéteur, il

C'est pourquoi il faut supposer, à l'égard des hyperboles, ce que nous avons dit pour toutes les figures en général, que celles-là sont les meilleures qui sont entièrement cachées, et qu'on ne prend point pour des hyperboles. Pour cela donc il faut avoir soin que ce soit toujours la passion qui les fasse produire au milieu de quelque grande circonstance, comme, par exemple, l'hyperbole de Thucydide, à propos des Athéniens qui périrent dans la Sicile : « Les Siciliens étant descendus en ce « lieu, *ils* y firent un grand carnage de ceux sur- « tout qui s'étoient jetés dans le fleuve. L'eau fut en « un moment corrompue du sang de ces miséra- « bles ; et néanmoins, toute bourbeuse et toute « sanglante qu'elle étoit, ils se battoient pour en « boire (1). »

Il est assez peu croyable que des hommes boivent du sang et de la boue, et se battent même pour en boire ; et toutefois la grandeur de la passion, au milieu de cette étrange circonstance, ne laisse pas de donner une apparence de raison à la chose. Il en est de même de ce que dit Hérodote de ces Lacédémoniens qui combattirent au pas des Thermopyles : « Ils se défendirent encore quelque temps en « ce lieu avec les armes qui leur restoient, et avec

---

se laissa mourir de faim, en apprenant la défaite des Athéniens par Philippe à la bataille de Chéronée.

(1) Liv. VII, page 555, édit. de H. Étienne. (*Despréaux.*)

« les mains et les dents; jusqu'à ce que les barbares,
« tirant toujours, les eussent comme ensevelis sous
« leurs traits (1). » Que dites-vous de cette hyperbole? Quelle apparence que des hommes se défendent avec les mains et les dents contre des gens armés, et que tant de personnes soient ensevelies sous les traits de leurs ennemis? Cela ne laisse pas néanmoins d'avoir de la vraisemblance, parceque la chose ne semble pas recherchée pour l'hyperbole, mais que l'hyperbole semble naître du sujet même. En effet, pour ne me point départir de ce que j'ai dit, un remède infaillible pour empêcher que les hardiesses ne choquent, c'est de ne les employer que dans la passion, et aux endroits à peu près qui semblent les demander. Cela est si vrai que dans le comique on dit des choses qui sont absurdes d'elles-mêmes, et qui ne laissent pas toutefois de passer pour vraisemblables, à cause qu'elles émeuvent la passion, je veux dire qu'elles excitent

___

(1) Liv. VII, page 458, édit. de Francfort. (*Despréaux.*)
* Ce passage est l'un de ceux où Dacier a le plus exercé son érudition contre le traducteur de Longin: il est à propos de lui opposer le témoignage de Larcher. « Boileau,
« dit-il, a très bien rendu cet endroit d'Hérodote. Dacier,
« dans ses notes sur la traduction de Boileau, l'a estropié.
« Il fait au texte des changements qui ne sont autorisés
« d'aucun manuscrit, et qui sont même ridicules. » On peut voir de quelle manière Larcher développe sa réfutation, dans l'*Histoire d'Hérodote*, tome V, page 405.

à rire. En effet le rire est une passion de l'ame, causée par le plaisir. Tel est ce trait d'un poëte comique : « Il possédoit une terre à la campagne, qui « n'étoit pas plus grande qu'une épître de Lacédé- « monien (1). »

Au reste, on se peut servir de [a] l'hyperbole aussi bien pour diminuer les choses que pour les agrandir; car l'exagération est propre à ces deux différents effets; et le diasyrme (2), qui est une espèce d'hyperbole, n'est, à le bien prendre, que l'exagération d'une chose basse et ridicule.

CHAPITRE XXXII.

De l'arrangement des paroles.

Des cinq parties qui produisent le grand, comme nous avons supposé d'abord, il reste encore la cinquième à examiner, c'est à savoir la composition et l'arrangement des paroles; mais comme nous avons déja donné deux volumes de cette matière, où nous avons suffisamment expliqué tout ce qu'une longue spéculation nous en a pu appren-

(1) *Voyez* Strabon, liv. I, page 36, édit. de Paris. (*Despréaux.*)

[a] MM. Didot, Daunou, etc., mettent : « on peut se servir. »

(2) Διασυρμός. (*Despréaux.*)

dre [a], nous nous contenterons de dire ici ce que nous jugeons absolument nécessaire à notre sujet, comme, par exemple, que l'harmonie n'est pas simplement un agrément que la nature a mis dans la voix de l'homme, pour persuader et pour inspirer le plaisir, mais que, dans les instruments même inanimés, c'est un moyen merveilleux pour élever le courage et pour émouvoir les passions.

Et de vrai, ne voyons-nous pas que le son des flûtes émeut l'ame de ceux qui l'écoutent, et les remplit de fureur, comme s'ils étoient hors d'eux-mêmes; que, leur imprimant dans l'oreille le mouvement de sa cadence, il les contraint de la suivre, et d'y conformer en quelque sorte le mouvement de leur corps? Et non seulement le son des flûtes, mais presque tout ce qu'il y a de différents sons au monde, comme, par exemple, ceux de la lyre, font cet effet. Car, bien qu'ils ne signifient rien d'eux-mêmes, néanmoins par ces changements de tons qui s'entrechoquent les uns les autres, et par le mélange de leurs accords, souvent, comme nous voyons, ils causent à l'ame un transport et un ravissement admirable. Cependant ce ne sont que

[a] Ce passage est l'un de ceux qui ont fait présumer à M. Amati que le *Traité du Sublime* pouvoit être l'ouvrage de Denys d'Halicarnasse, auteur d'un *Traité de l'arrangement des mots*.

CHAPITRE XXXII.

des images et de simples imitations de la voix, qui ne disent et ne persuadent rien, n'étant, s'il faut parler ainsi, que des sons bâtards, et non point, comme j'ai dit, des effets de la nature de l'homme. Que ne dirons-nous donc point de la composition, qui est en effet comme l'harmonie du discours, dont l'usage est naturel à l'homme; qui ne frappe pas simplement l'oreille, mais l'esprit; qui remue tout à-la-fois tant de différentes sortes de noms, de pensées, de choses, tant de beautés et d'élégances avec lesquelles notre ame a une espèce de liaison et d'affinité [a]; qui, par le mélange et la diversité des sons, insinue dans les esprits, inspire à ceux qui écoutent, les passions mêmes de l'orateur, et qui bâtit sur ce sublime amas de paroles ce grand et ce merveilleux que nous cherchons? Pouvons-nous, dis-je, nier qu'elle ne contribue beaucoup à la grandeur, à la majesté, à la magnificence du discours, et à toutes ces autres beautés qu'elle renferme en soi; et qu'ayant un empire absolu sur les esprits, elle ne puisse en tout temps les ravir et les enlever? Il y auroit de la folie à

---

[a] La Harpe rend ainsi cet endroit: « L'harmonie du « discours ne frappe pas seulement l'oreille, mais l'esprit; « elle y réveille une foule d'idées, de sentiments, d'images, « et parle de près à notre ame par le rapport des sons « avec les pensées. » (*Cours de littérature*, tome Ier.)

douter d'une vérité si universellement reconnue, et l'expérience en fait foi..... (1).

Au reste, il en est de même des discours que des corps, qui doivent ordinairement leur principale excellence à l'assemblage et à la juste proportion de leurs membres; de sorte même qu'encore qu'un membre séparé de l'autre n'ait rien en soi de remarquable, tous ensemble ne laissent pas de faire un corps parfait. Ainsi les parties du sublime étant divisées, le sublime se dissipe entièrement; au lieu que venant à ne former qu'un corps par l'assemblage qu'on en fait, et par cette liaison harmonieuse qui les joint, le seul tour de la période leur donne du son et de l'emphase[a]. C'est pourquoi[b]

---

(1) L'auteur, pour donner ici un exemple de l'arrangement des paroles, rapporte un passage de Démosthène, DE CORONA, page 340, édit. de Bâle : mais, comme ce qu'il en dit est entièrement attaché à la langue grecque, je me suis contenté de le traduire dans les remarques. *Voyez* les remarques. (*Despréaux.*) * A la fin du Traité.

[a] La Harpe trouve cette comparaison parfaitement juste, et l'exprime en ces termes : « C'est l'assemblage et la « proportion des membres qui fait la beauté du corps; sé- « parez-les, et cette beauté n'existe plus. Il en est de même « des parties de la phrase harmonique ; détruisez-en l'arran- « gement, rompez ces liens qui les unissent, et tout l'effet « est détruit. » (*Cours de littérature*, tome Ier.)

[b] « C'est pourquoi l'on peut. » (*édit. antérieures à celle de* 1694.)

CHAPITRE XXXII.

on peut comparer le sublime dans les périodes à un festin par écots, auquel plusieurs ont contribué. Jusque-là qu'on voit beaucoup de poëtes et d'écrivains qui, n'étant point nés au sublime [a], n'en ont jamais manqué néanmoins; bien que pour l'ordinaire ils se servissent de façons de parler basses, communes et fort peu élégantes. En effet, ils se soutiennent par ce seul arrangement de paroles, qui leur enfle et grossit en quelque sorte la voix; si bien qu'on ne remarque point leur bassesse. Philiste est de ce nombre [b]. Tel est aussi Aristophane en quelques endroits, et Euripide en plusieurs, comme nous l'avons déja suffisamment montré. Ainsi, quand Hercule, dans cet auteur, après avoir tué ses enfants, dit,

> Tant de maux à-la-fois sont entrés dans mon ame (1),
> Que je n'y puis loger de nouvelles douleurs;

cette pensée est fort triviale. Cependant il la rend noble par le moyen de ce tour, qui a quelque chose de musical et d'harmonieux. Et certainement, pour

---

[a] On diroit maintenant : « qui, n'étant point nés pour « le sublime. »

[b] *Voyez* sur Philiste la remarque de Dacier, n° 69.

(1) Hercule furieux, vers 1245. (*Despréaux.*) * Le premier des deux vers françois se lit de la manière suivante, dans les éditions de 1674, 1675 :

> Tant de maux à la fois ont assiégé mon ame, etc.

peu que vous renversiez l'ordre de sa période, vous verrez manifestement combien Euripide est plus heureux dans l'arrangement de ses paroles que dans le sens de ses pensées. De même, dans sa tragédie intitulée DIRCÉ TRAINÉE PAR UN TAUREAU [a]:

Il tourne aux environs dans sa route incertaine ;
Et, courant en tous lieux où sa rage le mène,
Traine après soi la femme, et l'arbre, et le rocher (1).

Cette pensée est fort noble, à la vérité ; mais il faut avouer que ce qui lui donne plus de force, c'est cette harmonie qui n'est point précipitée ni emportée comme une masse pesante, mais [b] dont les paroles se soutiennent les unes les autres, et où il y a plusieurs pauses. En effet, ces pauses sont comme autant de fondements solides sur lesquels son discours s'appuie et s'élève.

[a] Il y avoit dans les éditions antérieures à celle de 1701 : « Dircé emportée par un taureau. » Une remarque de Dacier, n° 70, imprimée dès 1683, a causé cette correction.

(1) *Dircé* ou *Antiope*, tragédie perdue. *Voyez les fragments de M. Barnès, page* 519. (*Despréaux.*) * Josué Barnès est un érudit anglais, plein de bizarrerie et de faux goût, né à Londres en 1654, mort en 1712. Il a donné plusieurs ouvrages de sa composition, qui sont oubliés ; ses éditions d'Euripide, d'Anacréon, d'Homère, lui assurent peu de réputation, même comme helléniste.

[b] Ces deux *mais*, dans une courte phrase, sont une négligence qu'il étoit bien facile d'éviter ; il suffisoit de supprimer le second.

CHAPITRE XXXIII.

De la mesure des périodes.

Au contraire, il n'y a rien qui rabaisse davantage le sublime que ces nombres rompus et qui se prononcent vite, tels que sont les pyrrhiques, les trochées et les dichorées, qui ne sont bons que pour la danse (1). En effet toutes ces sortes de pieds et de mesures n'ont qu'une certaine mignardise et un petit agrément qui a toujours le même tour, et qui n'émeut point l'ame. Ce que j'y trouve de pire, c'est que, comme nous voyons que naturellement ceux à qui l'on chante un air ne s'arrêtent point au sens des paroles, et sont entraînés par le chant, de même ces paroles mesurées n'inspirent point à l'esprit les passions qui doivent naître du discours, et impriment simplement dans l'oreille le mouve-

---

(1) Je ne vois pas pourquoi M. Despréaux, M. Dacier et Tollius veulent entendre de la danse ce que Longin dit en finissant : il a commencé par une comparaison de l'harmonie des airs chantants avec l'harmonie du discours. Ces airs se chantoient à voix seule ou bien en chœur. La fin de la période de Longin ne contient que des métaphores relatives à la comparaison qui précède ; et le tout se doit entendre du chant, ainsi que M. Pearce et M. l'abbé Gori l'ont entendu. (*Saint-Marc.*)

ment de la cadence. Si bien que comme l'auditeur prévoit d'ordinaire cette chute qui doit arriver, il va au-devant de celui qui parle, et le prévient, marquant, comme en une danse, la chute [a] avant qu'elle arrive.

C'est encore un vice qui affoiblit beaucoup le discours quand les périodes sont arrangées avec trop de soin, ou quand les membres en sont trop courts, et ont trop de syllabes brèves, étant d'ailleurs comme joints et attachés ensemble avec des clous aux endroits où ils se désunissent. Il n'en faut pas moins dire des périodes qui sont trop coupées; car il n'y a rien qui estropie davantage le sublime que de le vouloir comprendre dans un trop petit espace. Quand je défends néanmoins de trop couper les [b] périodes, je n'entends pas parler de celles qui ont leur juste étendue, mais de celles qui sont trop petites et comme mutilées. En effet, de trop couper son style, cela arrête l'esprit : au lieu que de le diviser en périodes, cela conduit le lecteur. Mais le contraire en même temps apparoît des périodes trop longues; et toutes ces paroles recherchées pour alonger mal à propos un discours sont mortes et languissantes [c].

[a] Dans les éditions de 1674, 1675, on lit : « la cadence « avant qu'elle arrive. »

[b] L'édition de 1674 porte : « trop couper ses périodes; » on lit dans celle de 1675 : « trop couper les périodes. »

[c] « Longin recommande également, dit La Harpe, de

CHAPITRE XXXIV.

De la bassesse des termes.

Une des choses encore qui avilit autant le discours, c'est la bassesse des termes. Ainsi nous voyons dans Hérodote une description de tempête qui est divine pour le sens; mais il y a mêlé des mots extrêmement bas, comme quand il dit : « La « mer commençant à bruire (1). » Le mauvais son de ce mot BRUIRE fait perdre à sa pensée une partie de ce qu'elle avoit de grand. « Le vent, dit-il en « un autre endroit, les ballotta fort; et ceux qui « furent dispersés par la tempête firent une fin peu « agréable. » Ce mot BALLOTTER est bas, et l'épithète de PEU AGRÉABLE n'est point propre pour exprimer un accident comme celui-là.

De même l'historien Théopompus (2) a fait une

« ne pas trop alonger ses phrases et de ne point trop les
« resserrer. Ce dernier défaut sur-tout est directement con-
« traire au style sublime, non pas au sublime d'un mot, mais
« au caractère de majesté qui convient aux grands sujets. »
(*Cours de littérature*, tome Ier.)

(1) Liv. VII, pages 446 et 448, édit. de Francfort. (*Despréaux.*) * *Voyez* la remarque de ce dernier, n° 58.

(2) Livre perdu. (*Desp.*) * *Voy.* la note *a*, p. 487.

peinture de la descente du roi de Perse dans l'Égypte, qui est miraculeuse d'ailleurs; mais il a tout gâté par la bassesse des mots qu'il y mêle. « Y a-
« t-il une ville, dit cet historien, et une nation dans
« l'Asie, qui n'ait envoyé des ambassadeurs au roi?
« Y a-t-il rien de beau et de précieux qui croisse ou
« qui se fabrique en ces pays, dont on ne lui ait fait
« des présents? Combien de tapis et de vestes ma-
« gnifiques, les unes rouges, les autres blanches et
« les autres historiées de couleurs! Combien de
« tentes dorées et garnies de toutes les choses né-
« cessaires [a] pour la vie! Combien de robes et de
« lits somptueux! Combien de vases d'or et d'ar-
« gent enrichis de pierres précieuses ou artistement
« travaillés! Ajoutez à cela un nombre infini d'ar-
« mes étrangères et à la grecque; une foule incroya-
« ble de bêtes de voiture et d'animaux destinés
« pour les sacrifices; des boisseaux (1) remplis de
« toutes les choses propres pour réjouir le goût;

[a] Nous dirions aujourd'hui: « les choses nécessaires à
« la vie. »

(1) *Voyez* Athénée, liv. II, page 67, édit. de Lyon. (*Despréaux*.)* Athénée, auteur grec, né à Naucratis en Égypte, sous le règne de Marc-Aurèle, existoit encore vers l'an 228 de Jésus-Christ; sa vie est inconnue. On a de lui un ouvrage intitulé *Les déipnosophistes* ou *le banquet des savants*, trésor d'érudition, divisé en quinze livres, et sans lequel beaucoup de choses sur l'antiquité seroient ignorées.

« des armoires et des sacs pleins de papiers et de
« plusieurs autres ustensiles ; et une si grande quan-
« tité de viandes salées de toutes sortes d'animaux,
« que ceux qui les voyoient de loin pensoient que ce
« fussent des collines qui s'élevassent de terre [a]. »

De la plus haute élévation il tombe dans la dernière bassesse, à l'endroit justement où il devoit le plus s'élever ; car, mêlant mal à propos, dans la pompeuse description de cet appareil, des boisseaux, des ragoûts et des sacs, il semble qu'il fasse la peinture d'une cuisine. Et comme si quelqu'un avoit toutes ces choses à arranger, et que parmi des tentes et des vases d'or, au milieu de l'argent et des diamants, il mît en parade des sacs et des boisseaux, cela feroit un vilain effet à la vue ; il en est de même des mots bas dans le discours, et ce sont comme autant de taches et de marques honteuses qui flétrissent l'expression. Il n'avoit qu'à détourner un peu la chose, et dire en général, à propos de ces montagnes de viandes salées et du reste de cet appareil, qu'on envoya au roi des chameaux et plusieurs bêtes de voiture chargées de

[a] Despréaux offre plusieurs constructions où l'accord des temps des verbes n'est pas observé ; mais celle-ci est l'une des moins régulières. Rien dans cette phrase n'exigeoit l'emploi du subjonctif. La syntaxe vouloit que l'on dît tout simplement : « Ceux qui les voyoient de loin pen-
« soient que c'étoient des collines qui s'élevoient de terre. »

toutes les choses nécessaires pour la bonne chère et pour le plaisir; ou des monceaux de viandes les plus exquises, et tout ce qu'on sauroit s'imaginer de plus ragoûtant et de plus délicieux; ou, si vous voulez, tout ce que les officiers de table et de cuisine pouvoient souhaiter de meilleur pour la bouche de leur maître : car il ne faut pas d'un discours fort élevé passer à des choses basses et de nulle considération, à moins qu'on [a] n'y soit forcé par une nécessité bien pressante. Il faut que les paroles répondent à la majesté des choses dont on traite; et il est bon en cela d'imiter la nature, qui, en formant l'homme, n'a point exposé à la vue ces parties qu'il n'est pas honnête de nommer, et par où le corps se purge; mais, pour me servir des termes de Xénophon, « a caché et détourné ces « égouts le plus loin qu'il lui a été possible, de peur « que la beauté de l'animal n'en fût souillée (1). » Mais il n'est pas besoin d'examiner de si près toutes les choses qui rabaissent le discours. En effet,

---

[a] Dans les éditions de 1674, 1675, 1683, on lit: « à « moins qu'on y soit forcé.... » Dans l'édition de 1694, on trouve la négative, que l'usage a fait une loi d'employer, quoique Corneille et Molière aient souvent négligé de s'en servir en pareil cas.

(1) Liv. I des Mémorables, p. 726, édit. de Leunclav. (*Despréaux.*) * *Voyez* sur ce passage la remarque de Dacier, n° 73.

puisque nous avons montré ce qui sert à l'élever et à l'ennoblir, il est aisé de juger qu'ordinairement le contraire est ce qui l'avilit et le fait ramper.

CHAPITRE XXXV.

Des causes de la décadence des esprits.

Il ne reste plus, mon cher Térentianus, qu'une chose à examiner : c'est la question que me fit il y a quelques jours un philosophe; car il est bon de l'éclaircir, et je veux bien, pour votre satisfaction particulière[a], l'ajouter encore à ce traité.

Je ne saurois assez m'étonner, me disoit ce philosophe, non plus que beaucoup d'autres, d'où vient que dans notre siécle il se trouve assez d'orateurs qui savent manier un raisonnement, et qui ont même le style oratoire; qu'il s'en voit, dis-je, plusieurs qui ont de la vivacité, de la netteté, et sur-tout de l'agrément dans leurs discours; mais qu'il s'en rencontre si peu qui puissent s'élever fort haut dans le sublime, tant la stérilité maintenant est grande parmi les esprits. N'est-ce point, poursuivoit-il, ce qu'on dit ordinairement, que

[a] « Pour votre instruction particulière, » (*éditions de* 1674, 1675.)

c'est le gouvernement populaire qui nourrit et forme les grands génies, puisque enfin jusqu'ici tout ce qu'il y a presque eu d'orateurs habiles ont fleuri et sont morts avec lui? en effet, ajoutoit-il, il n'y a peut-être rien qui élève davantage l'ame des grands hommes que la liberté, ni qui excite et réveille plus puissamment en nous ce sentiment naturel qui nous porte à l'émulation, et cette noble ardeur de se voir élevé au-dessus des autres. Ajoutez que les prix qui se proposent dans les républiques aiguisent, pour ainsi dire, et achèvent de polir l'esprit des orateurs, leur faisant cultiver avec soin les talents qu'ils ont reçus de la nature, tellement qu'on voit briller dans leurs discours la liberté de leur pays.

Mais nous, continuoit-il, qui avons appris dès nos premières années à souffrir le joug d'une domination légitime, qui avons été comme enveloppés par les coutumes et les façons de faire de la monarchie, lorsque nous avions encore l'imagination tendre et capable de toutes sortes d'impressions; en un mot, qui n'avons jamais goûté de cette vive et féconde source de l'éloquence, je veux dire de la liberté; ce qui arrive ordinairement de nous, c'est que nous nous rendons de grands et magnifiques flatteurs. C'est pourquoi il estimoit, disoit-il, qu'un homme, même né dans la servitude, étoit capable des autres sciences, mais que nul esclave ne pouvoit jamais être orateur: car un esprit, continua-t-il, abattu et comme dompté par l'accoutumance au joug, n'oseroit plus s'enhardir à rien; tout ce qu'il avoit de vigueur s'évapore de soi-même, et il demeure toujours comme en prison. En un mot, pour me servir des termes d'Homère,

> Le même jour qui met un homme libre aux fers (1)
> Lui ravit la moitié de sa vertu première.

De même donc que, si ce qu'on dit est vrai, ces boîtes où l'on enferme les Pygmées, vulgairement appelés nains, les empêchent non seulement de croître, mais les rendent même plus petits, par le moyen de cette bande dont on leur entoure le corps; ainsi la servitude, je dis la servitude la plus justement établie, est une espèce de prison où l'ame décroît et se rapetisse en quelque sorte [a]. Je sais

---

(1) Odyssée, liv. XVII, v. 322. (*Despréaux.*) * Homère place cette réflexion dans la bouche du fidèle Eumée.

[a] M. Amati croit que ce discours ne peut appartenir qu'à un témoin des derniers combats de la liberté romaine. Cet argument n'est pas aussi victorieux qu'il le pense, pour enlever à Longin l'honneur d'avoir composé le *Traité du Sublime*: on regrette d'autant plus vivement les avantages du régime républicain, que l'on n'en connoît pas les dangers et les convulsions. Combien d'enthousiastes n'ont été guéris de leurs illusions déplorables qu'en portant leurs têtes sur les échafauds dressés par nos tyrans populaires!

bien qu'il est fort aisé à l'homme, et que c'est son naturel, de blâmer toujours les choses présentes; mais prenez garde que..... [a]. Et certainement, poursuivis-je, si les délices d'une trop longue paix sont capables de corrompre les plus belles ames, cette guerre sans fin, qui trouble depuis si long-temps toute la terre, n'est pas un moindre obstacle à nos desirs [b].

Ajoutez à cela ces passions qui assiègent continuellement notre vie, et qui portent dans notre ame la confusion et le désordre. En effet, continuai-je, c'est le desir des richesses dont nous sommes tous malades par excès; c'est l'amour des plaisirs qui, à bien parler, nous jette dans la servitude, et, pour mieux dire, nous traine dans le précipice où tous nos talents sont comme engloutis. Il n'y a point de passion plus basse que l'avarice; il n'y a point de vice plus infame que la volupté. Je ne vois donc pas comment ceux qui font si grand cas des

---

[a] *Voyez*, sur cette lacune, les remarques 59 de Despréaux, et 77 de Dacier. L'opinion de celui-ci n'est pas sans vraisemblance; on croit que le texte est ici un peu altéré, mais qu'il n'y manque presque rien.

[b] « .... à plus forte raison, cette guerre sans fin, qui « trouble depuis si long-temps la terre, est un puissant « obstacle à nos desirs. » Telle est la leçon de 1674, qui fut changée en 1675, et non pas en 1683, comme l'avance Brossette.

CHAPITRE XXXV.

richesses, et qui s'en font comme une espèce de divinité, pourroient être atteints de cette maladie sans recevoir en même temps avec elle tous les maux dont elle est naturellement accompagnée. Et certainement la profusion et les autres mauvaises habitudes suivent de près les richesses excessives; elles marchent, pour ainsi dire, sur leurs pas; et, par leur moyen, elles s'ouvrent les portes des villes et des maisons, elles y entrent, et [a] elles s'y établissent; mais à peine y ont-elles séjourné quelque temps, qu'elles y « font leur nid, » suivant la pensée des sages, et travaillent à se multiplier. Voyez donc ce qu'elles y produisent : elles y engendrent le faste et la mollesse, qui ne sont point des enfants bâtards, mais leurs vraies et légitimes productions. Que si nous laissons une fois croître en nous ces dignes enfants des richesses, ils y auront bientôt fait éclore l'insolence, le déréglement, l'effronterie, et tous ces autres impitoyables tyrans de l'ame.

Sitôt donc qu'un homme, oubliant le soin de la vertu, n'a plus d'admiration que pour les choses frivoles et périssables, il faut de nécessité que tout ce que nous avons dit arrive en lui; il ne sauroit

---

[a] « elles y entrent, elles s'y établissent : » (*éditions antérieures à celle de* 1713.) C'est dans cette dernière que l'*et* fut ajouté.

plus lever les yeux pour regarder au-dessus de soi, ni rien dire qui passe le commun; il se fait en peu de temps une corruption générale dans toute son ame; tout ce qu'il avoit de noble et de grand se flétrit et se sèche de soi-même, et n'attire plus que le mépris.

Et comme il n'est pas possible qu'un juge qu'on a corrompu juge sainement et sans passion de ce qui est juste et honnête, parcequ'un esprit qui s'est laissé gagner aux présents ne connoît de juste et d'honnête que ce qui lui est utile : comment voudrions-nous que, dans ce temps où la corruption règne sur les mœurs et sur les esprits de tous les hommes, où nous ne songeons qu'à attraper la succession de celui-ci, qu'à tendre des piéges à cet autre pour nous faire écrire dans son testament, qu'à tirer un infame gain de toutes choses, vendant pour cela jusqu'à notre ame, misérables esclaves de nos propres passions; comment, dis-je, se pourroit-il faire que, dans cette contagion générale, il se trouvât un homme sain de jugement et libre de passion, qui, n'étant point aveuglé ni séduit par l'amour du gain, pût discerner ce qui est véritablement grand et digne de la postérité? En un mot, étant tous faits de la manière que j'ai dit, ne vaut-il pas mieux qu'un autre nous commande, que de demeurer en notre propre puissance, de peur que cette rage insatiable d'acquérir, comme un furieux qui a rompu ses fers et qui se jette sur ceux qui l'environnent, n'aille porter le feu aux quatre coins de la terre? Enfin, lui dis-je, c'est l'amour du luxe qui est cause de cette fainéantise où tous les esprits, excepté un petit nombre, croupissent aujourd'hui. En effet, si nous étudions quelquefois, on peut dire que c'est, comme des gens qui relèvent de maladie, pour le plaisir et pour avoir lieu de nous vanter, et non point par une noble émulation et pour en tirer quelque profit louable et solide. Mais c'est assez parlé là-dessus. Venons [a] maintenant aux passions, dont nous avons promis de faire un traité à part; car, à mon avis, elles ne sont [b] pas un des moindres ornements du discours, sur-tout pour ce qui regarde le sublime.

[a] « Passons maintenant aux passions.... » (*édit. de* 1674.)
[b] « elles ne font pas un des moindres.... » (*éditions antérieures à celle de* 1694.)

REMARQUES
SUR LONGIN,
Par DESPRÉAUX.

REMARQUES
SUR LONGIN,
Par DESPRÉAUX.

CHAPITRE PREMIER.

(N° 1, page 377. *Mon cher Térentianus.*)

Le grec porte : *Mon cher Posthumius Térentianus ;* mais j'ai retranché *Posthumius*, le nom de *Térentianus* n'étant déja que trop long. Au reste, on ne sait pas trop bien qui étoit ce Térentianus. Ce qu'il y a de constant, c'est que c'étoit un Latin, comme son nom le fait assez connoître, et comme Longin le témoigne lui-même dans le chapitre X. (*Edition de 1674.*)

(N° 2, page 378. *Cécilius.*)

C'étoit un rhéteur sicilien. Il vivoit sous Auguste, et étoit contemporain de Denys d'Halicarnasse, avec qui il fut lié même d'une amitié assez étroite. (1674.) * C'étoit un esclave qui dut l'affranchissement à son mérite. Il composa un assez grand nombre d'ouvrages, dont Suidas nous a transmis les titres. Ce dernier, en le faisant vivre plus de cent ans, paroît l'avoir confondu avec un autre rhéteur du même nom, qui vivoit sous le règne de l'empereur Adrien.

(N° 3, page 378. *La bassesse de son style, etc.*)

C'est ainsi qu'il faut entendre ταπεινότερον. Je ne me souviens point d'avoir jamais vu ce mot employé dans le sens que lui veut donner M. Dacier ; et quand il s'en trouveroit quelque exemple, il faudroit toujours, à mon avis, revenir au sens le plus naturel, qui est celui que je lui ai donné. Car pour ce qui est des paroles qui suivent, τῆς ὅλης ὑποθέσεως, cela veut dire *que son style est par-tout inférieur à son sujet*, y ayant beaucoup d'exemples en grec de ces adjectifs mis pour l'adverbe. (1683.) * Boivin partage l'opinion de Despréaux. Tollius, Capperonnier et Saint-Marc adoptent celle de Dacier. Pearce ne suit ni l'une ni l'autre; mais il se rapproche davantage de celle du premier[a].

(N° 4, page 379. *Pour le dessein qu'il a eu de bien faire.*)

Il faut prendre le mot d'ἐπίνοια, comme il est pris en beaucoup d'endroits, pour une simple pensée. *Cécilius n'est pas tant à blâmer pour ses défauts, qu'à louer pour la pensée qu'il a eue, pour le dessein qu'il a eu de bien faire.* Il se prend aussi quelquefois pour *invention*; mais il ne s'agit pas d'invention dans un traité de rhétorique : c'est de la raison et du bon sens dont il est besoin. (1683.) * C'est de la raison et du bon sens *qu'il* est besoin.

(N° 5, page 379. *Et dont les orateurs.*)

Le grec porte, ἀνδράσι πολιτικοῖς, *viris politicis*; c'est-à-dire les orateurs, en tant qu'ils sont opposés aux déclamateurs, et à ceux qui font des discours de simple ostentation. Ceux

---

[a] Zacharie Pearce, né à Londres en 1690, se fit connoître d'abord par quelques morceaux insérés dans *le Spectateur*. Les éditions multipliées de son *Longin*, publié en 1724, en sont le meilleur éloge. « Sa traduction latine est « simple, dit Saint-Marc, presque de mot à mot, et toute propre à donner l'in- « telligence du texte. Il n'y a guère de notes qui ne soient nécessaires. Elles « sont instructives et courtes; et j'en fais assez souvent usage........ » Pearce fut aussi l'éditeur des Traités de Cicéron, *de Oratore*, 1716, *de Officiis*, 1745. On lui doit plusieurs ouvrages, écrits en anglois, sur la religion, entre autres une *Défense des miracles de Jésus-Christ*, un *Commentaire sur les quatre évangélistes*, etc. Son mérite l'avoit élevé à l'épiscopat. Il mourut en 1774.

qui ont lu Hermogène savent ce que c'est que πολιτικὸς λόγος, qui veut proprement dire un style d'usage et propre aux affaires ; à la différence du style des déclamateurs, qui n'est qu'un style d'apparat, où souvent l'on sort de la nature pour éblouir les yeux. L'auteur donc par *viros politicos* entend ceux qui mettent en pratique *sermonem politicum*. (1674.)

(N° 6, page 380. *Instruit de toutes les belles connoissances.*)

Je n'ai point exprimé φίλτατον, parcequ'il me semble tout-à-fait inutile en cet endroit. (1674.)

(N° 7, page 380. *Et rempli toute la postérité du bruit de leur gloire.*)

Gérard Langbaine, qui a fait de petites notes très savantes sur Longin, prétend qu'il y a ici une faute, et qu'au lieu de περιέβαλον εὐκλείαις τὸν αἰῶνα, il faut mettre ὑπερέβαλον εὐκλείαις. Ainsi, dans son sens, il faudroit traduire, *ont porté leur gloire au-delà de leurs siècles*. Mais il se trompe : περιέβαλον veut dire, *ont embrassé, ont rempli toute la postérité de l'étendue de leur gloire*. Et quand on voudroit même entendre ce passage à sa manière, il ne faudroit point faire pour cela de correction, puisque περιέβαλον signifie quelquefois ὑπερέβαλον, comme on le voit dans ce vers d'Homère(1) :

Ἴστε γὰρ ὅσσον ἐμοὶ ἀρετῇ περιβάλλετον ἵπποι.

(*Édition de* 1674.)

(N° 8, page 380. *Il donne au discours une certaine vigueur noble, etc.*)

Je ne sais pourquoi M. Le Fèvre veut changer cet endroit, qui, à mon avis, s'entend fort bien, sans mettre παντῶς au lieu de παντὸς, *surmonte tous ceux qui l'écoutent, se met au-dessus de tous ceux qui l'écoutent*. (1674.)

---

(1) Iliade, liv. XXIII, vers 276.

CHAPITRE II.

(N° 9, page 382. *Car comme les vaisseaux, etc.*)

Il faut suppléer au grec, ou sous-entendre πλοῖα, qui veut dire des vaisseaux de charge, καὶ ὡς ἐπικινδυνότερα αὐτὰ πλοῖα, *etc.*, et expliquer ἁρμάτιστα dans le sens de M. Le Fèvre et de Suidas, des vaisseaux qui flottent, manque de sable et de gravier dans le fond qui les soutienne, et leur donne le poids qu'ils doivent avoir; auxquels on n'a pas donné le lest. Autrement il n'y a point de sens. (1674.) * Le membre de phrase suivant, « auxquels on n'a pas donné le lest, » fut ajouté dans l'édition de 1683.

(N° 10, page 383. *Nous en pouvons dire autant, etc.*)

J'ai suppléé la reddition de la comparaison, qui manque en cet endroit dans l'original. (1674.) * Le mot *reddition* ne s'emploie pas, du moins à présent, dans le sens qu'il a ici.

Voici la traduction diffuse et vague que Tollius donne à sa manière d'un fragment qu'il a recouvré:

« Que la nature tienne pour arriver au grand la place du
« bonheur, et l'art celle de la prudence; mais ce qu'on doit
« considérer ici sur toutes choses, c'est que cette connois-
« sance même, qu'il y a dans l'éloquence quelque chose
« qu'on doit à la bonté de la nature, ne vient que de l'art
« même qui nous l'indique. C'est pourquoi je ne doute pas
« que quand celui qui nous blâme de ce que nous tâchons
« d'assujettir le sublime aux études et à l'art voudra faire
« ses réflexions sur ce que nous venons de débiter, il ne
« change bientôt d'avis, et qu'il ne condamne plus nos
« soins dans cette matière, comme s'ils étoient superflus et
« sans aucun profit. »

(N° 11, page 383. *Telles sont ces pensées, etc.*)

Il y a ici une lacune considérable. L'auteur, après avoir montré qu'on peut donner des régles du sublime, commençoit à traiter des vices qui lui sont opposés, et entre autres du style enflé, qui n'est autre chose que le sublime trop poussé. Il en faisoit voir l'extravagance par le passage d'un je ne sais quel poëte tragique, dont il reste encore ici quatre vers ; mais comme ces vers étoient déja fort galimatias d'eux-mêmes, au rapport de Longin, ils le sont devenus encore bien davantage par la perte de ceux qui les précédoient. J'ai donc cru que le plus court étoit de les passer, n'y ayant dans ces quatre vers qu'un des trois mots que l'auteur raille dans la suite. En voilà pourtant le sens confusément ; c'est quelque Capanée qui parle dans une tragédie : « Et qu'ils arrêtent la flamme qui sort à longs « flots de la fournaise ; car si je trouve le maître de la mai- « son seul, alors, d'un seul torrent de flamme entortillé, « j'embraserai la maison, et la réduirai toute en cendres. « Mais cette noble musique ne s'est pas encore fait ouïr. » J'ai suivi ici l'interprétation de Langbaine. Comme cette tragédie est perdue, on peut donner à ce passage tel sens qu'on voudra ; mais je doute qu'on attrape le vrai sens. *Voyez* les notes de M. Dacier. * Cette note, dans l'édition de 1674, se termine à la citation inclusivement. Ce qui suit fut ajouté dans l'édition de 1683.

(N° 12, page 385. *Des sépulcres animés.*)

Hermogène va plus loin, et trouve celui qui a dit cette pensée, digne des sépulcres dont il parle. Cependant je doute qu'elle déplût aux poëtes de notre siècle ; et elle ne seroit pas en effet si condamnable dans les vers. (1674.)

(N° 13, page 386. *Ouvre une grande bouche pour souffler dans une petite flûte.*)

J'ai traduit ainsi φορβειᾶς δ' ἄτερ, afin de rendre la chose intelligible. Pour expliquer ce que veut dire φορβειὰ, il faut savoir que la flûte chez les anciens étoit fort différente de la flûte d'aujourd'hui ; car [a] on en tiroit un son bien plus éclatant, et pareil au son de la trompette, *tubæque æmula*, dit Horace. Il falloit donc, pour en jouer, employer une bien plus grande force d'haleine, et par conséquent s'enfler extrêmement les joues, qui étoit une chose désagréable à la vue. Ce fut en effet ce qui en dégoûta Minerve et Alcibiade. Pour obvier à cette difformité, ils imaginèrent une espèce de lanière ou courroie, qui s'appliquoit sur la bouche, et se lioit derrière la tête, ayant au milieu un petit trou par où l'on embouchoit la flûte. Plutarque prétend que Marsyas en fut l'inventeur. Ils appeloient cette lanière φορβειὰν; et elle faisoit deux différents effets : car outre qu'en serrant les joues elle les empêchoit de s'enfler, elle donnoit bien plus de force à l'haleine, qui, étant repoussée, sortoit avec beaucoup plus d'impétuosité et d'agrément. L'auteur donc, pour exprimer un poëte enflé, qui souffle et se démène sans faire de bruit, le compare à un homme qui joue de la flûte sans cette lanière. Mais comme cela n'a point de rapport à la flûte d'aujourd'hui, puisqu'à peine on serre les lèvres quand on en joue, j'ai cru qu'il valoit mieux mettre une pensée équivalente, pourvu qu'elle ne s'éloignât point trop de la chose, afin que le lecteur, qui ne se soucie pas fort [b] des antiquailles,

---

[a] Dans les éditions de 1674, 1675, 1683, on lit : « Car, comme elle étoit « composée de plusieurs tuyaux inégaux, on en tiroit......, etc. » Ce premier membre de phrase fut supprimé dans l'édition de 1694.

[b] Dans les éditions antérieures à celle de 1701, on lit : « Qui ne se « soucie pas *tant*.... »

puisse passér, sans être obligé, pour m'entendre, d'avoir recours aux remarques.

CHAPITRE III.

(N° 14, page 391. *Et dit même les choses d'assez bon sens.*)

Ἐπινοητικος veut dire un homme qui imagine, qui pense sur toutes choses ce qu'il faut penser; et c'est proprement ce qu'on appelle un homme de bon sens. (1683.)

(N° 15, page 391. *A composer son panégyrique.*)

Le grec porte, *à composer son panégyrique pour la guerre contre les Perses.* Mais si je l'avois traduit de la sorte, on croiroit qu'il s'agiroit ici d'un autre panégyrique que du panégyrique d'Isocrate, qui est un mot consacré en notre langue. (1683.)

(N° 16, page 391. *Voilà, sans mentir, une comparaison admirable d'Alexandre-le-Grand avec un rhéteur.*)

Il y a dans le grec, *du Macédonien avec un sophiste.* A l'égard du *Macédonien*, il falloit que ce mot eût quelque grace en grec, et qu'on appelât ainsi Alexandre par excellence, comme nous appelons Cicéron, l'orateur romain; mais le Macédonien, en françois, pour Alexandre, seroit ridicule. Pour le mot de sophiste, il signifie bien plutôt en grec un rhéteur qu'un sophiste, qui en françois ne peut jamais être pris en bonne part, et signifie toujours un homme qui trompe par de fausses raisons, qui fait des sophismes, *cavillatorem*; au lieu qu'en grec c'est souvent un nom honorable. (1674.)

(N° 17, page 393. *Qui tiroit son nom d'Hermès.*)

Le grec porte, *qui tiroit son nom du dieu qu'on avoit offensé;* mais j'ai mis *d'Hermès*, afin qu'on vît mieux le jeu de mots. Quoi que puisse dire M. Dacier, je suis de l'avis de

Langbaine, et ne crois point que ὃς ἀπὸ τοῦ παρανομηθέντος ἦν, veuille dire autre chose que, *qui tiroit son nom de père en fils du dieu qu'on avoit offensé.* (1683.)

(N° 18, page 393. *Que ces parties de l'œil, etc.*)

Ce passage est corrompu dans tous les exemplaires que nous avons de Xénophon, où l'on a mis θαλάμοις pour ὀφθαλμοῖς, faute d'avoir entendu l'équivoque de κόρη. Cela fait voir qu'il ne faut pas aisément changer le texte d'un auteur. (1674.)

(N° 19, page 394. *Sans la revendiquer comme un vol.*)

C'est ainsi qu'il faut entendre ὡς φωρίου τινὸς ἐφαπτόμενος, et non pas, *sans lui en faire une espèce de vol: tanquam furtum quoddam attingens;* car cela auroit bien moins de sel. (1674.)

(N° 20, page 395. *Monuments de cyprès.*)

Le froid de ce mot consiste dans le terme de *monuments* mis avec *cyprès.* C'est comme si on disoit, à propos des registres du parlement: *ils poseront dans le greffe ces monuments de parchemin.* M. Dacier se trompe fort sur cet endroit. (1701.) * Cette note, dans l'édition de 1683, se trouve à la fin des remarques de Despréaux. Elle est conçue en ces termes : « J'ai oublié de dire, à propos de ces paroles « de Timée qui sont rapportées dans le troisième chapitre, « que je ne suis point du sentiment de M. Dacier, et que « tout le froid, à mon avis, de ce passage consiste dans le « terme de *monuments* mis avec *cyprès.* C'est comme qui « diroit, à propos des registres du parlement: *ils poseront* « *dans le greffe ces monuments de parchemin.* » Despréaux met ici par inadvertance le nom de Timée pour celui de Platon.

(N° 21, page 395. *Le mal des yeux.*)

Ce sont des ambassadeurs persans qui le disent dans

Hérodote chez le roi de Macédoine Amyntas. Cependant Plutarque l'attribue à Alexandre-le-Grand, et le met au rang des apophthegmes de ce prince. Si cela est, il falloit qu'Alexandre l'eût pris à Hérodote. Je suis pourtant du sentiment de Longin, et je trouve le mot froid dans la bouche même d'Alexandre. * « S'il m'étoit permis, dit Larcher, de
« dire mon sentiment après les grands hommes qui se sont
« exercés sur ce sujet, je dirois que lorsqu'on desire pas-
« sionnément un objet qu'on a sous les yeux, et qu'on ne
« peut en jouir, on peut bien dire que cet objet fait le
« tourment des yeux. » (*Histoire d'Hérodote*, liv. V, p. 197, tom. IV, 1786.) L'opinion du savant traducteur est à peu près la même que celle de Dacier.

CHAPITRE V.

(N° 22, page 400. *Qui nous laisse beaucoup à penser.*)

Οὗ πολλὴ μὲν ἀναθεώρησις, dont la contemplation est fort étendue, qui nous remplit d'une grande idée. A l'égard de κατεξανάστησις, il est vrai que ce mot ne se rencontre nulle part dans les auteurs grecs; mais le sens que je lui donne est celui, à mon avis, qui lui convient le mieux; et lorsque je puis trouver un sens au mot d'un auteur, je n'aime point à corriger le texte. (1683.)

(N° 23, page 401. *De quelque endroit d'un discours.*)

Λόγων ἕν τι; c'est ainsi que tous les interprètes de Longin ont joint ces mots. M. Dacier les arrange d'une autre sorte, mais je doute qu'il ait raison. (1683.)

CHAPITRE VI.

(N° 24, page 404. *En parlant des Aloïdes.*)

Aloëus étoit fils de Titan et de la terre. Sa femme s'appeloit Iphimédie. Elle fut violée par Neptune, dont elle eut deux enfants, Otus et Éphialte, qui furent appelés Aloïdes, à cause qu'ils furent nourris et élevés chez Aloëus comme ses enfants. Virgile en a parlé dans le sixième livre de l'Énéide, vers 582 :

> Hic et Aloïdas geminos immania vidi
> Corpora.

(*Édition de* 1674.)

CHAPITRE VII.

(N° 25, page 409. *Voyez, par exemple, etc.*)

Tout ceci jusqu'à *cette grandeur qu'il lui donne, etc.*, est suppléé au texte grec, qui est défectueux en cet endroit. (1674.)

(N° 26, page 416. *Frémit sous le dieu qui lui donne la loi.*)

Il y a dans le grec que *l'eau, en voyant Neptune, se ridoit, et sembloit sourire de joie.* Mais cela seroit trop fort en notre langue. Au reste, j'ai cru que *l'eau reconnoît son roi*, seroit quelque chose de plus sublime que de mettre, comme il y a dans le grec, que *les baleines reconnoissent leur roi.* J'ai tâché, dans les passages qui sont rapportés d'Homère, à enchérir sur lui, plutôt que de le suivre trop scrupuleusement à la piste. (1683.)

(N° 27, page 418. *Et combats contre nous, etc.*)

Il y a dans Homère, *et, après cela, fais-nous périr, si tu veux, à la clarté des cieux.* Mais cela auroit été foible en notre langue, et n'auroit pas si bien mis en jour la remarque de Longin que, *et combats contre nous, etc.* Ajoutez que de dire à Jupiter, *combats contre nous*, c'est presque la même chose que, *fais-nous périr*, puisque dans un combat contre Jupiter, on ne sauroit éviter de périr. (1674.)

(N° 28, page 419. *Ajoutez que les accidents, etc.*)

La remarque de M. Dacier sur cet endroit est fort savante et fort subtile; mais je m'en tiens pourtant toujours à mon sens. (1683.)

(N° 29, page 420. *Il s'égare dans des imaginations, etc.*)

Voilà, à mon avis, le véritable sens de πλάνος. Car pour ce qui est de dire qu'il n'y a pas d'apparence que Longin ait accusé Homère de tant d'absurdités, cela n'est pas vrai, puisqu'à quelques lignes de là il entre même dans le détail de ces absurdités. Au reste, quand il dit, *des fables incroyables*, il n'entend pas des fables qui ne sont point vraisemblables, mais des fables qui ne sont point vraisemblablement contées, comme la disette d'Ulysse, qui fut dix jours sans manger, etc. (1683.)

CHAPITRE VIII.

(N° 30, page 425. *Et pâle.*)

Le grec ajoute, *comme l'herbe;* mais cela ne se dit point en françois. (1674.)

(N° 31, page 425. *Un frisson me saisit, etc.*)

Il y a dans le grec, *une sueur froide;* mais le mot de *sueur* en françois ne peut jamais être agréable, et laisse une vilaine idée à l'esprit. (1674.)

(N° 32, page 426. *Ou elle est entièrement hors d'elle.*)

C'est ainsi que j'ai traduit φοβεῖται, et c'est ainsi qu'il le faut entendre, comme je le prouverai aisément, s'il est nécessaire. Horace, qui est amoureux des hellénismes, emploie le mot de *metus* en ce même sens dans l'ode *Bacchum in remotis*, quand il dit : *Evoë! recenti mens trepidat metu :* car cela veut dire, je suis encore plein de la sainte horreur du dieu qui m'a transporté. (1674.)

(N° 33, page 429. *Et imprime jusque dans ses mots.*)

Il y a dans le grec, *et joignant par force ensemble des pré-*

positions qui naturellement n'entrent point dans une mém . composition, ὑπ' ἐκ θανάτοιο, *par cette violence qu'il leur fait, il donne à son vers le mouvement même de la tempête, et exprime admirablement la passion; car par la rudesse de ces syllabes qui se heurtent l'une l'autre, il imprime jusque dans ses mots l'image du péril,* ὑπ' ἐκ θανάτοιο φέρονται. Mais j'ai passé tout cela, parcequ'il est entièrement attaché à la langue grecque. (1674.)

(N° 34, page 430. *Il étoit déja fort tard.*)

L'auteur n'a pas rapporté tout le passage, parcequ'il est un peu long. Il est tiré de l'oraison pour Ctésiphon. Le voici : « Il étoit déja fort tard, lorsqu'un courrier vint ap-
« porter au Prytanée la nouvelle que la ville d'Élatée étoit
« prise. Les magistrats, qui soupoient dans ce moment,
« quittent aussitôt la table. Les uns vont dans la place pu-
« blique; ils en chassent les marchands, et, pour les obli-
« ger de se retirer, ils brûlent les pieux des boutiques où
« ils étaloient. Les autres envoient avertir les officiers de
« l'armée. On fait venir le héraut public; toute la ville est
« pleine de tumulte. Le lendemain dès le point du jour,
« les magistrats assemblent le sénat. Cependant, messieurs,
« vous couriez de toutes parts dans la place publique, et le
« sénat n'avoit pas encore rien ordonné que tout le peuple
« étoit déja assis. Dès que les sénateurs furent entrés, les
« magistrats firent leur rapport. On entend le courrier; il
« confirme la nouvelle. Alors le héraut commence à crier
« Quelqu'un veut-il haranguer le peuple? Mais personne
« ne lui répond. Il a beau répéter la même chose plusieurs
« fois, aucun ne se lève; tous les officiers, tous les orateurs
« étant présents, aux yeux de la commune patrie, dont on
« entendoit la voix crier: N'y a-t-il personne qui ait un
« conseil à me donner pour mon salut? » (1674.)

CHAPITRE X.

(N° 35, page 433. *L'amplification ne sert qu'à.... exagérer.*)

Cet endroit est fort défectueux. L'auteur, après avoir fait quelques remarques encore sur *l'amplification*, venoit ensuite à comparer deux orateurs dont on ne peut pas deviner les noms. Il reste même dans le texte trois ou quatre lignes de cette comparaison, que j'ai supprimées dans la traduction, parceque cela auroit embarrassé le lecteur, et auroit été inutile, puisqu'on ne sait point qui sont ceux dont l'auteur parle. Voici pourtant les paroles qui en restent : « Celui-ci est plus abondant et plus riche. « On peut comparer son éloquence à une grande mer qui « occupe beaucoup d'espace, et se répand en plusieurs « endroits. L'un, à mon avis, est plus pathétique, et a bien « plus de feu et d'éclat. L'autre, demeurant toujours dans « une certaine gravité pompeuse, n'est pas froid à la vé- « rité, mais n'a pas aussi tant d'activité ni de mouvement. » Le traducteur latin a cru que ces paroles regardoient Cicéron et Démosthène; mais, à mon avis, il se trompe. (1674.) * Gabriel de Petra n'est pas le seul qui se soit trompé. Langbaine et Le Fèvre ont eu la même opinion. Tollius s'est aperçu le premier qu'il s'agissoit de Platon et de Démosthène.

(N° 36, page 434. *Une rosée agréable*, etc.)

M. Le Fèvre et M. Dacier donnent à ce passage une interprétation fort subtile; mais je ne suis point de leur avis, et je rends ici le mot de καταντλῆσαι dans son sens le plus naturel, *arroser, rafraîchir*, qui est le propre du style abondant, opposé au *style sec*. (1683.) * Je ne trouve rien de M. Le Fèvre sur cet endroit, dit Saint-Marc.

CHAPITRE XI.

(N° 37, page 438. *Si Ammonius n'en avoit déja rapporté.*)

Il y a dans le grec, εἰ μὴ τὰ ἐπ' Ἰνδοῦς καὶ οἱ περὶ Ἀμμώνιον. Mais cet endroit vraisemblablement est corrompu; car quel rapport peuvent avoir les Indiens au sujet dont il s'agit? (1674.)

CHAPITRE XII.

(N° 38, page 440. *Car si un homme dans la défiance.*)

C'est ainsi qu'il faut entendre ce passage. Le sens que lui donne M. Dacier s'accommode assez bien au grec; mais il fait dire une chose de mauvais sens à Longin, puisqu'il n'est point vrai qu'un homme qui se défie que ses ouvrages aillent à la postérité ne produira jamais rien qui en soit digne, et qu'au contraire c'est cette défiance même qui lui fera [a] faire des efforts pour mettre ces ouvrages en état d'y passer avec éloge. (1683.)

CHAPITRE XIII.

(N° 39, page 443. *Les yeux étincelants.*)

J'ai ajouté ce vers, que j'ai pris dans le texte d'Homère. (1674.)

(N° 40, page 444. *Et du plus haut des cieux.*)

Le grec porte, *au-dessus de la canicule:* ὄπισθε νῶτα Σειρίου βεβὼς ἵππευε. *Le soleil à cheval monta au-dessus de la canicule.* Je ne vois pas pourquoi Rutgersius ni M. Le Fèvre [b] veu-

---

[a] Dans l'édition de 1683, où cette remarque fut insérée pour la première fois, on lit, ainsi que dans l'édition de 1694: « Et qu'au contraire « cette défiance même lui fera faire...., etc. »

[b] Dans les éditions de 1674, 1675, on lit: « Rutgersius ni Le Fèvre; » dans celles qui sont postérieures, depuis 1683 jusqu'en 1713 inclusivement, il y a: « Rutgersius ni M. Le Fèvre. » Brossette a remplacé *ni* par *et*, et les autres éditeurs ont adopté sa correction.

lent changer cet endroit, puisqu'il est fort clair, et ne veut dire autre chose, sinon que le soleil monta au-dessus de la canicule, c'est-à-dire dans le centre du ciel, où les astrologues tiennent que cet astre est placé, et, comme j'ai mis, *au plus haut des cieux*, pour voir marcher Phaéton; et que de là il lui crioit encore: *Va par là, reviens, détourne,* etc. (1674.)

CHAPITRE XVI.

(N° 41, page 462. *Et dans la chaleur.*)

Le grec ajoute: *Il y a encore un autre moyen; car on le peut voir dans ce passage d'Hérodote, qui est extrêmement sublime.* Mais je n'ai pas cru devoir mettre ces paroles en cet endroit, qui est fort défectueux, puisqu'elles ne forment aucun sens, et ne serviroient qu'à embarrasser le lecteur. (1674.) * Il y a dans cet endroit une lacune d'environ quatre pages.

(N° 42, page 462. *Il n'y a rien encore qui donne plus de mouvement au discours, que d'en ôter les liaisons.*)

J'ai suppléé cela au texte, parceque le sens y conduit de lui-même [a]. (1674.)

(N° 43, page 462. *Dans le fond d'une sombre vallée.*)

Tous les exemplaires de Longin mettent ici des étoiles, comme si l'endroit étoit défectueux; mais ils se trompent. La remarque de Longin est fort juste, et ne regarde que ces deux périodes sans conjonction, *nous avons par ton ordre,* etc., et ensuite, *nous avons dans le fond,* etc. (1674.)
* On pense généralement qu'il n'y a point ici de lacune.

(N° 44, page 462. *Et le force de parler.*)

La restitution de M. Le Fèvre est fort bonne: συνδιωκούσης,

---

[a] Dans les éditions de 1674, 1675, on lit, « de soi-même. »

et non pas συνδιοικούσης. J'en avois fait la remarque avant lui [a]. (1674.) * « Des éditeurs ou traducteurs venus de- « puis M. Despréaux, M. Pearce est le seul, dit Saint-Marc, « qui n'ait pas adopté la correction de M. Le Fèvre.... »

CHAPITRE XIX.

(N° 45, page 470. *Aussitôt un grand peuple, etc.*)

Quoi qu'en veuille dire M. Le Fèvre, il y a ici deux vers; et la remarque de Langbaine me paroit juste [b]: car je ne vois pas pourquoi, en mettant θύνον, il est absolument nécessaire de mettre καί. (1674.)

CHAPITRE XX.

(N° 46, page 473. *Tout le théâtre se fondit en larmes.*)

Il y a dans le grec, οἱ θεώμενοι. C'est une faute. Il faut mettre comme il y a dans Hérodote, θέητρον; autrement Longin n'auroit su ce qu'il vouloit dire. (1674.)

CHAPITRE XXIII.

(N° 47, page 479. *Ce héraut ayant assez pesé, etc.*)

M. Le Fèvre et M. Dacier donnent un autre sens à ce passage d'Hécatée, et font même une restitution sur ὡς μὴ ὤν, dont ils changent ainsi l'accent, ὡς μὴ ὦν, prétendant que c'est un ionisme, pour ὡς μὴ οὖν. Peut-être ont-ils raison, mais peut-être qu'ils se trompent, puisqu'on ne sait de quoi il s'agit en cet endroit, le livre d'Hécatée étant perdu. En attendant donc que ce livre soit retrouvé, j'ai cru que le plus sûr étoit de suivre le sens de Gabriel de Pétra et des autres interprètes, sans y changer ni accent ni virgule. (1683.)

---

[a] Dans les éditions de 1674, 1675, on lit, « auparavant lui. »

[b] Les éditions antérieures à celle de 1701 portent, « la remarque de « Langbaine est fort juste. »

CHAPITRE XXIV.

(N° 48, page 482. *Des différentes parties qui lui répondent.*)

C'est ainsi qu'il faut entendre παραφώνων, ces mots, φθόγγοι παράφωνοι, ne voulant dire autre chose que les parties faites sur le sujet; et il n'y a rien qui convienne mieux à la périphrase, qui n'est autre chose qu'un assemblage de mots, qui répondent différemment au mot propre, et par le moyen desquels, comme l'auteur le dit dans la suite, d'une diction toute simple on fait une espèce de concert et d'harmonie. Voilà le sens le plus naturel qu'on puisse donner à ce passage; car je ne suis point de l'avis de ces modernes qui ne veulent pas que dans la musique des anciens, dont on nous raconte des effets si prodigieux, il y ait eu des parties, puisque sans parties il ne peut y avoir d'harmonie. Je m'en rapporte pourtant aux savants en musique, et je n'ai pas assez de connoissance de cet art pour décider souverainement là-dessus. (1674.)

(N° 49, page 484. *Une maladie qui les rendoit femmes.*)

Ce passage a fort exercé jusqu'ici les savants, et entre autres M. Costar et M. de Girac, l'un prétendant que θήλεια νοῦσος signifioit une maladie qui rendit les Scythes efféminés; l'autre, que cela vouloit dire que Vénus leur envoya des hémorroïdes. Mais il paroît incontestablement, par un passage d'Hippocrate, que le vrai sens est qu'elle les rendit impuissants, puisqu'en l'expliquant des deux autres manières, la périphrase d'Hérodote seroit plutôt une obscure énigme qu'une agréable circonlocution [a]. (1701.)

Au lieu de cette note, on lisoit celle-ci dans les éditions de 1683 et de 1694: « Ce passage a fort exercé jusqu'ici les

[a] Le savant Larcher passe en revue les divers sentiments auxquels ce passage a donné lieu. (*Histoire d'Hérodote*, tome Ier, page 361.)

« savants, et entre autres M. Costar et M. de Girac. C'est ce
« dernier dont j'ai suivi le sens, qui m'a paru beaucoup le
« meilleur [a], y ayant un fort grand rapport de la ma-
« ladie naturelle qu'ont les femmes avec les hémorroïdes.
« Je ne blâme pas pourtant le sens de M. Dacier. »

CHAPITRE XXV.

(N° 50, page 486. *Cela se peut voir encore dans un passage.*)

Il y a avant ceci dans le grec, ὑπτικώτατον καὶ γόνιμον τόδ᾽ Ἀνακρέοντος· οὐκέτι Θρηϊκίης ἐπιστρέφομαι. Mais je n'ai point exprimé ces paroles, où il y a assurément de l'erreur, le mot ὑπτικώτατον n'étant point grec; et du reste, que peuvent dire ces mots, *cette fécondité d'Anacréon. Je ne me soucie plus de la Thracienne?* (1674.)

CHAPITRE XXVI.

(N° 51, page 488. *Vendu à Philippe notre liberté.*)

Il y a dans le grec, προπεπωκότες,, comme qui diroit, *ont bu notre liberté à la santé de Philippe*. Chacun sait ce que veut dire προπίνειν en grec; mais on ne le peut pas exprimer par un mot françois. (1674.)

CHAPITRE XXVIII.

(N° 52, page 502. *Au lieu que Démosthène.*)

Je n'ai point exprimé ἔνθεν et ἔνθενδε, de peur de trop embarrasser la période. (1674.)

CHAPITRE XXXI.

(N° 53, page 511. *Ils se défendirent encore quelque temps.*)

Ce passage est fort clair. Cependant c'est une chose surprenante qu'il n'ait été entendu ni de Laurent Valle, qui a

---

[a] L'édition de 1694 porte, « beaucoup meilleur. »

traduit Hérodote, ni des traducteurs de Longin, ni de ceux qui ont fait des notes sur cet auteur : tout cela, faute d'avoir pris garde que le verbe καταχόω veut quelquefois dire enterrer. Il faut voir les peines [a] que se donne M. Le Fèvre pour restituer ce passage, auquel, après bien du changement, il ne sauroit trouver de sens qui s'accommode à Longin, prétendant que le texte d'Hérodote étoit corrompu dès le temps de notre rhéteur, et que cette beauté qu'un si savant critique y remarque est l'ouvrage d'un mauvais copiste, qui y a mêlé des paroles qui n'y étoient point. Je ne m'arrêterai point à réfuter un discours si peu vraisemblable. Le sens que j'ai trouvé est si clair et si infaillible qu'il dit tout [b]; et l'on ne sauroit excuser le savant M. Dacier de ce qu'il dit contre Longin et contre moi dans sa note sur ce passage, que par le zèle plus pieux que raisonnable qu'il a eu de défendre le père de son illustre épouse. * *Voy.* sur la note de Dacier la lettre de Despréaux à Brossette, du 9 avril 1702, tome IV, page 431.

(N° 54, page 513. *Qui n'étoit pas plus grande qu'une épître de Lacédémonien.*)

J'ai suivi la restitution de Casaubon. (1674.)

CHAPITRE XXXII.

(N° 55, page 514. *N'est pas simplement un agrément que la nature a mis dans la voix de l'homme.*)

Les traducteurs n'ont point, à mon avis [c], conçu ce passage, qui sûrement doit être entendu dans mon sens,

---

[a] « Il faut voir les tortures que se donne M. Le Fèvre pour restituer ce « passage, auquel, après bien du changement, il ne sauroit encore trouver « de sens. Je ne m'arrêterai point.... » (*éditions de 1674, 1675.*)

[b] Ce qui suit fut ajouté dans l'édition de 1701, et ne se trouve pas dans celle de Brossette.

[c] Les mots *à mon avis* furent ajoutés dans l'édition de 1701.

comme la suite du chapitre le fait assez connoître[a]. Ἐνέργημα veut dire un effet, et non pas un moyen: *n'est pas simplement un effet de la nature de l'homme.*

(N° 56, page 514. *Pour élever le courage, et pour émouvoir les passions.*)

Il y a dans le grec, μετ' ἐλευθερίας καὶ πάθοις; c'est ainsi qu'il faut lire, et non point ἔτι ἐλευθερίας, etc. Ces paroles veulent dire qu'*il est merveilleux de voir des instruments inanimés avoir en eux un charme pour émouvoir les passions et pour inspirer la noblesse de courage.* Car c'est ainsi qu'il faut entendre ἐλευθερία. En effet, il est certain que la trompette, qui est un instrument, sert à réveiller le courage dans la guerre. J'ai ajouté le mot d'*inanimés,* pour éclaircir la pensée de l'auteur, qui est un peu obscure en cet endroit[b]. Ὄργανον, absolument pris, veut dire toutes sortes d'instruments musicaux et inanimés, comme le prouve fort bien Henri Étienne.

(N° 57, page 516. *Et l'expérience en fait foi.*)

L'auteur justifie ici sa pensée par une période de Démosthène, dont il fait voir l'harmonie et la beauté. Mais comme ce qu'il en dit est entièrement attaché à la langue grecque, j'ai cru qu'il valoit mieux le passer dans la traduction, et le renvoyer aux remarques, pour ne point effrayer ceux qui ne savent point le grec. En voici donc l'explication : « Ainsi cette pensée, que Démosthène ajoute « après la lecture de son décret, paroît fort sublime, et est « en effet merveilleuse. Ce décret, dit-il, a fait évanouir le

---

[a] Là s'arrête cette note dans les éditions de 1674, 1675; ce qui suit fut ajouté en 1683.

[b] Cette note se termine ici dans les éditions de 1674, 1675; la suite fut ajoutée en 1683.

« péril qui environnoit cette ville, comme un nuage qui se
« dissipe de lui-même. Τοῦτο τὸ ψήφισμα τὸν τότε τῇ πόλει περι-
« στάντα κίνδυνον παρελθεῖν ἐποίησεν ὥσπερ νέφος. Mais il faut avouer
« que l'harmonie de la période ne cède point à la beauté
« de la pensée; car elle va toujours de trois temps en trois
« temps, comme si c'étoient tous dactyles [a], qui sont les
« pieds les plus nobles et les plus propres au sublime; et c'est
« pourquoi le vers héroïque, qui est le plus beau de tous les
« vers, en est composé. En effet, si vous ôtez un mot de sa
« place, comme si vous mettiez [b] τοῦτο τὸ ψήφισμα ὥσπερ νέφος
« ἐποίησε τὸν τότε κίνδυνον παρελθεῖν, ou si vous en retranchez
« une syllabe, comme ἐποίησε παρελθεῖν ὡς νέφος, vous connoî-
« trez aisément combien l'harmonie contribue au sublime.
« Car ces paroles, ὥσπερ νέφος, s'appuyant sur la première
« syllabe, qui est longue, se prononcent à quatre reprises :
« de sorte que si vous en ôtez une syllabe, ce retranche-
« ment fait que la période est tronquée. Que si au con-
« traire vous en ajoutez une, comme παρελθεῖν ἐποίησεν ὥσπερει
« νέφος, c'est bien le même sens, mais ce n'est plus la même
« cadence, parceque, la période s'arrêtant trop long-temps
« sur les dernières syllabes, le sublime, qui étoit serré au-
« paravant, se relâche et s'affoiblit [c]. »

CHAPITRE XXXIV.

(N° 58, page 521. *La mer commençant à bruire.*)

Il y a dans le grec, *commençant à bouillonner*, ζεσάσης;

---

[a] Dans les éditions de 1674, 1675, on lit : « Car elle est presque toute
« composée de dactyles, qui sont les pieds.... »

[b] « Comme si vous mettez.... » (*éditions de 1674, 1675.*)

[c] La phrase qu'on va lire terminoit cette remarque. L'auteur l'a retranchée
dans l'édition de 1701. Elle se trouve dans toutes les éditions précédentes, et
n'a point été rétablie en 1713. La voici : « Au reste, j'ai suivi dans ces der-
« niers mots l'explication de M. Le Fèvre, et j'ajoute comme lui τε à ὥσπερ. »

mais le mot de *bouillonner* n'a point de mauvais son [a] en notre langue, et est au contraire agréable à l'oreille. Je me suis donc servi du mot *bruire*, qui est bas, et qui exprime le bruit que fait l'eau, quand elle commence à bouillonner. (1674.)

CHAPITRE XXXV.

(N° 59, page 528. *Mais prenez garde que.*)

Il y a beaucoup de choses qui manquent en cet endroit. Après plusieurs [b] raisons de la décadence des esprits, qu'apportoit ce philosophe introduit ici par Longin, notre auteur vraisemblablement reprenoit la parole, et en établissoit de nouvelles causes; c'est à savoir la guerre qui étoit alors par toute la terre, et l'amour du luxe, comme la suite le fait assez connoître.

[a] Dans toutes les éditions, depuis celle de 1674 jusqu'à celle de 1713, il y a *mauvais son*; c'est par erreur que MM. Didot et Daunou écrivent *mauvais sens*.

[b] « Après plusieurs autres raisons. » (*éditions antérieures à celle de* 1701.)

REMARQUES
SUR LONGIN,
Par DACIER.

PRÉFACE

DE M. DACIER.

De tous les auteurs grecs il n'y en a point de plus difficiles à traduire que les rhéteurs, sur-tout quand on débrouille le premier leurs ouvrages. Cela n'a pas empêché que M. Despréaux, en nous donnant Longin en françois, ne nous ait donné une des plus belles traductions que nous ayons en notre langue. Il a non seulement pris la naïveté et la simplicité du style didactique de cet excellent auteur; il en a même si bien attrapé le sublime, qu'il fait valoir aussi heureusement que lui toutes les grandes figures dont il traite, et qu'il emploie en les expliquant. Comme j'avois étudié ce rhéteur avec soin, je fis quelques découvertes en le relisant sur la traduction; et je trouvai de nouveaux sens, dont les interprètes ne s'étoient point avisés. Je me crus obligé de les communiquer à M. Despréaux. J'allai donc chez lui, quoique je n'eusse pas l'avantage de le connoître. Il ne reçut pas mes critiques en auteur, mais en homme d'esprit et en galant homme: il convint de quelques endroits; nous disputâmes long-temps sur d'autres; mais dans ces endroits mêmes dont il ne tomboit pas d'accord, il ne laissa pas de faire quelque estime de mes remarques; et il me témoigna que, si je voulois, il les feroit imprimer avec les siennes dans une seconde édition. C'est ce qu'il fait aujourd'hui; mais de peur de grossir son livre, j'ai abrégé le plus qu'il m'a été possible, et j'ai tâché de m'expliquer en peu de mots. Il ne s'agit ici que de trouver la vérité; et comme M. Despréaux consent que, si j'ai raison, l'on suive mes remarques, je serai ravi que, s'il a mieux trouvé le sens de Longin, on laisse mes remarques pour s'attacher à sa traduction, que je prendrois moi-même pour modèle, si j'avois entrepris de traduire un ancien rhéteur [a].

[a] Cet exposé, publié en 1683, porte tous les caractères de la vérité, et montre assez avec quelle défiance on doit lire les faits hasardés par les ennemis de Despréaux. « M. Dacier, fort célèbre par la parfaite connoissance « qu'il a des auteurs grecs, et par ses belles et savantes traductions, avoit « écrit, dit Pradon, contre celle de Longin de M. D***. Il le sut (*celui-ci*), « il en fut fort alarmé; il fut trouver M. Dacier (quelle démarche pour un « si fier auteur!), conféra avec lui; et enfin, par l'entremise de ses amis, il « fut arrêté entre eux que M. Dacier ne mettroit que la moitié des remar- « ques qu'il avoit faites.... » (*Nouvelles remarques sur tous les ouvrages du sieur D****, 1685, page 9.)

REMARQUES [a]
SUR LONGIN,
PAR DACIER [b].

CHAPITRE PREMIER.

(N° 1, page 378. *Quand nous lûmes ensemble le petit traité que Cécilius a fait du Sublime, nous trouvâmes que la bassesse de son style répondoit.....*)

C'est le sens que tous les interprètes ont donné à ce passage ; mais comme le sublime n'est point nécessaire à un rhéteur pour nous donner des règles de cet art, il me semble que Longin n'a pu parler ici de cette prétendue bassesse du style de Cécilius. Il lui reproche seulement deux choses ; la première, que son livre est beaucoup plus petit que son sujet, que ce livre ne contient pas toute sa matière ; et la seconde, qu'il n'en a pas même touché les principaux points. Συγγραμμάτιον ταπεινότερον ἐφάνη τῆς ὅλης ὑποθέσεως, ne peut pas signifier, à mon avis, *le style de ce livre est trop bas* ; mais, *ce livre est plus petit que son sujet*, ou *trop petit pour tout son sujet*. Le seul mot ὅλης le détermine entièrement ; et d'ailleurs on trouvera des exemples de ταπεινότερον pris dans ce même sens. Longin, en disant que Cécilius n'avoit exécuté qu'une partie de ce grand dessein, fait voir ce qui l'oblige d'écrire après lui sur le même sujet.

[a] Ces remarques furent insérées pour la première fois dans l'édition de 1683.
[b] *Voyez* sur Dacier la note *a*, page 370 de ce volume.

(N° 2, page 378. *Cet auteur peut-être n'est-il pas tant à reprendre pour ses fautes, qu'à louer pour son travail, et pour le dessein qu'il a eu de bien faire.*)

Dans le texte il y a deux mots, ἐπίνοια et σπουδή. M. Despréaux ne s'est attaché qu'à exprimer toute la force du dernier. Mais il semble que cela n'explique pas assez la pensée de Longin, qui dit que *Cécilius n'est peut-être pas tant à blâmer pour ses défauts, qu'il est à louer pour son invention, et pour le dessein qu'il a eu de bien faire:* ἐπίνοια signifie *dessein, invention*; et par ce seul mot Longin a voulu nous apprendre que Cécilius étoit le premier qui eût entrepris d'écrire du sublime. * Tollius est de ce sentiment, qui n'en paroît pas plus juste.

(N° 3, page 380. *Il donne au discours une certaine vigueur noble, une force invincible, qui enlève l'ame de quiconque nous écoute.*)

Tous les interprètes ont traduit de même; mais je crois qu'ils se sont éloignés de la pensée de Longin, et qu'ils n'ont point du tout suivi la figure qu'il emploie si heureusement. Τὰ ὑπερφυᾶ προσφέροντα βίαν, est ce qu'Horace diroit *adhibere vim;* au lieu de παντὸς, il faut πάντως avec un oméga, comme M. Le Fèvre l'a remarqué. Πάντως ἐπάνω τοῦ ἀκροωμένου καθίσταται est une métaphore prise du mariage, et pareille à celle dont Anacréon s'est servi, σὺ δ' οὐκ ἄιεις, οὐκ εἰδὼς ὅτι τῆς ἐμῆς ψυχῆς ἡνιοχεύεις. *Mais tu n'as point d'oreilles, et tu ne sais point que tu es le maître de mon cœur.* Longin dit donc: *Il n'en est pas ainsi du sublime; par un effort auquel on ne peut résister, il se rend entièrement maître de l'auditeur.*

(N° 4, page 381. *Quand le sublime vient à éclater.*)

Notre langue n'a que ce mot, *éclater*, pour exprimer le mot ἐξενεχθὲν, qui est emprunté de la tempête, et qui donne une idée merveilleuse, à peu près comme ce mot de Virgile, *abrupti nubibus ignes.* Longin a voulu donner ici une image de la foudre, que l'on voit plutôt tomber que partir.

CHAPITRE II.

(N° 5, page 383. *Telles sont ces pensées, etc.*)

Dans la lacune suivante Longin rapportoit un passage d'un poëte tragique, dont il ne reste que cinq vers. M. Despréaux les a rejetés dans ses remarques, et il les a expliqués comme tous les autres interprètes; mais je crois que le dernier vers auroit dû être traduit ainsi: *Ne viens-je pas de vous donner maintenant une agréable musique?* Ce n'est pas quelque Capanée, mais Borée qui parle, et qui s'applaudit pour les grands vers qu'il a récités.

(N° 6, page 384. *Toutes ces phrases ainsi embarrassées de vaines imaginations troublent et gâtent plus un discours.*)

M. Despréaux a suivi ici tous les [a] exemplaires, où il y a τεθόλωται γὰρ τῇ φράσει, du verbe θολόω, qui signifie *gâter, barbouiller, obscurcir;* mais cela ne me paroît pas assez fort pour la pensée de Longin, qui avoit écrit sans doute τετύλωται, comme je l'ai vu ailleurs. De cette manière le mot *gâter* me semble trop général, et il ne détermine point assez le vice que ces phrases ainsi embarrassées causent ou apportent au discours; au lieu que Longin, en se servant de ce mot, en marque précisément le défaut; car il dit que *ces phrases et ces imaginations vaines, bien loin d'élever et d'agrandir un discours, le troublent et le rendent dur.* Et c'est ce que j'aurois voulu faire entendre, puisque l'on ne sauroit être trop scrupuleux ni trop exact, lorsqu'il s'agit de don-

---

[a] Les éditions de 1683, 1694 portent, *quelques exemplaires*; celles de 1701, 1713 portent, *tous les exemplaires.* Brossette, sans en donner aucun motif, a rétabli le mot *quelques*, et les autres éditeurs ont suivi son exemple.

ner une idée nette et distincte des vices ou des vertus du discours.

(N° 7, page 386. *Je n'en vois point de si enflé que Clitarque.*)

Ce jugement de Longin est fort juste; et pour le confirmer, il ne faut que rapporter un passage de ce Clitarque, qui dit d'une guêpe, κατανέμεται τὴν ὀρεινὴν, εἰσίπταται δὲ εἰς τὰς κοίλας δρῦς: *elle paît sur les montagnes, et vole dans les creux des chênes.* Car en parlant ainsi de ce petit animal, comme s'il parloit du lion de Némée ou du sanglier d'Érymanthe, il donne une image qui est en même temps et désagréable et froide; et il tombe manifestement dans le vice que Longin lui a reproché.

(N° 8, page 388. *Elle n'a que de faux dehors.*)

Tous les interprètes ont suivi ici la leçon corrompue de ἀνελήθεις, *faux*, pour ἀνελθεῖς, comme M. Le Fèvre a corrigé, qui se dit proprement de ceux qui ne peuvent croître; et dans ce dernier sens le passage est très difficile à traduire en notre langue. Longin dit: *Cependant il est certain que l'enflure dans le discours, aussi bien que dans le corps, n'est qu'une tumeur vide et un défaut de force pour s'élever, qui fait quelquefois, etc.* Dans les anciens on trouvera plusieurs passages, où ἀνελήθεις a été mal pris pour ἀνελθεῖς.

(N° 9, page 389. *Pour s'attacher trop au style figuré, ils tombent dans une sotte affectation.*)

Longin dit d'une manière plus forte, et par une figure: *Ils échouent dans le style figuré, et se perdent dans une affectation ridicule.*

CHAPITRE III.

(N° 10, page 391. *Il sait beaucoup, et dit même les choses d'assez bon sens.*)

Longin dit de Timée : πολυίστωρ καὶ ἐπινοητικός. Mais ce dernier mot ne me paroît pas pouvoir signifier un homme qui dit les choses d'assez bon sens ; et il me semble qu'il veut bien plutôt dire un homme *qui a de l'imagination*, etc., et c'est le caractère de Timée. Dans ces deux mots Longin n'a fait que traduire ce que Cicéron a dit de cet auteur, dans le second livre de son orateur : *Rerum copiâ et sententiarum varietate abundantissimus.* Πολυίστωρ répond à *rerum copia*, et ἐπινοητικός à *sententiarum varietate*.

(N° 11, page 391. *Qu'Isocrate n'en a employé à composer son panégyrique.*)

J'aurois mieux aimé traduire, *qu'Isocrate n'en a employé à composer le panégyrique.* Car le mot *son* m'a semblé faire ici une équivoque, comme si c'étoit le panégyrique d'Alexandre. Ce panégyrique fut fait pour exhorter Philippe à faire la guerre aux Perses ; cependant les interprètes latins s'y sont trompés, et ils ont expliqué ce passage, comme si ce discours d'Isocrate avoit été l'éloge de Philippe, pour avoir déja vaincu les Perses. * Dacier confond le *discours d'Isocrate à Philippe* avec le *panégyrique d'Athènes*, qui coûta dix ans de travail à cet orateur, et dont parle Timée.

(N° 12, page 391. *Puisqu'ils furent trente ans à prendre la ville de Messène.*)

Longin parle ici de cette expédition des Lacédémoniens, qui fut la cause de la naissance des Parthéniens, dont j'ai expliqué l'histoire dans Horace. Cette guerre ne dura que vingt ans ; c'est pourquoi, comme M. Le Fèvre l'a fort bien remarqué, il faut nécessairement corriger le texte de

Longin, où les copistes ont mis un λ qui signifie *trente*, pour un κ qui ne marque que *vingt.* M. Le Fèvre ne s'est pas amusé à le prouver; mais voici un passage de Tyrtée, qui confirme la chose fort clairement:

Ἄμφω τώδ' ἐμάχοντ' ἐννεακαίδεχ' ἔτη
Νωλεμέως αἰεὶ ταλασίφρονα θυμὸν ἔχοντες
Αἰχμηταὶ πατέρων ἡμετέρων πατέρες.
Εἰκοστῷ δ' οἱ μὲν κατὰ πίονα ἔργα λιπόντες
Φεῦγον Ἰθωμαίων ἐκ μεγάλων ὀρέων.

Nos braves aïeux assiégèrent pendant dix-neuf ans sans aucun relâche la ville de Messène, et la vingtième année les Messéniens quittèrent leur citadelle d'Ithome. Les Lacédémoniens eurent encore d'autres guerres avec les Messéniens, mais elles ne furent pas si longues.

(N° 13, page 392. *Parcequ'il y avoit un des chefs de l'armée ennemie qui tiroit son nom d'Hermès, de père en fils, savoir, Hermocrate, fils d'Hermon.*)

Cela n'explique point, à mon avis, la pensée de Timée, qui dit: *Parcequ'il y avoit un des chefs de l'armée ennemie, savoir, Hermocrate, fils d'Hermon, qui descendoit en droite ligne de celui qu'ils avoient si mal traité.* Timée avoit pris la généalogie de ce général des Syracusains dans les tables qui étoient gardées dans le temple de Jupiter Olympien, près de Syracuse, et qui furent surprises par les Athéniens au commencement de cette guerre, comme cela est expliqué plus au long par Plutarque dans la vie de Nicias. Thucydide parle de cette mutilation des statues de Mercure; et il dit qu'elles furent toutes mutilées, tant celles qui étoient dans les temples, que celles qui étoient à l'entrée des maisons des particuliers.

(N° 14, page 395. *S'il eût eu des vierges aux yeux, et non pas des prunelles impudiques.*)

L'opposition qui est dans le texte entre κόρας et πόρνας, n'est pas dans la traduction entre *vierges* et *prunelles impudiques*: cependant, comme c'est l'opposition qui fait le ridicule que Longin a trouvé dans ce passage de Timée, j'aurois voulu la conserver, et traduire, *s'il eût eu des vierges aux yeux, et non pas des courtisanes.* * Saint-Marc substitue à la traduction de Despréaux celle de Dacier, qui est plus bizarre qu'heureuse.

(N° 15, page 395. *Ayant écrit toutes ces choses, ils poseront dans les temples ces monuments de cyprès.*)

De la manière dont M. Despréaux a traduit ce passage, je n'y trouve plus le ridicule que Longin a voulu nous y faire remarquer: car pourquoi *des tablettes de cyprès* ne pourroient-elles pas être appelées des *monuments de cyprès?* Platon dit: *Ils poseront dans les temples ces mémoires de cyprès*. Et ce sont ces mémoires de cyprès que Longin blâme avec raison : car en grec, comme en notre langue, on dit fort bien *des mémoires;* mais le ridicule est d'y joindre la matière, et de dire, *des mémoires de cyprès.* * Cette remarque de Dacier nous paroît bien motivée, quoique Despréaux l'improuve.

(N° 16, page 395. *Il y a quelque chose d'aussi ridicule dans Hérodote, quand il appelle les belles femmes......*)

Ce passage d'Hérodote est dans le cinquième livre; et si l'on prend la peine de le lire, je m'assure que l'on trouvera ce jugement de Longin un peu trop sévère: car les Perses, dont Hérodote rapporte ce mot, n'appeloient point en général les belles femmes *le mal des yeux;* ils parloient de ces femmes qu'Amyntas avoit fait entrer dans la chambre du festin, et qu'il avoit placées vis-à-vis d'eux, de manière qu'ils ne pouvoient que les regarder. Ces barbares, qui n'étoient pas gens à se contenter de cela, se plaignirent à Amyntas, et lui dirent qu'il ne falloit point faire venir ces femmes, ou qu'après les avoir fait venir, il devoit les faire asseoir à leurs côtés, et non pas vis-à-vis, pour leur faire mal aux yeux. Il me semble que cela change un peu l'espèce. Dans le reste il est certain que Longin a eu raison de condamner cette figure. Beaucoup de gens [a] déclineront pourtant ici sa juridiction, sur ce que de fort bons auteurs ont dit beaucoup de choses semblables. Ovide en est plein. Dans Plutarque un homme appelle un beau garçon *la fièvre de son fils.* Térence a dit, *tuos mores morbum illi esse scio.* Et, pour donner des exemples plus conformes à celui dont il s'agit, un Grec a appelé les fleurs ἑορτὴν ὄψεως, *la fête de la vue;* et la verdure, πανήγυριν ὀφθαλμῶν.

(N°. 17, page 395. *Parceque ce sont des barbares qui le disent dans le vin et dans la débauche.*)

Longin rapporte deux choses qui peuvent en quelque façon excuser Hérodote d'avoir appelé les belles femmes *le mal des yeux:* la première, que ce sont des barbares qui le disent; et la seconde, qu'ils le disent dans le vin et dans la débauche. En les joignant, on n'en fait qu'une; et il me semble que cela affoiblit en quelque manière la pensée de Longin, qui a écrit: *parceque ce sont des barbares qui le disent, et qui le disent même dans le vin et dans la débauche.*

---

[a] La première édition des œuvres de Despréaux où se trouvent les remarques de Dacier, c'est-à-dire celle de 1683, porte, *beaucoup de gens.* L'édition de 1694 a mis, *beaucoup de Grecs,* et Saint-Marc est le seul qui n'ait pas répété cette faute.

CHAPITRE V.

(N° 18, page 400. *La marque infaillible du sublime, c'est quand nous sentons qu'un discours, etc.*)

Si Longin avoit défini de cette manière le sublime, il me semble que la définition seroit vicieuse, parcequ'elle pourroit convenir aussi à d'autres choses, qui sont fort éloignées du sublime. M. Despréaux a traduit ce passage comme tous les autres interprètes; mais je crois qu'ils ont confondu le mot κατεξανάστησις avec κατεξανάστασις. Il y a pourtant bien de la différence entre l'un et l'autre. Il est vrai que le κατεξανάστησις de Longin ne se trouve point ailleurs. Hesychius marque seulement ἀνάστημα, ὕψωμα. Or ἀνάστημα est la même chose qu'ἀνάστησις, d'où ἐξανάστησις et κατεξανάστησις ont été formés. Κατεξανάστησις n'est donc ici qu'αὔξησις, *augmentum*. Ce passage est très important, et il me paroît que Longin a voulu dire : *Le véritable sublime est celui auquel, quoi que l'on médite, il est difficile ou plutôt impossible de rien ajouter, qui se conserve dans notre mémoire, et qui n'en peut être qu'à peine effacé.*

(N° 19, page 401. *Car lorsqu'en un grand nombre de personnes différentes de profession et d'âge, et qui n'ont aucun rapport, etc.*)

C'est l'explication que tous les interprètes ont donnée à ce passage; mais il me semble qu'ils ont beaucoup ôté de la force et du raisonnement de Longin, pour avoir joint λόγων ἕν τι, qui doivent être séparés. Λόγων n'est point ici *le discours*, mais *le langage*. Longin dit: *Car lorsqu'en un grand nombre de personnes, dont les inclinations, l'âge, l'humeur, la profession et le langage sont différents, tout le monde vient à être frappé également d'un même endroit, ce jugement, etc.* Je ne doute pas que ce ne soit le véritable sens. En effet, comme chaque nation dans sa langue a une manière de dire les choses, et même de les imaginer, qui lui est propre, il est constant qu'en ce genre ce qui plaira en même temps à des personnes de langage différent aura véritablement ce merveilleux et ce sublime.

CHAPITRE VI.

(N° 20, page 402. *Mais ces cinq sources présupposent comme pour fondement commun.*)

Longin dit: *Mais ces cinq sources présupposent comme pour fond, comme pour lit commun, la faculté de bien parler.* M. Despréaux n'a pas voulu suivre la figure, sans doute de peur de tomber dans l'affectation.

CHAPITRE VII.

(N° 21, page 407. *Et le tenir toujours plein, pour ainsi dire, d'une certaine fierté noble, etc.*)

Il semble que le mot *plein* et le mot *enflé* ne demandent pas cette modification, *pour ainsi dire*: nous disons tous les jours, c'est un esprit plein de fierté, c'est un homme enflé d'orgueil; mais la figure dont Longin s'est servi la demandoit nécessairement. J'aurois voulu la conserver, et traduire: *et le tenir toujours, pour ainsi dire, gros d'une fierté noble et généreuse.* * Cette traduction ne seroit pas tolérable.

(N° 22, page 410. *Quand il a dit, à propos de la déesse.....*)

Je ne sais pas pourquoi les interprètes d'Hésiode et de Longin ont voulu que Ἀχλὺς soit ici la déesse des ténèbres. C'est sans doute la Tristesse, comme M. Le Fèvre l'a remarqué. Voici le portrait qu'Hésiode en fait dans le Bouclier, au vers 264. *La Tristesse se tenoit près de là toute baignée de pleurs, pâle, sèche, défaite, les genoux fort gros, et les ongles fort longs. Ses narines étoient une fontaine d'humeurs,* le sang couloit de ses joues, elle grinçoit les dents, et couvroit ses épaules de poussière. Il seroit bien difficile que cela pût convenir à la déesse des ténèbres. Lorsqu'Hesychius a marqué ἀχλύμενος, λυπούμενος, il a fait assez voir qu'ἀχλὺς peut fort bien être prise pour λύπη, *tristesse*. Dans ce même chapitre, Longin s'est servi d'ἀχλὺς pour dire *les ténèbres, une épaisse obscurité*; et c'est peut-être ce qui a trompé les interprètes.

(N° 23, page 416. *Dès qu'on le voit marcher.....*)

Ces vers sont fort nobles et fort beaux; mais ils n'expriment pas la pensée d'Homère, qui dit que lorsque Neptune commence à marcher, les baleines sautent de tous côtés devant lui et reconnoissent leur roi, que de joie la mer se fend pour lui faire place. M. Despréaux dit de l'eau ce qu'Homère a dit des baleines, et il s'est contenté d'exprimer un petit frémissement qui arrive sous les moindres barques comme sous les plus grands vaisseaux, au lieu de nous représenter après Homère des flots entr'ouverts et une mer qui se sépare. * Cette note, insérée dans l'édition de 1683, a été retranchée dans les éditions de 1694, 1701 et 1713.

(N° 24, page 419. *Ajoutez que les accidents qui arrivent dans l'Iliade sont déplorés souvent par les héros de l'Odyssée.*)

Je ne crois point que Longin ait voulu dire que les accidents qui arrivent dans l'Iliade sont déplorés par les héros de l'Odyssée; mais il dit : *Ajoutez qu'Homère rapporte dans l'Odyssée des plaintes et des lamentations, comme connues dès long-temps à ses héros*. Longin a égard ici à ces chansons qu'Homère fait chanter dans l'Odyssée sur les malheurs des Grecs, et sur toutes les peines qu'ils avoient eues dans ce long siège. On n'a qu'à lire le livre VIII.

(N° 25, page 420. *Nous pouvons dire que c'est le reflux de son esprit, etc.*)

Les interprètes n'ont point rendu toute la pensée de Longin, qui, à mon avis, n'aura eu garde de dire d'Homère qu'il s'égare dans des imaginations et des fables incroyables. M. Le Fèvre est le premier qui ait connu la beauté de ce passage; car c'est lui qui a découvert que le grec étoit défectueux, et qu'après ἀμπώτιδες, il falloit suppléer οὕτω ὁ παρ' Ὁμήρῳ. Dans ce sens-là on peut traduire ainsi ce passage: *Mais comme l'océan est toujours grand, quoiqu'il se soit retiré de ses rivages, et qu'il se soit resserré dans ses bornes, Homère aussi, après avoir quitté l'Iliade, ne laisse pas d'être grand dans les narrations même* (1) *incroyables et fabuleuses de l'Odyssée.*

(N° 26, page 421. *Je n'ai pas oublié les descriptions.....*)

De la manière dont M. Despréaux a traduit ce passage, il semble que Longin, en parlant de ces narrations incroyables et fabuleuses de l'Odyssée, n'y comprenne point ces tempêtes et ces aventures d'Ulysse avec le cyclope; et c'est tout le contraire, si je ne me trompe; car Longin dit: *Quand je vous parle de ces narrations incroyables et fabuleuses, vous pouvez bien croire que je n'ai pas oublié ces tempêtes de l'Odyssée, ni tout ce qu'on y lit du cyclope, ni quelques autres endroits, etc.* Et ce sont ces endroits mêmes qu'Horace (2) appelle *speciosa miracula.*

---

(1) Ce *même* est dans toutes les éditions, excepté dans celle de 1701. (*Saint-Marc.*) * Cela n'est pas exact: le mot *même* se trouve dans l'édition citée, comme dans toutes les autres.

(2) Art. Poet., vers 144.

(N° 27, page 421. *Il en est de même des colombes qui nourrirent Jupiter.*)

Le passage d'Homère est dans le livre XII de l'Odyssée, vers 62 :

.... Οὐδὲ πέλειαι
Τρήρωνες, ταί τ' ἀμβροσίην Διὶ πατρὶ φέρουσιν.

Ni les timides colombes qui portent l'ambroisie à Jupiter. Les anciens ont fort parlé de cette fiction d'Homère, sur laquelle Alexandre consulta Aristote et Chiron. On peut voir Athénée, liv. II, pag. 490. Longin la traite de songe ; mais peut-être Longin n'étoit-il pas si savant dans l'antiquité qu'il étoit bon critique. Homère avoit pris ceci des Phéniciens, qui appeloient presque de la même manière une colombe et une prêtresse ; ainsi quand ils disoient que des colombes nourrissoient Jupiter, ils parloient des prêtres et des prêtresses qui lui offroient des sacrifices, que l'on a toujours appelés *la viande des dieux.* On doit expliquer de la même manière la fable des colombes de Dodone et de Jupiter Ammon.

CHAPITRE VIII.

(N° 28, page 426. *Mais que son ame est un rendez-vous de toutes les passions.*)

Notre langue ne sauroit bien dire cela d'une autre manière ; cependant il est certain que le mot *rendez-vous* n'exprime pas toute la force du mot grec σύνοδος, qui ne signifie pas seulement *assemblée*, mais *choc, combat;* et Longin lui donne ici toute cette étendue : car il dit que *Sapho a ramassé et uni toutes ces circonstances, pour faire paroître, non pas une passion, mais une assemblée de toutes les passions qui s'entre-choquent,* etc.

(N° 29, page 429. *Archiloque ne s'est point servi d'autre artifice dans la description de son naufrage.*)

Je sais bien que par *naufrage* M. Despréaux a entendu le naufrage qu'Archiloque avoit décrit, etc. Néanmoins, comme le mot *son* fait une équivoque, et que l'on pourroit croire qu'Archiloque lui-même auroit fait le naufrage dont il a parlé, j'aurois voulu traduire, *dans la description du naufrage*. Archiloque avoit décrit le naufrage de son beau-frère.

CHAPITRE X.

(N° 30, page 433. *Pour Cicéron, etc.*)

Longin, en conservant l'idée des embrasements, qui semblent quelquefois ne se ralentir que pour éclater avec plus de violence, définit très bien le caractère de Cicéron, qui conserve toujours un certain feu, mais qui le ranime en certains endroits, et lorsqu'il semble qu'il va s'éteindre.

(N° 31, page 434. *Quand il faut, pour ainsi dire.*)

Cette modification *pour ainsi dire* ne me paroît pas nécessaire ici, et il me semble qu'elle affoiblit en quelque manière la pensée de Longin, qui ne se contente pas de dire que *le sublime de Démosthène vaut mieux quand il faut étonner l'auditeur*, mais qui ajoute, *quand il faut entièrement étonner*, etc. Je ne crois pas que le mot françois *étonner* demande de lui-même cette excuse, puisqu'il n'est pas si fort que le grec ἐκπλῆξαι, quoiqu'il serve également à marquer l'effet que produit la foudre dans l'esprit de ceux qu'elle a presque touchés.

* Cette note, insérée dans l'édition de 1683, ne se trouve point dans les éditions de 1694, 1701 et 1713.

(N° 32, page 434. *Au contraire, l'abondance est meilleure lorsqu'on veut, si j'ose me servir de ces termes, répandre une rosée agréable dans les esprits.*)

Outre que cette expression, *répandre une rosée*, ne répond pas bien à l'abondance dont il est ici question, il me semble qu'elle obscurcit la pensée de Longin, qui oppose ici καταντλῆσαι à ἐκπλῆξαι; et qui, après avoir dit que *le sublime concis de Démosthène doit être employé lorsqu'il faut entièrement étonner l'auditeur*, ajoute qu'on doit se servir de cette riche abondance de Cicéron lorsqu'il faut l'adoucir. Ce καταντλῆσαι est emprunté de la médecine; il signifie proprement *fovere, fomenter, adoucir*; et cette idée est venue à Longin du mot ἐκπλῆξαι. Le sublime concis est pour frapper; mais cette heureuse abondance est pour guérir les coups que ce sublime a portés. De cette manière Longin explique fort bien les deux genres de discours que les anciens rhéteurs ont établis, dont l'un, qui est pour toucher et pour frapper, est appelé proprement *oratio vehemens*, et l'autre, qui est pour adoucir, *oratio lenis*.

CHAPITRE XI.

(N° 33, page 438. *Et j'en donnerois des exemples, si Ammonius n'en avoit déja rapporté plusieurs.*)

Le grec dit: *si Ammonius n'en avoit rapporté de singuliers*, τὰ ἐπ' εἴδους, comme M. Le Fèvre a corrigé [a].

(N° 34, page 438. *En effet, jamais, à mon avis.*)

Il me semble que cette période n'exprime pas toutes les beautés de l'original, et qu'elle s'éloigne de l'idée de Lon

---

[a] Dans les éditions de 1683 et 1694, cette note se lit telle que nous la donnons. Dans les éditions de 1701 et 1713, on la trouve de la manière suivante : « Et j'en donnerois des exemples, si Ammonius n'en avoit déjà rapporté de singuliers...., etc. »

gin, qui dit : *En effet, Platon semble n'avoir entassé de si grandes choses dans ses traités de philosophie, et ne s'être jeté si souvent dans des expressions et dans des matières poétiques, que pour disputer de toute sa force le prix à Homère, comme un nouvel athlète à celui qui a déja reçu toutes les acclamations, et qui a été l'admiration de tout le monde.* Cela conserve l'image que Longin a voulu donner des combats des athlètes ; et c'est cette image qui fait la plus grande beauté de ce passage.

CHAPITRE XII.

(N° 35, page 440 *En effet, nous ne croirons pas avoir un médiocre prix à disputer.*)

Le mot grec ἀγώνισμα ne signifie point ici, à mon avis, *prix*, mais *spectacle*. Longin dit : *En effet, de nous figurer que nous allons rendre compte de tous nos écrits devant un si célèbre tribunal, et sur un théâtre où nous avons de tels héros pour juges ou pour témoins, ce sera un spectacle bien propre à nous animer.* Thucydide s'est servi plus d'une fois de ce mot dans le même sens. Je ne rapporterai que ce passage du livre VII (1) : Ὁ γὰρ Γύλιππος καλὸν τὸ ἀγώνισμα ἐνόμιζεν οἱ εἶναι, ἐπὶ τοῖς ἄλλοις καὶ τοὺς ἀντιστρατήγους κομίσαι Λακεδαιμονίοις. *Gylippe estimoit que ce seroit un spectacle bien glorieux pour lui, de mener comme en triomphe les deux généraux des ennemis, qu'il avoit pris dans le combat.* Il parle de Nicias et de Démosthène, chefs des Athéniens.

(N° 36, page 440. *Car si un homme, dans la défiance de ce jugement, a peur, pour ainsi dire, d'avoir dit quelque chose qui vive plus que lui, etc.*)

A mon avis, aucun interprète n'est entré ici dans le sens de Longin, qui n'a jamais eu cette pensée, qu'un homme

---

(1) Édition de Francfort, page 556.

dans la défiance de ce jugement, pourra avoir peur d'avoir dit quelque chose qui vive plus que lui, ni même qu'il ne se donnera pas la peine d'achever ses ouvrages; au contraire, il veut faire entendre que cette crainte ou ce découragement le mettra en état de ne pouvoir rien faire de beau, ni qui lui survive, quand il travailleroit sans cesse, et qu'il feroit les plus grands efforts. *Car si un homme, dit-il, après avoir envisagé ce jugement, tombe d'abord dans la crainte de ne pouvoir rien produire qui lui survive, il est impossible que les conceptions de son esprit ne soient aveugles et imparfaites, et qu'elles n'avortent, pour ainsi dire, sans pouvoir jamais parvenir à la dernière postérité.* Un homme qui écrit doit avoir une noble hardiesse, ne se contenter pas d'écrire pour son siècle, mais envisager toute la postérité. Cette idée lui élèvera l'ame, et animera ses conceptions; au lieu que si, dès le moment que cette postérité se présentera à son esprit, il tombe dans la crainte de ne pouvoir rien faire qui soit digne d'elle, ce découragement et ce désespoir lui feront perdre toute sa force; et, quelque peine qu'il se donne, ses écrits ne seront jamais que des avortons. C'est manifestement la doctrine de Longin, qui n'a garde pourtant d'autoriser par là une confiance aveugle et téméraire, comme il seroit facile de le prouver.

CHAPITRE XIII.

(N° 37, page 444. *Prends garde qu'une ardeur.....*)

Je trouve quelque chose de noble et de beau dans le tour de ces quatre vers: il me semble pourtant que lorsque le soleil dit, *Au-dessus de la Libye, le sillon, n'étant point arrosé d'eau, n'a jamais rafraîchi mon char*, il parle plutôt comme un homme qui pousse son char à travers champs, que comme un Dieu qui éclaire la terre. M. Despréaux a suivi ici tous les autres interprètes, qui ont expliqué ce pas-

sage de la même manière ; mais je crois qu'ils se sont fort
éloignés de la pensée d'Euripide, qui dit : *Marche, et ne te
laisse point emporter dans l'air de Libye, qui, n'ayant aucun
mélange d'humidité, laissera tomber ton char.* C'étoit l'opinion des anciens, qu'un mélange humide fait la force et la
solidité de l'air. Mais ce n'est pas ici le lieu de parler de
leurs principes de physique.

(N° 38, page 444. *Lui montre encor sa route, et du plus haut
des cieux….* [a])

M. D*** dit dans sa remarque que le grec porte *que le
soleil à cheval monta au-dessus de la canicule*, ὄπισθε νῶτα
Σειρείου βεβὼς; et il ajoute qu'il ne voit pas pourquoi Rutgersius et M. Le Fèvre veulent changer cet endroit qui est fort
clair. Premièrement ce n'est point M. Le Fèvre qui a voulu
changer cet endroit : au contraire il fait voir le ridicule de
la correction de Rutgersius qui lisoit σειραίου, au lieu de
Σειρείου. Il a dit seulement qu'il faut lire Σειρίου, et cela sans
difficulté, parceque le pénultième pied de ce vers doit être
un iambe, ρίου ; mais cela ne change rien au sens. Au reste,
Euripide, à mon avis, n'a point voulu dire que *le soleil à
cheval monta au-dessus de la canicule*, mais plutôt que le
soleil, pour suivre son fils, monta à cheval sur un astre
qu'il appelle Σείριον, *Sirium*, qui est le nom général de tous
les astres, et qui n'est point du tout ici la canicule : ὄπισθε
ne doit point être construit avec νῶτα ; il faut le joindre
avec le verbe ἵππευε du vers suivant, de cette manière :
Πατὴρ δὲ βεβὼς νῶτα Σειρίου ἵππευε ὄπισθε, παῖδα νουθετῶν, *le soleil
monté sur un astre alloit après son fils, lui criant, etc.* Et cela
est beaucoup plus vraisemblable que de dire que le soleil

[a] Cette note, ajoutée après coup dans les éditions de 1683 et 1694,
manque dans les éditions de 1701 et 1713.

monta à cheval pour aller seulement au centre du ciel au-dessus de la canicule, et pour crier de là à son fils, et lui enseigner le chemin. Ce centre du ciel est un peu trop éloigné de la route que tenoit Phaéton.

(N° 39, page 446. *Le palais en fureur mugit à son aspect.*)

Le mot *mugir* ne me paroît pas assez fort pour exprimer seul le ἐνθουσιᾶν et le βακχεύειν d'Eschyle; car ils ne signifient pas seulement *mugir*, mais *se remuer avec agitation, avec violence*. Quoique ce soit une folie de vouloir faire un vers après M. Despréaux, je ne laisserai pas de dire que celui d'Eschyle (1) seroit peut-être mieux de cette manière pour le sens :

> Du palais en fureur les combles ébranlés
> Tremblent en mugissant.

Et celui d'Euripide :

> La montagne s'ébranle, et répond à leurs cris (2).

(N° 40, page 447. *Les images dans la poésie sont pleines ordinairement d'accidents fabuleux.*)

C'est le sens que tous les interprètes ont donné à ce passage; mais je ne crois pas que c'ait été la pensée de Longin : car il n'est pas vrai que dans la poésie les images soient ordinairement pleines d'accidents; elles n'ont en cela rien qui ne leur soit commun avec les images de la rhétorique. Longin dit simplement que *dans la poésie les images sont poussées à un excès fabuleux, et qui passe toute sorte de créance.*

(N° 41, page 450. *Ce n'est point, dit-il, un orateur qui a fait passer cette loi, c'est la bataille.....*)

Pour conserver l'image que Longin a voulu faire remar-

---

(1) Dans le Penthée.
(2) Dans les Bacchantes, vers 725.

quer dans ce passage d'Hypéride, je crois qu'il auroit fallu traduire: *Ce n'est point*, dit-il, *un orateur qui a écrit cette loi, c'est la bataille, c'est la défaite de Chéronée.* Car c'est en cela que consiste l'image, *la bataille a écrit cette loi;* au lieu qu'en disant, *la bataille a fait passer cette loi,* on ne conserve plus l'image, ou elle est au moins fort peu sensible. C'étoit même chez les Grecs le terme propre, *écrire une loi, une ordonnance, un édit,* etc. M. Despréaux a évité cette expression, *écrire une loi,* parcequ'elle n'est pas françoise dans ce sens-là; mais il auroit pu mettre, *ce n'est pas un orateur qui a fait cette loi,* etc. Hypéride avoit ordonné qu'on donneroit le droit de bourgeoisie à tous les habitants d'Athènes indifféremment, la liberté aux esclaves; et qu'on enverroit au Pirée les femmes et les enfants. Plutarque parle de cette ordonnance dans la vie d'Hypéride; et il cite même un passage, qui n'est pourtant pas celui dont il est ici question. Il est vrai que le même passage rapporté par Longin, est cité fort différemment par Démétrius Phaléreus. *Ce n'est pas moi*, dit-il, *qui ai écrit cette loi, c'est la guerre qui l'a écrite avec l'épée d'Alexandre.* Mais pour moi je suis persuadé que ces derniers mots, *qui l'a écrite avec l'épée d'Alexandre*, Ἀλεξάνδρου δόρατι γράφων, ne sont point d'Hypéride: ils sont apparemment de quelqu'un qui aura cru ajouter quelque chose à la pensée de cet orateur, et l'embellir même, en expliquant, par une espèce de pointe, le mot πόλεμος ἔγραψεν, *la guerre a écrit;* et je m'assure que tout cela paroîtra à tous ceux qui ne se laissent point éblouir par de faux brillants.

CHAPITRE XIV.

(N° 42, page 454. *Mais il n'y a pas grande finesse à jurer simplement. Il faut voir où, comment, en quelle occasion et pourquoi on le fait.*)

Ce jugement est admirable, et Longin dit plus lui seul que tous les autres rhéteurs qui ont examiné le passage de Démosthène. Quintilien avoit pourtant bien vu que les serments sont ridicules, si l'on n'a l'adresse de les employer aussi heureusement que cet orateur ; mais il n'avoit point fait sentir tous les défauts que Longin nous explique si clairement dans le seul examen qu'il fait de ce serment d'Eupolis. On peut voir deux endroits de Quintilien dans le chapitre II du livre IX.

CHAPITRE XV.

(N° 43, page 457. *Et ne sauroit souffrir qu'un chétif rhétoricien entreprenne de le tromper comme un enfant par de grossières finesses.*)

Il me semble que ces deux expressions, *chétif rhétoricien*, et *finesses grossières*, ne peuvent s'accorder avec ces charmes du discours, dont il est parlé six lignes plus bas. Longin dit : *et ne sauroit souffrir qu'un simple rhétoricien*, τεχνίτης ῥήτωρ, *entreprenne de le tromper comme un enfant par de petites finesses*, σχηματίοις.

CHAPITRE XVIII.

(N° 44, page 466. *Si donc vous voulez éviter les malheurs qui vous menacent.*)

Tous les interprètes d'Hérodote, et ceux de Longin, ont expliqué ce passage comme M. Despréaux ; mais ils n'ont pas pris garde que le verbe grec ἐνδέκεσθαι ne peut pas signifier *éviter*, mais *prendre* ; et que ταλαιπωρία n'est pas plus souvent employé pour *misère, calamité*, que pour *travail, peine*. Hérodote oppose manifestement ταλαιπωρίας ἐνδέκεσθαι, prendre de la peine, n'appréhender point la fatigue, à μαλακίῃ διαχρῆσθαι, être lâche, paresseux; et il dit: *Si donc vous voulez ne point appréhender la peine et la fatigue, commencez dès ce moment à travailler; et après la défaite de vos ennemis vous serez libres.* Ce que je dis paroîtra plus clairement, si on prend la peine de lire le passage dans le sixième livre d'Hérodote, à la section onzième. * La traduction du passage d'Hérodote, par Larcher, rapportée page 466, note 1, confirme la remarque de Dacier.

CHAPITRE XIX.

(N° 45, page 470. *Aussitôt un grand peuple accourant sur le port, etc.* [a].)

Voici le passage grec, Αὐτίκα λαὸς ἀπείρων Θύνων ἐπ' ἠϊόνεσσι διϊστάμενοι κελάδησαν. Langbaine corrige Θῦνον pour Θύνων, et il fait une fin de vers avec un vers entier :

Αὐτίκα λαὸς ἀπείρων
Θῦνον ἐπ' ἠϊόνεσσι διϊστάμενοι κελάδησαν.

Mais M. Le Fèvre soutient que c'est de la prose, qu'il n'y faut rien changer, et que, si l'on mettoit Θῦνον, il faudroit aussi ajouter un καὶ, καὶ διϊσταμενοι. M. D*** se détermine sur cela, et il suit la remarque de Langbaine qui lui a paru plus juste, parce, dit-il, qu'il ne voit pas pourquoi en mettant Θῦνον on est obligé de mettre la liaison καὶ. Il veut dire sans doute, et cela est vrai, que deux verbes se trouvent très souvent sans liaison, comme dans le passage d'Homère que Longin rapporte dans le chapitre XVI; mais il devoit prendre garde que dans ce passage chaque verbe

---

[a] Cette note, ajoutée après coup dans les éditions de 1683 et 1694, manque dans celles de 1701 et 1713.

occupe un vers, au lieu qu'ici il n'y auroit qu'un seul vers pour les deux verbes, ce qui est entièrement opposé au génie de la langue grecque, qui ne souffre pas qu'un seul vers renferme deux verbes de même temps et un participe sans aucune liaison. Cela est certain. D'ailleurs on pourroit faire voir que cet asyndeton que l'on veut faire dans ce prétendu vers, au lieu de lui donner de la force et de la vitesse, l'énerve et le rend languissant.

(N° 46, page 472. *Car d'attacher par-tout ces cymbales et ces sonnettes, cela sentiroit trop son sophiste.*)

Les anciens avoient accoutumé de mettre des sonnettes aux harnois de leurs chevaux dans les occasions extraordinaires, c'est-à-dire les jours où l'on faisoit des revues et des tournois; il paroît même, par un passage d'Eschyle, qu'on en garnissoit les boucliers tout autour. C'est de cette coutume que dépend l'intelligence de ce passage de Longin, qui veut dire que, comme un homme qui mettroit ces sonnettes tous les jours seroit pris pour un charlatan, un orateur qui emploieroit par-tout ces pluriels passeroit pour un sophiste.

CHAPITRE XXIII.

(N° 47, page 479. *Ce héraut ayant assez pesé la conséquence de toutes ces choses, il commande aux descendants des Héraclides de se retirer.*)

Ce passage d'Hécatée a été expliqué de la même manière par tous les interprètes; mais ce n'est guère la coutume qu'un héraut pèse la conséquence des ordres qu'il a reçus: ce n'est point aussi la pensée de cet historien. M. Le Fèvre avoit fort bien vu que ταῦτα δεινὰ ποιούμενος ne signifie point du tout *pesant la conséquence de ces choses,* mais *étant bien fâché de ces choses,* comme mille exemples en font foi.

Ὂν n'est point ici un participe, mais ὢν pour οὖν dans le style d'Ionie, qui étoit celui de cet auteur; c'est-à-dire que ὡς μὴ ὢν ne signifie point, *comme si je n'étois point au monde;* mais, *afin donc*, et cela dépend de la suite. Voici le passage entier : « Le héraut, bien fâché de l'ordre qu'il avoit
« reçu, fait commandement aux descendants des Héracli-
« des de se retirer. « Je ne saurois vous aider. Afin donc que
« vous ne périssiez pas entièrement, et que vous ne m'en-
« veloppiez point dans votre ruine en me faisant exiler,
« partez, retirez-vous chez quelque autre peuple. » * Saint-Marc, d'après une leçon adoptée par quelques traducteurs, entre autres par Tollius et Pearce, voudroit qu'au lieu d'*un héraut* on mît *le roi Céix*.

CHAPITRE XXIV.

(N° 48, page 484. *La déesse Vénus, pour châtier l'insolence des Scythes, qui avoient pillé son temple, leur envoya la maladie des femmes.*)

Par cette maladie des femmes, tous les interprètes ont entendu les hémorroïdes; mais il me semble qu'Hérodote auroit eu tort de n'attribuer qu'aux femmes ce qui est aussi commun aux hommes, et que la périphrase dont il s'est servi ne seroit pas fort juste. Ce passage a embarrassé beaucoup de gens, et Voiture n'en a pas été seul en peine. Pour moi, je suis persuadé que la plupart, pour avoir voulu trop finasser[a], ne sont point entrés dans la pensée d'Hérodote, qui n'entend point d'autre maladie que celle qui est particulière aux femmes. C'est en cela aussi que sa périphrase paroît admirable à Longin, parceque cet auteur avoit plusieurs autres manières de circonlocution, mais

---

[a] Ce mot se trouve dans l'édition de 1713. On lit *finesser* dans les éditions de 1683, 1694, 1701.

qui auroient été toutes ou rudes ou malhonnêtes; au lieu que celle qu'il a choisie est très propre, et ne choque point. En effet, le mot νοῦσος, *maladie*, n'a rien de grossier, et ne donne aucune idée sale. On peut encore ajouter, pour faire paroître davantage la délicatesse d'Hérodote en cet endroit, qu'il n'a pas dit νοῦσον γυναικῶν, *la maladie des femmes*, mais, par l'adjectif, θήλειαν νοῦσον, *la maladie féminine*; ce qui est beaucoup plus doux dans le grec, et n'a point du tout de grace dans notre langue, où il ne peut être souffert.

CHAPITRE XXV.

(N° 49, page 486. *Si ce n'est à la vérité dans la poésie* [a].)

M. D*** a fort bien vu que dans la lacune suivante Longin faisoit voir que les mots simples avoient place quelquefois dans le style noble, et que pour le prouver il rapportoit ce passage d'Anacréon οὐκέτι Θρηϊκίης ἐπιστρέφομαι. Il a vu encore que dans le texte de Longin ὑπτικώτατον καὶ γόνιμον τοῦ δ' Ἀνακρέοντος, le mot ὑπτικώτατον est corrompu, et qu'il ne peut être grec. Je n'ajouterai que deux mots à ce qu'il a dit: c'est qu'au lieu d'ὑπτικώτατον Longin avoit écrit ὑπτιώτατον, et qu'il l'avoit rapporté au passage d'Anacréon, ὑπτιώτατον καὶ γόνιμον τοῦ δ' Ἀνακρέοντος (οὐκέτι Θρηϊκίης ἐπιστρέφομαι). Il falloit traduire: *Cet endroit d'Anacréon est fort simple, quoique pur, Je ne me soucie plus de la Thracienne.* Γόνιμον ne signifie point ici *fécond*, comme M. D*** l'a cru avec tous les autres interprètes, mais *pur* comme quelquefois le *genuinum* des Latins. La restitution de ὑπτιώτατον est très certaine, et on pourroit la prouver par Hermogène, qui a aussi appelé ὑπτιώτητα λόγου cette simplicité du discours. Dans le pas-

---

[a] Cette note, ajoutée dans l'édition de 1683, manque dans les éditions de 1701 et 1713. Saint-Marc se trompe en disant qu'elle n'est pas dans celle de 1694; elle y est placée la dernière de toutes.

sage d'Anacréon cette simplicité consiste dans le mot ἐπιστρέφομαι, qui est fort simple et du style ordinaire. Au reste, par cette Thracienne il faut entendre cette fille de Thrace dont Anacréon avoit été amoureux, et pour laquelle il avoit fait l'ode LXIII : Πῶλη Θρηΐκιη, *jeune cavale de Thrace*, etc.

CHAPITRE XXVI.

(Nº 50, page 489. *Le remède le plus naturel contre l'abondance et la hardiesse, soit des métaphores, soit des autres figures, c'est de ne les employer qu'à propos, etc.*)

J'aimerois mieux traduire : *Mais je soutiens toujours que l'abondance et la hardiesse des métaphores, comme je l'ai déja dit, les figures employées à propos, les passions véhémentes et le grand, sont les plus naturels adoucissements du sublime.* Longin veut dire que, pour excuser la hardiesse du discours dans le sublime, on n'a pas besoin de ces conditions, *pour ainsi dire, si je l'ose dire*, etc., et qu'il suffit que les métaphores soient fréquentes et hardies, que les figures soient employées à propos, que les passions soient fortes, et que tout enfin soit noble et grand.

(Nº 51, page 491. *Il dit que la rate est la cuisine......*)

Le passage de Longin est corrompu, et ceux qui le liront avec attention en tomberont sans doute d'accord ; car la rate ne peut jamais être appelée raisonnablement *la cuisine des intestins*; et ce qui suit détruit manifestement cette métaphore. Longin avoit écrit comme Platon ἐκμαγεῖον, et non pas μαγειρεῖον. On peut voir le passage tout du long dans le Timée, à la page 72 du tome III de l'édition de Serranus. Ἐκμαγεῖον signifie proprement χειρόμακτρον, *une serviette à essuyer les mains*. Platon dit que, « Dieu a placé la rate au « voisinage du foie, afin qu'elle lui serve comme de tor- « chon, *si j'ose me servir de ce terme*, et qu'elle le tienne tou-

« jours propre et net. C'est pourquoi lorsque dans une ma-
« ladie le foie est environné d'ordures, la rate, qui est une
« substance creuse, molle, et qui n'a point de sang, le
« nettoie, et prend elle-même toutes ces ordures, d'où vient
« qu'elle s'enfle et devient bouffie; comme au contraire,
« après que le corps est purgé, elle se désenfle, et retourne
« à son premier état. » Je m'étonne que personne ne se soit
aperçu de cette faute dans Longin, et qu'on ne l'ait corrigée sur le texte même de Platon, et sur le témoignage
de Pollux, qui cite ce passage dans le chapitre IV du liv. II.
* Pearce rejette la correction de Dacier, également proposée par Tollius; Capperonnier l'admet.

(N° 52, page 494. *De fait, accusant Platon d'être tombé en
plusieurs endroits*.....)

Il me semble que cela n'explique pas assez la pensée de
Longin, qui dit: *En effet, il préfère à Platon, qui est tombé
en beaucoup d'endroits, il lui préfère, dis-je, Lysias comme un
orateur achevé, et qui n'a point de défauts, etc.*

CHAPITRE XXVII.

(N° 53, page 497. *Et dans Théocrite, ôté quelques endroits
où il sort un peu du caractère de l'églogue, il n'y a rien
qui ne soit heureusement imaginé.*)

Les anciens ont remarqué que la simplicité de Théocrite
étoit très heureuse dans les bucoliques. Cependant il est
certain, comme Longin l'a fort bien vu, qu'il y a quelques
endroits qui ne suivent pas bien la même idée, et qui s'é-
loignent fort de cette simplicité. On verra un jour, dans les
commentaires que j'ai faits sur ce poëte, les endroits que
Longin me paroît avoir entendus.

(N° 54, page 498. *Mais qui ne tombe dans ce défaut qu'à cause de cet esprit divin dont il est entraîné, et qu'il ne sauroit régler comme il veut.*)

Longin dit en général : *mais qui ne tombe dans ce défaut qu'à cause de cet esprit divin dont il est entraîné, et qu'il est bien difficile de régler.*

CHAPITRE XXVIII.

(N° 55, page 499. *Outre qu'il est plus harmonieux, il a bien plus de parties d'orateur, qu'il possède presque toutes en un degré éminent.*)

Longin, à mon avis, n'a garde de dire d'Hypéride qu'il possède presque toutes les parties d'orateur en un degré éminent; il dit seulement qu'il a plus de parties d'orateur que Démosthène, et que dans toutes ces parties *il est presque éminent, qu'il les possède toutes en un degré presque éminent,* καὶ σχεδὸν ὕπαρχος ἐν πᾶσιν.

(N° 56, page 499. *Semblable à ces athlètes qui réussissent aux cinq sortes d'exercices, et qui, n'étant les premiers en pas un de ces exercices......*)

De la manière que ce passage est traduit, Longin ne place Hypéride qu'au-dessus de l'ordinaire et du commun; ce qui est fort éloigné de sa pensée. A mon avis, M. Despréaux et les autres interprètes n'ont pas bien pris ni le sens ni les paroles de ce rhéteur. ἰδιῶται ne signifie point ici *des gens du vulgaire et du commun*, comme ils l'ont cru, mais des gens qui se mêlent des mêmes exercices, d'où vient qu'Hésychius a fort bien marqué ἰδιώτας ὁπλίτας. Je traduirois: *semblable à un athlète que l'on appelle pentathle, qui véritablement est vaincu par tous les autres athlètes dans tous les combats qu'il entreprend, mais qui est au-dessus de tous ceux qui s'attachent comme lui à cinq sortes d'exercices.* Ainsi la pensée de Longin est fort belle, de dire que si l'on doit juger du mérite par le nombre des vertus plutôt que par leur excellence, et que l'on commette Hypéride avec Démosthène, comme deux pentathles qui combattent dans cinq sortes d'exercices, le premier sera beaucoup au-dessus de l'autre; au lieu que si l'on juge des deux par un seul endroit, celui-ci l'emportera de bien loin sur le premier; comme un athlète qui ne se mêle que de la course ou de la lutte vient facilement à bout d'un pentathle qui a quitté ses compagnons pour courir ou pour lutter contre lui. C'est tout ce que je puis dire sur ce passage, qui étoit assurément très difficile, et qui n'avoit peut-être point encore été entendu. M. Le Fèvre avoit bien vu que c'étoit une imitation d'un passage de Platon dans le dialogue intitulé Ἐρασταὶ, mais il ne s'étoit pas donné la peine de l'expliquer.

(N° 57, page 500. *Il joint à cela les douceurs.....*)

Pour ne se tromper pas à ce passage, il faut savoir qu'il y a deux sortes de graces: les unes majestueuses et graves, qui sont propres aux poëtes; et les autres simples et semblables aux railleries de la comédie. Ces dernières entrent dans la composition du style poli, que les rhéteurs ont appelé γλαφυρὸν λόγον; et c'étoit là les graces de Lysias, qui, au jugement de Denys d'Halicarnasse, excelloit dans ce style poli: c'est pourquoi Cicéron l'appelle *venustissimum oratorem* (1). Voici un exemple des graces de ce charmant orateur. En parlant un jour contre Eschine, qui étoit amoureux d'une vieille: *Il aime,* dit-il, *une femme dont il est plus facile de compter les dents que les doigts.* C'est par cette raison que Démétrius a mis les graces de Lysias dans le même rang que celles de Sophron, qui faisoit des mimes.

---

(1) De oratore, p. 189, n° 60, edit. Hamburg. Jan. Grut.

(N° 58, page 502. *On y voit, pour ainsi dire, un orateur toujours à jeun.*)

Je ne sais si cette expression exprime bien la pensée de Longin. Il y a dans le grec καρδίας νήφοντος; et par là ce rhéteur a entendu un orateur *toujours égal et modéré;* car νήφειν est opposé à μαίνεσθαι, *être furieux.* M. Despréaux a cru conserver la même idée, parcequ'un orateur véritablement sublime ressemble en quelque manière à un homme qui est échauffé par le vin.

CHAPITRE XXIX.

(N° 59, page 503. *Que Lysias est au-dessous de Platon par un plus grand nombre de fautes.*)

Le jugement que Longin fait ici de Lysias s'accorde fort bien avec ce qu'il a dit à la fin du chapitre XXVI, pour faire voir que Cécilius avoit eu tort de croire que Lysias fût sans défaut; mais il s'accorde fort bien aussi avec tout ce que les anciens ont écrit de cet orateur. On n'a qu'à voir un passage remarquable dans le livre *De optimo genere oratorum*, où Cicéron parle et juge en même temps des orateurs qu'on doit se proposer pour modèles.

CHAPITRE XXX.

(N° 60, page 506. *A l'égard donc des grands orateurs, en qui le sublime et le merveilleux se rencontre joint avec l'utile et le nécessaire, etc.*)

Le texte grec est entièrement corrompu en cet endroit, comme M. Le Fèvre l'a fort bien remarqué: il me semble pourtant que le sens que M. Despréaux en a tiré ne s'accorde pas bien avec celui de Longin. En effet, ce rhéteur venant de dire à la fin du chapitre précédent qu'il est aisé d'acquérir l'utile et le nécessaire, qui n'ont rien de grand ni de merveilleux, il ne me paroît pas possible qu'il joigne ici ce merveilleux avec ce nécessaire et cet utile. Cela étant, je crois que la restitution de ce passage n'est pas si difficile que l'a cru M. Le Fèvre; et quoique ce savant homme ait désespéré d'y arriver sans le secours de quelque manuscrit, je ne laisserai pas de dire ici ma pensée. Il y a dans le texte ἐφ' ὧν οὐκ ἔτ' ἔξω τῆς χρείας, etc., et je ne doute point que Longin n'eût écrit ἐφ' ὧν οὐ δῆτ' ἔσω τῆς χρείας καὶ ὠφελείας πίπτει τὸ μέγεθος, etc., c'est-à-dire, *A l'égard donc des grands orateurs, en qui se trouve ce sublime et ce merveilleux, qui n'est point resserré dans les bornes de l'utile et du nécessaire, il faut avouer,* etc. Si l'on prend la peine de lire ce chapitre et le précédent, j'espère que l'on trouvera cette restitution très vraisemblable et très bien fondée. * Tollius et Pearce conservent la leçon ordinaire; Saint-Marc adopte la correction de Dacier, l'une de celles qu'il a le mieux motivées.

CHAPITRE XXXI.

(N° 61, page 508. *Les paraboles et les comparaisons approchent fort des métaphores.....*)

Ce que Longin disoit ici de la différence qu'il y a des paraboles et des comparaisons aux métaphores est entièrement perdu; mais on en peut fort bien suppléer le sens par Aristote, qui dit, comme Longin, qu'elles ne diffèrent qu'en une chose; c'est en la seule énonciation. Par exemple, quand Platon dit que *la tête est une citadelle,* c'est une métaphore, dont on fera aisément une comparaison, en disant que *la tête est comme une citadelle.* Il manque encore après cela quelque chose de ce que Longin disoit de la juste borne des hyperboles, et jusqu'où il est permis de les pousser. La suite et le passage de Démosthène, ou plutôt d'Hégésippe son collègue, font assez comprendre quelle étoit sa pensée. Il est certain que les hyperboles sont dangereuses; et, comme Aristote l'a fort bien remarqué, elles ne sont presque jamais supportables que dans la colère et dans la passion.

(N° 62, page 508. *Telle est cette hyperbole: « Supposé que votre esprit soit dans votre tête, et que vous ne le fouliez pas sous vos talons.* »)

C'est dans l'oraison *de Haloneso*, que l'on attribue vulgairement à Démosthène, quoiqu'elle soit d'Hégésippe son collègue. Longin cite ce passage, sans doute pour en condamner l'hyperbole, qui est en effet très vicieuse; car *un esprit foulé sous les talons* est une chose bien étrange : cependant Hermogène n'a pas laissé de la louer; mais ce n'est pas seulement par ce passage que l'on peut voir que le jugement de Longin est souvent plus sûr que celui d'Hermogène et de tous les autres rhéteurs.

(N° 63, page 511. *Les Siciliens étant descendus en ce lieu.....*)

Ce passage est pris du septième livre. Thucydide parle ici des Athéniens, qui, en se retirant sous la conduite de Nicias, furent attrapés par l'armée de Gylippe, et par les troupes des Siciliens, près du fleuve Asynarus, aux environs de la ville *Neetum*; mais dans le texte, au lieu de dire, *les Siciliens étant descendus*, il faut, *les Lacédémoniens étant descendus*. Thucydide écrit οἵ τε Πελοποννήσιοι ἐπικαταϐάντες, et non pas, οἵ τε γὰρ Συρακούσιοι, comme il y a dans Longin. Par ces *Péloponnésiens*, Thucydide entend les troupes de Lacédémone conduites par Gylippe; et il est certain que dans cette occasion les Siciliens tiroient sur Nicias de dessus les bords du fleuve, qui étoient hauts et escarpés; les seules troupes de Gylippe descendirent dans le fleuve, et y firent tout ce carnage des Athéniens.

(N° 64, page 511. *Ils se défendirent encore quelque temps en ce lieu avec les armes qui leur restoient, et avec les mains et les dents, jusqu'à ce que les barbares, tirant toujours, les eussent comme ensevelis sous leurs traits.*)

M. Despréaux a expliqué ce passage au pied de la lettre, comme il est dans Longin; et il assure dans sa remarque qu'il n'a point été entendu ni par les interprètes d'Hérodote, ni par ceux de Longin, et que M. Le Fèvre, après bien du changement, n'y a su trouver de sens. Nous allons voir si l'explication qu'il lui a donnée lui-même est aussi sûre et aussi infaillible qu'il l'a cru. Hérodote parle de ceux qui, au détroit des Thermopyles, après s'être retranchés sur un petit poste élevé, soutinrent tout l'effort des Perses jusqu'à ce qu'ils furent accablés et comme ensevelis sous leurs traits. Comment peut-on donc concevoir que des gens postés et retranchés sur une hauteur se défendent avec les dents contre des ennemis qui tirent toujours, et qui ne les attaquent que de loin? M. Le Fèvre, à qui cela n'a pas paru possible, a mieux aimé suivre toutes les éditions de cet historien, où ce passage est ponctué d'une autre manière, et comme je le mets ici: Ἐν τούτῳ σφέας τῷ χώρῳ ἀλεξομένους μαχαίρῃσι τῇσιν αὐτέων, ταὶ ἐτύγχανον ἔτι περιεοῦσαι, χερσὶ καὶ στόμασι κατέχωσαν οἱ βάρβαροι βάλλοντες: et au lieu de χερσὶ καὶ στόμασι, il a cru qu'il falloit corriger χερμαδίοις καὶ δόρασι, en le rapportant à κατέχωσαν: *Comme ils se défendoient encore dans le même lieu avec les épées qui leur restoient, les barbares les accablèrent de pierres et de traits.* Je trouve pourtant plus vraisemblable qu'Hérodote avoit écrit λάεσι καὶ δόρασι. Il avoit sans doute en vue ce vers (1) d'Homère, du troisième livre de l'Iliade:

Ἰοῖσίν τε τιτυσκόμενοι λάεσσί τ' ἔβαλλον,
Ils les chargeoient à coups de pierres et de traits,

(1) Vers 80.

la corruption de λάεσι en χερσὶ étant très facile. Quoi qu'il en soit, on ne peut pas douter que ce ne soit le véritable sens; et ce qu'Hérodote ajoute le prouve visiblement. On peut voir l'endroit dans la section 225 du livre VII. D'ailleurs Diodore, qui a décrit ce combat, dit que les Perses environnèrent les Lacédémoniens, et qu'en les attaquant de loin, ils les percèrent tous à coups de flèches et de traits. A toutes ces raisons M. Despréaux ne sauroit opposer que l'autorité de Longin, qui a écrit et entendu ce passage en la même manière dont il l'a traduit. Mais je réponds, comme M. Le Fèvre, que, dès le temps même de Longin, ce passage pouvoit être corrompu; que Longin étoit homme, et que par conséquent il a pu faillir aussi bien que Démosthène, Platon, et tous ces grands héros de l'antiquité, qui ne nous ont donné des marques qu'ils étoient hommes que par quelques fautes et par leur mort. Si on veut encore se donner la peine d'examiner ce passage, on cherchera, si je l'ose dire, Longin dans Longin même. En effet, il ne rapporte ce passage que pour faire voir la beauté de cette hyperbole, *les hommes se défendent avec les dents contre des gens armés;* et cependant cette hyperbole est puérile, puisque lorsqu'un homme a approché son ennemi, et qu'il l'a saisi au corps, comme il faut nécessairement en venir aux prises pour employer les dents, il lui a rendu ses armes inutiles, ou même plutôt incommodes. De plus ceci, *des hommes se défendent avec les dents contre des gens armés*, ne présuppose pas que les uns ne puissent être armés comme les autres; et ainsi la pensée de Longin est froide, parcequ'il n'y a point d'opposition sensible entre des gens qui se défendent avec les dents, et des hommes qui combattent armés. Je n'ajouterai plus que cette seule raison, c'est que, si l'on suit la pensée de Longin, il y aura encore une fausseté dans Hérodote, puisque les historiens remarquent que les barbares étoient armés à la légère avec de petits boucliers, et qu'ils étoient par conséquent exposés aux coups des Lacédémoniens, quand ils approchoient des retranchements; au lieu que ceux-ci étoient bien armés, serrés en petits pelotons, et tous couverts de leurs larges boucliers.

(N° 65, page 512. *Et que tant de personnes soient ensevelies sous les traits de leurs ennemis.*)

Les Grecs dont parle ici Hérodote étoient en fort petit nombre: Longin n'a donc pu écrire, *et que tant de personnes*, etc. D'ailleurs, de la manière que cela est écrit, il semble que Longin trouve cette métaphore excessive, plutôt à cause du nombre des personnes qui sont ensevelies sous les traits, qu'à cause de la chose même; et cela n'est point, car au contraire Longin dit clairement: *Quelle hyperbole, combattre avec les dents contre des gens armés!* et celle-ci encore, *être accablé sous les traits! Cela ne laisse pas néanmoins*, etc.

CHAPITRE XXXII.

(N° 66, page 514. *Que l'harmonie n'est pas simplement un agrément que la nature a mis dans la voix de l'homme pour persuader et pour inspirer le plaisir; mais que, dans les instruments même inanimés, etc.*)

M. Despréaux assure dans ses remarques que ce passage doit être entendu comme il l'a expliqué; mais je ne suis pas de son avis, et je trouve qu'il s'est éloigné de Longin en prenant le mot grec *organum* pour un instrument, comme une flûte, une lyre, au lieu de le prendre pour un *organe*, comme nous disons, pour *une cause, un moyen.* Longin dit clairement: *L'harmonie n'est pas seulement un moyen naturel à l'homme pour persuader, et pour inspirer le plaisir, mais en-*

core un organe, un instrument merveilleux pour élever le courage, et pour émouvoir les passions. C'est, à mon avis, le véritable sens de ce passage; Longin vient ensuite aux exemples de l'harmonie de la flûte et de la lyre, quoique ces organes, pour émouvoir et pour persuader, n'approchent point des moyens qui sont propres et naturels à l'homme, etc.

(N° 67, page 514. *Cependant ce ne sont que des images et de simples imitations de la voix…..*)

Longin, à mon sens, n'a garde de dire que les instruments, comme la trompette, la lyre, la flûte, *ne disent et ne persuadent rien.* Il dit: *cependant ces images et ces imitations ne sont que des organes bâtards pour persuader, et n'approchent point du tout de ces moyens qui, comme j'ai déja dit, sont propres et naturels à l'homme.* Longin veut dire que l'harmonie qui se tire des différents sons d'un instrument, comme de la lyre ou de la flûte, n'est qu'une foible image de celle qui se forme par les différents sons et par la différente flexion de la voix; et que cette dernière harmonie, qui est naturelle à l'homme, a beaucoup plus de force que l'autre pour persuader et pour émouvoir. C'est ce qu'il seroit fort aisé de prouver par des exemples.

(N° 68, page 516. *Et l'expérience en fait foi.*)

Longin rapporte après ceci un passage de Démosthène, que M. Despréaux a rejeté dans ses remarques, parcequ'il est entièrement attaché à la langue grecque; le voici: Τοῦτο τὸ ψήφισμα τὸν τότε τῇ πόλει περιστάντα κίνδυνον παρελθεῖν ἐποίησεν ὥσπερ νέφος. Comme ce rhéteur assure que l'harmonie de la période ne cède point à la beauté de la pensée, parcequ'elle est toute composée de nombres dactyliques, je crois qu'il ne sera pas inutile d'expliquer ici cette harmonie et ces nombres, vu même que le passage de Longin est un de ceux que l'on peut traduire fort bien au pied de la lettre, sans entendre la pensée de Longin, et sans connoître la beauté du passage de Démosthène. Je vais donc tâcher d'en donner au lecteur une intelligence nette et distincte; et pour cet effet je distribuerai d'abord la période de Démoshène dans ses nombres dactyliques, comme Longin les a entendus.

Τοῦτο τὸ | ψήφισμα | τὸν τότε | τῇ πόλει | περιστὰν | τὰ | Κίνδυνον | παρελθεῖν | ἐποίη | σεν | ὥσπερ νέφος. Voilà neuf nombres dactyliques en tout. Avant que de passer plus avant, il est bon de remarquer que beaucoup de gens ont fort mal entendu ces nombres dactyliques, pour les avoir confondus avec les mètres ou les pieds que l'on appelle dactyles. Il y a pourtant bien de la différence. Pour le nombre dactylique, on n'a égard qu'au temps et à la prononciation; et pour le dactyle, on a égard à l'ordre et à la position des lettres; de sorte qu'un même mot peut faire un nombre dactylique sans être pourtant un dactyle, comme cela paroît par ψήφισμα | τῇ πόλει | παρελθεῖν. Mais revenons à notre passage. Il n'y a plus que trois difficultés qui se présentent: la première, que ces nombres devant être de quatre temps, d'un long qui en vaut deux, et de deux courts, le second nombre de cette période ψήφισμα, le quatrième, le cinquième, et quelques autres paroissent en avoir cinq; parceque dans ψήφισμα, la première syllabe, étant longue, en vaut deux, la seconde, étant aussi longue, en vaut deux autres, et la troisième, brève, un, etc. A cela je réponds que dans les rhythmes ou nombres, comme je l'ai déja dit, on n'a égard qu'au temps et à la voyelle, et qu'ainsi φις est aussi bref que μα. C'est ce qui paroîtra clairement par ce seul exemple de Quintilien, qui dit que la seconde syllabe d'*agrestis* est brève. La seconde difficulté naît de ce précepte de Quintilien, qui dit, dans le chapitre IV du liv. IX, que *quand la période commence par une sorte de rhythme ou de nombre, elle doit continuer dans le même rhythme jusqu'à la fin.* Or, dans cette période de Démosthène le nombre semble changer, puisque tantôt les longues et tantôt les brèves sont les premières ; mais le même Quintilien ne laisse aucun doute là-dessus, si l'on prend garde à ce qu'il a dit auparavant, *qu'il est indifférent au rhythme dactylique d'avoir les deux premières ou les deux dernières brèves, parceque l'on n'a égard qu'aux temps, et à ce que son élévation soit de même nombre que sa position.* Enfin la troisième et dernière difficulté vient du dernier rhythme ὥσπερ νέφος, que Longin fait de quatre syllabes, et par conséquent de cinq temps, quoique Longin assure qu'il se mesure par quatre. Je réponds que ce nombre ne laisse pas d'être dactylique comme les autres, parceque le temps de la dernière syllabe est superflu et compté pour rien, comme les syllabes qu'on trouve de trop dans les vers, qui de là sont appelés *hypermètres*. On n'a qu'à écouter Quintilien : *Les rhythmes reçoivent plus facilement des temps superflus, quoique la même chose arrive aussi quelquefois aux mètres.* Cela suffit pour éclaircir la période de Démosthène et la pensée de Longin. J'ajouterai pourtant encore que Démétrius Phaléréus cite ce même passage de Démosthène, et qu'au lieu de περιστάντα, il a lu ἐπιόντα; ce qui fait le même effet pour le nombre.

(N° 69, page 517. *Philiste est de ce nombre.*)

Le nom de ce poëte est corrompu dans Longin; il faut lire *Philiscus*, et non pas *Philistus*. C'étoit un poëte comique; mais on ne sauroit dire précisément en quel temps il a vécu.

(N° 70, page 518. *Dircé emportée par un taureau.*)

Longin dit *traînée par un taureau*, et il falloit conserver ce mot, parcequ'il explique l'histoire de Dircé, que Zéthus et Amphion attachèrent par les cheveux à la queue d'un taureau, pour se venger des maux qu'elle et son mari Lycus avoient faits à Antiope leur mère.

* Cette note, insérée dans les éditions de 1683, 1694, manque dans celles de 1701 et 1713. On a jugé sans doute que la correction faite par Despréaux la rendoit inutile.

CHAPITRE XXXIII.

(N° 71, page 519. *De même, ces paroles mesurées n'inspirent point à l'esprit les passions.....*)

Longin dit : *De même, quand les périodes sont si mesurées, l'auditeur n'est point touché du discours; il n'est attentif qu'au nombre et à l'harmonie, jusque-là que, prévoyant les cadences qui doivent suivre, et battant toujours la mesure comme en une danse, il prévient même l'orateur, et marque la chute avant qu'elle arrive.* Au reste, ce que Longin dit ici est pris tout entier de la rhétorique d'Aristote, et il peut nous servir fort utilement à corriger l'endroit même d'où il a été tiré. Aristote, après avoir parlé des périodes mesurées, ajoute : τὸ μὲν γὰρ ἀπίθανον. Πεπλᾶσθαι γὰρ δοκεῖ, καὶ ἅμα... ἐξίστησι. Προσέχειν γὰρ ποιεῖ τῷ ὁμοίῳ πότε πάλιν ἥξει... ὥσπερ οὖν τῶν κηρύκων προλαμβάνουσι τὰ παιδία, τό, τίνα αἱρεῖται ἐπίτροπον ὁ ἀπελευθερούμενος, τὸν Κλέωνα. Dans la première lacune il faut suppléer assurément καὶ ἅμα τοὺς ἀκούοντας ἐξίστησι; et dans la seconde, après ἥξει, ajouter ὃ καὶ φθάνοντες προαποδιδοῦσιν, ὥσπερ οὖν, etc., et après ἀπελευθερούμενος il faut un point interrogatif. Mais c'est ce qui paroîtra beaucoup mieux par cette traduction : *Ces périodes mesurées ne persuadent point; car, outre qu'elles paroissent etudiées, elles détournent l'auditeur, et le rendent attentif seulement au nombre et aux chutes, qu'il marque même par avance; comme on voit les enfants se hâter de répondre Cléon, avant que les huissiers aient achevé de crier, Qui est le patron que veut prendre l'affranchi?* Le savant Victorius est le seul qui ait soupçonné que ce passage d'Aristote étoit corrompu; mais il n'a pas voulu chercher les moyens de le corriger.

CHAPITRE XXXIV.

(N° 72, page 523. *Des armoires et des sacs pleins de papier.*)

Théopompus n'a point dit *des sacs pleins de papier*; car ce papier n'étoit point dans les sacs; mais il a dit *des armoires, des sacs, des rames de papier, etc.*; et par ce papier il entend de gros papier pour envelopper les drogues et les épiceries dont il a parlé.

(N° 73, page 524. *La nature a caché et détourné ces égouts le plus loin qu'il lui a été possible, de peur que la beauté de l'animal n'en fût souillée.*)

La nature savoit fort bien que si elle exposoit en vue ces parties qu'il n'est pas honnête de nommer, la beauté de l'homme en seroit souillée; mais de la manière que M. Despréaux a traduit ce passage, il semble que la nature ait eu quelque espèce de doute, si cette beauté en seroit souillée, ou si elle ne le seroit point; car c'est, à mon avis, l'idée que donnent ces mots, *de peur que, etc.* Cela déguise en quelque manière la pensée de Xénophon, qui dit: *La nature a caché et détourné ces égouts le plus loin qu'il lui a été possible, pour ne point souiller la beauté de l'animal.* * Cette remarque n'est pas fondée; les expressions de Despréaux ne laissent aucun doute sur les vues de la nature.

CHAPITRE XXXV.

(N° 74, page 526. *Tellement qu'on voit briller dans leurs discours la liberté de leur pays.*)

Longin dit : *tellement qu'on voit briller dans leurs discours la même liberté que dans leurs actions.* Il veut dire que, comme ces gens-là sont les maîtres d'eux-mêmes, leur esprit, accoutumé à cet empire et à cette indépendance, ne produit rien qui ne porte des marques de cette liberté, qui est le but principal de toutes leurs actions, et qui les entretient toujours dans le mouvement. Cela méritoit d'être bien éclairci; car c'est ce qui fonde en partie la réponse de Longin, comme nous l'allons voir dans la seconde remarque après celle-ci.

(N° 75, page 526. *Qui avons été comme enveloppés par les coutumes et par les façons de faire de la monarchie.*)

Être enveloppés par les coutumes, me paroît obscur; il semble même que cette expression dit tout autre chose que ce que Longin a prétendu. Il y a dans le grec, *qui avons été comme emmaillotés, etc.;* mais comme cela n'est pas françois, j'aurois voulu traduire, pour approcher de l'idée de Longin, *qui avons comme sucé avec le lait les coutumes, etc.*

(N° 76, page 527. *Les rendent même plus petits par le moyen de cette bande dont on leur entoure le corps.*)

Par cette bande, Longin entend sans doute des bandelettes dont on emmaillotoit les pygmées depuis la tête jusqu'aux pieds. Ces bandelettes étoient à peu près comme celles dont les filles se servoient pour empêcher leur gorge de croître. C'est pourquoi Térence appelle ces filles *vincto pectore*, ce qui répond fort bien au mot grec δεσμός, que Longin emploie ici, et qui signifie *bande, ligature.* Encore aujourd'hui, en beaucoup d'endroits de l'Europe, les femmes mettent en usage ces bandes pour avoir les pieds petits.

(N° 77, page 527. *Je sais bien qu'il est fort aisé à l'homme et que c'est son naturel, etc.*)

M. Despréaux suit ici tous les interprètes, qui attribuent encore ceci au philosophe qui parle à Longin. Mais je suis persuadé que ce sont les paroles de Longin, qui interrompt en cet endroit le philosophe, et commence à lui répondre. Je crois même que dans la lacune suivante il ne manque pas tant de choses qu'on a cru, et peut-être n'est-il pas si difficile d'en suppléer le sens. Je ne doute pas que Longin n'ait écrit : *Je sais bien, lui répondis-je alors, qu'il est fort aisé à l'homme et que c'est même son naturel de blâmer les choses présentes. Mais prenez-y bien garde, ce n'est point la monarchie qui est cause de la décadence des esprits ; et les délices d'une longue paix ne contribuent pas tant à corrompre les grandes ames, que cette guerre sans fin qui trouble depuis si long-temps toute la terre, et qui oppose des obstacles insurmontables à nos plus généreuses inclinations.* C'est assurément le véritable sens de ce passage ; et il seroit aisé de le prouver par l'histoire même du siècle de Longin. De cette manière ce rhéteur répond fort bien aux deux objections du philosophe, dont l'une est que le gouvernement monarchique causoit la grande stérilité qui étoit alors dans les esprits ; et l'autre, que dans les républiques l'émulation et l'amour de la liberté entretenoient les républicains dans un mouvement continuel qui élevoit leur courage, qui aiguisoit leur esprit, et qui leur inspiroit cette grandeur et cette noblesse dont les hommes véritablement libres sont seuls capables.

(N° 78, page 530. *Où nous ne songeons qu'à attraper la succession de celui-ci.*)

Le grec dit quelque chose de plus atroce: *où l'on ne songe qu'à hâter la mort de celui-ci, etc.*, ἀλλοτρίων θῆραι θανάτων. Il a égard aux moyens dont on se servoit alors pour avancer la mort de ceux dont on attendoit la succession. On voit assez d'exemples de cette horrible coutume dans les satires des anciens.

REMARQUES
SUR LONGIN,

PAR BOIVIN,

GARDE DE LA BIBLIOTHÈQUE DU ROI.

AVERTISSEMENT.

Dans le temps qu'on achevoit d'imprimer ces notes, M. Boivin, garde de la bibliothèque du roi [a], homme d'un très grand mérite, et savant sur-tout dans la langue grecque, a apporté à M. Despréaux quelques remarques très judicieuses qu'il a faites aussi sur Longin, en lisant l'ancien manuscrit qu'on en a dans cette fameuse bibliothèque [b]; et M. Despréaux a cru qu'il feroit plaisir au public de les joindre à celles de M. Dacier. (*Édit. de* 1713.)

[a] « l'un des sous-bibliothécaires de la bibliothèque royale, » (*Edit. de* 1701.)
[b] « qu'on a dans cette fameuse bibliothèque; » (*Edit. de* 1701.)

REMARQUES [a]
SUR LONGIN,
Par BOIVIN [b].

Le roi a dans sa bibliothéque un manuscrit (1) de sept à huit cents ans, où le Traité du Sublime de Longin se trouve à la suite des Problèmes d'Aristote. Il me seroit aisé de prouver que cet exemplaire est original par rapport à tous ceux qui nous restent aujourd'hui; mais je n'entre point présentement dans un détail que je réserve pour une remarque particulière sur le chapitre VII. J'avertis seulement ceux qui voudront se donner la peine de lire les notes suivantes, qu'elles sont pour la plupart appuyées sur l'ancien manuscrit. Il fournit lui seul un grand nombre de leçons, que Vossius a autrefois recueillies, et que Tollius a publiées. Il ne me reste à remarquer qu'un

---

[a] Ces remarques furent insérées pour la première fois dans l'édition de 1701.

[b] Jean Boivin, né en 1663, mort en 1726, professeur de grec au collège royal, de l'académie françoise et de celle des inscriptions, allioit à une profonde érudition la culture de la poésie et de la littérature agréable. On lui doit quelques éditions, telles que celles des *Mathematici veteres*, des deux premiers volumes de l'*Histoire* de Grégoras, plusieurs dissertations savantes, des traductions de l'*OEdipe roi* de Sophocle, des *Oiseaux* d'Aristophane, etc. Il a mis en vers françois *la Batrachomyomachie*. Quoique admirateur d'Homère, il en prit la défense contre La Motte avec beaucoup de modération. Ses leçons avoient pour objet l'*Iliade* et l'*Odyssée*, dont, suivant l'abbé Goujet, il a laissé une traduction complète.

(1) N° 3083.

petit nombre de choses, auxquelles il me semble qu'on n'a pas encore fait attention.

Le partage des chapitres n'est point de Longin. Les chiffres qui en font la distinction ont été ajoutés d'une main récente dans l'ancien manuscrit. A l'égard des arguments ou sommaires, il n'y en a qu'un très petit nombre, qui même ne conviennent pas avec ceux que nous avons dans les imprimés. Après cela, il ne faut pas s'étonner si les imprimés ne s'accordent pas entre eux, en ce qui regarde la division et les arguments des chapitres.

CHAPITRE PREMIER.

(N° 1, page 378. *La bassesse de son style.*)

Longin se sert par-tout du mot ταπεινός dans le sens que lui donne M. Despréaux. Ce qu'il dit dans le chapitre VII, en parlant d'Ajax, οὐ γὰρ ζῆν εὔχεται· ἦν γὰρ τὸ αἴτημα τοῦ ἥρωος ταπεινότερον (1), est fort semblable, pour la construction, à ce qu'il dit ici, τὸ συγγραμμάτιον ταπεινότερον ἐφάνη τῆς ὅλης ὑποθέσεως. Voyez aussi les chapitres II, VI, XXVII, XXIX, XXXII, XXXIV, etc.

CHAPITRE II.

(N° 2, page 382. *Car comme les vaisseaux sont en danger.*)

Les conjonctions ὡς et οὕτω, usitées dans les comparaisons, le mot ἀνερμάτιστα, et quelques autres termes métaphoriques, ont fait croire aux interprètes qu'il y avoit une comparaison en cet endroit. M. Despréaux a bien senti qu'elle étoit défectueuse. *Il faut*, dit-il, *suppléer au grec, ou sous-entendre* πλοῖα, *qui veut dire des vaisseaux de charge.... autrement il n'y a point de sens.* Pour moi, je crois qu'il ne

---

(1) C'est-à-dire : Il ne demande pas la vie; un héros n'étoit pas capable de cette bassesse.

faut point chercher ici de comparaison. La conjonction οὕτω, qui en étoit, pour ainsi dire, le caractère, ne se trouve ni dans l'ancien manuscrit, ni dans l'édition de Robortellus. L'autre conjonction, qui est ὡς, ne signifie pas *comme* en cet endroit, mais *que*. Cela posé, le raisonnement de Longin est très clair, si on veut se donner la peine de le suivre. En voici toute la suite: *Quelques uns s'imaginent que c'est une erreur de croire que le sublime puisse être réduit en art. Mais je soutiens que l'on sera convaincu du contraire, si on considère que la nature, quelque liberté qu'elle se donne ordinairement dans les passions et dans les grands mouvements, ne marche pas tout-à-fait au hasard; que dans toutes nos productions il la faut supposer comme la base, le principe et le premier fondement; mais que notre esprit a besoin d'une méthode, pour lui enseigner à ne dire que ce qu'il faut, et à le dire en son lieu; et qu'enfin* (c'est ici qu'il y a dans le grec καὶ ὡς pour καὶ ὅτι, dont Longin s'est servi plus haut, et qu'il n'a pas voulu répéter) *le grand, de soi-même et par sa propre grandeur, est glissant et dangereux, lorsqu'il n'est pas soutenu et affermi par les règles de l'art, et qu'on l'abandonne à l'impétuosité d'une nature ignorante et téméraire*. On se passe très bien de la comparaison, qui ne servoit qu'à embrouiller la phrase. Il faut seulement sous-entendre, εἰ ἐπισκέψαιτο τις, qui est six ou sept lignes plus haut, et faire ainsi la construction, καὶ (εἰ ἐπισκέψαιτο τις) ὡς ἐπικινδυνότερα : *et* (si l'on considère) *que le grand*, etc. Ἐπικινδυνότερα αὐτὰ ἐφ' ἑαυτῶν τὰ μεγάλα, est précisément la même chose que τὰ μεγάλα ἐπισφαλῆ δι' αὐτὸ τὸ μέγεθος, qu'on lit dans le chapitre XXVII, et que M. Despréaux a traduit ainsi: *Le grand, de soi-même et par sa propre grandeur, est glissant et dangereux.*

Ἀνερμάτιστα et ἀστήρικτα sont des termes métaphoriques, qui, dans le sens propre, conviennent à de grands bâtiments, mais qui, pris figurément, peuvent très bien s'appliquer à tout ce qui est grand, même aux ouvrages d'esprit.

(N° 3, page 383. *Nous en pouvons dire autant à l'égard du discours. La nature, etc.*)

Il manque en cet endroit deux feuillets entiers dans l'ancien manuscrit; c'est ce qui a fait la lacune suivante. Je ne sais par quel hasard les cinq ou six lignes que Tollius a eues d'un manuscrit du Vatican, et qui se trouvent aussi dans un manuscrit(1) du roi, transposées et confondues avec un fragment des Problèmes d'Aristote, ont pu être conservées. Il y a apparence que quelqu'un, ayant rencontré un morceau des deux feuillets égarés de l'ancien manuscrit, ou les deux feuillets entiers, mais gâtés, n'aura pu copier que ces cinq ou six lignes.

A la fin de ce petit supplément, dont le public est redevable à Tollius, je crois qu'il faut lire ἡγήσαιτο, et non pas κομίσαιτο, qui ne me paroît pas faire un sens raisonnable. Le manuscrit du roi, où se trouve ce même supplément, n'a que σαιτο de la première main; κομί est d'une main plus récente.

Cela me fait soupçonner que dans l'ancien manuscrit le mot étoit à demi effacé, et que quelques uns ont cru mal à propos qu'il devoit y avoir κομίσαιτο.

(N° 4, page 387. *Dans un noble projet on tombe noblement.*)

Il y a dans l'ancien manuscrit, μεγάλῳ ἀπολισθαίνειν ὅμως εὐγενὲς ἁμάρτημα. Les copistes, ou les critiques [a], ont voulu faire un vers; mais ce vers n'a ni césure ni harmonie [b]. Il

---

(1) N° 3171.

[a] *Ou les critiques....* Ces trois mots ont été ajoutés dans l'édition de 1713.

[b] Au mot *harmonie* Brossette a substitué le mot *quantité*, que l'on voit

y a donc apparence que ce qu'on a pris jusques ici pour un vers est plutôt un proverbe ou une sentence tirée des écrits de quelque philosophe. Μεγάλῳ ἀπολισθαίνειν, ὅμως εὐγενὲς ἁμάρτημα, est la même chose que s'il y avoit, μεγάλῳ ἀπολισθαίνειν ἁμάρτημα μὲν, ὅμως δὲ εὐγενὲς ἁμάρτημα, *tomber est une faute, mais une faute noble à celui qui est grand, c'est-à-dire, qui se montre grand dans sa chute même, ou qui ne tombe que parcequ'il est grand.* C'est à peu près dans ce sens que Pierre Corneille a dit :

Il est beau de mourir maître de l'univers [a].

CHAPITRE III.

(N° 5, page 393. *Enfin vous diriez qu'ils ont plus de pudeur.*)

Isidore de Peluse dit dans une de ses lettres, αἱ κόραι, αἱ εἴσω τῶν ὀφθαλμῶν, καθάπερ παρθένοι ἐν θαλάμοις, ἱδρυμέναι, καὶ τοῖς βλεφάροις καθάπερ παραπετάσμασι κεκαλυμμέναι, *les prunelles, placées au-dedans des yeux, comme des vierges dans la chambre nuptiale, et cachées sous les paupières, comme sous des voiles.* Ces paroles mettent la pensée de Xénophon dans tout son jour. * Saint-Marc croit que Longin, dans sa citation, est trompé par sa mémoire, ou par l'altération du texte de Xénophon, et que ce dernier veut dire que les jeunes gens de Lacédémone « montrent plus de pudeur que des vierges « dans la chambre nuptiale. »

---

dans les éditions postérieures. Après ce mot, on lit dans l'édition de 1701 la phrase suivante, qui a été supprimée dans l'édition de 1713 : « On ne trou-« vera point dans les poëtes grecs d'exemple d'un iambe qui commence par « deux anapestes. » Cette dernière phrase n'est point rapportée exactement par Saint-Marc.

[a] Cinna, acte II, scène Ire.

Chapitre VII.

(N° 6, page 409. *Voyez, par exemple, cè que répondit Alexandre, quand Darius, etc.*)

Il manque en cet endroit plusieurs feuillets. Cependant Gabriel de Pétra a cru qu'il n'y manquoit que trois ou quatre lignes. Il les a suppléées. M. Le Fèvre de Saumur approuve fort sa restitution, qui en effet est très ingénieuse, mais fausse, en ce qu'elle suppose que la réponse d'Alexandre à Parménion doit précéder immédiatement l'endroit d'Homère, dont elle étoit éloignée de douze pages raisonnablement grandes.

Il est donc important de savoir précisément combien il manque dans tous les endroits défectueux, pour ne pas faire à l'avenir de pareilles suppositions.

Il y a six grandes lacunes dans le Traité du Sublime. Les chapitres où elles se trouvent sont le II, le VII, le X, le XVI, le XXV et le XXXI (1). Elles sont non seulement dans tous les imprimés, mais aussi dans tous les manuscrits. Les copistes ont eu soin, pour la plupart, d'avertir combien il manque dans chaque endroit. Mais jusqu'ici les commentateurs n'ont eu égard à ces sortes d'avertissements qu'autant qu'ils l'ont jugé à propos, l'autorité des copistes n'étant pas d'un grand poids auprès de ceux qui la trouvent opposée à d'heureuses conjectures.

L'ancien manuscrit de la Bibliothèque du roi a cela de singulier, qu'il nous apprend la mesure juste de ce que nous avons perdu. Les cahiers y sont cottés jusqu'au nombre de trente. Les cottes ou signatures sont de même antiquité que le texte. Les vingt-trois premiers cahiers, qui contiennent les Problèmes d'Aristote, sont tous de huit

---

(1) Selon l'édition de M. Despréaux.

feuillets chacun. A l'égard des sept derniers, qui appartiennent au Sublime de Longin, le premier, le troisième, le quatrième et le sixième, cottés 24, 26, 27 et 29 (1), sont de six feuillets, ayant perdu chacun les deux feuillets du milieu. C'est ce qui a fait la première, la troisième, la quatrième et la sixième lacune des imprimés et des autres manuscrits. Le second cahier manque entièrement. Mais comme il en restoit encore deux feuillets dans le temps que les premières copies ont été faites, il ne manque en cet endroit, dans les autres manuscrits et dans les imprimés, que la valeur de six feuillets. C'est ce qui a fait la seconde lacune, que Gabriel de Pétra a prétendu remplir de trois ou quatre lignes. Le cinquième cahier, cotté 28 (2), n'est que de quatre feuillets; les quatre du milieu sont perdus. C'est la cinquième lacune. Le septième n'est que de trois feuillets continus, et remplis jusqu'à la dernière ligne de la dernière page. On examinera ailleurs s'il y a quelque chose de perdu en cet endroit.

De tout cela il s'ensuit qu'entre les six lacunes spécifiées, les moindres sont de quatre pages, dont le vide ne pourra jamais être rempli par de simples conjectures. Il s'ensuit de plus que le manuscrit du roi est original par rapport à tous ceux qui nous restent aujourd'hui, puisqu'on y découvre l'origine et la véritable cause de leur imperfection.

Chapitre VIII.

(N° 7, page 424. *Ode de Sapho.*)

Cette ode, dont Catulle a traduit les trois premières strophes, et que Longin nous a conservée, étoit sans doute une des plus belles de Sapho. Mais comme elle a

---

(1) κδ, κϛ, κζ, κθ.   (2) κη.

passé pas les mains des copistes et des critiques, elle a beaucoup souffert des uns et des autres. Il est vrai qu'elle est très mal conçue dans l'ancien manuscrit du roi; il n'y a ni distinction de vers, ni ponctuation, ni orthographe. Cependant on auroit peut-être mieux fait de la laisser telle qu'on l'y avoit trouvée, que de la changer entièrement, comme on l'a fait. On en a ôté presque tous les éolismes. On a retranché, ajouté, changé, transposé : enfin on s'est donné toute sorte de libertés. Isaac Vossius, qui avoit vu les manuscrits, s'est aperçu le premier du peu d'exactitude de ceux qui avoient avant lui corrigé cette pièce. Voici comme il en parle dans ses notes sur Catulle : *Sed ipsam nunc Lesbiam musam loquentem audiamus; cujus odam, relictam nobis Longini beneficio, emendatam ascribemus. Nam certe in hac corrigenda viri docti operam lusere.* Après cela il donne l'ode telle qu'il l'a rétablie. Vossius pouvoit lui-même s'écarter moins qu'il n'a fait de l'ancien manuscrit. Examinons ses corrections vers pour vers.

Vers 1. Il y a dans l'ancien manuscrit μοι. Vossius a préféré Fοι, parcequ'il l'a trouvé dans la grammaire d'Apollonius (1).

Ἀδὺ φωνούσας, *Voss.* Ἀδύφων σαις, *manuscr.* Peut-être doit-on lire ἀδὺ φωνοίσας, éoliquement; ou plutôt, ἀδὺ φωνᾶσαί σ', *dulce loqui te* : d'autant plus que γελαὶς, qui suit, est aussi à l'infinitif.

Vers 5. Ἱμερόεν, *Voss.* Ἱμερόεν, avec un esprit doux, éoliquement, *manuscr.*

Τό μοι τὰν, *Voss.* Τὸ μὴ ἐμὰν, *manuscr.* Je crois qu'il faut lire, τό μοι ἐμὰν, en ne faisant qu'une syllabe de μοι ἐ, comme on le peut(2), si l'on n'aime mieux τό μοι' μὰν, qui est la même chose.

---

(1) Qui cite l'ode.   (2) Par la figure nommée συνίζησις.

Vers 7. Βροχέας, *Voss.* Βροχέως, *manuscr.* Si l'on dit bien βροχέας éoliquement pour βραχείας, on pourra dire aussi βροχέως pour βραχέως. Le sens n'en sera pas moins beau.

Vers 8. Οὐδὲν ἔθ' ἥκει. *Voss.* Οὐδὲν ἔτ' εἵκει, *manuscr.* Les Éoliens changent l'esprit âpre en esprit doux ; εἵκει est pour ἵκει, autrefois usité.

Vers 9. Ἀλλὰ καμμεῦ γλῶσσα σέσιγε, *Voss.* Ἀλλὰ κᾶν μὲν γλῶσσα ἔαγε, *manuscr.* Il ne falloit rien changer que κᾶν μὲν : car γλῶσσα ἔαγε se dit fort bien pour signifier *lingua fracta est*, et s'accorde avec la mesure du vers. A l'égard d'ἀλλὰ κᾶν μὲν, peut-être faut-il lire ἀλλ' ἀκὰν μὲν, *sed tacitè quidem*; ou ἀλλὰ καμμὲν pour ἀλλὰ κατὰ μὲν.

Vers 11 et 12. Οὐδὲν ὄρημι, βομβεῦ — σιν δ' ἀκοαί Ϝοι, *Voss.* Οὐδὲν ὀρημὴ ἐπιρομβεῖσι δ' ἄκουε, *manuscr.* Je crois qu'il faut lire οὐδὲν ὄρημ', ἐπιῤῥομ—βεῦσι δ' ἀκουαί. On appeloit ῥόμβος un instrument d'airain, dont se servoient les enchanteurs et les prêtres de Cybèle.

> Ῥόμβῳ καὶ τυπάνῳ Ῥείην Φρύγες ἱλάσκονται,
> Les Phrygiens se rendent propice la déesse Rhéa par le son
> du tambour et du rhombe,

dit Apollonius le Rhodien. Théocrite en parle aussi dans la Pharmaceutrie (1). De ce mot ῥόμβος s'est formé le verbe ἐπιῤῥομβεῖν, qui signifie *résonner, rendre un son semblable à celui du rhombe*. Ce verbe, ainsi que beaucoup d'autres, ne se trouve point dans les dictionnaires.

Ἀκουαί est la même chose qu'ἀκοαί. Ἀκουή, pour ἀκοή, se trouve plus d'une fois dans Homère.

Vers 14. Χλωροτέρη δὲ πούας, *Voss.* Χλωροτέρα δὲ ποίας, *manusc.*

Vers 15 et 16. Τεθνάκην δ' ὀλίγω' πιδεῦσα Φαίνομαι ἄλλα, *Voss.* Τεθνάκην δ' ὀλίγω πιδεύσην Φαίνομαι. Ἀλλὰ, *manuscr.* C'est ainsi

---

(1) Τὸ χαλκίον ὡς τάχος ἄχει, et, χ' ὡς δινεῖθ' ἴδε ῥόμβος ὁ χάλκεος.

qu'il faut lire, à ce qui me paroît, en ajoutant seulement une apostrophe après ὀλίγω. Le sens est, *a moriendo parum abfore videor*. Ὀλίγω' πιδεύσην, pour ὀλίγου ἐπιδεύσειν, ou ἐπιδενήσειν.

Vossius fait finir l'ode par φαίνομαι ἄλλα. L'ancien manuscrit, après φαίνομαι, ajoute, ἀλλὰ παντόλματον ἐπεὶ καὶ πένητα οὐ θαυμάζοις (1): par où il paroît que l'ode, telle que nous l'avons, n'est pas entière. Tollius, qui a inséré dans le texte de son édition presque toutes les corrections de Vossius, n'a pas omis, comme lui, le commencement de la cinquième strophe. Mais pour en faire un vers correct, il lit, ἀλλὰ πᾶν τολματὸν, ἐπεὶ πένητα. De cette manière il emploie le mot ἀλλὰ deux fois de suite, et retranche καὶ après ἐπεί. Pour ce qui est de οὐ θαυμάζοις, il l'ôte à Sapho, et le donne à Longin, en lisant θαυμάζεις, au lieu de θαυμάζοις. Il propose dans ses notes beaucoup d'autres leçons. Pour moi, je crois qu'il est bon de s'en tenir le plus qu'on pourra à l'ancien manuscrit, qui est original par rapport à tous les autres, comme on l'a fait voir dans la note précédente.

Au reste, il faut avouer que toutes ces diversités de leçon ne changent pas beaucoup au sens que M. Despréaux a admirablement bien exprimé.

Chapitre XV.

(N° 8, page 459. *Ce sera le lumineux, à cause de son grand éclat, qui fait qu'il semble sortir hors du tableau, et s'approcher en quelque façon de nous.*)

Καιόμενον ἔξοχον καὶ ἐγγυτέρω παρὰ πολὺ φαίνεται. Καιόμενον ne signifie rien en cet endroit. Longin avoit sans doute écrit καὶ οὐ μόνον ἔξοχον ἀλλὰ καὶ ἐγγυτέρω παρὰ πολὺ φαίνεται, *ac non*

---

(1) Peut-être pour οὔτι θαυμάζοις.

modo eminens, sed et propius multo videtur: « et paroit non seulement relevé, mais même plus proche. » Il y a dans l'ancien manuscrit, καὶ ὁμενον ἔξοχον ἀλλὰ καὶ ἐγγυτέρω, etc. Le changement de καιουμονον en καιομενον est fort aisé à comprendre. (*Édition de 1713.*) * Capperonnier approuve la correction de Boivin, et Pearce l'adopte dans son texte.

CHAPITRE XXIX.

(N° 9, page 503. Titre : Περὶ Πλάτωνος καὶ Λυσίου, *De Platon et de Lysias.*)

Le titre de cette section suppose qu'elle roule entièrement sur Platon et sur Lysias; et cependant il n'y est parlé de Lysias qu'à la seconde ligne; et le reste de la section ne regarde pas plus Lysias ou Platon, qu'Homère, Démosthène, et les autres écrivains du premier ordre. La division du livre en sections, comme on l'a déja remarqué, n'est pas de Longin, mais de quelque moderne, qui a aussi fabriqué les arguments des chapitres. Dans l'ancien manuscrit, au lieu de ὁ Λυσίας, qui se lit ici dans le texte à la seconde ligne de la section, on lit, ἀπουσίας; mais ἀπουσίας ne fait aucun sens; et je crois qu'en effet Longin avoit écrit ὁ Λυσίας. (1713.)

CHAPITRE XXX.

(N° 10, page 508.)

Τὸ δ' ἐν ὑπεροχῇ. Au lieu de τὸ δ' ἐν ὑπεροχῇ πολλῇ οὐχ ὁμότονον, on lit dans l'ancien manuscrit, τὸ δ' ἐν ὑπεροχῇ πολλῇ, πλὴν οὐχ ὁμότονον, etc. La construction est beaucoup plus nette en lisant ainsi, et le sens très clair : *Puisque de ne jamais tomber, c'est l'avantage de l'art, et que d'être très élevé, mais inégal, est le partage d'un esprit sublime, il faut que l'art vienne au secours de la nature.* (1713.)

Chapitre XXXII.

(N° 11, page 514. *Mais presque tout ce qu'il y a de différents sons au monde, etc.*)

Κἂν ἄλλοις ὅσοι παντάπασι. Tollius veut qu'on lise, ἀλλὰ καὶ ὅσοι παντάπασι. M. Le Fèvre lisoit, ἄλλως τε καὶ ἐπεὶ, etc. Certainement il y a faute dans le texte, et il est impossible d'y faire un sens raisonnable sans corriger. Je suis persuadé que Longin avoit écrit, κἂν ἄμουσος ᾖ παντάπασι, *licet imperitus sit omnino*, ou *licet a musis omnino alienus sit*. La flûte, dit Longin, force celui qui l'entend, fût-il ignorant et grossier, n'eût-il aucune connoissance de la musique, de se mouvoir en cadence, et de se conformer au son mélodieux de l'instrument.

L'ancien manuscrit, quoique fautif en cet endroit, autorise la nouvelle correction ; car on y lit, κἂν ἄλλους ὅση, ce qui ressemble fort à κἂν ἄμουσος ᾖ, sur-tout si on écrit en majuscules, sans accent, sans esprit, et sans distinction de mots, comme on écrivoit autrefois, et comme il est certain que Longin avoit écrit, ΚΑΝΑΜΟΥϹΟϹΗ. Entre ΚΑΝΑΜΟΥϹΟϹΗ et ΚΑΝΑΛΛΟΥϹΟϹΗ, il n'y a de différence que de la lettre Μ aux deux Λ, différence très légère, où les copistes se peuvent aisément tromper. (*Édit. de 1713.*)

* « M. Capperonnier et M. Pearce adoptent cette heureuse « correction, dit Saint-Marc, et le dernier l'a fait imprimer « dans son texte. »

FRAGMENT

D'UNE

PRÉFACE DE LONGIN

SUR LE LIVRE D'HÉPHESTION

ΠΕΡῚ ΜΈΤΡΩΝ.

AVERTISSEMENT

DE M. BOIVIN.

Il y a plus de quatorze ans que je rencontrai dans un manuscrit (1) de la Bibliothèque du roi le fragment que je joins ici aux notes précédentes. Je le copiai et le traduisis. Quelque temps après, ayant su que ce morceau se trouvoit dans deux manuscrits, l'un de Rome, et l'autre de Milan, j'y envoyai ma copie, qui me fut renvoyée avec des diverses leçons, et avec quelques suppléments en marge. J'ai su depuis peu que ce même fragment avoit été publié il y a deux ans à Oxford, dans la nouvelle édition du Sublime de Longin. Mais comme l'auteur de cette édition (2) n'a donné que le texte grec, sans traduction et sans notes, je crois que le public me saura gré des corrections et de la traduction que je lui offre, ainsi que de deux autres fragments, que l'on trouvera à la suite de celui-ci. On ne sera pas surpris de ce que la traduction est latine, lorsqu'on aura fait réflexion que le sujet ne peut être bien traité qu'en grec ou en latin.

(1) N° 3524. (2) M. Hudson.

ἘΚ ΤΩ͂Ν ΛΟΓΓΙ΄ΝΟΥ ΤΟΥ͂ ΦΙΛΟΣΟ΄ΦΟΥ (1)

ΤΑ ΠΡΟΛΕΓΟΜΕΝΑ

Εἰς τὸ τοῦ Ἡφαιστίωνος Ἐγχειρίδιον.

Α.

Ἀλλ' (2) εἴτε νέα τῶν μέτρων ἡ θεωρία, εἴτε μούσης εὕρεμα παλαιᾶς, ἑκάτερον ἕξει καλῶς. Ἀρχαία μὲν γὰρ οὖσα, ἐκ τῆς παλαιότητος ἕξει τὴν σεμνότητα· νέα δὲ οὖσα, ποθεινοτέρα καθ' Ὅμηρον (3)·

Τὴν γὰρ ἀοιδὴν (4) πάντες ἐπικλείους' ἄνθρωποι,
Ἥτις (5) ἀκουόντεσσι νεωτάτη ἀμφιπέληται.

Μέτρου δὲ πατὴρ ῥυθμὸς καὶ (6) θεός· ἀπὸ ῥυθμοῦ γὰρ ἔσχον (7) τὴν ἀρχὴν, θεὸς δὲ τὸ μέτρον ἀπεφθέγξατο.

Β.

Τοῦ δὲ περὶ μέτρων λόγου πολλοὶ πολλαχῶς ἤρξαντο· οἱ μὲν ἀπὸ στοιχείων, ὡς Φιλόξενος· οἱ δὲ ἀπὸ τοῦ μέτρων ὅρου, ὡς Ἡλιόδωρος. Ἡμεῖς δὲ Ἡφαιστίωνι κατακολουθήσομεν, ἀπὸ συλλαβῆς ἀρξάμενοι. Πρῶτον δὲ ὀλίγα προειπεῖν δίκαιον.

Γ.

Τεκμήριον μέτρου ἀκοή. Ἔνιοι γοῦν οὕτως ὡρίσαντο· μέτρον ἐστὶ ποδῶν ἢ βάσεων σύνταξις, αἰσθήσει τῇ δι' ἀκοῆς παραλαμβανομένη. Εἰ δὲ τὸ κρίνον ἐστὶν ἀκοή, τὸ κοσμοῦν ἐστι φωνή. Ὡς γὰρ τὸν ἦχον τῆς εὐρυθμίας ἐκτείνουσα τε καὶ συστέλλουσα φωνή, σχηματίζει τὰς συλλαβὰς, οὕτως εἰσδεξαμένη κρίνει ἡ ἀκοή.

(1) Hujus fragmenti meminit Tollius in præfatione Longino suo præfixa.
(2) Præcesserat nempe aliquid de artis metricæ antiquitate.|
(3) Odyss. α. 351.
(4) In vulgatis, non πάντες, sed μᾶλλον.
(5) ἀϊόντεσσι Codex Vaticanus: item Codex Ambrosianus.
(6) Videntur hæc pertinuisse ad fragmentum de metri origine divinâ, quod infra exhibebimus.
(7) Supple τὰ μέτρα: vel legendum ἔσχε. In Codice Vaticano legitur ἴχον.

EX LONGINI PHILOSOPHI COMMENTARIIS
PROLEGOMENA
IN HEPHÆSTIONIS ENCHIRIDIUM.

I. *Origo artis metricæ, et metri ipsius.*

At seu nova res sit metrorum observatio, seu veteris musæ inventum, pulchre utrumque se habebit. Si sit vetus, vetustate ipsâ venerabilis; si recens, amabilior futura est; idque Homero judice:

> Quippe illam resonant omnes, laudantque Camœnam,
> Quæ, novitate placens, insuetas fertur ad aures.

Porro metri pater est non solum rhythmus, sed et Deus. Ex rhythmo ortum habuit: Deus sonum ipsum metri protulit.

II. *Horum tractatio unde incipienda.*

Rei metricæ tractationem multi multifariam orsi sunt: alii ab litteris, ut Philoxenus; alii à definitione metri, ut Heliodorus. Nos, auctorem sequuti Hephæstionem, a syllaba ordiemur. Sed pauca primùm præfanda sunt.

III. *Quid auditus, quid vox ad metrum conferat.*

Metri index est sensus audiendi. Unde sic quidam definiunt: *metrum est pedum apta compositio, quæ sensu audiendi percipitur.* Quod si auris judicat, vox sane est quæ ornat. Quippe ut vox, sonum modulatum producendo vel contrahendo, syllabas quasi figurat; ita auditus de iisdem aure exceptis judicat.

Δ.

Διὰ τοῦτο πολλὰ τῶν μέτρων συμβέβηκεν ἀποκρύπτεσθαι σιωπώμενα ἐν τῇ κατὰ πεζὸν ῥήσει· καὶ αὖ πάλιν πολλὰς πτώσεις ἔχει πρὸς ἄλλα μέτρα. Εὕροι γοῦν ἄν τις παρὰ Δημοσθένει τῷ ῥήτορι στίχον ἡρωϊκὸν κεκρυμμένον, ὃς ἠδυνήθη λαθεῖν, διὰ τὸ πεζὴν οὖσαν τὴν προφορὰν συναρπάσαι τῷ λόγῳ τὴν ἀκοήν. Φησὶ γοῦν·

(1) Τὸν γὰρ ἐν Ἀμφίσσῃ πόλεμον, δι' ὃν εἰς Ἐλάτειαν
Ἦλθε Φίλιππος.

Στίχος ἐστὶν ἡρῷος. Ἀλλὰ μὴν καὶ Ἰωνικὸν, ὅταν λέγῃ·

Πολλῶν δὲ λόγων καὶ θορύβου (2) γιγνομένου παρ' ὑμῖν.

Τοῦτο γὰρ ἄντικρυς Ἰωνικόν ἐστιν ἀπὸ μείζονος, (3) ὅμοιον τῷ,

Εὐμορφοτέρα Μνασιδίκα τᾶς ἀπαλᾶς Γυρίννω.

Τὰς δὲ τῶν μέτρων συνεμπτώσεις ἐν τοῖς ἑξῆς ἐπιδείξομεν.

E.

Διαφέρει δὲ μέτρον (4) ῥυθμοῦ. Ὕλη μὲν (5) γὰρ τοῖς μέτροις ἡ συλλαβή, καὶ χωρὶς συλλαβῆς οὐκ ἂν γένοιτο μέτρον. Ὁ γὰρ (6) ῥυθμὸς γίνεται μὲν καὶ ἐν συλλαβαῖς, γίνεται δὲ καὶ χωρὶς συλλαβῆς· καὶ γὰρ ἐν κρότῳ. Ὅταν μὲν γὰρ τοὺς χαλκέας ἴδωμεν τὰς σφύρας καταφέροντας, ἅμα τινὰ καὶ ῥυθμὸν ἀκούσομεν (7). Καὶ ἵππων δὲ πορεία ῥυθμὸς ἐνομίσθη, καὶ κίνησις δακτύλων καὶ μελῶν καὶ (8) σχήματα, καὶ χορδῶν κινήματα, καὶ τῶν ὀρνίθων τὰ πτερίσματα. Μέτρον δὲ οὐκ ἂν γένοιτο χωρὶς λέξεως ποιᾶς καὶ ποσῆς. Ἔτι τοίνυν διαφέρει ῥυθμοῦ τὸ μέτρον, ᾗ τὸ μὲν μέτρον πεπηγότας ἔχει τοὺς χρόνους, μακρόν τε καὶ βραχύν, καὶ τὸν μετὰ τοῦ-

---

(1) Demosthenes de Corona, p. 333, edit. Basil.

(2) *Gr.* καὶ θορύβων γιγνομένων.

(3) *Id est*, a spondeo incipiens. Ionicum autem a minori illud est quod a pyrrhichio incipit; ut, *Miserarum est neque amori dare ludum;* etc.

(4) *Vide* Quintilianum, Inst. Orat., lib. IX, c. 4.; et huc refer ea quæ ab illo de rhythmi et metri differentia dicuntur.

(5) Μὲν abundat, et abest a codice Vaticano.

(6) Pro γὰρ legendum δέ.

(7) Ἀκούομεν, cod. Vatic.

(8) Legendum καὶ μελῶν σχήματα, ut in edit. Oxon.

IV. *Metrorum in pedestri sermone latentium exempla ex Demosthene.*

Hinc fit ut metra complura velut tacita lateant (1) in pedestri oratione, et vicissim in alia metra multis modis incidant. Itaque et apud oratorem Demosthenem invenire est occultum versum heroicum; qui ideo latere potuit, quia pronuntiatio, ad solutam orationem accommodata, auditum simul et verba abripuit. Ait quippe: ΤῸΝ ΓᾺΡ ἘΝ ἈΜΦΊΣΣῌ ΠΌΛΕΜΟΝ, ΔΙ' ὋΝ ΕἸΣ ἘΛΆΤΕΙΑΝ, etc., qui versus est heroicus. Sed et Ionicum reperias, cum ait, ΠΟΛΛΩ͂Ν ΔῈ ΛΌΓΩΝ ΚΑῚ ΘΟΡΎΒΟΥ ΓΙΓΝΟΜΈΝΟΥ ΠΑΡ' ῨΜΙ͂Ν. Nam in his manifestum se prodit Ionicus a majori, similis huic,

Formosior est Mnasidice mollicula Gyrinno.

Metrorum in se invicem incidentium exempla posthac afferemus.

V. *Metrum et Rhythmus quatenus differant.*

Metrum et rhythmus hoc differunt, quod metra syllabis tanquam materia constent, et absque syllaba non possit fieri metrum: rhythmus vero et in syllabis et citra syllabas fiat; nempe in eo sono qui pulsatione efficitur. Etenim cum ab ærariis fabris malleos deorsum incuti videmus, simul etiam rhythmum quemdam audimus. Item equorum incessus pro rhythmo habitus est: necnon micatio digitorum, et apta membrorum conformatio, et chordarum motus, et avium volitantium plausus. At sine dictione, quæ et talis sit et tanta, metrum consistere non potest. Præterea metrum a rhythmo differt, eo quod metrum tempora habeat fixa ac definita, longum scilicet, et breve, et horum medium, quod commune appellant: quod ipsum quoque omnino et longum et breve est: rhythmus

---

(1) Quintilian. Inst. Orat., lib. IX, c. 4.

τον, τὸν κοινὸν καλούμενον, ὃς καὶ αὐτὸς πάντως μακρός ἐστι καὶ βραχύς· ὁ δὲ ῥυθμὸς ὡς βούλεται ἕλκει τοὺς χρόνους. Πολλάκις γοῦν καὶ τὸν βραχὺν χρόνον ποιεῖ μακρόν. Ὅτι δὲ τοῦτο οὕτως ἔχει καὶ τὴν διαφορὰν ἴσασιν οἱ ποιηταί. Λάβωμεν παραδείγματα παιζούσης κωμῳδίας ἐν σπουδαζούσῃ φιλοσοφίᾳ. Ὁ γοῦν (1) Ἀριστοφάνης ἐν ταῖς Νεφέλαις· φησὶ Σωκράτης, εἰ καὶ τωθάζει Ἀριστοφάνης· πότερον περὶ μέτρων, ἢ περὶ ἐπῶν, ἢ περὶ ῥυθμῶν; ἀντιδιέστειλε γὰρ ἐκεῖνος ἀπὸ ῥυθμῶν τὰ μέτρα. Εἰς ἑκάτερον γοῦν τὸ παράδειγμα σημειωτέον, ὅτι τε ῥυθμὸς μέτρου διαφέρει, καὶ ὅτι ἴσασιν ἐν διδασκαλίᾳ οἱ (2) παλαιοὶ τὴν τῶν μέτρων θεωρίαν.

ϛ.

Τὸ δὲ μέτρον λέγεται πολλαχῶς. Καὶ γὰρ τὴν εὐμετρίαν μέτρον προσαγορεύομεν· ὡς ὁ εἰπών, ΜΕΤΡΟΝ ΑΡΙΣΤΟΝ· εἴτε σοφὸν ἀπόφθεγμα· εἴτε θεῖον ἀνάθημα. Ἀπόλλωνι μὲν γὰρ ἁρμοδιώτατον· ἐπεὶ καὶ μέτρων εὑρετής. Λέγεται δὲ μέτρον καὶ αὐτὸ τὸ μετροῦν, καὶ τὸ μετρούμενον· ὡς ὅταν εἴπωμεν τὸν μέδιμνον μέτρον, καὶ τὸ ἐν αὐτῷ μετρηθὲν μέτρον· ἀμφότερα δὲ καλεῖται μέδιμνος. Καὶ αὖ πάλιν εἰ εἴποι (3) χόα τὸ σκεῦος, ἐν ᾧ μέτρῳ ποσότητά τινα· καὶ αὖ πάλιν αὐτὴν τὴν ποσότητα χόα προσαγορεύομεν. [Καὶ (4) αὖ πάλιν αὐτὸ τὸ ξύλον, ὃ μόνον ἔχει πῆχυν, πῆχυν προσαγορεύομεν.]

ζ.

Οὕτω μὲν οὖν καὶ ἐπὶ ταύτης τῆς θεωρίας πολλαχόθεν λέγεται μέτρον. Μέτρον τε γὰρ καλοῦμεν πᾶν τὸ μὴ πεζόν. Ὅταν εἴπω, τὰ μὲν Πλάτωνος, πεζά· τὰ δὲ Ὁμήρου, μέτρα. Μέτρον καλεῖται καὶ εἶδος ἑκάστου· ὡς ὅταν εἴπω, μέτρον Ἰωνικόν, καὶ μέτρον Ἰαμβικόν, καὶ (5) μέτρον Τροχαϊκόν. Μέτρον καλεῖται καὶ στίχος ἕκαστος· ὡς ὅταν εἴπω· ἡ πρώτη Ὁμήρου ῥαψῳδία μέτρα ἔχει χ· τοῦτο δὲ Ὀδυσσεὺς ὁ μετρικὸς ἐσημειώ-

(1) Legendum videtur, ὁ γοῦν ἐν ταῖς Νεφέλαις φησὶ Σωκράτης, etc., vel sic interpungendum, ὁ γοῦν Ἀριστοφάνης ἐν ταῖς Νεφέλαις (φησὶ Σωκράτης, εἰ καὶ τωθάζει Ἀριστοφάνης)· πότερον, etc.

(2) Οἱ παλαιοὶ abest à codice Vaticano.

(3) Εἴποιμι, uterque codex, Vatic. et Ambros.

(4) Uncis inclusa aberant à codice Regio : exstant autem in Vaticano. Vide Hephæstionis Enchiridium, p. 76, edit. Turnebi, ubi hæc eadem rectius.

(5) Καὶ abest à codice Vaticano.

autem tempora ad libitum producat, sic ut breve tempus longum sæpe efficiat. Rem ita se habere, et illa a se invicem differre, poetæ sciunt. Capiamus exempla ex comœdiâ in gravem philosophiam jocante. Aristophanes in Nubibus (imo Socrates ipse ait, licet notante Aristophane): *utrum de metris, an de epico versu, an de rhythmis?* Distinxit ille metra ab rhythmis. Itaque in exemplo allato duo hæc observanda; rhythmum a metro differre, et veteres metrorum rationem præceptis comprehensam didicisse.

VI. *Metrum in communi loquendi usu quot significata habeat.*

Metrum de multis rebus dicitur. Nam et modum, seu mediocritatem, μέτρον vocamus. Sic aliquis dixit, ΜΈΤΡΟΝ ἌΡΙΣΤΟΝ, modus optimus: sive hoc sit sapientis pronuntiatum, seu Deo dicatum *anathema*, Apolline ipso certè dignissimum, modorum inventore. Deinde μέτρον, quatenus mensuram significat, de metiente æque et de menso accipitur. Sic et medimnum, et id quod medimnus capit, μέτρον seu mensuram vocamus: et utraque ea res medimnus dici solet: item ut congius; quod nomen et vasi, certam liquidorum molem capienti, et illi ipsi moli tribuitur: itidem etiam ut cubitus appellatur longum unius cubiti lignum.

VII. *Quot in re poeticâ.*

Pariter et in præsenti instituto, metri nomen ad multa pertinet. Nam et metrum dicimus quidquid prosa non est: ut cum ea quæ scripsit Plato, prosam; quæ Homerus, metra nominamus. Metrum etiam dicitur quæque metri species; ut cum dico, metrum ionicum, metrum iambicum, metrum trochaicum. Item versus singuli; cum dico; prima Homeri rhapsodia metris constat sexcentis; id quod Ulysses metricus observavit. Jam vero et pedum duorum conjugationem, metrum vocant, cum trimetrum dicunt iambum illum, qui constat senis pedibus. Ipsum tempus

σατο. Εἰ τοίνυν (1) μέτρον καλοῦμεν τὴν συζυγίαν, τουτέστι τὴν διποδίαν, (2) ὅταν τὸ Ἰαμβικὸν, τὸ ἀπὸ ἓξ ποδῶν συγκείμενον, τρίμετρον καλῶμεν. Μέτρον καλοῦμεν καὶ τὸν χρόνον· ὃν τινες τῶν ῥυθμικῶν (3) σημεῖον προσαγορεύουσιν. Ὅτι δὲ τοῦτο οὕτως ἔχει, παράδειγμα τεθήσεται, ὃ τινες μὲν Ὀρφέως, τινὲς δὲ τῆς Πυθίας παραλαμβάνουσι. Περὶ γὰρ τῶν ἐπῶν λέγων, ἢ λέγουσα,

Ὄρθιον, ἐξαμερὲς, τετόρων καὶ εἴκοσι μέτρων.

Καὶ ταῦτα οὕτως ἔχει, ὥσπερ εἴρηκα. Μέτρον δὲ καὶ τὸ μετροῦν καὶ τὸ μετρούμενον. Οὕτω καὶ ἐπὶ τῶν προειρημένων (4) αὐτὸ τὸ μέτρον, τουτέστι τὸ ποίημα, μέτρον προσαγορεύεται, [καὶ ἕκαστον τῶν μετρούντων τῆς ὁμοίας τετύχηκεν ὀνομασίας. Χρόνος γὰρ συλλαβὴν ποιεῖ· συλλαβὴ δὲ πόδα· ποὺς δὲ συζυγίαν· συζυγία δὲ στίχον· στίχος δὲ ποίημα. Πάντα οὖν εἰκότως μέτρα προσαγορεύεται (5).]

Η.

Γέγονε δὲ ἀπὸ τοῦ μείρω ῥήματος, ὅ ἐστι μερίζω· ἀφ' οὗ παρὰ τῷ ποιητῇ,

Ἶσον (6) ἐμοὶ βασίλευε, καὶ ἥμισυ μείρεο τιμῆς.

Ὡς δὲ παρὰ τὸ σείω σεῖστρον γίνεται, καὶ παρὰ τὸ δέρω, δέρτρον, καὶ παρὰ τὸ φέρω, φέρτρον, οὕτω καὶ παρὰ τὸ μείρω, μέτρον. Ὄνομα γοῦν ἐστι καὶ ἐκ τῆς ἐτυμολογίας τοῦ μερισμοῦ.

Θ.

Περὶ δὲ ὅρων μέτρου νῦν εἰπεῖν οὐκ ἀναγκαῖον. Αὐτὸς γὰρ ὁ Ἡφαιστίων αἰτιᾶται τὸν Ἡλιόδωρον, ὅτι τοῖς ἐπαρχομένοις (7) γράφει. Τοῖς γὰρ ἀπείροις, καὶ τοῖς μήπω τῆς μετροποιίας γεγευμένοις (8), ἀδύνατον νοῆσαι τὸν ὅρον.

(1) Pro εἰ τοίνυν, legendum videtur, ἔτι νῦν.
(2) Ὡς ὅταν, edit. Oxon.
(3) Μετρικῶν, cod. Vatic.
(4) Post προειρημένων, virgula, non punctum.
(5) Uncis inclusa absunt a codice Vaticano.
(6) Post ἴσον, et post ἥμισυ, subauditur μέτρον. Itaque perinde est ac si Homerus dixisset, ἴσον ἐμοὶ μέτρον βασίλευε, καὶ ἥμισυ μέτρον μείρεο τιμῆς· Iliad., I, v. 16.
(7) Ὑπαρχομένοις, cod. Vatic.
(8) Gr. γευσαμένοις.

μέτρον vocamus; quod quidam rhythmici scriptores σημεῖον seu notam appellant. Id ita esse exemplo confirmabimus, quod alii Orpheo, alii Pythiæ acceptum referunt. Etenim cum hæc, vel ille, de epico versu sic loquatur :

<small>Tramite eunt recto metra-bis duodena, pedes sex :</small>

patet rem esse ita ut diximus. Metrum denique hic, ut supra, utrumque est, et metiens et mensum. Nam et opus mensum seu modulatum (ipsum dico poema) μέτρον vocatur, et singulæ partes metientes eamdem appellationem sortitæ sunt. Tempus videlicet syllabam, pedem syllaba, pes metricam conjugationem, hæc versum, hic poema efficit; ut merito singula appellentur μέτρα, id est, moduli.

VIII. *Etymologia.*

Factum est metri nomen ex verbo μείρω, quod est *divido*: unde illud poetæ,

Ἶσον ἐμοὶ βασίλευε, καὶ ἥμισυ μείρεο τιμῆς.

<small>Jure pari imperita, mecumque hunc divide honorem.</small>

atque ut ex σείω fit σεῖστρον, ex δέρω δέρτρον, ex φέρω φέρτρον, ita ex μείρω fit μέτρον. Metrum igitur, si etymologiam spectemus, nomen est partitionis.

IX. *De definitione metri.*

De definitionibus metri nunc agere haud necesse est. Atque ipse Hephæstion Heliodorum reprehendit, qui apud novitios de ea re agat: cum ii qui rudes sunt, et rem metricam nondum attigerunt, non possint metri definitionem intelligere.

I.

Ἐπιγέγραπται δὲ ἘΓΧΕΙΡΊΔΙΟΝ, οὐχ ὥς τινες ᾠήθησαν διὰ τὸ ξίφος, ἀλλὰ (1) διὰ τὸ ὀξύνειν τῶν μετιόντων τὰς ψυχὰς, καὶ (2) τὸ ἐν χερσὶν ἔχειν τοὺς βουλομένους τὰ κεφάλαια τῶν μετρικῶν παραγγελμάτων. Ὅτι δὲ ταῦτα οὐχ (3) οὕτως ἔχει, Ἡλιόδωρος τοῦ ἐγχειριδίου ἀρχόμενος οὕτω λέγει· τοῖς βουλομένοις ἐν χερσὶν ἔχειν τὰ κεφαλαιωδέστερα τῆς μετρικῆς γέγραπται τὸ βιβλίον τοῦτο.

I Α.

Ἤρξατο δὲ αὐτοῦ ὁ Ἡφαιστίων, ὡς ἔφην, ἀπὸ συλλαβῆς. Ὕλη γὰρ τοῖς μέτροις ἡ συλλαβή· καὶ ἄνευ ταύτης οὐκ ἂν συσταίη τὸ μέτρον. Τὸ ποιοῦν πρὸ τοῦ ποιηθέντος, ὅθεν ἄρξασθαι δίκαιον. Οὐκ ἀπὸ τοῦ γένους δὲ ἤρξαντο (4), ἀλλ' ἀπὸ τοῦ εἴδους. Διαφέρει δὲ εἶδος καὶ γένος, ᾗ γένος μέν ἐστι τὸ πρωτότυπον, εἰς εἴδη διαρεθῆναι δυνάμενον· εἶδος δὲ τὸ ἀπὸ τοῦ γένους διῃρημένον· οἷον εἴ τις λέγοι ζῶον γένος· εἴδη δὲ αὐτοῦ, ἄνθρωπον, ἵππον, καὶ τὰ λοιπά. Οὐκοῦν γένος μέν ἐστιν ἡ συλλαβή· εἴδη δὲ αὐτῆς, βραχεῖα, καὶ μακρὰ, καὶ κοινὴ καλουμένη. Οὐκ ἔδοξεν οὖν αὐτῷ ἀπὸ τοῦ γένους ποιήσασθαι τὴν ἀρχήν. Τεχνικὸς γὰρ οὗτος ὁ λόγος, καὶ οὐ πάνυ τοῖς μέτροις συμβάλλεται, οὔτε ὅρῳ τὴν συλλαβὴν περιλαβεῖν, οὔτε τὸν περὶ αὐτῆς εἰπεῖν λόγον τῆς ἐτυμολογίας. Καί τοι ἐν τοῖς τεχνικοῖς ἔλεγχον ἔσχεν (5) ὁ ὅρος.

I Β.

Ἔστιν ἡ συλλαβή . . . . (6).

---

(1) Pro ἀλλά, lego καί.
(2) Pro καί, lego ἀλλά. Trajectio manifesta.
(3) Οὐχ abundat; et abest a codice Vaticano.
(4) Ἤρξατο, cod. Vatic.
(5) Ἔλεγχον ἔσχεν. Ὁ ὅρος. Sic interpungo, ut post ἔσχεν subaudiatur Ἡφαιστίων, et ut Ὁ ὅρος initium sit vel argumentum sectionis duodecimæ, quæ deficit.
(6) Definitio syllabæ omissa a librario, quem duarum sectionum similia initia in errorem induxerunt.

X. *Enchiridion unde dictum.*

Liber inscribitur ΕΓΧΕΙΡΊΔΙΟΝ (quasi dicas *pugillare*), non, ut quidam opinati sunt, eo quòd lectoris animum velut pugionem acuat; sed quia per eum habeat quisque ἐν χερσὶν, id est, in manibus, præceptionum metricarum singula capita. Id ita esse hinc constat, quod Heliodorus Enchiridii initio ait: *Hic liber in usum eorum scriptus est, qui rei metricæ præcipua capita habere in manibus velint.*

XI. *Hephæstion à technicis reprehensus.*

Hephæstion, ut jam diximus, ab syllaba illud incœpit; eo quod metri materia sit syllaba, sine qua nec metrum potest consistere. Id autem quod efficit, prius est eo quod efficitur, adeoque illinc incipiendum. Cæterum, non ab genere incœpit, sed a specie. Differunt genus et species, quatenus genus quidem est res primaria, quæ in species dividi potest: species autem est id in quod genus dividitur. Sic animal est genus, cujus species sunt homo, equus, et reliqua. Eadem ratione et syllaba genus est: species vero ejus sunt brevis, longa, et ea quæ communis dicitur. Itaque huic scriptori initium ab genere facere haud visum est, quod ea quæstio esset mere technica; nec aut syllabam definiri, aut ejus etymologiam afferri, ad metra ipsa quicquam conferret. Tamen ille eo nomine a technicis reprehensus est.

XII. *Definitio syllabæ desideratur.*

Definitio....

ΙΓ.

Ἔστι (1) ἡ συλλαβὴ παρὰ τοῦτο ὠνόμασται, παρὰ τὸ ποσότητα στοιχείων εἰς ταυτὸν συλλαμβάνειν, ὧν οὐκ (2) ἔξεστιν ὑφ' ἕνα φθόγγον παραλαβεῖν, ἂν (3) εἴποι τις τὰς μονογραμμάτους. Ἀλλὰ ταῦτα μὲν ζητείτωσαν οἱ τεχνικοί.

ΙΔ.

Ἐν δὲ τοῖς μετρικοῖς εἰδέναι δεῖ, ὅτι πᾶσα βραχεῖα ἴση, καὶ πᾶσα μακρὰ ἴση· καθόλου γὰρ αἱ μέν εἰσι δίχρονοι· αἱ δὲ μονόχρονοι. Ἐντεῦθεν τὸν μὲν δάκτυλον καλοῦμεν τετράχρονον, τὸν δὲ πυρρίχιον δίχρονον, οὐ πολυπραγμονοῦντες τῆς ποιητικῆς λέξεως ἢ συλλαβῆς τὰ στοιχεῖα, οὐδὲ ἐν ποσότητι καταριθμοῦντες (4) τοὺς χρόνους, ἀλλὰ ἐν δυνάμει τῆς ποσότητος.

---

(1) Legendum ἔτι ἡ συλλαβὴ, et ita legitur in cod. Vatic. Hinc patet definitionem præcessisse.

(2) Οὐκ abundat.

(3) Legendum ἂν μὴ.

(4) Καταμετροῦντες codex Vaticanus.

XIII. *Etymon.*

Præterea syllaba hinc nomen habuit, quod literas plures in se una comprehendat, quæ sub unico sono percipi possint: nisi quis loquatur de iis syllabis quæ litera una constant. Sed hæc quidem technicis disquirenda relinquamus.

XIV. *Omnes breves æquales: item omnes longæ.*

In re metrica illud tenendum, omnes breves inter se esse æquales: item omnes longas. Universæ quippe constant temporibus, longæ duobus, breves uno. Hinc fit ut in dactylo quatuor, in pyrrhichio duo tempora esse statuamus; nec dictionis aut syllabæ poeticæ literas curiosius investigantes, nec ex earum numero, sed ex numeri potestate, tempora æstimantes.

In codice regio, unde hoc fragmentum habuimus, proxime subsequuntur scholia in definitionem syllabæ brevis. Sunt autem ea quoque Longini; ut et caput περὶ ἐπιπλοκῆς, et ἐπιτομὴ τῶν ἐννέα μέτρων, quod utrumque in codice regio exstat. Verum ultima hæc duo in lucem edidit Turnebus cum Enchiridio Hephæstionis. At illa de quibus loquimur scholia nondum, quod sciam, vulgata sunt. Addantur itaque supra allatis, tametsi sunt mendosa, et, ut puto, interpolata.

Ἀρκτέον δὲ ἀπὸ βραχείας. Οὕτω τοίνυν ὁ Ἡφαιστίων αὐτὴν ὁρίζεται· Βραχεῖα ἐστὶ συλλαβὴ ἡ ἔχουσα βραχὺ φωνῆεν, ἢ βραχυνόμενον, μὴ ἐπὶ τέλους λέξεως, οὕτως ὡς μεταξὺ αὐτῆς καὶ τοῦ ἐν τῇ ἑξῆς συλλαβῇ φωνήεντος μὴ ὑπάρχειν σύμφωνα πλείονα ἑνὸς ἁπλοῦ· ἀλλ᾽ ἤτοι ἕν, ἢ μηδὲ ἕν. Πάνυ οὖν ἐπαίνου ἄξιος ὁ ὅρος, ὡς πάντα ἔχων ὅσα δεῖ ὑγιῆ ὅρον ἔχειν. Ὅρος καὶ (1) τοῖς φιλοσόφοις εἶναι (2) ὁ μηδὲν ἔξωθεν τῶν ὁριζομένων συμπεριλαμβάνων, ἢ ὁ μηδὲν τῶν ὁριζομένων καταλιπών· ὃς ἀντιστρέφει πρὸς τὸ κεφαλαιῶδες· τουτέστιν ἐὰν ἀλλήλων ὑπάρχωσιν οἱ ὅροι αὐτός τε ὁ ὅρος καὶ τὸ ὁριζόμενον, οὕτως ὡς ἐπὶ τοιοῦδε παραδείγματος· ἄνθρωπός ἐστι ζῶον λογικόν, θνητόν, νοῦ καὶ ἐπιστήμης δεκτικόν. Εἴ τι οὖν ἐστι ζῶον λογικόν, θνητόν, νοῦ καὶ ἐπιστήμης δεκτικόν, τοῦτό ἐστιν ἄνθρωπος πάντως. Καὶ αὖ πάλιν φωνή ἐστιν ἀὴρ πεπληγμένος. Εἴ τι οὖν ἐστιν ἀὴρ πεπληγμένος, τοῦτο φωνὴ πάντως. Οὕτως οὖν καὶ ἐπὶ τοῦ προκειμένου ὅρου, εἴδωμεν τὸ ἀντιστρέφον. Εἴ τι ἐστὶ βραχὺ φωνῆεν, μὴ

(1) Legendum γάρ.
(2) Εἶναι græco-barbare, pro ἐστί.

Incipiendum autem a brevi syllaba. Sic vero eam definit Hephæstion : *Syllaba ea brevis est, quæ habet vocalem brevem* (1) *vel correptam, non in fine dictionis; et ita quidem ut eam inter et sequentis syllabæ vocalem non intersint consonantes plures unâ simplice, sed aut una tantùm, aut nulla.*

Omnino sane laudanda definitio, utpote omnia habens quæ oportet habere legitimam definitionem. Nempe philosophis definitio ea esse statuitur, quæ nihil extra rem definitam complectitur, quæ nihil omittit rei definitæ, quæ cum rei summa reciprocatur; si videlicet definitio ipsa, et illud quod definitur, alterum alterius definitio sint, ut in hoc exemplo : Homo est animal rationale, mor-

---

(1) *Id est*, vel brevém, ut ε et ο; vel correptam, ut α, ι, υ, quæ modo breves, modo longæ sunt. Quin et vocales longæ η et ω, et ipsæ etiam diphthongi, aliquando corripiuntur, ut in οὐρανῷ ἐστήριξε κάρη, et in δείσας δ' ἐκ θρόνου ἆλτο, etc. Sed hæ quidem in fine tantum dictionis, ubi dictio sequens a vocali incipit : nec tamen brevem per se syllabam faciunt. Unde opinor, addit Hephæstion, *non in fine dictionis.*

ἐπὶ τέλους λέξεως κείμενον, μετὰ (1) τῆς ἄλλης συλλαβῆς οὐκ ἔχον σύμφωνα ἑνὸς πλείονα, τοῦτο πάντως ἐστὶ συλλαβὴ βραχεῖα. Προείρηται δὲ τὸ μὴ ἐπὶ τέλους λέξεως κείμενον, διὰ τὴν κοινὴν λεγομένην· [ἐάνπερ (2) εἰς μέρος ἀπαρτίζῃ λόγου, τῷ τῆς κοινῆς ὑποπίπτει λόγῳ· οἷον ὅταν συλλαβὴ βραχεῖα ἐστὶν ἐπὶ τέλους λέξεως κειμένη, ἐνομίσθη ποτὲ μακρά· ὡς ἡ περὶ (3) τῷ ποιητῇ, τὰ (4) περὶ καλὰ ῥέεθρα· καὶ αὖ πάλιν ἡ πρὸς συλλαβὴ βραχεῖα ἐστιν, ἀλλ' ἐν τύπῳ κεῖται μακρᾶς, ὅταν Ὅμηρος εἴπῃ· πρὸς οἶκον Πηλῆος (5). Σπονδεῖον γὰρ δεῖ εἶναι τὸν πόδα.] Εἰ δὲ φησὶ μὴ ἔχει σύμφωνον (6) μεταξὺ ἕν, διὰ τὴν μακράν. Εἰ γὰρ συμβαίη βραχεῖ ἢ βραχυνομένῳ φωνήεντι δύο σύμφωνα ἐπενεχθῆναι, μακρὰν ποιήσει τὴν συλλαβήν. Οἷον ἡ μὲν (7) συλλαβὴ ἐστὶ βραχεῖα· ἀλλ' ἐὰν δύο σύμφωνα ἐπενεχθῇ, ὡς ἐν τῷ Ἕκτωρ, μακρὰν ποιήσει τὴν συλλαβήν. Διὰ τοῦτο προσέθηκε, μὴ δεῖν ὑπάρχειν σύμφωνα δύο, ἀλλ' ἓν ἁπλοῦν, ἢ μηδὲ ἕν. Καὶ γὰρ ἐὰν διπλοῦν προσενεχθῇ, μακρὰν ποιήσει τὴν συλλαβήν· ὡς ἐν τῷ, ἄξω ἑλών.

(1) Legendum puto, *μεταξὺ ἑαυτοῦ καὶ τῆς ἄλλης συλλ.*

(2) Uncis inclusa non bene cohaerent, sed scholium scholio additum sapiunt, ac videntur e margine in mediam paginam irrepsisse.

(3) Παρά.

(4) Ἰλ. φ, 352.

(5) Ἰλ. ι, 147.

(6) Legendum, *σύμφωνα μεταξὺ ἑνὸς πλείονα, διὰ τὴν θέσει μακράν.*

(7) Legendum, *ἡ μὲν ε συλλαβή.*

tale, intelligentiæ capax. Si quod igitur animal rationale est, et mortale, idemque intelligentiæ et scientiæ capax, homo illud prorsus est. Item sonus est aer percussus. Si qua res igitur aer est percussus, ea utique est sonus. Eodem modo nos in proposita definitione videamus id quod reciprocatur. Si qua est vocalis brevis (1), nec ea in fine dictionis posita, quæ non habeat post se plures una consonantes, ea utique est brevis syllaba. *Nec in fine*, inquit, *dictionis posita*; nempe ob eam quæ communis dicitur. (Vocalis brevis, si partem orationis integram concludat, incidit in naturam vocalium communium. Ea ratione brevis syllaba in (2) fine dictionis posita, aliquando longa habita est, ut apud poetam, τὰ περὶ καλὰ ῥέεθρα. Ita et syllaba πρὸς brevis per se est; sed longæ locum obtinet ubi Homerus ait, πρὸς οἶκον Πηλῆος, quoniam ibi pedem oportet esse spondeum.) Illud autem, *si non intersint plures una consonantes*, additum est definitioni, propter eam vocalem quæ positione fit longa. Nam si contigerit, ut vocali, seu brevi, seu correptæ, postpositæ sint duæ consonantes, id syllabam longam efficiet. Sic vocalis epsilon, syllaba est brevis. At si duæ consonantes postpositæ sint, ut in voce Ἕκτωρ, id syllabam longam faciet. Idcirco autor definitionis addidit, non oportere subsequi duas consonantes, sed vel unam simplicem, vel nullam. Nam et duplex, si accesserit, syllabam productura est, ut in ἄξω ἑλών.

(1) Addere debuit, *vel correpta*.
(2) Istud quoque, *in fine dictionis posita*, absonum esse nemo non videt. Nam nec syllaba τὰ in priore exemplo, nec syllaba πρὸς in posteriore, possunt dici positæ in fine dictionis, cum integram singulæ dictionem constituant.

Addo (1) tertium fragmentum, quod puto initium fuisse horum ipsorum quæ damus Longini in Hephæstionis Enchiridium ΠΡΟΛΕΓΟΜΕΝΩΝ. Nam ea initio carere perspicuum est: et hoc iis exordium ita convenit, ut nullum possit aptius excogitari. Descriptum autem est ex codice regio, ubi inter alia multa, quæ et ipsa suspicor esse Longini, hoc de metri origine divina legitur.

Προῆλθε δὲ τὸ μέτρον ἐκ Θεοῦ, μέτρῳ τά τε οὐράνια καὶ ἐπίγεια κεκοσμήκοτος. Ἁρμονία γὰρ τίς ἐστι καὶ τοῖς ἐπουρανίοις καὶ ἐπιγείοις. Ἢ πῶς ἂν ἄλλως συνέστη τόδε τὸ πᾶν, εἰ μὴ ῥυθμῷ τινι καὶ τάξει διεκεκόσμητο; καὶ τὰ ὑφ᾽ ἡμῶν δὲ κατασκευαζόμενα ὄργανα μέτρῳ πάντα γίνονται. Εἰ δὲ πάντα, πολλῷ γε μᾶλλον ὁ λόγος, ἅτε καὶ περιεκτικὸς ἁπάντων ὤν. Ἔστι μὲν γὰρ καὶ τῷ πεζῷ ἁρμονία τις· καὶ δῆλον ἐξ ὧν τοῦ μὲν ὁ λόγος ἐστὶν εὐρυθμότερος· τοῦ δὲ οὔ. Μᾶλλον δὲ πρόσεστι τῷ ποιητικῷ, πάθεσι πλείστοις χρωμένῳ καὶ λέξεσι· καὶ δὴ καὶ μύθοις καὶ πλάσμασι, δι᾽ ὧν ἁρμονία κατασκευάζεται. Ταῦτ᾽ ἄρα καὶ οἱ παλαιοὶ ἐμμέτρους μᾶλλον τοὺς οἰκείους ἐποίουν λόγους, ἢ πεζούς. Καὶ μὴν τῷ μέτρῳ πρόσεστιν ἁρμονία· ἡ δ᾽ ἁρμονία μουσικὴ τυγχάνει· τῆς μουσικῆς δὲ ὅσον κλέος ἐστίν, οὐδεὶς ἀγνοεῖ· ὥστε καὶ τὸ μέτρον, ἓν τῶν ἀρίστων ὑπὸ τὴν μουσικὴν ὄν, ἧς τὸ κλέος, ὡς Ὅμηρος ἔφη, οἷον ἀκούομεν, οὐδέ τι ἴδμεν.

(1) Ex cod. Reg., 2765, 2.

Metrum, seu poesis, a Deo primum venit, qui et cœlestia et terrestria concinne et quasi modulate disposuit. Rebus quippe cum cœlestibus tum terrestribus inest quædam harmonia. Ecquomodo autem universum hoc, nisi certo ordine et rhythmo quodam digestum fuisset, aliter unquam constitisset? Enimvero organa ipsa et instrumenta, quæ manu hominum fiunt, modulo omnia seu mensura constant. Quæ si ipsa modum et numerum habent, multo magis oratio habeat oportet, utpote quæ omnia in se complectitur. Nempe et pedestri sermoni sua est harmonia; idque ex eo liquet, quod duorum hominum unius quidem sermo numerosior est, alterius vero non item. Sed harmonia sane magis competit poeticæ orationi, quæ plurimis et affectibus utitur, et dictionibus, et fabulis quoque, et figmentis, per quæ efficitur et existit harmonia. Idcirco antiqui suos libros stricta potius quam soluta oratione condebant. Metro certe insita inest harmonia. Hæc vero musica est. Musicæ autem quanta sit gloria, nemo ignorat. Quamobrem et metrum res est eximia; quippe quod musicæ subest; *cujus nos* (1), ut Homerus loquitur, *solam famam audivimus, nec quicquam præterea scimus.*

(1) Hic se Longinus, vel quisquis alius hujus scholii auctor, profitetur minime poetam esse. * Cette remarque ne paroît pas juste: l'auteur du frag-

ment ne veut pas faire entendre, par ce passage d'Homère (*Iliade*, liv. II, vers 486), qu'il n'étoit point poëte, mais qu'il ignoroit la musique; *cujus* se rapporte à *musicæ*, et non à *metrum*.

N. B. En formant la table de ce volume, on s'est aperçu des différences qui existent entre la traduction du *Traité du Sublime* et les passages que Despréaux en donne à la tête des *Réflexions critiques*. On a cru devoir rapporter ces différences dans la table, ainsi que les méprises dans la citation des chapitres.

TABLE

DU TROISIÈME VOLUME.

	Page
Avertissement du nouvel éditeur.	v

OUVRAGES DIVERS.

I. Dissertation critique sur Joconde, nouvelle racontée par l'Arioste, par La Fontaine, et par Bouillon.   3

II. Discours sur le dialogue suivant.   40

III. Les héros de roman, dialogue à la manière de Lucien.   51

IV. Dialogue contre les modernes qui font des vers latins.   101

V. Avertissement mis à la tête des œuvres posthumes de Gilles Boileau, frère aîné de Despréaux.   109

VI. Arrêt burlesque donné en la grand'chambre du Parnasse, etc.   111

VII. Extrait des registres de la cour souveraine du Parnasse, ou première édition de l'Arrêt burlesque, dont nul éditeur n'a eu connoissance.   120

VIII. Remerciement à Messieurs de l'académie françoise. (Discours de réception.)   126

IX. Avertissement sur le discours suivant.   140

X. Discours sur le style des inscriptions.   142

XI. Épitaphe de Jean Racine, publiée en latin et en françois par Louis Racine, son fils, comme étant l'ouvrage de Despréaux.   145

XII. La même épitaphe avec des changements.   149

RÉFLEXIONS CRITIQUES SUR QUELQUES PASSAGES DU RHÉTEUR LONGIN.

	Page
Avis aux lecteurs.	154

RÉFLEXION Ire. Mais c'est à la charge, mon cher Térentianus, que nous reverrons ensemble exactetement mon ouvrage, et que vous m'en direz votre sentiment avec cette sincérité que nous devons naturellement à nos amis; etc. (*Paroles de Longin*, chap. I, page 379.)   155

RÉFLEXION II..... Notre esprit, [a] *même dans le sublime*, a besoin d'une méthode pour lui enseigner à ne dire que ce qu'il faut, et à le dire en son lieu; etc. (*Longin*, chap. II, page 382.)   166

RÉFLEXION III..... Il étoit enclin [b] naturellement à reprendre les vices des autres, quoique aveugle pour ses propres défauts; etc. (*Longin*, chap. III, page 391.)   169

RÉFLEXION IV. C'est ce qu'on peut voir [c] dans la description de la déesse Discorde, qui a, dit-il (*Homère*),

  La tête dans les cieux, et les pieds sur la terre.

(*Longin*, chap. VII, page 409.)   196

RÉFLEXION V. Il en est de même de ces compagnons [d] d'Ulysse changés en pourceaux, que Zoïle appelle de petits cochons larmoyants. (*Longin*, chap. VII, page 421.)   200

---

[a] Despréaux ajoute ce membre de phrase, *même dans le sublime*, qui n'existe pas dans sa traduction.

[b] La traduction porte : « il *est* enclin. (*Timée*.) »

[c] On lit dans la traduction : « *comme on le* peut voir.... »

[d] Voici la traduction : « Dans ce rang on doit mettre ce qu'il dit (*Homère*.).... des compagnons.... »

	Page
Réflexion VI. En effet, de trop s'arrêter aux petites choses, cela gâte tout; etc. (*Longin*, chap. VIII, page 430.)	216
Réflexion VII. Il faut [a] songer au jugement que toute la postérité fera de nos écrits. (*Longin*, chap. XII, page 440.)	234
Réflexion VIII. Il n'en est pas ainsi de Pindare et de Sophocle; car au milieu de leur plus grande violence, durant qu'ils tonnent et foudroient, pour ainsi dire, souvent leur ardeur vient [b] à s'éteindre, et ils tombent malheureusement. (*Longin*, chap. XXVII, page 498.)	248
Réflexion IX. Les mots bas sont comme autant de marques honteuses qui flétrissent l'expression. (*Longin*, chap. XXXIV [c], page 523.)	260
Conclusion des neuf premières Réflexions, où l'on réfute les paradoxes de Charles Perrault.	273
Avertissement touchant la Xe Réflexion sur Longin.	281
Réflexion X, ou Réfutation d'une dissertation de M. Leclerc contre Longin. Ainsi le législateur des Juifs, qui n'étoit pas un homme ordinaire, ayant fort bien conçu la puissance et la grandeur [d] de	

---

[a] La traduction dit : « mais un motif encore plus puissant pour nous « exciter, c'est de songer.... »

[b] Il y a dans la traduction : « et *qu'ils foudroient*..... leur ardeur vient « *mal à propos* à s'éteindre,.... »

[c] Suivant les éditions de 1701 et de 1713, la citation se rapporte au chapitre XXXV; presque tous les éditeurs ont copié cette faute. Les expressions de la traduction sont celles-ci : « Il en est de même des mots bas « dans le discours, et ce sont comme autant de taches et de marques hon- « teuses qui flétrissent l'expression. »

[d] La traduction porte : « la grandeur et la puissance de Dieu. »

Dieu, l'a exprimée dans toute sa dignité au commencement de ses lois, par ces paroles : Dieu dit que la lumière se fasse, et la lumière se fit; que la terre se fasse, la terre fut faite. (*Longin*, chapitre VII[a], page 416.) 289

(On discute dans cette réflexion plusieurs exemples du Traité du Sublime.)

Réflexion XI. Néanmoins Aristote et Théophraste, afin d'excuser [b] l'audace de ces figures, pensent qu'il est bon d'y apporter ces adoucissements : *pour ainsi dire, si j'ose me servir de ces termes, pour m'expliquer plus hardiment,* etc. (*Longin*, c. XXVI, page 489.) 326

(La Réflexion XI est une apologie de ce vers de Racine, critiqué par Houdart de La Motte :

Le flot qui l'apporta recule épouvanté.)

Réflexion XII. Car tout ce qui est véritablement sublime a cela de propre, quand on l'écoute, qu'il élève l'ame et lui fait concevoir une plus haute opinion d'elle-même, la remplissant de joie et de je ne sais quel noble orgueil, comme si c'étoit elle qui eût produit les choses qu'elle vient d'entendre. (*Longin*, chap. V, page 399.) 340

(D'après cette Réflexion, Racine n'est point inférieur à Corneille pour le sublime.)

---

[a] D'après l'édition de 1713, la citation appartient au chap. VI, faute copiée à peu près par tous les éditeurs.

[b] Il y a dans la traduction : « *pour* excuser l'audace.... »

TABLE.

TRAITÉ DU SUBLIME OU DU MERVEILDEUX DANS LE DISCOURS.

TRADUIT DU GREC DE LONGIN.

	Page
Préface *du traducteur.*	347

CHAPITRES.

		Page
I.	Servant de préface à tout l'ouvrage.	377
II.	S'il y a un art particulier du sublime; et des trois vices qui lui sont opposés.	381
III.	Du style froid.	390
IV.	De l'origine du style froid.	396
V.	Des moyens en général pour connoître le sublime.	398
VI.	Des cinq sources du grand.	402
VII.	De la sublimité dans les pensées.	407
VIII.	De la sublimité qui se tire des circonstances.	423
IX.	De l'amplification.	430
X.	Ce que c'est qu'amplification.	432
XI.	De l'imitation.	435
XII.	De la manière d'imiter.	439
XIII.	Des images.	441
XIV.	Des figures, et premièrement de l'apostrophe.	451
XV.	Que les figures ont besoin du sublime pour les soutenir.	457
XVI.	Des interrogations.	460
XVII.	Du mélange des figures.	463
XVIII.	Des hyperbates.	465
XIX.	Du changement de nombre.	470
XX.	Des pluriels réduits en singuliers.	473
XXI.	Du changement de temps.	474
XXII.	Du changement de personnes.	475
XXIII.	Des transitions imprévues.	477

		Page
XXIV.	De la périphrase.	481
XXV.	Du choix des mots.	485
XXVI.	Des métaphores.	488
XXVII.	Si l'on doit préférer le médiocre parfait au sublime qui a quelques défauts.	494
XXVIII.	Comparaison d'Hypéride et de Démosthène.	499
XXIX.	De Platon et de Lysias, et de l'excellence de l'esprit humain.	503
XXX.	Que les fautes dans le sublime se peuvent excuser.	506
XXXI.	Des paraboles, des comparaisons, et des hyperboles.	508
XXXII.	De l'arrangement des paroles.	513
XXXIII.	De la mesure des périodes.	519
XXXIV.	De la bassesse des termes.	521
XXXV.	Des causes de la décadence des esprits.	525

REMARQUES SUR LONGIN.

Remarques de Despréaux.	535
Préface de Dacier.	559
Remarques du même.	561
Remarques de Boivin.	609
Avertissement du même sur les morceaux suivants.	623
Fragment d'une préface de Longin sur le livre d'Héphestion.	624
Deux autres fragments du même Longin.	636

FIN DE LA TABLE DU TROISIÈME VOLUME.